해커톤

: 아이디어 도출, 팀 구축, 구현, 입상 전략까지

해커톤
: 아이디어 도출, 팀 구축, 구현, 입상 전략까지

지은이 노아론 **1판 1쇄 발행일** 2025년 7월 28일
펴낸이 임성춘 **펴낸곳** 로드북 **편집** 홍원규 **디자인** nu:n(표지), 너의오월(본문)
주소 서울시 동작구 동작대로 11길 96-5 401호
출판 등록 제 25100-2017-000015호(2011년 3월 22일) **전화** 02)874-7883 **팩스** 02)6280-6901
정가 30,000원 **ISBN** 979-11-93229-37-8 93000

책 내용에 대한 의견이나 문의는 출판사 이메일이나 블로그로 연락해 주십시오.
잘못 만들어진 책은 서점에서 교환해 드립니다.

이메일 chief@roadbook.co.kr **블로그** www.roadbook.co.kr

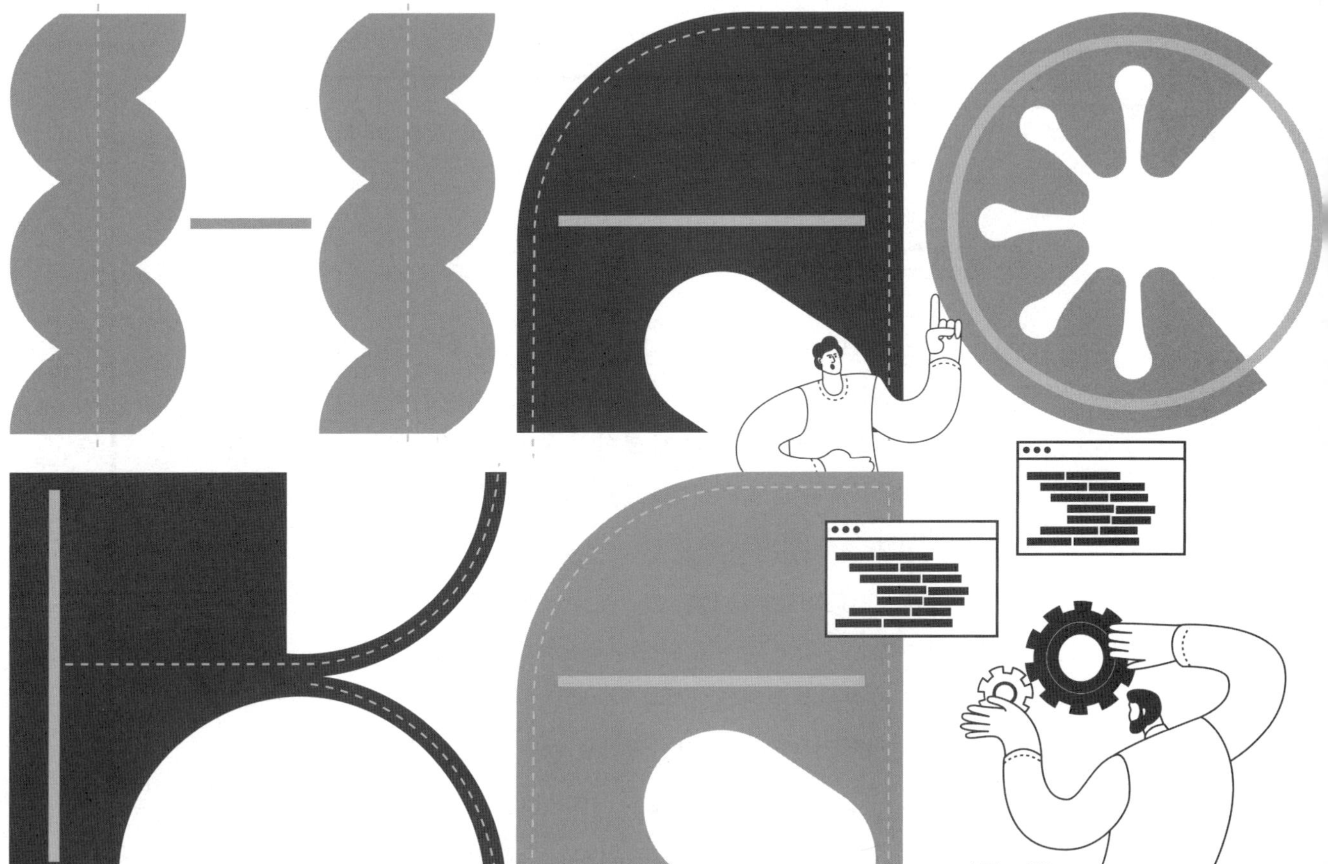

노아론 지음

10개의 해커톤 프로젝트로 배우는
소프트웨어 개발

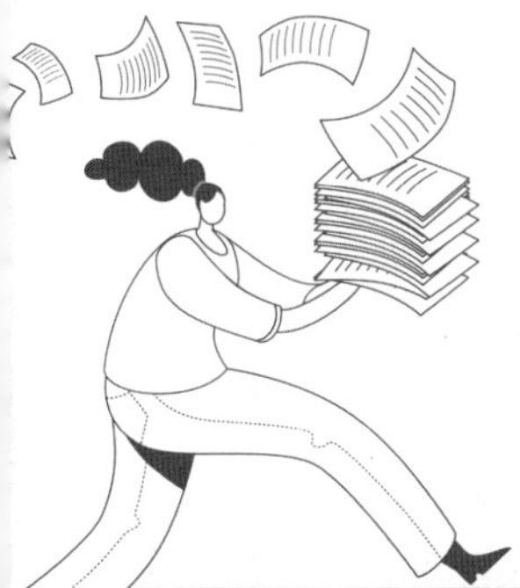

해커톤

: 아이디어 도출, 팀 구축, 구현, 입상 전략까지

로드북
RoadBook

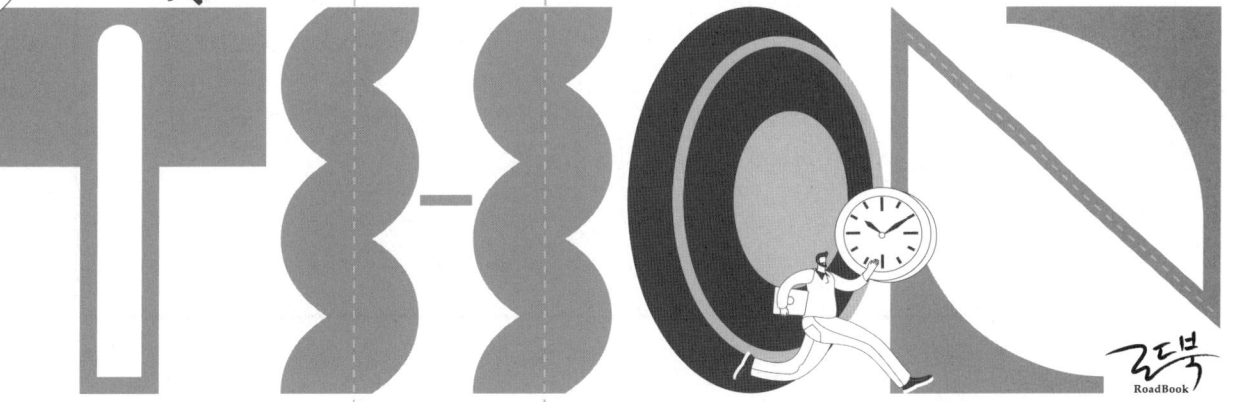

프롤로그

해커톤의 본질을 잊지 말자

이 책은 프로그래밍 언어를 배우고 개발 프레임워크도 어느 정도 익혀서 간단한 제품은 만들어볼 수 있지만, 아직 협업 경험이 없는 분들을 위해 썼습니다. 컴퓨터 공학 분야의 대학생이거나 혼자서 토이 프로젝트를 해보았고, 이제 다른 사람들과 함께 제한된 시간 동안 의미 있는 결과물을 만들어보고 싶은 분들께 특히 도움이 될 겁니다.

기존의 개발 서적들은 대부분 많은 처리량을 감당할 수 있는 설계나 기능 구현에 초점을 맞추고 있습니다. 이것도 굉장히 중요하지만 해커톤에서는 조금 더 전략적인 접근이 요구됩니다. 핵심 아이디어를 빠르게 검증하고, 본질적인 가치를 전달할 수 있는 최소 기능 제품(MVP)을 만드는 것이 목표거든요.

이 책에서 특별한 점 중 하나는 클라우드의 서버리스 아키텍처를 적극 활용한다는 것입니다. 복잡한 서버 환경을 손쉽게 대체할 수 있는 효과적인 방법들을 안내합니다.

이 책에서는 10개의 해커톤 프로젝트를 진행하며 접근 방법을 구체적으로 보여드립니다.

SNS 마켓부터 캠핑장 찾기, 달리기 앱 연동, 구글 드라이브 자동화까지 다양한 주제의 프로젝트에서 아이디어 도출, 사용자 스토리 작성, API 문서 작성을 포함한 설계를 다룹니다.

무엇보다 이 책을 통해 전달하고 싶은 메시지는 '본질을 잊지 말자'는 것입니다. 해커톤에서 가장 중요한 것은 여러분의 아이디어가 가진 고유한 가치를 명확하게 보여주는 것입니다. 로그인이나 회원가입 같은 부가적인 기능에 시간을 쏟기보다는, 여러분만의 독창적인 아이디어를 구현하는 핵심 기능에 집중해보시기 바랍니다.

저는 이런 깨달음을 얻은 후부터 해커톤에서 형태를 갖춘 제품을 만들어낼 수 있었고 우승이라는 짜릿한 순간도 경험할 수 있었습니다.

프롤로그

상상해보세요. 여러분의 기발한 아이디어가 48시간 만에 실제로 동작하는 제품이 되는 순간을, 팀원들과 함께 밤새 고민하고 코딩하며 만들어낸 결과물을 발표 무대에서 자신 있게 선보이는 순간을, 그리고 심사위원들과 관중들이 여러분의 아이디어에 박수를 보내는 순간을 말입니다.

이 책을 따라 하나씩 프로젝트를 완성하다 보면, 어느새 해커톤에서 당황하지 않고 차근차근 결과물을 만들어낼 수 있는 자신을 발견하게 될 것입니다. 제한된 시간 안에서도 의미 있는 결과물을 만들어내는 기쁨, 다양한 배경을 가진 팀원들과 협업하며 얻는 성장, 그리고 무엇보다 여러분의 아이디어가 실제 동작하는 제품으로 구현되는 뿌듯함을 경험해보시길 진심으로 응원합니다.

저자 **노아론**

차례

프롤로그 04

Chapter 1_ 해커톤을 시작하겠습니다

1.1 해커톤이란 무엇인가요 14
    해커톤의 세 가지 기원 29
    대표적인 몇 가지 해커톤 29
1.2 해커톤에서 무엇을 하나요 18
1.3 팀 빌딩하기 19
1.4 나와 맞는 팀 찾기 22
1.5 팀 내 역할 나누기 23
1.6 팀 빌딩을 마치고 24

Chapter 2_ 거래하기 안전한 SNS 마켓 만들기

2.1 아이디어 도출하기 28
    마인드 맵 기법 29
    스캠퍼 기법 29
    스마트 기법 30
2.2 구현 기능 범위 정하기 32
2.3 주어진 상황을 고려한 기술 스택 정의하기 35
    SQLite를 사용하는 이유 36
2.4 서비스 아키텍처 구성하기 37
2.5 플라스크 프로젝트 구조 정하기 38
2.6 데이터베이스 모델 정의하기 41
2.7 구현에 앞서 REST API 스펙 작성해서 공유하기 ... 43
2.8 완성된 프로젝트 실행하기 50

Chapter 3_ 주변 대학의 학생식당 메뉴 모아보기

- 3.1 아이디어 도출하기 — 60
  - 마인드 맵 기법 — 60
  - 스캠퍼 기법 — 61
  - 스마트 기법 — 62
- 3.2 구현 기능 범위 정하기 — 64
- 3.3 주어진 상황을 고려한 기술 스택 정의하기 — 67
- 3.4 깃허브 액션 사용하기 — 68
- 3.5 FastAPI 프레임워크 사용하기 — 68
- 3.6 서비스 아키텍처 구성하기 — 69
- 3.7 데이터베이스 모델 정의하기 — 70
- 3.8 FastAPI 프로젝트 구조 정하기 — 73
- 3.9 REST API 스펙 설계하기 — 76
- 3.10 프로젝트 실행하기 — 81

Chapter 4_ 일주일 치 구내식당 식단표, 하루 단위로 확인하기

- 4.1 아이디어 도출하기 — 98
  - 마인드 맵 기법 — 98
  - 스캠퍼 기법 — 99
  - 스마트 기법 — 101
- 4.2 구현 기능 범위 정하기 — 102
- 4.3 당일 점심 메뉴만 볼 수 있는 식단표 만들기 — 104
  - 프로젝트에 도입할 OCR API 선택하기 — 105
  - 식단 정보를 받을 메신저 선택하기 — 109
- 4.4 주어진 상황을 고려한 기술 스택 정의하기 — 110

차례

4.5 서비스 아키텍처 구성하기 111
4.6 API 스펙 설계하기 113
4.7 프로젝트 구성 및 실행하기 117

Chapter 5_ 주말에 갈 캠핑장 찾기

5.1 아이디어 도출하기 144
    마인드 맵 기법 144
    스캠퍼 기법 145
    스마트 기법 146
5.2 구현 기능 범위 정하기 147
5.3 필요한 OpenAPI 찾아보기 149
5.4 서비스 아키텍처 구성하기 151
5.5 OpenAPI 3.0으로 API 스펙 설계하기 152
5.6 API 게이트웨이 구성하기 161
5.7 프로젝트 실행하기 167
5.8 OpenAPI 호출 수 최적화하기 179

Chapter 6_ 달리기 측정 앱 간의 기록 연동하기

6.1 아이디어 도출하기 182
    마인드 맵 기법 182
    스캠퍼 기법 183
    스마트 기법 183
6.2 구현 기능 범위 정하기 185
6.3 주어진 상황을 고려한 기술 스택 구성하기 187
6.4 서비스 아키텍처 구성하기 188

차례

6.5 S3에 파일이 저장된 경우 람다 실행하기 — 189
6.6 API 설계하기 — 195
6.7 프로젝트 설정 및 실행하기 — 198
6.8 연동 진행 상태를 확인하는 기능 추가하기 — 222
6.9 여러 사용자를 대상으로 하는 프로젝트로 고도화하기 — 224
6.10 부록 – 필자가 작성한 사용자 스토리 — 226

Chapter 7_ 구글 드라이브의 공유 문서함 초대 자동화하기

7.1 아이디어 도출하기 — 228
    마인드 맵 기법 — 228
    스캠퍼 기법 — 229
    스마트 기법 — 229
7.2 구현 범위 설정하기 — 231
7.3 구글 드라이브 공유 권한 편집 API 사용하기 — 233
7.4 주어진 상황을 고려한 기술 스택 구성하기 — 238
7.5 서비스 아키텍처 구성하기 — 239
7.6 API 설계하기 — 239
7.7 API 게이트웨이 구성하기 — 241
7.8 권한 부여 현황 리포트 발송 구현하기 — 243
7.9 이벤트 브리지로 일정 시각마다 이메일 발송하기 — 246
7.10 프로젝트 설정 및 실행하기 — 248
7.11 부록 – 필자가 작성한 사용자 스토리 — 277

차례

Chapter 8_ 1인 가구의 장 함께 보기

8.1 아이디어 도출하기 ······ 280
    마인드 맵 기법 ······ 280
    스캠퍼 기법 ······ 281
    스마트 기법 ······ 282
8.2 구현 기능 범위 정하기 ······ 284
8.3 주어진 상황을 고려한 기술 스택 정의하기 ······ 286
8.4 서비스 아키텍처 구성하기 ······ 287
8.5 람다 함수 간 데이터 전달하기 ······ 289
8.6 REST API 스펙 설계하기 ······ 291
8.7 API 게이트웨이 구성하기 ······ 298
8.8 프로젝트 설정 및 실행하기 ······ 303

Chapter 9_ 즐겨보는 블로그 글 모아보기

9.1 아이디어 도출하기 ······ 330
    마인드 맵 기법 ······ 330
    스캠퍼 기법 ······ 331
    스마트 기법 ······ 331
9.2 구현 범위 설정하기 ······ 333
9.3 XML로 글을 제공하는 방식 알아보기 ······ 334
9.4 주어진 상황을 고려한 기술 스택 정의하기 ······ 335
9.5 서비스 아키텍처 구성하기 ······ 336
9.6 API 설계하기 ······ 337
9.7 프로젝트 실행하기 ······ 347
9.8 부록 – 필자가 작성한 사용자 스토리 ······ 374

차례

Chapter 10_ 한 주간의 목표 세우기

- **10.1** 아이디어 도출하기 — 378
  - 마인드 맵 기법 — 379
  - 스캠퍼 기법 — 378
  - 스마트 기법 — 379
- **10.2** 구현 범위 설정하기 — 380
- **10.3** 주어진 상황에 맞는 기술 스택 구성하기 — 381
- **10.4** 데이터베이스 스키마 모델링하기 — 383
- **10.5** 서비스 아키텍처 구성하기 — 385
- **10.6** API 설계하기 — 385
- **10.7** 프로젝트 실행하기 — 402
- **10.8** 부록 – 필자가 작성한 사용자 스토리 — 416

Chapter 11_ 주식 매수 시점에 따른 현재 수익 조회하기

- **11.1** 아이디어 도출하기 — 420
  - 마인드 맵 기법 — 420
  - 스캠퍼 기법 — 421
  - 스마트 기법 — 421
- **11.2** 구현 범위 설정하기 — 422
- **11.3** 주식 가격 데이터 조회 API 찾기 — 423
- **11.4** 주어진 상황에 맞는 기술 스택 구성하기 — 426
- **11.5** 프로젝트 아키텍처 구성하기 — 427
- **11.6** API 설계하기 — 428
- **11.7** 프로젝트 실행하기 — 434
- **11.8** 부록 – 필자가 작성한 사용자 스토리 — 445

차례

Appendix A_ 프로젝트에 필요한 개발환경 구성하기

A.1 깃허브 데스크톱으로 프로젝트 리포지토리 클론하기 ······ 448
A.2 비주얼 스튜디오 코드 설치하기 ······ 451

Appendix B_ 프로젝트를 발표하겠습니다

B.1 STAR 기법을 사용합니다 ······ 458
B.2 우리가 진행한 프로젝트로 STAR 기법을 준비합니다 ······ 459

에필로그 ······ 461
찾아보기 ······ 462

Chapter 1
해커톤을 시작하겠습니다

해커톤이란 단어를 들어본 적이 있나요? 이 책을 읽고 있는 독자라면 한 번쯤은 해커톤이라는 말을 들어봤을 겁니다. 물론, 이 용어를 모르더라도 괜찮습니다. 이 책을 통해 해커톤 현장에 간접적으로 참여할 수 있기 때문입니다.

이제부터 해커톤이 무엇인지에 대해서 전반적인 내용을 생생히 알아보려고 합니다. 실제로 해커톤에 참여하지 않더라도 각자의 머릿속 상상을 통해서 말이죠.

이 장을 읽은 후에는 해커톤에 대해서 안다고 말할 수 있을 것입니다.

1.1 해커톤이란 무엇인가요

해커톤Hackathon은 해킹Hacking과 마라톤Marathon이란 단어를 결합해 만든 단어입니다. 해킹이란 단어를 보니 사이버 범죄, 화이트 해커, 블랙 해커 등이 떠오르지는 않나요? 하지만 여기서 말하는 해킹은 컴퓨터 보안 분야에서 쓰이는 용어인 해킹과는 다릅니다. 소프트웨어 엔지니어링 주기의 중요한 부분으로, 분야가 명확하지 않거나 어떠한 알고리즘과 자료구조를 써야 할지 모를 때 '코드 작성 – 컴파일 – 실행 – 디버깅' 순의 과정을 거치지 않고 인터랙티브Interactive하게 개발하고 디버깅하는 것을 말합니다.

세계 최초의 해커톤이 언제, 어떤 방식으로 진행되었는지 궁금하지 않은가요? 어떤 해커톤이 가장 처음에 열렸는지는 아쉽게도 불분명합니다. 그래서 최초의 해커톤이라고 불리는 세 가지 기원에 대해 이야기해보려고 합니다.

해커톤의 세 가지 기원

첫 번째 이야기는 영국의 인도 식민 통치에 대해 비폭력주의로 저항한 것으로 알려진 인도의 독립운동가로, 우리에게 잘 알려진 마하트마 간디와 관련이 있습니다. 1929년 7월, 마하트마 간디는 자신의 국가인 인도에서 국산 섬유회사를 격려하는 차원에서 더 작고 휴대하기 편한 물레를 만드는 디자인 경진 대회를 진행한 것을 두고 해커톤의 기원으로 보기도 합니다.

두 번째 이야기로는 기록으로 남은 해커톤의 시초로, 1999년 6월 4일, 캐나다 알버타 주에서 가장 큰 도시인 캘거리에서 OpenBSD[1]의 닐스 프로보스가 자신의 집에서 주최한 커뮤니티 이벤트입니다. 이틀 동안 10명의 개발자가 IPSEC이라고 불리는 인터넷 통신의 보안을 맡는 표준 프레임워크에 대해 취약점을 찾고 해결하는 이벤트를 시초로 보기도 합니다.

세 번째 이야기는 좀 깁니다. 방금 얘기했던 OpenBSD 커뮤니티 이벤트가 열리고 2주가 채 지나지 않은 시점에 진행되었습니다. OpenBSD 커뮤니티 이벤트 참가자들이 며칠 뒤 썬 마이크로시스템즈Sun Microsystems[2]의 마케팅 팀과 협력합니다. 이렇게 참가자들과 마케팅 팀이 협력하면서 2주가 채 지나지 않은 같은 해 6월 15일부터 19일까지 존 게이지 챌린지John Gage Challenge라는 행사를 진행합니다.

이 행사에서는 Palm V라고 하는, 그해 새롭게 출시된 PDA 기기 간에 인터넷을 통해 사용자 간의 통신을 할 수 있는 자바 코드를 작성하는 과제가 주어졌습니다. OpenBSD 커뮤니티 이벤트에 참여했던 사람들이 협력한 만큼, OpenBSD 재단에서도 해커톤 행사에 후원했고, 장소도 OpenBSD 재단이 위치한 캐나다 알버타 주의 캘거리에서 진행하게 했던 것을 해커톤의 시작으로 보기도 합니다.

---

[1] BSD 계열의 오픈소스 운영체제로 컴퓨터 보안 쪽으로 특화되어 개발하고 있다.

[2] 컴퓨터, 소프트웨어, 정보 기술을 개발 및 제공하는 미국 회사로, '네트워크가 곧 컴퓨터다(The Network is the Computer)'라는 슬로건을 사용했다. 2010년 1월 27일 오라클에 공식 합병되었다.

이렇게 최초의 해커톤이라고 알려진 세 가지 기원을 소개했습니다. 이들 모두 열린 국가와 주제가 서로 다른 행사였지만 사람들이 함께 모여 정해진 기간 동안 새로운 것을 만들었다는 점은 같습니다. 이런 점에서 짐작해볼 수 있듯이 해커톤은 소프트웨어를 만드는 분야에서 개발자, 디자이너, 기획자가 함께 모여 정해진 기간 동안 아이디어를 내고 이를 바탕으로 결과물을 만들어 선보이는 행사입니다.

해커톤은 1박 2일부터 길게는 3박 4일 동안 진행됩니다. 당일에 끝나는 아주 짧은 시간의 해커톤도 있으며 온라인으로 진행하는 해커톤은 몇 주 동안 진행하기도 합니다. 결과물은 웹이나 모바일 앱일 수도 있고, 해커톤 행사에서 요구하는 제품의 형태에 제약이 없다면 하드웨어를 이용한 물리적인 시제품을 만들어도 됩니다. 개발자 없이 디자이너와 기획자로 이루어진 팀의 경우에는 PoC$^{Proof\ of\ Concept}$[3] 단계로 결과물을 준비하기도 합니다. 이 결과물에는 기획서와 플로우 차트, 실제 제품으로 구현할 때 사용자들이 마주할 디자인의 모습이 결과물로 들어갑니다.

이러한 결과물을 선보이는 해커톤은 비교적 짧은 기간 동안 진행되기 때문에 개인으로 해커톤에 우선 참여해 처음 본 사람들과 팀을 이루어 결과물을 만들어 내거나 해커톤에 참여하기 전부터 알던 사람들과 팀을 이루어서 참여하기도 합니다. 진행 기간이 상대적으로 긴 온라인 해커톤은 시간적인 부담이 적기 때문에 팀을 이루지 않고 개인으로 참여해 진행하는 일도 있습니다.

대표적인 몇 가지 해커톤

그럼 이제 현재 열리고 있는 대표적인 해커톤에는 무엇이 있는지 몇 가지를 소개하겠습니다.

해커톤의 기원에서도 'OpenBSD 재단'과 '썬 마이크로시스템즈'가 언급됐듯이 해커톤은 특정 단체나 기업에서 주최하는 경우가 많습니다. 자율적으로 모인 개발자 커뮤니티에서 해커톤을 주최하기도 하지만 최근 들어 여러 기업에서 자사의 제품이나 기술을 홍보하기 위한 목적으로 해커톤을 주최하기도 합니다. 또한 매년 꾸준히 신선한 주제를 제시하며 진행하는 해커톤도 있지만, 어떠한 해커톤은 내부적인 상황에 의해서 단발성으로 막을 내리는 일도 있습니다.

지금까지 주최된 다양한 해커톤 중에서 매년 진행되면서 역대 참가자들이 평가가 좋은 몇 가지 해커톤은 다음과 같습니다.

정션(Junction)
URL https://hackjunction.com

매년 세계 각지와 온라인을 통해 해커톤과 기술 행사를 진행하고 있는 비영리 단체입니다. 유럽에서 열리는 'Junction:Europe' 행사를 중점으로 진행하며 48시간 동안 기획자, 개발자, 디자이너가 새로

---

[3] 특정한 이론 혹은 기술이 실제로 실현될 수 있는지 증명/검증하는 것을 뜻한다.

운 기술 프로젝트를 만드는 행사입니다. 한국에서도 '정션×서울', '정션×아시아'라는 이름으로 해커톤 행사를 진행하고 있습니다.

[그림 1-1] 정션 해커톤 포스터

IBM 콜 포 코드(IBM Call for code)

URL https://developer.ibm.com/callforcode

IBM에서 매년 진행하는 글로벌 개발자 대회입니다. 기술을 이용해 에너지 솔루션과 관련된 지속 가능한 환경 문제를 해결하는 행사입니다. 해커톤 프로젝트 개발을 위해서 참가자에게 IBM 왓슨을 포함한 IBM 클라우드를 사용할 수 있는 체험 계정을 제공합니다.

[그림 1-2] IBM 콜 포 코드 포스터

MLH(Major League Hacking)
URL https://mlh.io

50만 명이 넘는 회원을 보유한 글로벌 커뮤니티로, 다음 세대의 개발자들이 해커톤과 오픈소스 펠로우십을 통해 학습할 수 있습니다. 그리고 다양한 온라인 및 오프라인 해커톤의 정보를 모아볼 수 있습니다.

[그림 1-3] MLH 포스터

HackerEarth
URL https://hackerearth.com

다양한 기업에서 주최하는 해커톤을 찾아볼 수 있습니다. 구인 회사가 해커톤을 주최해 개발자를 채용하는 데 도움을 주는 구조로 채용의 성격을 띠고 있습니다.

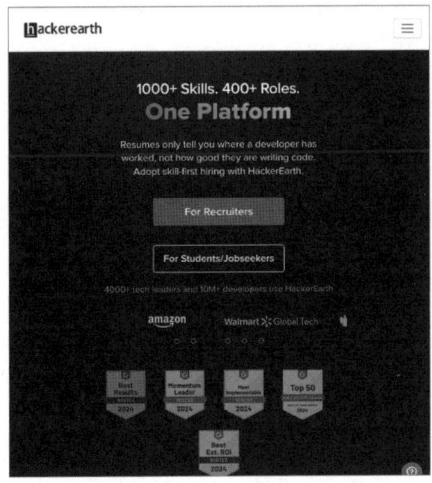

[그림 1-4] HackerEarth 포스터

1.2 해커톤에서 무엇을 하나요

앞서 해커톤이 무엇인지, 대표적인 해커톤에는 무엇이 있는지 살펴봤습니다. 이러한 해커톤에 참여해 정해진 기간 동안 여러 사람과 결과물을 만들어 본다고 해봅시다. 해커톤에서 무엇을 먼저 하게 될까요? 바로 노트북을 켜서 만들고자 하는 제품의 개발을 바로 시작할 수도 있고, 자신과 함께 팀을 이룰 사람을 찾을 수도 있습니다.

이번 절에서는 해커톤에 참여하면 무엇을 하게 되는지 다뤄봅니다. 해커톤에 참여했다면 그 다음으로 해야 할 일은 나와 함께 제품을 만들 사람을 찾는 것입니다. 이미 팀을 꾸려서 참여했다면 이 과정을 생략할 수도 있지만, 대부분의 참가자는 개인으로 참가하므로, 팀을 꾸리는 것에 대한 고민을 먼저 하게 됩니다.

팀을 사전에 구성해서 참여했더라도 해커톤에는 변수가 다양하므로 자신의 팀에 사람이 더 필요한 경우가 언제든지 생길 수 있습니다. 이런 경우를 위해 해커톤에서는 참가자들 간의 팀을 맺어주는 팀 빌딩 시간을 따로 마련합니다(팀 빌딩에 대한 자세한 내용은 다음 절에서 다룹니다).

팀을 구성했다면 다음으로는 무엇을 만들지 기획해야 합니다. 해커톤의 주제는 대부분 행사 진행 이후에 공개되기 때문에 미리 기획한다는 것은 어려운 일입니다. 기획 단계는 해커톤에서 무엇을 만들지 결정하는 가장 중요한 과정이며 결과에 큰 영향을 미치게 됩니다. 많은 시간을 들이면서 수많은 의견을 주고 받기에 자기 팀과의 팀워크를 확인해 볼 수 있습니다.

기획 단계에서 무엇을 만들지 정했다면 본격적으로 제품을 개발하는 과정에 다다르게 됩니다. 이 과정은 팀의 디자이너, 개발자들이 빛을 발하게 되는 시간입니다. 기획 과정에서 정한 제품을 직접 눈으로 보여줘야 합니다.

그리고 팀원들은 발표 시간에 맞추어 제품 소개를 위한 자료를 만들어야 합니다. 피칭 발표Pitching Pregentation[4]까지 마무리하면 이것으로 해커톤의 과정이 모두 끝나게 됩니다. 해커톤에 따라선 최종 1등 팀을 가리기 위해 1위 후보팀끼리 추가 발표를 진행하기도 합니다.

이것으로 해커톤에 참여하고 끝내는 과정까지 간략하게 소개해봤습니다. 흥미진진하다는 생각이 들면서도 '우여곡절 한 상황이 많이 펼쳐지겠구나!'라고 짐작하는 분도 있을 겁니다.

다음 절에서는 이런 상황이 펼쳐지는 해커톤에서 재밌고 보람차게 임하면서 좋은 결과물도 얻는 방법에 대해서 소개하겠습니다.

---

[4] 스피치(Speech)가 아니라 피칭이라는 표현을 쓰는 이유는 야구에서 투수(Pitcher)가 공을 던지듯이 상대방에게 아이템을 던지는 발표라는 의미이기 때문이다.

1.3 팀 빌딩하기

해커톤에 대한 소개를 듣고 나니 이제 해커톤이 무엇인지 어렴풋이 이해가 되었습니다. 그럼, 바로 가상의 해커톤 현장으로 들어가겠습니다. 해커톤 현장에 도착하고 참가 체크인을 하니 해커톤 티셔츠, 스티커, 수첩 등 다양한 굿즈를 받았습니다. 현장 로비에서는 환영 인사가 마무리되고 있고 이번 해커톤에서 어떤 주제로 프로젝트를 선보이면 되는지 발표하고 있습니다.

[그림 1-5] 해커톤 현장 모습을 엿볼 수 있는 AI 이미지

첫 번째 주제는 모 소셜 네트워크 서비스를 운영하는 기업에서 낸 주제로, 'SNS에서 이커머스와의 결합'에 대한 주제를 공개했습니다. 이어서 두 번째 주제를 공개했습니다. 대학생들이 주요 사용자인 한 서비스 기업에서 '대학가의 학생들을 대상으로 한 편의 서비스 만들기'를 제안했습니다. 마지막 주제로는 여행 서비스 기업에서 '사람들이 이색 여행을 떠날 수 있게 도와주는 제품'을 제안했습니다.

주제가 공개되고 나니 팀 빌딩을 이루게 된다고 합니다. 팀 빌딩은 팀 당 여섯 명까지 모일 수 있으며 개인으로 진행해도 되지만 한 팀당 네 명 이상 모여서 진행할 것을 권장한다고 합니다. 그리고 팀 빌딩 이후에 주제별로 구체적인 내용과 평가 요소를 공개한다고 합니다. 그러므로 우리는 방금 공개된 주제 내용만으로 팀을 구성해야 합니다. 지금 상황에서 자세한 내용은 잘 모르겠지만, 막연하게 앱이나 웹서비스를 만들면 되는 프로젝트라고 이해되었습니다.

해커톤 운영진들이 현장 로비에 팀 빌딩을 할 수 있는 자리를 마련해두었습니다. 곳곳에는 벌써 두세 명씩 팀을 이룬 사람들이 있고, 아직 팀을 꾸리진 못했지만, 열심히 팀을 찾고 있는 사람들도 있습니다. 열심히 팀을 구성하는 사람들을 보니 우리도 빨리 팀 빌딩을 끝내야 할 것만 같습니다.

그러면 팀 빌딩을 어떻게 하면 좋을까요? 짧지만 다양한 일이 벌어질 여정 앞에서 자신의 상황에 맞게 호흡이 잘 맞는 팀을 구성하는 것이야말로 해커톤에서 제일 중요한 내용이라고 생각합니다. 나에게 좋은 팀, 그리고 나쁜 팀이 있는 걸까요? 나와 맞는 팀은 어떻게 찾을 수 있을까요? 팀을 구성하는 방법에는 다음처럼 보통 두 가지가 있습니다.

1. 원하는 주제를 골라 한두 명이 속한 팀을 만들고 남은 팀원들을 찾는다.
2. 개발자를 찾고 있는 팀에 들어간다.

먼저, 첫 번째 방법인 '어느 정도 꾸린 팀을 만들고 팀원들을 찾는 방법'을 이야기해보겠습니다.

네 명이 한 팀을 구성한다고 하면 팀 내에서 역할은 보통 기획자와 디자이너 한 명씩 그리고 두 명의 개발자로 구성하곤 합니다. 팀원을 찾기 전에 팀 내에서 먼저 주제를 골라 방향성을 제시할 수 있어야 합니다. 우리의 팀원이 될 수 있는 사람에게 주는 팀의 첫인상이 되기 때문입니다. 또한 새로운 팀원이 합류하면서 자칫 분산될 수 있는 주제 방향성도 안정적으로 유지되는 데 도움이 됩니다.

찾는 팀원의 역할이 개발자인 경우에는 팀 내에서는 우리가 가장 잘 아는 사람입니다. 또한 같은 개발자인 자신과 가장 밀접하게 소통하게 되는 팀원이기도 합니다. 그러므로 자신과 맞는 팀원인지 판단해보는 것이 중요합니다. 자신이 백엔드 분야의 개발을 맡을 것이라면 프런트엔드 측면에서 스스로 개발할 수 있는 사람을 찾아야 좋은 팀을 구성할 수 있습니다. 짧은 대화 속에서 함께 협업할 수 있다고 생각되는 사람이라고 느낀다면 더욱 좋습니다. 이 정도의 기준이라면 함께할 팀원을 찾을 때 알면 유용한 기준으로 보입니다.

다음으로 '개발자를 찾고 있는 팀을 만나는 방법'에 관해서 이야기해보겠습니다.

팀을 찾는 입장에서는 시간이 지날수록 다른 팀은 팀원들이 충원되기 때문에 내가 들어갈 수 있는 팀이 점점 적어진다는 생각이 들게 됩니다. 그렇다면 팀 빌딩 초반에 자신을 많은 팀에게 알릴 수 있다면 좋을 것 같습니다. 팀원을 구하고 있는 팀을 상대로 자신을 알리려면 어떻게 할 수 있을까요?

해커톤 팀 빌딩이 이루어지는 로비에서는 많은 사람이 모여 서로의 팀을 구성하기 위해 수많은 이야기를 하게 됩니다. 자신을 소개하는 문구를 노트북, 태블릿에 적고 마치 전광판처럼 멀리서도 볼 수 있게 준비한다면 많은 팀과 이야기할 수 있는 데 도움이 됩니다. 실제로 조명이 어두운 분위기의 해커톤 현장에서 태블릿을 이용해 자신이 희망하는 주제와 할 수 있는 역할을 적어 자신을 홍보했던 참가자가 있었습니다.

우리는 태블릿을 이용해 자기 소개를 해보기로 합니다. 우선 글로 작성해봅니다.

> 의견 내기를 좋아하는 서버 개발자, OOO입니다.
>
> 희망하는 주제는 SNS에서에서 이커머스와의 결합입니다. 구매자가 신뢰할 수 있는 서비스를 만드는 것이 제가 생각한 프로젝트 방향성입니다.
>
> 사용 가능한 기술 스택은 Python, Django, Fast API가 있습니다. MySQL와 PostgreSQL의 RDBMS 경험이 있습니다. 해커톤 이전에는 서비스를 기획하고 개발과 제품 배포, 운영해본 경험이 여러 번 있습니다.

이를 화면에 담아서 많은 사람에게 보여야 하므로 자신을 소개하는 데 필요한 핵심 내용만을 넣어 재구성해보기로 합니다.

[그림 1-6] 태블릿을 이용한 자기소개

만일 온라인에서 이야기할 수 있는 슬랙Slack이나 디스코드Diccord와 같은 채팅 공간이 마련되어 있다면, 채널 내에서 자유롭게 자신을 소개하면서 팀을 찾을 수 있습니다. 우리가 참여한 해커톤의 온라인 채팅 공간에 태블릿에 적었던 내용을 재구성해서 작성해보기로 합니다.

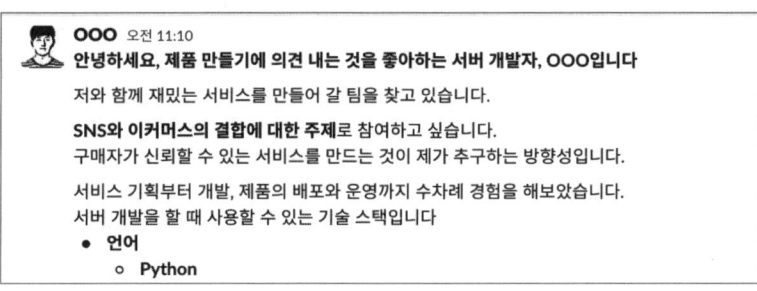

[그림 1-7] 해커톤 온라인 채팅 공간에서 구체적으로 자신을 홍보한 문구 일부

1.4 나와 맞는 팀 찾기

지금까지 팀 빌딩 과정에서 미리 알고 있다면 좋을 내용에 대해 다뤄보았습니다. 태블릿과 온라인 채널을 이용해 홍보했더니 개발자 팀원을 찾고 있는 팀에서 나에게 먼저 말을 건네 오곤 합니다.

이제 개발자로서 나와 맞는 팀을 찾는 방법에 대해서 알아보겠습니다.

개발 프로젝트를 진행할 때에는 프런트엔드 개발 영역과 백엔드 개발 영역을 담당하는 사람들의 비율이 적절해야 합니다. 모든 팀원의 실력이 좋다고 하더라도 프로젝트에 필요한 특정 영역의 팀원이 없다면 다른 팀원이 익숙하지 않은 영역에 많은 시간을 소모하게 되면서 제 실력을 발휘하기 어려울 것입니다. 또한 이럴 때 해당 팀원은 자신이 기대했던 일과는 다른 작업을 하게 되면서 프로젝트에 회의를 느끼곤 합니다. 이는 곧 팀의 사기 저하에도 영향을 미치게 됩니다. 따라서 팀원을 프로젝트의 방향에 맞게 적절히 구성하는 것은 매우 중요합니다.

같은 영역의 개발자를 찾는다면 개발자끼리 서로의 개발 스택이 비슷해야 협업하기가 쉽습니다. 또한 희망하는 주제에 따라서도 분야별로 필요한 사람의 비율이 달라집니다.

이번 해커톤에 제시된 세 번째 주제인, 사람들에게 이색 여행을 떠날 수 있게 제공하는 제품을 만들어 본다고 가정해보겠습니다. 팀원들과 논의를 통해 제품의 핵심 기능은 자신의 위치에서 가까운 여행지를 제공하는 것으로 정했습니다. 이 기능에 대해서 구체적으로 더 파고드니, 사용자가 원하는 장소가 강이나 산일 수도 있고, 더위나 추위를 피해 날씨에 영향받지 않는 장소에 가고 싶어 실내일 수도 있다는 생각이 들었습니다. 이를 위해 추천 기능을 넣어보자는 의견이 나왔습니다.

이런 경우, 서버 개발자에게는 추천 시스템을 만들어야 하는 상황에 놓이게 됩니다. 그러면 추천 시스템의 경험이 있는 서버 영역의 개발자 팀원이 있어야 진행이 수월할 것입니다. 그렇다면 팀 내부에서는 추천 시스템을 주로 담당하는 서버 개발자와 이외의 제품 영역에서 기능을 담당하는 서버 개발자가 한 명씩 있어야 제한된 시간 안에 제품을 선보일 수 있는 여력이 생깁니다. 그렇지 않다면 개발 일정이 해커톤 기간보다 길어져 끝내 완성하지 못하게 됩니다.

다른 상황도 가정해보겠습니다. 사용자에게 시각적인 재미를 주기 위해 화려한 애니메이션 효과가 담긴 화면을 보여주기로 했습니다. 이런 경우라면 위 작업을 진행하기 위해서 프런트엔드 영역에서 애니메이션 처리를 경험해 본 개발자가 있어야 합니다. 더불어 팀 내에 디자이너도 있어야 프런트엔드 영역에서 Lottie[5]와 같은 애니메이션 라이브러리를 활용해 화려한 화면을 제공할 수 있을 것입니다. 따라서 어떤 프로젝트를 진행할 것인지 따라 팀 내에 필요한 사람의 수와 비율이 달라집니다.

다시 해커톤 현장 로비로 돌아가 보겠습니다. 개발자 팀원을 구하고 있는 팀이 우리에게 다가왔고 희

---

[5] 높은 품질의 애니메이션을 네이티브 앱에 추가할 수 있는 라이브러리다. 자세한 내용은 https://airbnb.design/lottie/를 참고하기 바란다.

망하는 주제에 관해서 이야기를 나누어 봤습니다. 이 팀에서는 SNS의 이커머스 결합에 대한 주제를 정했다고 합니다. 한 팀원이 SNS 마켓을 통해 옷을 구매한 적이 있었고 옷 크기가 맞지 않아 환불을 요청했으나 환불이 어렵다는 답변을 받고 사업자와 연락이 두절되었다는 경험을 이야기해 주었습니다. 그래서 이런 경험을 바탕으로 사용자들이 SNS 마켓에서 안전한 거래를 할 수 있도록 하는 장치를 만들 것이라고 했습니다.

이 팀은 기획자 한 명, 디자이너 한 명, 그리고 프런트엔드 개발자와 백엔드 개발자가 각각 한 명씩 해서 총 네 명으로 이루어져 있었습니다. 이미 개발자가 영역별로 한 명씩 있었지만, 팀 내 개발자들의 판단으로 백엔드 개발자 한 명을 더 찾는 것으로 결정했다고 합니다.

결국, 주제 방향성과 인원을 추가로 구하기로 한 결정 과정이 마음이 들었고 끝내 이 팀으로 합류했습니다.

1.5 팀 내 역할 나누기

팀 빌딩도 완료되었으니 제품을 만들기 전에 역할을 나누어 진행하기로 합니다.

해커톤에서 기획자와 개발자, 디자이너가 하는 역할은 여느 프로젝트에서 하던 것과 크게 다르지 않습니다. 하지만 해커톤의 심사를 위해서 중간과 끝의 과정에 피칭 발표가 있고 제품을 만드는 주기가 48시간 이내로 아주 짧다는 특징이 있습니다. 따라서 역할 분배가 제대로 되지 않는다면, 조급한 마음에 제대로 결정하지 못해 공들여 만든 제품을 사람들에게 제대로 선보이지 못하고 끝나게 되는 불상사가 생길 수도 있습니다.

이러한 이유로 역할의 경계가 모호한 작업에 대해 미리 책임 소재를 나눠본다면 조금 더 순조로운 진행을 할 수 있습니다. 여기서 주의해야 할 점은 모든 상황에 대해 역할을 미리 나누어 대비하자는 것이 아닙니다. 발표 준비처럼 해커톤의 일정에서 충분히 예상할 수 있지만 당장 준비해야 하는 일이 아니어서 미루게 되는 것에 대해 역할을 나누어 볼 것입니다. 시간이 지나 해커톤 여정의 막바지로 갈수록 서로가 맡은 일이 바빠지면서 자칫 가장 필요한 준비를 놓칠 수 있기 때문입니다.

나누어야 하는 역할에는 이미 팀 빌딩 과정에서 명시적으로 나눈 기획, 디자인, 개발이 있습니다. 이 외에 나누어야 할 내용으로는 중간 피칭 발표와 마지막 발표에서 누가 발표할 것인지, 발표 자료의 보강은 누가 맡아서 진행할 것인지가 있습니다.

먼저 기본적인 기획, 디자인, 개발에서 맡는 역할을 다뤄보겠습니다.

- **기획 역할:** 제품의 기획 단계에서 아이디어를 구체화하고 제품 방향성에 맞게 기능을 정의하며 제품 개발의 로드맵을 관리하게 됩니다. 짧은 주기의 개발에서, 적어도 제공해야 하는 핵심 기능을 두어 제품의 방향성에 대해 관리하게 됩니다.
- **디자인 역할:** 제품의 디자인과 함께 사용자 경험을 고려하게 됩니다. 프런트엔드 개발자가 보게 되는 제품의 와이어프레임을 만들게 됩니다. 이때 만들어지는 와이어프레임은 중간 피칭 발표에서 심사위원과 다른 팀 참가자들의 집중을 받게 되는 요소이기도 합니다.
- **개발 역할:** 정의된 핵심 기능을 구현하는 방법에 대해 고려하게 됩니다. 제한된 시간 동안의 일정 산정을 고려해 기능을 만들고 실제 제품을 만들어갑니다. 더불어서 현재 우리의 팀처럼 2인 이상으로 이루어진 프런트엔드와 백엔드 개발자는 서로 간의 역할 분배도 필요합니다.

짧은 주기의 개발에서는 분업이 중요합니다. 백엔드 개발자를 예로 든다면, 기획이 이뤄지고 나서 한 명이 데이터베이스의 스키마를 설계하는 동안 다른 한 명의 팀원은 개발 프로젝트를 설정하는 작업을 진행하면 기능 개발에 더 많은 시간을 확보할 수 있기 때문입니다.

데이터베이스 스키마 설계와 프로젝트 설정 작업이 완료된다면 설계한 스키마를 상호 검토하며 필요한 API 명세를 작성해보는 흐름으로 이어갈 수 있습니다. 여기서 API 명세를 바로 작성하는 이유는 의존성 없는 원활한 협업을 하기 위해서입니다. 필요한 명세를 미리 정의한다면 프런트엔드 개발자와 백엔드 개발자 간의 작업 의존을 최소화할 수 있습니다. 만일 명세서를 작성하지 않고 진행한다면, 프런트엔드 개발자와 백엔드 개발자가 서로 생각한 구현 방법이 달라 두 번 작업해야 하는 일이 생길 수 있습니다.

또한 깃허브 이슈GitHub Issue[6]와 같이 개발 일정 산정 도구를 쓰는 것이 좋습니다. 개발을 시작하기 전에 같은 영역의 개발자끼리 작업할 내용을 깃허브 이슈로 생성해둔다면 단계별로 작업을 진행하고 중간마다 개발 현황을 파악하기 쉽습니다. 개발 현황을 간단히 파악할 수 있기에 이미 다른 개발자 팀원이 맡고 있는 작업을 자신이 중복해서 작업하고 있는 최악의 상황을 대비할 수 있습니다.

1.6 팀 빌딩을 마치고

이번 장에서 실제 해커톤의 진행에 대해 다루기 전에 해커톤이 무엇인지 그 의미와 기원을 알아보고 요즘 참여할 수 있는 주요 해커톤을 알아봤습니다. 그리고 해커톤 여정에서 끝까지 함께 할 팀을 찾기 위해서 자신을 사람들에게 소개하는 방법과 그렇게 만나게 된 팀 중 자신에게 잘 맞는 팀을 고르는 방

---

[6] 이 도구를 사용하면 프로젝트의 기능과 버그에 대해 무엇이 진행되고 있는지 추적할 수 있다.

법에 대해서도 다루었습니다. 팀 빌딩 과정은 해커톤의 첫 시작 단계인만큼 마지막 단계까지 영향을 미치는 요소입니다. 서로 다른 사람들이 모여 좋은 결과를 얻으려면 개개인의 실력도 중요하지만 서로의 의사를 존중하고 조율하는 것이 중요합니다.

다음 장부터는 10개의 해커톤 예제를 통해 아이디어를 어떻게 구현해야 하는지의 과정을 배웁니다.

소프트웨어 개발은 규모에 따라 다양한 개발 방법론이 존재하지만, 해커톤은 짧으면 24시간, 길어도 3~4일 안에 구현하거나 가능성 시연 단계까지 보여줘야 하기 때문에 개발자를 찾는 입장에서는 단기간에 개발 능력을 파악하는 데 유용하고, 참여자 입장에서도 짧은 시간에 수많은 문제를 해결하고 구현하면서 다양한 경험을 해볼 수 있다는 장점이 있습니다.

이제 다양한 문제를 통해 소프트웨어 개발의 재미를 느껴보기 바랍니다.

"해커톤, 지금 당장 도전해보세요!"

Chapter 2

거래하기 안전한 SNS 마켓 만들기

첫 번째 프로젝트를 시작합니다.

이 장에서는 'SNS 마켓 거래'라는 큰 주제를 중심으로 프로젝트를 설계하고 구현하는 과정을 다룹니다.

먼저, 프로젝트의 방향성을 정하기 위해 아이디어를 구상하고 주제를 선정합니다. 이어서, 제한된 시간 안에 프로젝트를 완성할 수 있도록 구현할 기능의 우선순위를 정리합니다. 그다음으로 데이터베이스 모델을 설계하고 API 문서를 작성하며 개발 준비를 마칩니다. 이 모든 과정을 거쳐 프로젝트를 완성해봅니다.

이 장을 읽으며 프로젝트의 구상부터 완성까지의 흐름을 간접적으로 경험해 보길 바랍니다.

2.1 아이디어 도출하기

1장에서 우리는 해커톤에서 함께할 팀을 구성했습니다. 이제 한자리에 모여서 아이디어를 도출해 보려고 합니다.

해커톤을 시작하기 전에는 무궁무진한 아이디어가 떠올라 어떤 서비스를 만들지 생각하며 신이 났지만, 상황을 눈앞에 마주하니 서비스를 만들기는커녕 무슨 서비스를 만들지조차 생각이 나지 않습니다. 이때 팀원 1이 마인드맵 기법을 통해 아이디어를 내보자고 제안합니다.

마인드맵 기법

마인드맵mind map 기법은 많은 사람에게 널리 알려진 아이디어 발상법으로, 키워드를 중심으로 시작해 가지를 뻗어나가며 아이디어를 내는 기법입니다. 팀 빌딩을 하면서 잠시 이야기를 나누었던 'SNS 마켓 거래'에 대해서 마인드맵을 그려보기로 합니다.

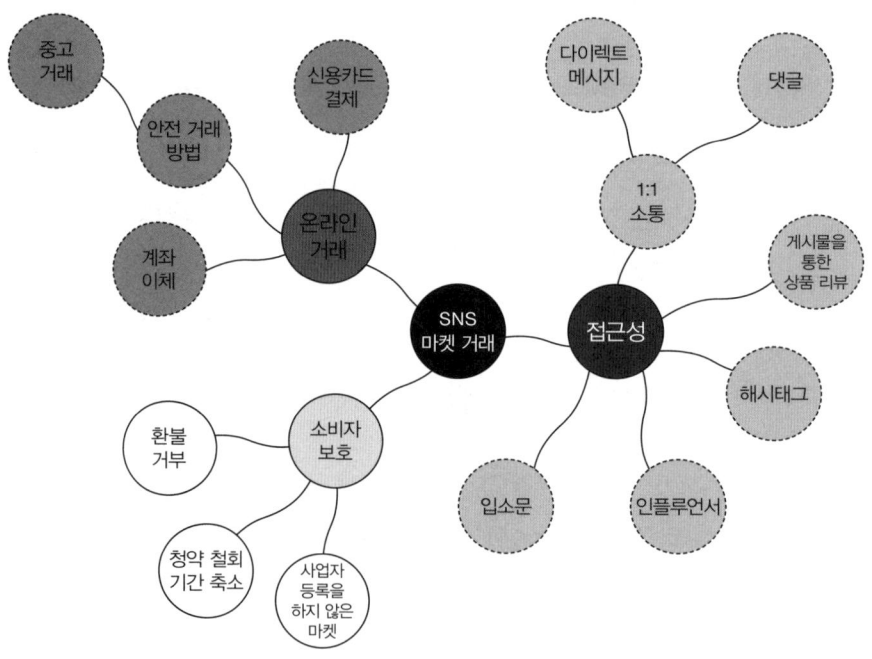

[그림 2-1] SNS 마켓 거래 마인드맵

'SNS 마켓 거래' 키워드를 중심으로 마인드맵을 작성했더니 온라인 거래, 소비자 보호, 접근성이 첫 번째 단계의 가지 단어로 나왔습니다.

그중 **접근성** 가지에서 뻗어나간 키워드에는 구매자와 판매자가 실시간으로 이야기할 수 있는 1:1 소통, 입소문, 인플루언서, 해시태그, 게시물을 통한 상품 리뷰가 있습니다.

SNS 마켓의 온라인 거래 방식을 보니 판매자는 판매 대금을 바로 지급 받을 수 있지만, 구매자는 현금 영수증을 받기 어려운 **계좌 이체**, 판매자에게는 수수료가 들거나 대금을 바로 정산 받을 수는 없지만, 구매자에게는 사용이 편한 **신용카드 결제와 안전거래 방법**이 있습니다. 안전거래는 **중고거래**에서도 지원하고 있습니다.

소비자 보호 키워드는 계좌 이체와도 관련이 있습니다. 판매 신고를 하지 않고 개인 간의 거래처럼 물건을 판매하는 식으로 운영하다 보니, 피해가 발생하면 구제 받기가 어렵습니다. **사업자 등록을 하지 않은 마켓**, 전자상거래법을 준수하지 않으며 **환불 거부**하거나, **청약 철회 기간 축소** 등의 경우가 생길 수 있습니다. 사업자 신고에 대한 확인없이 이용할 수 있는 계좌 이체를 하다보니, 피해는 소비자의 몫이 되었습니다.

이렇게 SNS 마켓에서 발생하는 거래 피해는 곧 SNS 플랫폼의 마켓 서비스에 대한 신뢰도 저하로 연결되면서 운영 기업에서도 이에 대한 심각성을 인지할 것이라는 시각을 얻을 수 있었습니다.

스캠퍼 기법

아이디어를 구체적인 안으로 도출해보고 싶은 팀원 2는 스캠퍼^{SCAMPER} 기법을 제안합니다. 스캠퍼 기법은 일곱 가지 다른 관점에서 아이디어를 찾아보는 브레인스토밍 기법입니다. 일곱 가지 기법의 앞 알파벳을 딴 스캠퍼 기법에는 대체하기(S)^{Substitute}, 결합하기(C)^{Combine}, 접목하기(A)^{Adapt}, 수정하기(M)^{Modify}, 용도 변경하기(P)$^{Put\ to\ another\ use}$, 제거하기(E)^{Eliminate}, 거꾸로 하기(R)^{Reverse}가 있습니다. 이들 관점을 이용해 새로운 방법을 찾을 수 있습니다.

SNS 마켓에 대해 스캠퍼 기법의 두 가지 방법을 이용해보려고 합니다.

S^{Substitute}

먼저 **대체하기**입니다. SNS 마켓의 결제 기능을 직접 구현하려면 상당히 복잡하기 때문에 대체하기 관점을 통해 이미 구현된 것을 가져와 사용할 수 있는지를 알아봤습니다. 이때 기존에 구매자와 판매자를 연결해주는 서비스인 네이버의 스마트 스토어를 생각해볼 수 있는데요. 스마트 스토어는 물건을 쉽게 판매할 수 있는 서비스로, 포털사이트에서 접근이 편하고 같은 계열사에서 제공하는 네이버 페이를 이용해 결제 관리 기능을 제공하고 있습니다. 또한 네이버 페이에서 결제 기능을 연동하려면 사업자 번호가 필요하고 사업자 번호에 대한 인증까지 진행합니다. 그러므로 결제 관련 기능을 네이버 페이에서 제공하는 기능으로까지 대체할 수 있습니다.

R Reverse

이번에는 스캠퍼 기법의 **거꾸로 하기**를 이용해보려고 합니다. SNS 마켓에 입점한 판매자들은 SNS 이용자에게 물건을 판매하면서 반품과 교환 같은 정책을 개별적으로 정해 운영하고 있습니다. 구매자들은 SNS 마켓에서 판매자의 정책으로 손해를 보게 되면, 동시에 해당 SNS 서비스 자체에 대해서도 부정적인 인식이 심어질 수 있습니다. 이런 인식이 누적되면 SNS 마켓 서비스의 활성 이용자 수치에도 타격을 줄 수 있습니다. 우리는 이러한 상황을 인지해 **거꾸로 하기**를 생각해봤습니다. SNS 마켓의 품질 보장을 위해 마켓 신고 제도를 도입하기로 해봅니다. 가게에 대한 리뷰 기능과 구매자들이 이용할 수 있는 신고 및 리뷰 기능을 추가하는 것입니다. **거꾸로 하기**의 예시입니다.

우리는 이로써 스캠퍼 기법을 통해 사업자 등록을 한 판매자만 SNS 마켓에서 물건을 팔 수 있게 하는 기능, 사용자의 SNS 마켓 신고 제도 기능에 대한 아이디어를 얻을 수 있었습니다.

스마트 기법

마지막으로 스마트^{SMART} 기법을 제안해봅니다.

스마트 기법은 원대한 목표를 정의하고 세우는 데 도움이 되는 다섯 개의 영단어 머리글자를 따서 만든 기법입니다. 스마트(SMART)의 S는 구체적인^{Specific}, M은 측정 가능한^{Measurable}, A는 달성 가능한^{Achievable}, R은 현실적인^{Realistic}, T는 기한이 정해진$^{Time-bound}$ 요소를 말합니다.

해커톤에서 이러한 스마트 기법을 쓰려는 이유는 따로 있습니다. 짧은 시간 동안 프로젝트를 진행하다 보면 진행 과정에서 본질을 잃어버리는 경우가 발생합니다. 남은 시간이 별로 없기 때문에 고민하는 것조차 부담으로 다가오기 때문입니다. 따라서 처음부터 목표를 수립하고 실현 가능한 계획인지 알아보는 것이 중요합니다. 무엇을 달성할 것인지 분명히 하고, 어느 정도 달성되었는지를 수시로 체크할 수 있고, 이를 달성하기 위해 명확히 무엇을 해야 하는지, 적당한 시간이 주어졌는지 설정할 수 있어야 합니다.

먼저 'SNS 마켓의 믿을 수 있는 거래 만들기' 주제를 낸 기업의 담당자가 '우리'라고 생각하고, 추구해볼 수 있는 목표를 정해봅니다. 아무리 좋은 기능이더라도, 예비 순위에 쌓아두는 기능이 아닌, 당장 실행할 만큼 필요하다고 느껴야 비로소 설득력 있는 제품이 되기 때문입니다. 이는 곧 해커톤에서도 모두가 공감하고 필요하다고 생각하는 제품이 됩니다. 그러므로 SNS 마켓 거래에 대해서 스마트 목표를 세워보기로 합니다.

S Specific

구체적인 목표를 세워보겠습니다. 기존에 설정한 주제인 'SNS 마켓에서 믿을 수 있는 거래 만들기'는 목표가 너무 모호해 청중들을 비롯해 같은 팀원 간에도 오해를 낳게 될 것입니다. 유명한 브랜드가 되면 믿을 수 있다고 생각할 수도 있고, 구매자가 상품 수령 후 판매 대금을 정산하는 방식을 만드는 것이라고 생각할 수도 있기 때문입니다. 그래서 청중들이 우리가 하고자 하는 내용을 들었을 때 모두 비슷한 결과물을 예상할 수 있도록 목표의 정의를 구체적으로 세워보려고 합니다.

'믿을 수 있는 거래'를 좀 더 구체적으로 '물건을 구매한 사용자의 교환/환불 정책에 대한 불편 접수 비율 줄이기'로 좁혀보겠습니다. 여기에서는 SNS 마켓에서 물건을 구매하고 접수되는 불편 접수 건수가 아닌 비율로 목표를 설정했습니다. 건수로 설정하게 된다면 SNS 마켓을 사용하는 이용자가 줄어드는 상황에서도 개선되는 것처럼 보이는 오류를 내기 때문입니다. 이렇게 목표를 'SNS 마켓에서 물건을 구매한 사용자의 교환/환불 정책에 대한 불편 접수 비율 줄이기'로 좁혀봄으로써 우리가 개선하고자 하는 것을 명확히 할 수 있습니다.

M Measurable

다음으로, 측정 가능한 목표를 세워보겠습니다. 측정할 수 없는 목표라면 결과를 내기 위해 프로젝트를 하는 과정에서 상황을 점검할 수 없습니다. 그렇기 때문에 예상과 다른 목표에 다다르더라도 상황을 인지하기 어렵습니다.

A Achievable

다음으로 점검해야 하는 것은 달성 가능한 목표를 세우는 것입니다. 현실적인 상황에서 목표를 세우는 것이 중요합니다. 목표를 지나치게 크게 잡아 달성할 수 없는 목표를 설정한다면 목표를 달성하는 과정에서 성취감을 얻지 못하고 금세 지칠 것입니다. 동기가 생기도록 중간 단계에서 성취감과 만족감을 주어 프로젝트를 지속할 수 있도록 해야 합니다. 목표를 현실적인 상황에서 달성 가능하도록 수치화해, 'SNS 마켓에서 물건을 구매한 사용자의 교환/환불 정책에 대한 불편 접수 비율을 30% 줄이기'로 정했습니다.

R Realistic, Relevant

이제 현실적이고 관련된 목표인지 점검해보겠습니다. 우리가 설정한 목표인 'SNS 마켓에서 물건을 구매한 사용자의 교환/환불 정책에 대한 불편 접수 비율 30% 줄이기'는 현실적이면서 사용자들의 물건 구매 경험의 긍정적인 개선과 관련성이 있어야 합니다. 불편 접수 비율을 줄이는 것이 목표가 아닌, 최종적으로 불편 접수 건수를 없애는 것은 굉장히 비현실적입니다. 어떤 이유로 물건을 구매한 사용자들에게 물건 구매 경험에 대한 긍정적인 개선을 주고자 하는지, 목표와 다르게 구매 경험에 대한 개선이 되지 않으면 어떤 결과가 발생하는지 점검해볼 필요가 있습니다.

Time-bound

마지막으로 목표에 기한을 두어야 합니다. 목표에 기한이 없다면 중간 단계를 나누어 성과를 측정할 수 없고, 동기를 부여할 수 없게 됩니다.

해커톤은 실제 48시간 동안 진행하지만, 데모를 선보이고 실제 SNS 서비스 회사가 실행에 옮기는 기간은 다른 것으로 고려했습니다. 그리고 사실적인 스토리텔링을 하기 위해 '1분기 동안 SNS 마켓에서 물건을 구매한 사용자의 교환/환불 정책에 대한 불편 접수 비율을 기존 대비 30% 줄이기'로 설정했습니다. 이를 해결하기 위해, SNS 마켓 입점 시 사업자 번호 검증 단계 추가하기, 교환/환불 정책을 구매자들이 인지할 수 있게 하기, 소요되는 비용이 무료인 경우에는 SNS 마켓 정보에 인증 배지 수여하기와 같은 메리트를 주기로 했습니다.

2.2 구현 기능 범위 정하기

짧은 시간 동안 프로젝트를 진행해 선보여야 하는 해커톤에서는 무리없이 제품을 만들 수 있도록 핵심 기능을 잘 정립하고 적절한 기능의 구현 범위를 산정하는 부분이 중요합니다. 또한 해커톤에서는 중간 중간마다의 이벤트가 존재하며 발표를 위해 준비하는 시간도 필요하기 때문에 참여하기 전에 생각했던 시간보다 더 제한적인 상황에 놓이게 됩니다. 쉬지 않고 연속해서 계속 진행하므로 체력적인 부분도 함께 고려해 어느 부분까지 개발할지를 정하는 것이 필요합니다.

이제 아이디어를 도출했으니 기획한 프로젝트별로 개발 범위를 정하는 과정을 살펴보겠습니다. 먼저 함께 아이디어를 나누면서 정한 방향으로는 SNS 마켓에 입점 등록 시에 무분별한 등록을 막기 위해 사업자 번호 검증 단계를 추가하고, 교환/환불 정책을 SNS 마켓에 명시하고, 교환/환불 정책에 따라 배지 부여와 같은 메리트를 주기로 했습니다.

이 기능들을 사용자 스토리로 풀어보려고 합니다. [사용자 스토리 2-1]

사용자 스토리 2-1

사업자 번호 검증
1. SNS 마켓 입점 시 사업자 번호를 입력한다.
2. 사업자 번호 API를 통해 진위를 확인한다.
3. 진위 확인 성공 시
    a. 진행을 재개한다.
4. 진위 확인 실패 시
    a. 입점 불가 메시지를 보여준다.

교환/환불 정책 명시
【SNS 마켓에 첫 상품을 올리는 경우】
  a. 교환/환불 정책 설정을 확인한다.
      i. 정책 설정이 되어 있는 경우
          1. 상품 올리기를 재개한다.
      ii. 정책 설정이 되어 있지 않은 경우
          1. 작성하는 페이지로 이동한다.
              a. 단계별로 설정한다.
                  i. [무료 환불, 택배비 편도 본인 부담, 7일 이상의 N일 내 환불 가능]
                  ii. [무료 교환, 택배비 편도 본인 부담, 택배비 왕복 본인 부담]

【사용자가 해당 마켓에서 상품을 구입하는 경우】
  b. 처음 구입하는 경우
      i. 교환/환불 정책과 마켓이 속하는 단계를 보여준다.
      ii. 동의 버튼을 누른다.
      iii. 결제를 진행한다.
  c. 두 번째부터 구입하는 경우
      i. 바로 결제를 진행한다.

【사용자가 해당 마켓에서 상품을 교환/환불한 경우】
- 교환 상품 도착 후 판매자가 영업일 3일 이내에 물건을 재발송한 경우
    o 송장번호 확인이 되는 경우: 인증 배지를 부여한다.
- 영업일 3일 이내에 환불 처리가 된 경우
    o 환불 처리를 누른 경우: 인증 배지를 부여한다.

【상품 피드】
- 인증 마켓 필터 활성화 시
    o 인증 배지(무료 환불/교환 이력 있음)를 받은 마켓의 상품만 보여준다.
- 인증 마켓 필터 비활성화 시
    o 모든 상품을 보여준다.

이렇게 기능에 대한 사용자 스토리를 구성해봤습니다. 사업자 번호 검증, 판매자와 소비자의 교환/환불 정책 표시, 인증 배지 기능과 피드의 배지 유무를 통한 상품 필터링에 대한 기능이 나왔습니다.

이제 '1분기 동안 SNS 마켓에서 물건을 구매한 사용자의 교환/환불 정책에 대한 불편 접수 비율을 기존 대비 30% 줄이기' 주제에 대한 핵심 기능은 무엇이고, 정해진 시간 동안 어떤 기능을 만들 수 있을지 파악해보기로 합니다. 물건을 구매한 사용자의 교환/환불 정책에 대한 불편 접수 비율을 줄이는 것이 목표이므로 소비자의 불편 접수 비율을 줄이는 것에 초점을 맞추어 핵심 기능을 구성하겠습니다. 이에 대한 핵심 기능을 세 가지로 추려볼 수 있습니다.

1. 소비자가 상품을 처음 구입하는 경우 교환/환불 정책 표시
2. 인증 배지 기능
3. 피드에서 배지 유무에 따른 상품 필터링

판매자가 사용하는 기능은 SNS 마켓을 운영하려면 필요한 내용이지만, 이 서비스에 대한 POC[Proof of Concept] 단계의 제품을 만드는 과정에서는 소비자와 맞닿아 있는 기능에 집중하는 것이 좋다고 생각했습니다. 이 핵심 기능에 대해서는 위와 동일한 순서로 진행하려고 합니다.

이에 대한 이유는 다음과 같습니다.

기존의 다른 SNS 마켓에서는 교환 환불 정책이 모호합니다. 그러므로 이에 대한 정책을 소비자들에게 친숙하게 보여준다면 구입하기 전에 이를 인지할 수 있게 됩니다. 그리고 이러한 정책이 실제로 지켜지고 있다는 인증 배지를 통해서 사용자들은 상품을 구매하는 과정에서 판매자가 써놓은 어려운 약관을 이해할 필요 없이 그림으로 단번에 이해할 수 있습니다. 이 과정에서 정책을 찾는 피로도가 줄어들어 상품을 구매하는 데 방해하지 않는 장치로 기대할 수 있을 것입니다.

마지막 핵심 기능인 피드 배지유무에 따른 상품 필터링은 인증 배지 기능에 의존하고 있는 기능입니다. 인증 배지 기능이 상품에 대해서 배지를 표시하는 역할을 했다면, 이 배지에 대해 좋은 인상을 받은 사용자는 다음 번에 상품을 찾는 과정에서 배지가 붙은 상품만 찾고 싶은 요구[needs]가 생길 것을 고려했습니다.

핵심 기능을 세우고 순위를 두었으니, 만일 계획했던 일정과 팀의 상황이 다르게 흘러가더라도 중간 단계에서 보여줄 수 있는 프로젝트에 대해 대비할 수 있는 이점이 생깁니다. 핵심 기능을 모두 구현하고도 해커톤의 시간이 남는다면 판매자가 사용하는 기능에 대해서 진행해보기로 하면서 구현 기능 범위를 정하는 단계를 마칩니다.

2.3 주어진 상황을 고려한 기술 스택 정의하기

이번 해커톤에서 만들 프로젝트의 주제를 선정하고 기획을 마쳤으니 이제 본격적으로 기술적인 관점에서 제품을 구현해보려고 합니다. 해커톤에서는 짧은 시간 안에 아이디어를 도출해 기획하고 제품을 만들어내야 합니다. 좋은 아이디어를 내는 것만큼 계획한 기능들을 빠르게 구현하는 것도 아주 중요한 요소입니다. 적은 시간 동안 빠르게 개발할 수 있는, 개발 생산성이 높은 프레임워크를 선택해보며, 서버와 클라이언트 간의 통신에서 필요한 규약인 API 문서를 작성하는 방법을 진행합니다.

우리가 속한 팀 내에서 개발 인원은 프런트엔드 개발자 한 명과 서버 개발자 두 명이라고 가정합니다. 프런트엔드 개발자는 자신에게 익숙한 React.js를 사용해 웹 프런트엔드 개발을 진행하기로 했고, 서버 개발자는 두 명이 공통적으로 사용할 수 있는 언어인 파이썬Python을 사용하기로 했습니다. 파이썬의 웹 프레임워크로는 플라스크Flask를 사용하기로 했습니다. 플라스크는 웹 애플리케이션 서버를 쉽게 개발할 수 있는 파이썬 기반의 경량 웹 프레임워크입니다.

플라스크에 관해 설명하기 전에 파이썬의 다른 웹 프레임워크인 장고Django를 함께 소개하고 이들의 차이를 알아보겠습니다.

장고 https://github.com/django/django

파이썬의 오픈소스 고수준 웹 애플리케이션 프레임워크입니다. 기본적으로 필요한 설정이 담긴 템플릿을 생성해주어 실제 구현 내용에 대해서만 신경을 쓸 수 있게 도와주므로 개발을 빠르게 할 수 있다는 장점이 있습니다.

예를 들어, 보안 설정에 대한 내용, 웹에서 서버 요청 시에 필요한 CORS Cross-Origin Resource Sharing 정책을 장고에서 지원하는 기능으로 쉽게 설정할 수 있습니다. 그리고 데이터베이스에 쿼리를 호출해 필요한 데이터를 얻는 과정에서 ORM Object Relational Manager을 이용하면 직접 SQL 쿼리를 작성하지 않아도 객체를 통해 데이터베이스의 데이터를 다룰 수 있습니다. 따라서 장고에서는 프레임워크 내부에서 ORM을 제공해 정의한 모델의 객체를 가지고 데이터베이스의 데이터를 다룰 수 있습니다.

플라스크 https://github.com/pallets/flask

이어서 설명할 플라스크 프레임워크는 이미 짐작할 수 있듯 장고보다는 경량화된 프레임워크입니다. 문서의 설명에서도 경량 WSGI Web Server Gateway Interface 웹 애플리케이션 프레임워크라고 소개하고 있습니다. 플라스크는 장고와 달리 프로젝트의 구조나 의존성에 대한 강제성이 없습니다. 장고에는

ORM이 있지만 플라스크에서는 ORM을 제공하지 않아 SQLAlchemy와 같은 라이브러리를 사용합니다. 개발자가 직접 설정해야 한다는 번거로움이 있지만 필요하지 않은 내용은 빼면서 새로운 모듈이 필요하다면 쉽게 추가할 수 있는 특징이 있습니다.

더불어 장고에서는 기본으로 제공하는 어드민 기능과 보안을 위한 미들웨어를 제공합니다. 하지만 우리는 이러한 기능을 현 단계에서 고려하고 있지 않습니다. 필요한 최소한의 기능이 구현되는 것으로 충분하므로 경량 프레임워크인 플라스크를 사용하기로 한 것입니다.

데이터베이스에는 마켓과 상품의 정보, 사용자 정보와 사용자가 어떤 마켓에서 어떤 상품을 구매했는지에 대한 데이터가 필요합니다. 이러한 내용을 저장하기 위한 데이터베이스로는 SQLite를 사용하기로 합니다.

다음으로는 플라스크에서 데이터베이스에 접근할 때 필요한 ORM을 정해야 합니다. 플라스크와 장고를 비교하면서 언급한 ORM에 대한 내용으로, 장고는 프레임워크 내에서 ORM을 제공하고 있지만 플라스크는 그렇지 않습니다. 따라서 SQLAlchemy 라이브러리를 추가해서 플라스크 내에서 ORM을 이용하기로 합니다.

결정된 기술 스택

'거래하기 안전한 SNS 마켓'의 개발 기술 스택으로, 프런트엔드 개발은 React.js로, 백엔드 개발은 파이썬, 플라스크, SQLAlchemy, SQLite로 정했습니다.

SQLite를 사용하는 이유

앞서 개발 스택을 정하는 과정에서 데이터베이스를 SQLite로 정했습니다. SQLite는 관계형 데이터베이스로, 로컬 데이터 스토리지로 사용합니다. 또한 SQLite는 트랜잭션transaction을 보장하고 있는 데이터베이스로 임베디드, IoT 기기에서 유용하게 사용하고 있습니다. 여기서 트랜잭션이란 특정 구간 내의 일 중 어느 하나가 실패하면 같은 구간 내의 다른 동작도 모두 실패하게 만드는 특성입니다.

데이터베이스를 SQLite로 정하는 데 우려하는 점도 있으리라 생각합니다. 누군가는 파일 시스템으로 저장되어 이후에 서비스가 커지면 서버의 수평 확장성을 고려하기 어렵다고 할 것입니다. 또 누군가는 데이터베이스의 요청 양이 많거나 엄청난 양의 데이터셋이 저장된다면 더 이상 SQLite를 사용할 수 없다고도 이야기할 것입니다.

SQLite는 동시에 한 개의 쓰기만이 가능하고, 데이터베이스 크기가 281테라바이트(1테라바이트= 1,024기가바이트)라는 점이 있습니다. 이러한 한계점은 언젠가 데이터베이스 성능의 병목 현상을 일

으키게 되는 주요 원인이 될 것입니다. 그러나 제품의 프로토타입을 빠르게 선보이는 단계에서 데이터 양이 적은 점과 실제 요청 빈도가 굉장히 낮은 점을 고려한다면 SQLite를 사용하면서 얻는 이점이 더 크다고 생각합니다. SQLite는 로컬 데이터 스토리지이므로 클라이언트/서버 SQL 데이터베이스 엔진인 MySQL, PostgreSQL과는 달리 데이터베이스 서버를 가동할 필요가 없기 때문입니다.

이를 통해 팀원들이 서로가 다른 개발환경에서 데이터베이스 서버를 실행하고자 설치하는 데 소요되는 시간, 설치 후 서버와 연결하는 과정에서 발생하는 오류를 해결하기 위해서 검색하는 시간을 절약할 수 있습니다. 팀원들이 해커톤 현장에서 처음 만나 이전에 함께 작업한 프로젝트가 없으므로 인프라 환경 구축이 되어 있지 않다는 점도 고려해야 합니다.

환경 설정에 대한 시간을 줄이는 것은 앞으로 펼쳐질 촉박한 일정이라는 제한된 환경에서 큰 도움이 됩니다. 또한 웹사이트에서 하루 동안 데이터베이스 쿼리를 호출하는 양이 10만 회 수준이라면 데이터베이스로 SQLite를 이용하는 것을 고려할 수 있습니다. 이 정도의 호출 양이라면 현재 단계에서 제품을 완성 후 시연하는 과정에서 응답이 지연되는 현상이 생기는 문제는 없을 것으로 보입니다.

2.4 서비스 아키텍처 구성하기

개발 스택을 정했으니, 이제 세부적인 서버 설계를 할 차례입니다. 하지만 그전에 '거래하기 안전한 SNS 마켓'의 서비스 아키텍처를 먼저 설계해보기로 합니다. 앞서 언급한 개발 스택을 토대로 다이어그램을 그려봤습니다.

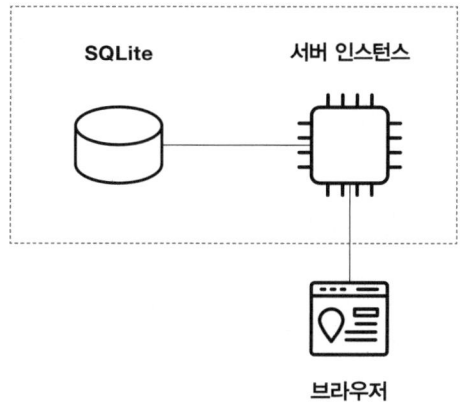

[그림 2-2] 아키텍처 설계

플라스크 기반의 서버와 데이터베이스로는 SQLite를 사용합니다. 여기서 데이터베이스는 서버를 통해서만 접근할 수 있습니다. 따라서 브라우저가 데이터를 가져오려면 서버에 요청을 해야 SQLite에 접근할 수 있습니다.

그렇다면 여기서 "만약 데이터베이스로 SQLite가 아닌 MySQL이나 PostgreSQL을 사용했다면, 브라우저에서 데이터베이스에 접근할 수 있는 구조로 설계해도 될까요?"라고 물을 수 있습니다. 그리고 이에 대한 정답은 "좋은 선택은 아니다"입니다.

웹 브라우저와 같은 클라이언트에서 데이터베이스에 접근한다면 데이터를 전달하기 위해 필요한 서버를 생략할 수 있습니다. 그러나 데이터가 무방비로 노출될 수 있는 치명적인 단점이 있습니다. 데이터베이스에서 보안을 설정할 수 있지만, 권한 문제를 모두 고려하기는 어렵기 때문입니다.

서버에서는 SNS 마켓 기능에 필요한 기능을 API로 개발해 제공하고, 웹에서는 이 API를 이용해 사용자에게 맞닿아 있는 화면과 동작을 구성하게 됩니다. 이렇게 구성된 구조를 **클라이언트-서버** 모델이라고 부릅니다.

2.5 플라스크 프로젝트 구조 정하기

이제 SNS 마켓의 상품 정보 데이터, 구입 내역 조회와 같은 기능을 제공하는 플라스크로 이루어진 서버의 프로젝트 구조를 정해봅니다.

플라스크는 프로젝트의 구조나 의존성에 대한 강제성이 없습니다. 따라서 구조를 정하지 않고 진행하면 팀원과 각자 코드를 작성하고 합치는 과정에서 구조를 통일하는 데 적지 않은 시간이 소요될 수 있습니다. 그러므로 플라스크의 프로젝트 구조를 미리 정해서 함께 협업하는 사람과 구현하려는 방향이 충돌하지 않도록 해야 합니다.

구조를 작성하기 전에, 서버가 데이터베이스에 어떻게 접근하는지에 대해서 이야기해보고자 합니다. 플라스크 서버에서 데이터베이스인 SQLite로 어떻게 접근해야 할까요? 이를 위해서 ORM$^{Object\ Relational\ Mapping}$이라고 하는 객체-관계 매핑의 설명이 필요합니다.

데이터를 정의하기 위해서 객체지향 언어에는 '클래스'가 있고 데이터베이스에는 '테이블'이 있습니다. 이때 객체 모델과 관계형 모델 간의 연결을 이루기 위해서 ORM을 사용하게 됩니다. 이를 사용한다면 객체를 통해서 데이터베이스의 데이터를 읽고, 생성하고 변경하거나 삭제할 수 있습니다. 그러면 객체지향적인 코드를 작성할 수 있어 개발자의 입장에서 더욱 직관적으로 코드를 작성할 수 있습니다. 즉, SQL 쿼리를 작성하지 않고 객체 모델에 대한 코드를 작성해 데이터베이스에 있는 데이터를 다룰 수 있습니다. 이는 SNS 마켓의 상품 정보를 보여주거나 인증 배지 표시와 같은 비즈니스 로직을 구현하는 데 집중할 수 있도록 도와줍니다.

그리고 ORM은 데이터베이스에 종속적이지 않아 이식성이 높습니다. 이후에 제품의 사용자 수가 많아지면서 성능을 개선하기 위해 SQLite가 아닌 다른 데이터베이스의 사용을 고려하게 되는 상황에서도 쿼리를 다시 작성하지 않고도 ORM은 다른 데이터베이스에 맞는 SQL 쿼리를 생성합니다.

이번 프로젝트에서는 객체 모델과 관계형 모델을 연결하기 위한 ORM으로 SQLAlchemy를 사용하게 됩니다. 따라서 플라스크의 구조를 구성하면서도 객체 모델을 정의하는 공간이 필요합니다. 이를 위해서 models 디렉터리 내에 객체 모델을 정의하기로 합니다.

가게를 정의한 모델은 'markets', 상품은 'items', 주문 내역은 'orders'로 두겠습니다. 따라서 입점한 가게에 대한 정보와 상품 정보, 주문 내역을 정의한다면 아래와 같은 구조가 될 수 있습니다.

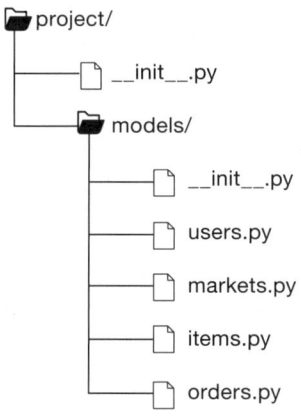

[그림 2-3] 서버의 프로젝트 구조

API 서버에는 여러 기능을 담고 있습니다 여러 기능에 대해 요청하기 위해서는 하나의 API에 요청하지 않고, API 서버 내에 각 경로를 분리해서 여러 API를 구성해 이용합니다. 그러므로 이들 경로에 대해 정의하고 컨트롤러를 두기 위한 공간이 필요합니다. 경로에 대해 정의한다는 의미를 담아 routers로 디렉터리 이름을 지어보겠습니다.

입점한 가게에 대한 API 컨트롤러는 routers 디렉터리 내의 markets.py에서 정의하고, 상품에 대한 API 컨트롤러는 items.py에서, 주문 내역에 대한 API 컨트롤러는 orders.py에서 정의합니다(이곳에 정의하는 각 API의 경로는 뒤에서 작성합니다).

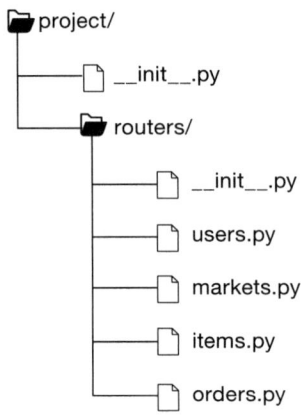

[그림 2-4] 경로를 분리해 여러 API로 구성된 디렉터리의 모습

이제 제품의 비즈니스 로직 처리를 담당할 서비스 레이어를 두어야 합니다. SNS 마켓 개발에서 필요한 비즈니스 로직이라 하면 입점 가게 생성하기, 상품 구매하기, 입점한 가게에 인증 배지 부여하기, 인증 배지가 있는 상품 데이터만 가져오기 등이 있습니다. 서비스 레이어를 정의하는 위치는 최상위 디렉터리인 project 내에 services라는 이름으로 디렉터리를 두기로 합니다.

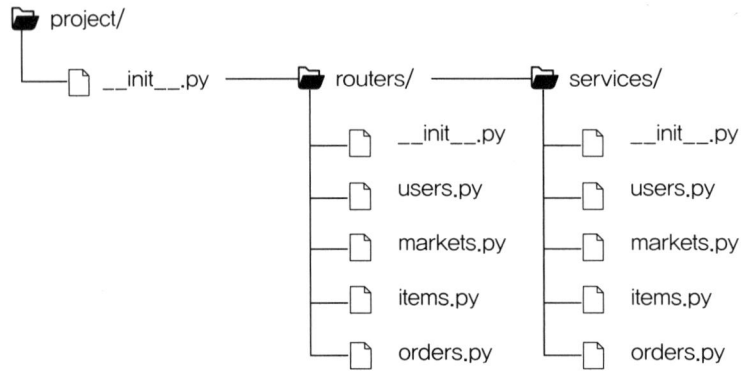

[그림 2-5] 별도의 서비스 레이어를 만들기

여기서 services 디렉터리를 둔 이유가 궁금한 분도 있을 것 같습니다. 컨트롤러 레이어인 routers 디렉터리 내에서 비즈니스 로직을 처리하지 않고 서비스 레이어를 따로 둔 이유는 무엇일까요?

서비스 레이어를 따로 분리한다면 컨트롤러 레이어인 routers 디렉터리 내의 파일에서 가지고 있는 양이 적어진다는 점이 있습니다. 그리고 각 역할에 맞게 구조가 분리되어 있기 때문에 프로젝트 구조에 대한 가독성을 높여 다른 누군가가 프로젝트 구성을 볼 때 이해하기 쉬운 구조로 구성할 수 있습니다. 또한 시간이 지나 프로젝트에 많은 기능이 들어가는 상황에서 코드를 다시 이해하느라 소비하는 시간을 절약할 수 있습니다. 그러므로 이렇게 디렉터리를 분리하면 컨트롤러에서 구현한 코드의 가독성이 좋아져 협업하는 사람에게 이해하기 좋은 코드가 됩니다.

그리고 서비스 레이어를 분리한다는 것은 객체지향 프로그래밍 관점에서 책임을 맡는 공통 모듈로 분리한다는 의미도 있습니다. 즉, 코드의 재사용성이 높아져 로직을 다시 구현하는 경우가 줄어듭니다. 이는 코드의 생산성이 높아지므로 짧은 기간이 주어진 해커톤에서 시간을 절약하는데 도움이 됩니다.

서비스 레이어를 분리한 전체 구조는 아래처럼 구성했습니다.

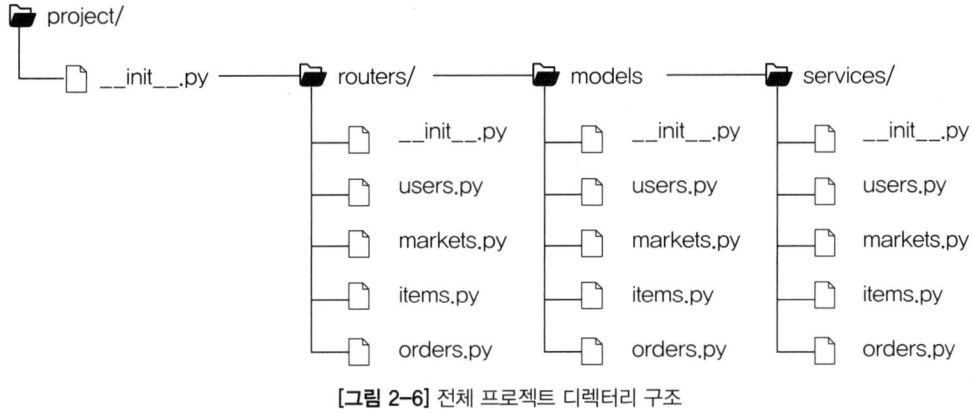

[그림 2-6] 전체 프로젝트 디렉터리 구조

이렇게 기능 기반으로 디렉터리를 나누어 구조를 설계한 것을 '기능 기반 조직 구조Functional Based Structure'라고 합니다.

- routers 디렉터리에서는 API의 경로 지정과 컨트롤러에 대한 구현을 맡습니다.
- models 디렉터리에서는 데이터베이스에서 얻은 값을 객체의 형태로 담기 위한 구현을 맡습니다.
- services 디렉터리에서는 비즈니스 로직을 위한 동작을 맡습니다.

비즈니스 로직이란 기획에서 구성한 흐름을 바탕으로 올바른 결과를 내기 위한 영역입니다. '인증 배지를 얻은 경우 상품에 배지를 보여준다'와 같은 내용이 비즈니스 로직을 의미합니다.

전반적인 프로젝트 구조 설계를 마쳤으니, 이제 다음으로 클라이언트 개발자와의 협업에서 필요한 API 스펙을 정의하러 가보겠습니다.

2.6 데이터베이스 모델 정의하기

이번 차례에서는 User, Market, Item, Order 모델을 데이터베이스 테이블로 정의합니다. 모델 간의 연관 관계를 정의하며 어떻게 데이터를 표현할지에 대해서 알아보게 됩니다. 테이블을 설계하기 전에 모델 간의 연관 관계를 생각해보겠습니다.

먼저 가게는 여러 상품을 올릴 수 있습니다. 그리고 사용자는 한 번 주문할 때 상품을 여러 개 살 수 있습니다. 사용자는 주문이 끝나고도 여러 번 계속해서 주문을 진행할 수 있습니다. 그리고 사용자의 첫 번째 주문에 id가 1인 상품을 주문하고, 두 번째 주문에서도 id가 1인 상품을 다시 주문할 수 있습니다. 또한 사용자가 처음 SNS 마켓을 사용하는 시점에서는 주문 내역이 비어 있는 상태일 것입니다.

이 점을 고려해서 데이터베이스 테이블의 엔티티-관계 모델 Entity Relationship Diagram(줄여서 ERD라고 합니다)을 구성해봅니다. 인터넷 브라우저를 통해 엔티티-관계 모델을 쉽게 작성할 수 있도록 템플릿을 제공하는 여러 웹 기반 도구가 있습니다. Lucid Chart, Draw.io, ERD Cloud가 대표적입니다. Lucid Chart와 Draw.io는 범용 다이어그램 편집 도구로 ERD를 비롯해 서버의 전체적인 아키텍처나 사용자 플로우를 작성할 수 있습니다.

우선 ERD 설명에 앞서 몇 가지 용어를 이해해야 합니다.

엔티티

먼저, '엔티티 Entity'입니다. 엔티티는 데이터베이스에서 서로 구별되는 객체를 말합니다. users라는 사용자 정보를 담는 테이블이 있다면 첫 번째 user와 두 번째 user는 각각의 엔티티입니다.

그리고 테이블 간의 관계를 설명하기 위한 용어가 있습니다.

1:1(일대일) 관계, 1:N(일대다) 관계

1:1 관계는 자신과 연결된 엔티티가 반드시 하나의 관계를 형성하는 것을 의미합니다. 한 테이블의 엔티티는 참조하는 테이블에서 하나의 엔티티를 가지게 됩니다. 1:N 관계는 자신이 여러 엔티티와의 관계를 형성하는 것을 의미합니다. 한 테이블의 엔티티는 참조하는 테이블에서 여러 엔티티를 가지는 것입니다. 사용자와 주문 내역이 1:N 관계라면 "한명의 사용자는 여러 주문 내역을 가질 수 있다"가 됩니다.

그리고 N:M(다대다) 관계가 있습니다. N:M 관계는 주문 내역과 상품 간의 관계가 될 수 있습니다. 한 테이블의 엔티티는 참조하는 테이블에서 여러 엔티티를 가질 수 있고, 참조되는 테이블에서도 역으로 여러 엔티티를 가질 수 있는 구조입니다. 간단한 예시를 들어보겠습니다. 하나의 주문에는 여러 상품을 담을 수 있습니다. 그리고 한 상품에는 여러 주문이 들어갈 수 있습니다. 이러한 경우를 N:M 관계라고 부릅니다.

이번 프로젝트에서 설계한 테이블의 엔티티 관계 중 users와 orders 테이블은 1:N 관계입니다. orders와 items 엔티티는 N:M 관계입니다. 그리고 markets와 items는 1:N 관계입니다.

markets과 items 테이블의 관계에 대해 N:M이라고 혼동하는 경우도 있습니다. 티셔츠를 A라는 마켓, B라는 마켓에서 팔 수 있고, A라는 마켓에서는 티셔츠도 팔고 맨투맨도 판다는 이유에서입니다. 그러나 데이터베이스에서 티셔츠와 맨투맨은 items라는 같은 테이블에 존재하는 엔티티입니다. 티셔츠를 A라는 마켓에서 팔고 B라는 마켓에서 판다고 해서 티셔츠가 A와 B 마켓과 각각 연결될 순 없습니다. A 마켓의 티셔츠와 B 마켓의 셔츠는 다른 엔티티로 봐야 하기 때문입니다.

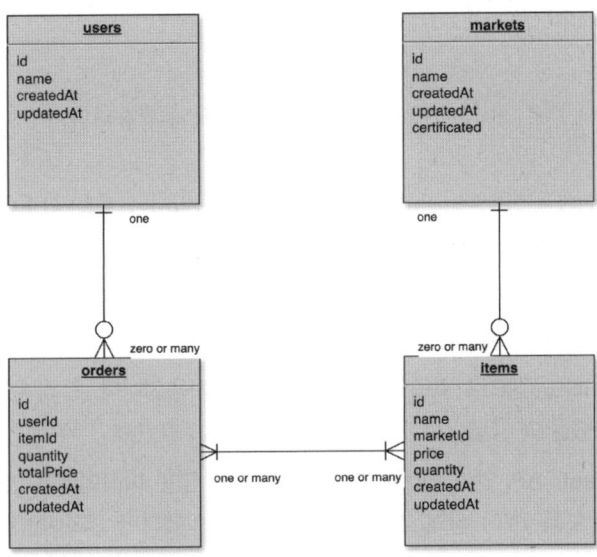

[그림 2-7] 데이터베이스 모델 정의하기

2.7 구현에 앞서 REST API 스펙 작성해서 공유하기

이제 API 스펙을 설계해보려고 합니다. 그런데 그 전에, API 스펙이라는 것이 무엇일까요?

SNS 마켓 제품의 서비스 아키텍처를 설계한 2.4절에서 클라이언트와 서버는 클라이언트-서버 아키텍처로 이루어진다고 했습니다. 사용자가 SNS 마켓에서 제품 목록을 보고, 주문을 하려면 클라이언트는 서버와 통신이 필요합니다. 이때 HTTP 표준 프로토콜과 REST 형식을 사용할 것입니다.

HTTP

우선 HTTP입니다. HTTP는 Hypertext Transfer Protocol의 약어abbreviations로 네트워크의 계층 중 가장 상위 계층인 응용 계층의 프로토콜입니다.

> **REF** 네트워크 계층은 OSI 7 계층으로, 물리, 데이터 링크, 네트워크, 전송, 세션, 표현, 응용 계층으로 이뤄집니다.

HTTP는 HTML과 같은 하이퍼미디어 문서를 전송하기 위한 프로토콜이며 상태가 없는 특성이 있습니다. 상태가 없다는 것은 두 요청 간에 아무런 데이터를 보관하지 않는다는 것입니다. HTTP와 관련해서는 소개할 내용이 매우 많지만 여기서는 생략하고 자주 사용하는 HTTP 응답 상태 코드만 설명하겠습니다.

서버 API를 개발하면서 주로 접하는 HTTP 상태 코드는 다음과 같습니다.

- **200 OK**: 요청이 성공했을 때 나타나는 응답 상태 코드입니다. GET과 POST, HEAD, TRACE 메서드를 사용해 요청에 성공했을 때 이 코드를 받게 됩니다.
- **201 Created**: 서버에 요청해 리소스가 성공적으로 생성되었을 때의 응답 상태 코드입니다. 주로 POST로 요청해 응답을 얻을 때 사용하게 됩니다.
- **204 No Content**: 응답으로 별도의 내용이 없을 때 사용합니다. 글의 임시 저장, 업데이트 등 PUT 요청을 사용했을 때 응답으로 사용합니다.
- **400 Bad Request**: API 엔드포인트에 대해 올바르지 않은 파라미터를 넘길 때 확인할 수 있는 상태 코드입니다. 요청 시 이 상태 코드가 오는 것을 확인했다면 클라이언트의 요청 내용을 다시 확인해야 합니다.
- **401 Unauthorized**: 사용자에 대한 인증에 실패했을 때 나오는 상태 코드입니다. 이 경우에는 사용자의 계정 정보를 올바르게 입력해서 해결할 수 있습니다.
- **403 Forbidden**: 사용자의 권한에 따른 인가에 대한 상태 코드입니다. 401 Unauthorized와 비슷해보이지만 사용자의 권한이 없어 발생한 경우이므로 다시 올바르게 사용자 계정을 입력해도 해결할 수 없다는 점이 다릅니다.
- **500 Internal Server Error**: 클라이언트의 요청을 받아 서버가 처리하는 과정에서 오류가 발생할 때 확인할 수 있습니다. 대부분 서버 애플리케이션의 로직에서 예상하지 못한 버그가 발생한 경우에 응답으로 500 상태 코드를 확인할 수 있습니다.

REST API

다음으로 REST API에 관해 설명합니다. REST는 Representational State Transfer의 두문자어 acronyms로, 클라이언트가 서버의 데이터에 접근하는 과정에서 POST, GET, PUT, DELETE 등의 HTTP 메서드를 통해 데이터를 생성할 것인지, 읽을 것인지, 수정할 것인지 또는 삭제할 것인지에 대해서 명시할 수 있습니다.

REST API는 URL을 통해 자원에 대해서 이름으로 구분해 API 요청이 어떤 동작을 하게 되는지를 URL과 HTTP 메서드만을 가지고 유추할 수 있다는 장점이 있습니다. 예를 들어, POST /markets로 요청하는 API가 있다고 가정합시다. POST는 생성을 뜻하는 HTTP 메서드이며, markets는 (뒤에서 설명할) 가게에 대한 모델로 정의했습니다. 따라서 이는 가게를 생성하는 API임을 짐작할 수 있습니다.

GET 메서드를 통한 예시도 보겠습니다. GET /markets/1로 요청하게 된다면 조회를 뜻하는 HTTP 메서드인 GET, ID가 1인 markets 모델에 대해서 요청한 내용으로 ID가 1인 markets 모델에 대한 정보를 조회하는 API로 짐작할 수 있습니다.

이렇게 REST API는 자원에 대한 표현을 하며 요청 메시지가 의도하는 바를 명확하게 알 수 있다는 장점이 있습니다. 또한 HTTP 표준 프로토콜을 사용하므로 플랫폼의 제약이 없다는 점도 장점이 됩니다.

이제 API 스펙을 설계하기로 합니다. 여기서는 핵심 기능으로 다음 세 가지를 설정했고 이 기능을 구현하기 위해서 필요한 API를 정리해보겠습니다.

1. **사용자가 상품을 처음 구입하는 경우 교환/환불 정책 표시**
2. **인증 배지 기능**
3. **피드에서 인증 배지 유무에 따른 상품 필터링**

사용자가 상품을 처음 구입하는 경우 교환/환불 정책을 표시하는 과정은 다음과 같이 정했습니다.

```
1. 처음 구입하는 경우
    a. 교환/환불 정책과 마켓이 속하는 단계를 보여준다.
    b. 동의 버튼을 누른다.
    c. 결제를 진행한다.
2. 두 번째부터 구입하는 경우
    a. 바로 결제를 진행한다.
```

[그림 2-8] 사용자가 상품을 처음 구입하는 경우 교환/환불 정책 표시 과정

이 기능의 구현을 위해서 우선 처음 구입했는지의 여부를 알 수 있어야 합니다. 그리고 상품의 정보를 조회하고, 결제하는 기능이 필요해 보입니다.

다음으로 '인증 배지' 기능과 '피드에서 인증 배지 유무에 따른 상품 필터링'을 확인해보겠습니다. 인증 배지가 사용되는 경우는 다음과 같습니다.

> **상품 피드**
> 1. 인증 마켓 필터 활성화 시
>   a. 인증 배지를 받은 마켓의 상품만 보여준다.
> 2. 인증 마켓 필터 비활성화 시
>   a. 모든 상품을 보여준다.

[그림 2-9] 인증 배지가 사용되는 과정

이 기능을 구현하려면 우선 상품 피드 목록 API가 필요하며 인증 배지 여부에 대한 필터 기능도 제공해야 합니다. 다시 기능을 구현하기 위해 필요한 API를 정리해보겠습니다.

- 상품 피드 목록 조회 API
  - 인증 배지 필터링
- 상품 구입 여부 API
- 상품 상세 조회 API
- 결제 API

사용자가 사용하는 API가 아닌 관리자admin 기능으로 필요한 가게 생성, 인증 배지 부여에 관한 기능은 이번 범위에서 설계하지 않기로 합니다. 데이터베이스에 데이터를 미리 준비한 상태로 시연하는 것으로도 충분히 제공할 수 있기 때문입니다.

그럼 상품 피드 목록 조회 API를 우선 작성해보겠습니다. [함께 해봐요 2-1]

요청 헤더로는 Authorization을, 요청 쿼리 파라미터로 page, per, certifiedBadge를 두었습니다. 요청 헤더인 Authorization에는 Bearer Token=<사용자의 Token> 형식으로, 사용자의 계정 정보를 대신해 권한을 가지는 토큰 값을 입력하게 됩니다. 토큰을 입력함으로써 해당 사용자여야 확인할 수 있는 정보에 대해 접근할 수 있게 됩니다.

page는 Integer 타입으로 기본값으로 1을 두었고, per는 한 번에 가져올 상품 개수를 지정하는 파라미터로 Integer 타입이며 기본값으로 12를 두었습니다. per의 최대 크기는 100으로 두며, 100보다 큰 값을 요청하는 경우에는 Bad Request 상태 코드인 400을 제공합니다. per를 100 이하로 요청한 경우에는 Success 상태 코드인 200과 함께 상품 100개를 응답으로 제공하도록 합니다.

응답으로는 data 필드 내에 item 모델에 대한 정보를 배열로 제공합니다. item 모델 내에는 market 필드에 가게에 대한 정보로 가게 ID와 가게 이름을 제공합니다.

이제 상품 구입 여부 API를 설계해보겠습니다. [함께 해봐요 2-2]

함께 해봐요 2-1 상품 피드 목록 API 설계

GET /items

요청 헤더
- Authorization

요청 쿼리 파라미터
- page
  - 타입: Integer
  - 기본값 1
- per
  - 타입: Integer
  - 기본값 12
- certifiedBadge
  - 타입: Boolean
  - 기본값 false

응답 Body

상태 코드 200
```
{
  "data": [{
    "id": 1,
    "name": "무지 반팔 티셔츠",
    "price": 5000,
    "market": {
      "id": 1,
      "name": "무지티 파는 가게"
    },
    "created_at": "2030-09-01T13:00:00",
    "updated_at": "2030-09-01T13:00:00"
  }]
}
```

상태 코드 400
```
{
    "message": "한 번에 요청할 수 있는 개수는 최대 100입니다."
}
```

함께 해봐요 2-2 상품 구입 여부 API 설계

GET /orders/exists

요청 헤더
- Authorization

요청 파라미터
- 없음

응답 Body
```
{
  "data": true
}
```

함께 해봐요 2-3 상품 상세 조회 API 설계

GET /items/{id}

요청 Path 파라미터
- id
    - 타입: Integer

응답 Body

상태 코드 200
```
{
 "data": {
    "id": 1, "name": "무지 반팔 티셔츠", "price": 5000,
    "market_id": 1,"quantity": 100, "description": "이번에 출시한 무지 반팔 티셔츠입니다.",
    "created_at": "2030-09-01T13:00:00", "updated_at": "2030-09-01T13:00:00"
  }
}
```

상태 코드 404
```
{ "message": "상품이 존재하지 않습니다." }
```

> **함께 해봐요 2-4** 결제 API 설계

> POST /order?item_id={item_id}&quantity={quantity}
>
> 요청 Path 파라미터
> - itemId
>   - 타입: Integer
>   - 설명: 상품의 ID
> - quantity
>   - 타입: Integer
>   - 설명: 구입하려는 수량
>
> 응답
>
> 상태 코드 201
> ```
>   {
>     "data": {
>       "id": 16,
>       "user_id": 1,
>       "item_id": 2,
>       "quantity": 2,
>       "total_price": 200,
>       "created_at": "2023-06-18T10:57:32",
>       "updated_at": "2023-06-18T10:57:32"
>     }
>   }
> ```
>
> 상태 코드 400
> ```
>   { "message": "해당하는 상품이 없습니다" }
> ```

응답으로 상품을 이전에 구매한 경우엔 true를, 구매한 이력이 없는 경우엔 false를 반환하게 됩니다.

이제 상품 상세 조회 API를 구현해봅니다. [함께 해봐요 2-3]

이번에는 요청 파라미터에 Path 파라미터가 있습니다. 이는 쿼리^{Query} 파라미터와 달리, 경로에 파라미터를 넣어서 사용하게 됩니다. 즉, 상품 ID가 5라고 한다면, GET /items/5로 요청해 상품의 상세 정보를 확인할 수 있습니다.

응답으로는 상품의 고유 ID, 이름, 가격, 상품을 파는 가게의 고유 ID, 남아 있는 수량, 상품 설명이 있습니다. 만일 상품 ID가 없는 경우에는 응답 상태 코드로 Not Found를 의미하는 404를 반환하며 응답 Body의 data 필드는 null로 제공하기로 합니다.

이제 마지막 API로 결제 API를 설계합니다. [함께 해봐요 2-4]

결제 API라고 하면 네이버 페이 API, 카카오 페이 API와 같은 실제 송금이 이뤄지는 API를 생각할 것입니다. 하지만 이를 이용하려면 사업자 등록 번호가 필요하며 승인까지 적지 않은 시간이 필요합니다. 이러한 문제에 부딪치지 않기 위해서 실제 결제는 이뤄지지 않지만, 임의의 데이터가 제공되는 목업[1] API를 구현하기로 합니다.

우선 결제 API의 Path 파라미터로 상품의 ID가 필요합니다. 다른 API와는 다르게 이 API의 성공에 대한 상태 코드는 201입니다. 이는 생성됨을 의미하는 상태 코드입니다. 구입에 성공해 Order 모델의 데이터가 생성되었으므로 201을 반환하게 됩니다.

응답의 Body에서는 상품 ID, 구매한 수량, 결제 내역의 ID, 결제한 시점에 대한 값을 받게 됩니다. Path 파라미터에 들어갈 itemId에 들어간 값이 존재하지 않는 상품 ID인 경우에는 404를 반환하게 됩니다. 이는 상품 상세 조회 API에서 상품이 없는 경우 반환하는 상태 코드와 동일합니다.

이렇게 설계한 API 스펙은 OpenAPI 규격에 맞게 작성해 프런트엔드 개발자와 공유하기로 합니다.

> **참고** 다른 언어를 쓴다면 무엇을 사용할 수 있을까?
>
> SNS 마켓 제품을 만들면서 언어로는 파이썬, 웹 프레임워크로는 플라스크를 사용했습니다. 그리고 데이터베이스는 SQLite3, ORM으로는 SQLAlchemy를 사용했습니다.
>
> 다른 기술 스택을 쓰게 된다면 장고 웹 프레임워크를 사용해볼 수 있습니다. 장고 웹 프레임워크를 사용하면 내장된 장고 ORM을 이용할 수 있습니다. 앞서 플라스크와 장고의 차이점을 비교했기에 자세한 내용은 생략하겠습니다.
>
> 그렇다면 파이썬이 아닌 다른 언어를 사용하게 된다면 어떤 언어로, 그리고 어떠한 기술 스택을 사용할 수 있을까요? 국내에서 가장 많이 사용하는 언어인 자바를 첫 번째 예시로 들어보겠습니다.
>
> 자바에서 사용할 수 있는 대표적인 웹 프레임워크로는 스프링 부트Spring Boot 그리고 라인Line의 아메리카Armeria가 있습니다. 스프링 부트는 기존 스프링 프레임워크에서 필요한 설정의 많은 부분을 자동화해 스프링을 편하게 이용할 수 있도록 하는 프레임워크입니다.
>
> 아메리카는 라인 메신저와 라인 프렌즈로 알려져 있는 라인에서 만든 마이크로서비스 프레임워크입니다. 아메리카에서는 스프링 부트를 활용할 수 있다는 특징이 있습니다. 그리고 REST API, Thrift, gRPC 등 다양한 프로토콜을 하나의 서버에서 구성할 수 있다는 특징이 있습니다.

---

1 실제품을 만들어 보기 전, 디자인 검토를 위해 실물과 비슷하게 시제품을 제작하는 작업의 과정과 결과물을 통칭한다.

2.8 완성된 프로젝트 실행하기

앞서 '거래하기 안전한 SNS 마켓 만들기' 프로젝트를 기획하고 API 설계까지 마쳤습니다. 이제 설계한 내용을 바탕으로 프로젝트를 직접 구성하고 소스코드의 내용과 실행 방법을 알아볼 차례입니다.

참고로 이 책은 처음부터 코드를 구성하며 진행하지 않습니다. 코드 구현까지 자세하게 설명하는 것보다는 아이디어 도출, 아키텍처 설계 주요 API 설계에 초점을 맞추고 있습니다. 코드 구현이 힘들다면 깃허브GitHub에 올려놓은 소스코드를 확인하며 따라해보면서 구현해보길 바랍니다. 직접 구현할 수 있는 독자 분들은 소스를 보지 않고 직접 구현하는 것을 추천합니다.그렇지만 구현에 대한 설명을 하지 않아도 코드를 어떻게 구성하는지 와닿을 수 있게 설명하겠습니다.

이번에 소개하는 프로젝트의 소스코드는 깃허브의 리포지토리에 올려두었습니다. 그리고 프로젝트의 소스코드를 보기 위한 환경 설정을 위해 비주얼 스튜디오 코드Visual Studio Code와 깃허브 데스크톱깃허브 데스크톱 설치가 필요합니다. 이번 절의 내용을 진행하기 전에, A.1 깃허브 데스크톱으로 프로젝트 리포지토리 클론하기를 읽고 돌아와주세요.

소스코드를 보기 위해 비주얼 스튜디오 코드를 이용합니다. /User/aaronroh/hackathon-project 경로에 리포지토리를 클론했다면 /User/aaronroh/hackathon-project/SnsMarket 폴더를 열어주세요.

SnsMarket 폴더를 열었다면 아래 이미지와 같은 폴더와 파일 구조를 확인할 수 있습니다.

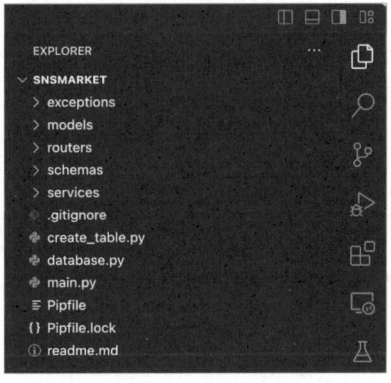

[그림 2-10] SnsMarket 폴더 구조

이 프로젝트는 Python 3.11.4 버전을 사용했습니다. 개발환경에서 프로젝트마다 여러 가지의 파이썬 버전을 사용하게 될 텐데요. Pipenv라는 패키지 관리 도구를 이용해 프로젝트 단위로 파이썬의 패키지를 관리할 수 있도록 했습니다.

우선 개발환경에 Python 3.11.4 버전을 설치하고자 아래 URL로 들어갑니다.

URL https://www.python.org/downloads/release/python-3114/

그러면 아래와 같은 화면이 나오는 것을 볼 수 있습니다.

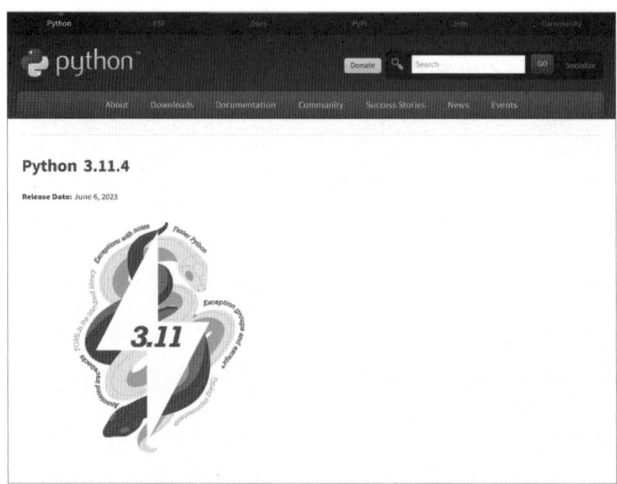

[그림 2-11] Python 3.11.4 다운로드 페이지 ①

스크롤을 내려 웹 페이지의 하단의 [Files]에서 환경에 맞는 설치 파일을 다운로드합니다. MacOS 사용자라면 'macOS 64-bit universal2 installer'를, 64비트 윈도우즈 사용자라면 'Windows installer(64-bit)'를 다운로드합니다.

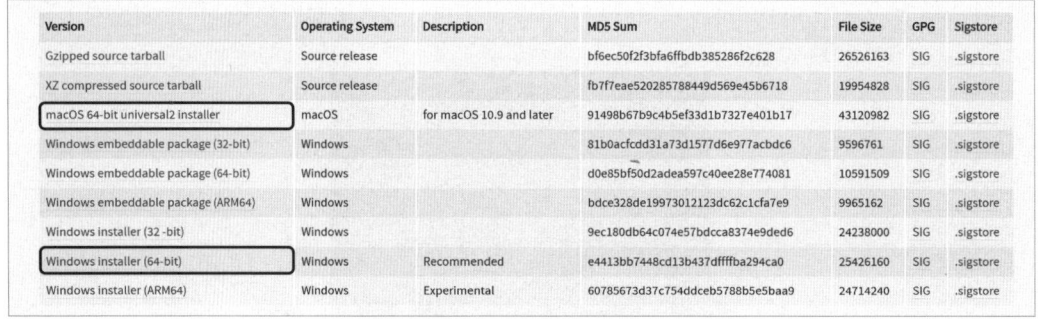

[그림 2-12] Python 3.11.4 다운로드 페이지 ②

파이썬을 설치했다면 다음 명령어를 이용해 Pipenv를 설치합니다.

```
$ pip install pipenv
```

이제 Pipenv를 통해 가상 환경을 활성화합니다. 가상 환경을 이용하는 이유는 프로젝트마다 환경을 분리해 패키지를 관리하기 위해서입니다. 앞으로 다양한 프로젝트를 설치하고 동작을 확인할 것이므로 환경을 분리하면 패키지의 버전이 달라 발생하는 오류에 미리 대비할 수 있습니다.

이 프로젝트에는 FastAPI, SQLAlchemy 등의 패키지가 필요합니다. 이는 Pipfile과 Pipfile.lock

이라는 파일에서 명시되어 있습니다. Pipfile에는 필요한 패키지가 명시되어 있으며, Pipfile.lock은 Pipfile에서 설치한 패키지의 버전을 명시하고 있습니다. 만일 Pipfile에서 패키지의 버전이 *로 설정되어 있다고 해보겠습니다. 이 경우 개발자들이 모두 같은 버전을 사용하지 않게 되며 업데이트하는 시기에 따라 그에 맞는 최신 버전으로 자동 설치가 됩니다. 이러한 문제를 Pipfile.lock 파일을 통해 패키지 버전을 명시적으로 둠으로써 시기가 달라도 동일한 버전을 사용하도록 제공하고 있습니다.

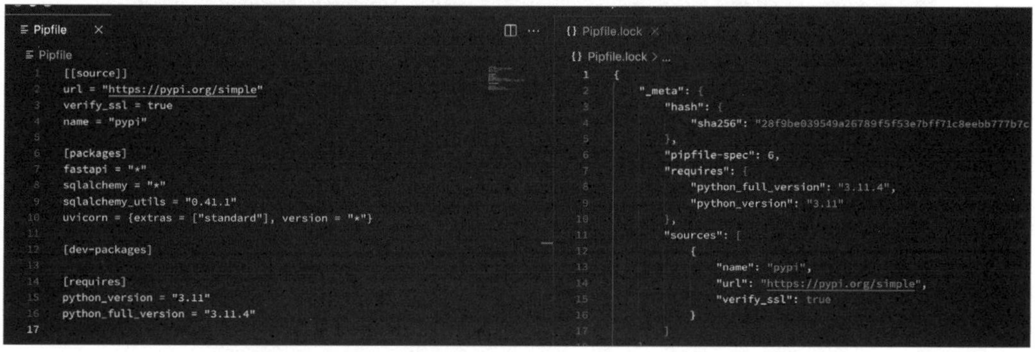

[그림 2-13] Pipfile.lock 파일을 통해 패키지 버전을 명시적으로 관리하기

이제 아래 명령어를 통해 필요한 패키지를 설치합니다.

```
$ pipenv install
```

그리고 아래 명령어를 이용해 가상 환경을 활성화합니다.

```
$ pipenv shell
```

이제 서버를 실행해 동작을 확인하려고 합니다(아래 명령어는 가상 환경이 활성화된 상태에서 실행해야 합니다). 우선 SNS 마켓의 Sqlite3 데이터베이스를 구성해야 합니다. 이를 위해 프로젝트에서 테이블의 생성과 더미 데이터에 대해 정의해둔 create_table.py 파일을 실행합니다.

```
$ python ./create_table.py
```

실행하니 sns-market.db 파일이 생성되었습니다. 이 파일은 sqlite3 데이터베이스 파일입니다.

[그림 2-14] sns-market.db 파일이 생성된 모습

데이터베이스의 테이블 내용을 확인할 수 있도록 비주얼 스튜디오 코드의 Extensions 기능에서 SQLite Viewer를 설치했습니다. 웹 브라우저를 통해 아래 URL에 접속하면 비주얼 스튜디오 코드의 Extension으로 설치할 수 있습니다.

URL https://marketplace.visualstudio.com/items?itemName=qwtel.sqlite-viewer

[그림 2-15] SQLite Viewer 설치하기

sns-market.db를 SQLite Viewer를 통해 열어보면, 아래와 같이 데이터베이스 테이블과 행(Row)이 추가된 것을 확인할 수 있습니다.

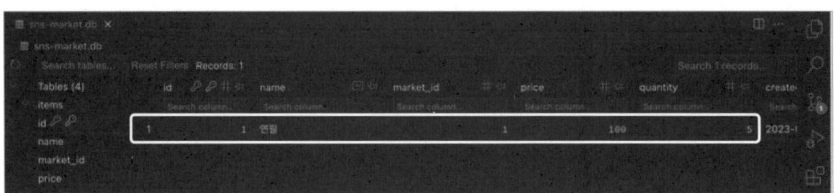

[그림 2-16] sns-market.db를 SQLite Viewer를 통해 열어보기

서버를 실행해 동작을 확인하겠습니다.

```
$ python -m uvicorn main:app
```

```
(SnsMarket) aaronroh :: ~/hackathon-project/SnsMarket ‹master› » python -m uvicorn main:app
INFO:     Started server process [58821]
INFO:     Waiting for application startup.
INFO:     Application startup complete.
INFO:     Uvicorn running on http://127.0.0.1:8000 (Press CTRL+C to quit)
```

[그림 2-17] 서버 실행하기

서버가 실행되고 있음을 확인할 수 있습니다. 웹 브라우저를 열어 `localhost:8000/docs`에 접속하겠습니다. 그러면 다음과 같이 스웨거Swagger 문서가 나오는 것을 볼 수 있습니다.

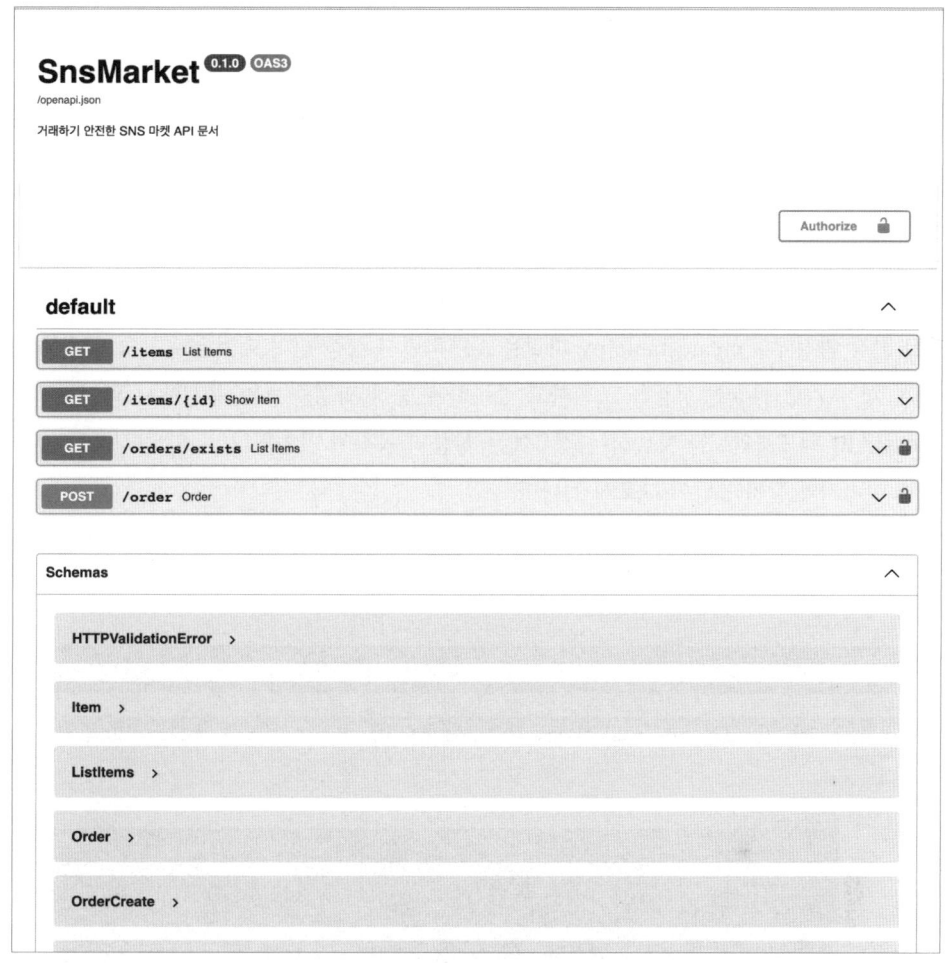

[그림 2-18] 스웨거 문서

사용자 간의 요청을 구분할 수 있게 하고자, main.py에서 user_map이라는 변수를 선언했습니다. 이를 가지고 Authorization 헤더에 토큰 값을 담아 요청하면, 서버는 토큰 값을 읽어 어떤 사용자인지 식별할 수 있습니다. 이 프로젝트에서는 로그인 기능을 별도로 마련하지 않았습니다(그 이유에 대해서는 12장에서 다룹니다).

사용자 ID 1번의 토큰은 aaaa이며 사용자 ID 2번의 토큰은 bbbb가 됩니다. 사용자 ID 1번이 요청한 것으로 사용한다면 API 문서 상단의 Authorize 버튼을 누른 뒤, 아래와 같이 Value에 aaaa를 토큰 값을 설정합니다.

[그림 2-19] 토큰 값 설정하기

프로젝트 설정 과정에서 create_table.py 파일을 실행하면서 상품 더미 데이터로 개당 100원하는 연필을 다섯 개 추가했습니다. 상품을 조회하고 주문하는 동작 과정을 API 문서에서 확인해보겠습니다. /items API 엔드포인트를 호출하는 경우에는 상품의 목록이 반환됩니다. 연필 상품을 추가했으므로 아래 이미지와 같이 응답이 나오게 됩니다.

[그림 2-20] 연필 상품 추가 후 응답 결과

이제 /order API 엔드포인트를 호출해 상품 주문을 이뤄보겠습니다. 연필을 세 개 구매하려고 합니다. 연필의 id는 1이고 수량은 3이므로 아래 이미지와 같이 Request body에 { "item_id": 1, "quantity": 3 }을 넣습니다. 상태 코드로 201이 반환되며 주문에 성공한 걸 볼 수 있습니다.

[그림 2-21] 상품 주문해보기

SQLite Viewer를 통해 orders 테이블에서 user_id가 1, item_id로 연필의 id인 1, quantity에는 수량인 3이 기록되었습니다. 그리고 total_price에는 연필 세 개의 총 가격인 300이 기록된 것을 확인할 수 있습니다.

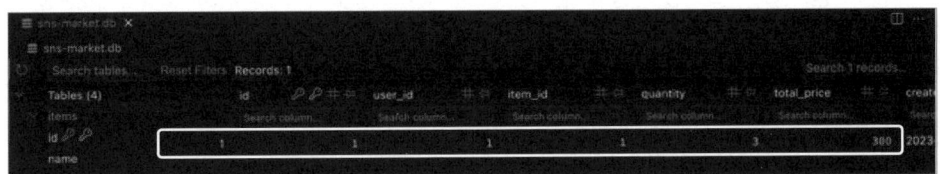

[그림 2-22] SQLite Viewer로 orders 테이블 변화 확인하기

이것으로 거래하기 안전한 SNS 마켓 만들기의 API 서버 프로젝트 설정과 동작 실행을 확인해봤습니다.

아직도 아홉 가지의 해커톤 프로젝트가 준비되어 있습니다. 이번에 다룬 첫 번째 프로젝트를 통해 보다 친숙하게 접근해보길 바랍니다.

> **참고** **스웨거 문서를 작성할 때의 장점**
>
> 해커톤에서는 일반적으로 스웨거Swagger 문서를 직접적으로 보여주는 것은 드뭅니다. 해커톤은 시간이 제한되어 있고, 제한된 시간 동안 우리 팀이 만든 제품의 핵심 기능과 매력을 강조하는 것이 중요하기 때문입니다. 그러나 이는 스웨거 문서가 중요하지 않다는 것을 의미하지 않습니다.
>
> 스웨거 문서는 API의 명세를 문서화하는 데 사용됩니다. 예를 들어, 만약 우리 제품이 RESTful API를 사용한다면, 이 API의 엔드포인트, 요청 및 응답 형식, 그리고 인증 방법을 스웨거 문서로 명확하게 정의할 수 있습니다. 해커톤에서도 팀원 간의 원활한 협업이 필요하기 때문에, 스웨거 문서를 작성하는 것은 중요한 과정입니다.
>
> 우리 제품이 2장에서 진행한 프로젝트처럼 웹 애플리케이션과 상호 작용하는 RESTful API를 제공한다면, 스웨거 문서를 통해 API의 사용법을 명확하게 설명할 수 있습니다. 이렇게 함으로써 다른 팀원들은 우리 API를 쉽게 이해하고 이를 기반으로 자신의 작업을 진행할 수 있습니다.
>
> 따라서 해커톤에서 스웨거 문서 작성은 개발 프로세스의 중요한 부분이며, 제품의 완성도와 협업을 강화하는 데 도움이 될 수 있습니다.

> **참고** **거래하기 안전한 SNS 마켓 만들기를 실제 서비스로 만들려면 어떤 게 필요할까**
>
> 우리는 이번 프로젝트를 통해 사업자 번호 인증 API와 인증 배지와 같은 기능을 도입했습니다. 이들은 사용자들의 안전성과 신뢰성을 향상시키는 데 중요한 역할을 합니다. 예를 들어, 사업자 번호 인증을 통해 사용자들은 실제 사업자인지를 확인할 수 있고, 인증 배지는 신뢰할 수 있는 판매자임을 보여줄 수 있습니다.
>
> 하지만 실제로 시장에 내놓아 사용자들을 확보하기 위해서는 안전하고 편리한 결제 시스템이 필요합니다. 이를 통해 사용자들은 신용카드, 간편 결제 등 다양한 결제 방법을 편리하게 이용할 수 있습니다.
>
> 또한 모든 사용자는 안전하게 인증되어야 합니다. 개인정보 보호 및 결제 정보 보안이 보장되어야 하며, 이는 법적인 요구사항을 충족해야 할 수 있습니다. 따라서 이에 대한 추가적인 개발이 필요할 수 있습니다.

Chapter 3
주변 대학의 학생식당 메뉴 모아보기

이번 프로젝트에서는 대학이 학생들을 대상으로 하는 여러 서비스에 대해서 아이디어를 내보고자 합니다. '대학'이라는 단어를 들으면 '학생식당' '캠퍼스 생활' '대학 장학금' 등 다양한 주제가 떠올라 여러 프로젝트를 진행할 수 있습니다.

그러나 이 중에서 어떤 주제가 가장 이목을 끌 수 있을지 정하긴 어려운 것 같습니다. 그래서 2장에서도 아이디어를 내는 도구를 가지고 학생식당의 메뉴를 모아보자는 주제를 선정했습니다.

이 장에서는 이와 관련한 서비스 아키텍처와 기술 스택을 알아보고 구현한 서비스의 실행까지 경험해보겠습니다.

3.1 아이디어 도출하기

2장에 이어 3장부터는 세 가지 기법을 이용해서 아이디어를 도출해보기로 합니다. 먼저 마인드맵입니다.

마인드맵 기법

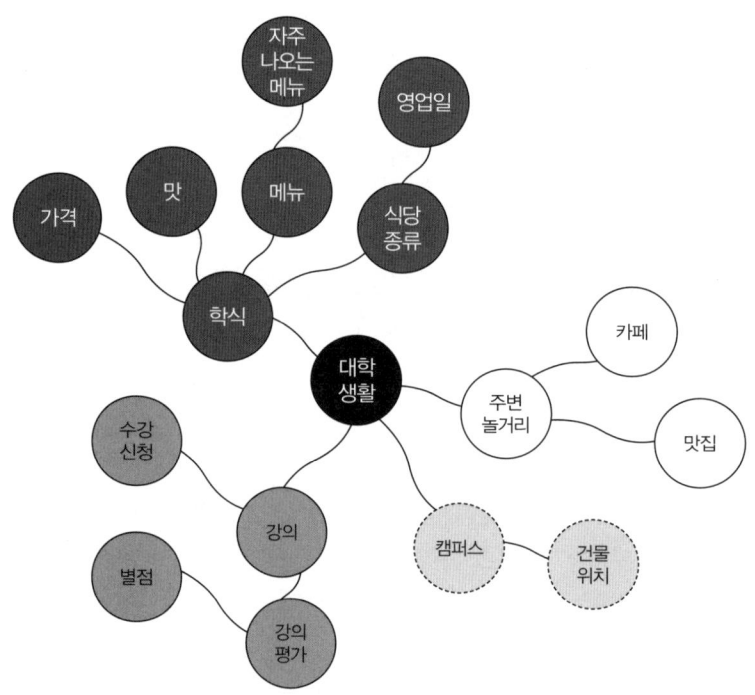

[그림 3-1] 대학 생활 키워드로 작성한 마인드맵

먼저 대학 생활 키워드를 중심으로 마인드맵을 작성했습니다. 주요 키워드로 **강의, 캠퍼스, 학식, 주변 놀거리**가 있습니다.

강의 키워드에서 나온 꼬리 키워드로는 **수강 신청**과 **강의 평가**가 있습니다. 학기마다 각자가 원하는 시간표를 구성하기 위해 수강 신청에 곤두세울 만큼 수강 신청이란 대학생에게는 떼 놓을 수 없는 중요한 정보이기도 합니다. 또한 자신이 수강하는 강의 정보를 알기 위해 학과 선배, 동기, 강의 평가 사이트를 찾기도 합니다. 학교별 학생들이 운영하는 온라인 강의 평가 사이트부터, 〈에브리타임〉과 같은 대학생 타깃 서비스가 운영되는 등 많은 대학생이 찾아 쓰는 서비스입니다. 이런 강의 평가 사이트에는 자유롭게 강의 후기를 남기면서 별점을 남겨 평가할 수 있도록 하고 있습니다.

다음 키워드로는 **캠퍼스**입니다. 학교에 다니며 다음 강의를 듣기 위해 이동하면서 건물 위치를 외우거나 학교 행정 업무를 보기 위한 건물, 공강이 있을 때 쉴 수 있는 공간을 찾는 경우가 있습니다. 건물 위치를 제공한다면 더 쉽게 찾을 수 있을 것입니다.

다음 키워드로는 **학식**입니다. 강의를 듣고 나서 학교 내에서 저렴한 가격에 식사를 할 수 있고, 종종 매체를 통해서 어느 학교의 학식이 맛있다는 소식이 나오곤 합니다. 학식의 꼬리 키워드는 **가격과 맛**, **메뉴**, **식당 종류**가 있습니다. 학식으로 어떠한 메뉴가 나오는지, 그리고 가격은 어느 정도인지 보게 될 것입니다. **식당 종류**로는 교내에서 학식을 먹을 수 있는 곳은 어디인지, 운영 시간은 어떻게 되는지 알아야 하는 경우가 생깁니다. 그리고 식당의 종류마다 특식에 따라 자주 나오는 **메뉴**가 무엇인지도 알 수 있을 것입니다.

마지막 키워드는 **주변 놀거리**입니다. 대학이 주변 상권에 위치한 **카페**와 **맛집**으로 강의를 마치고 과제를 하거나 쉬러 갈 때 알고 있으면 좋은 정보입니다.

대학 생활이라는 키워드로 네 가지의 항목에 대해 마인드맵으로 펼쳐봤습니다.

스캠퍼 기법

아이디어를 구체적으로 도출해보고자 2장에서 활용한 스캠퍼 기법을 여기서도 활용해봅니다.

C Combine

결합하기 방법을 이용해보겠습니다. 각 대학의 모바일 앱이나 웹사이트에서는 교내 식당의 식단 정보를 보여주고 있습니다. 여러 대학의 식당 메뉴를 비교하기 위해서는 학교별 모바일 앱을 설치해서 하나씩 확인을 해야 합니다. 하나의 모바일 앱이나 웹사이트에서 여러 대학의 식단 정보를 볼 수 있다면 메뉴를 비교하기 쉬워질 것입니다.

A Adapt

접목하기 방법을 이용해서 위치 정보와 대학 식당 정보를 결합해봅니다. 스마트폰 위치 정보를 이용하면 내 주변의 대학 식당에 대한 정보를 볼 수 있게 됩니다. 내 주변에서 가까운 대학의 학생식당에서 판매하는 메뉴를 볼 수도 있고, 내가 다니는 대학에 위치한 여러 식당 중에서 가장 가까운 거리순으로 메뉴를 보여줄 수도 있게 됩니다.

캠퍼스가 큰 대학의 경우에는 내가 수업을 듣는 강의동 건물에서 교내 학생식당에 가는 거리보다 옆에 위치한 대학의 학생식당이 가까운 경우도 있으므로 이런 경우에 대해서도 학생들이 점심을 값싸고 편하게 먹을 수 있도록 돕는 요구를 충족할 수 있을 것으로 생각합니다.

R Reverse

거꾸로 하기 방법을 이용해봅니다. 대학 식당 내부와 대학 웹사이트에서 제공하는 식단표는 학생식당을 담당하는 영양사가 메뉴를 구성하고 올리게 됩니다. 이런 이유로, 식단표를 올리는 시간이 늦어지면 그만큼 사용자들도 메뉴를 확인할 수 있는 시간이 늦어지게 됩니다. 이를 위해서 사용자들이 누락된 식단표 정보에 기여하는 기능을 제공할 수 있습니다. 또한 실제 메뉴가 어떻게 생겼는지 식단 사진을 리뷰 형태로 올려서 다른 사람들에게 공유해볼 수도 있을 것입니다.

스마트 기법

'대학 생활'과 관련되어 제품을 만들 때 이룰 목표는 무엇인지, 어떤 문제를 해결하는 것인지 명확히 하고자 스마트 기법을 이용해서 명시적으로 목표를 설정해보겠습니다. 만들고자 하는 서비스의 목표로 '대학에 다니며 자주 사용하는 서비스 만들기'로 정하겠습니다.

S Specific

구체적인 목표를 설정하겠습니다. '대학에 다니며 자주 사용하는 서비스 만들기'라는 목표는 정할 수 있는 주제의 범위가 넓습니다. 이 목표를 달성하기 위해서 대학의 강의 시간표 앱을 만들 수도 있고, 대학 관련 서비스가 아닌 카카오톡, 인스타그램과 같이 대학에 다니는 연령층이 주 사용자인 서비스를 만들 수도 있습니다.

그래서 우리는 무엇을 만들지에 대해 구체적으로 정해보려고 합니다. 스캠퍼 기법에서 언급한 주제인 '교내 학생식당'으로 범위를 한정 지어보겠습니다. 즉, '대학에 다니며 학식 메뉴를 자주 보러 오게 하기'라고 정해보겠습니다. 앞으로 무엇을 만들 건지에 대한 구체화가 이루어졌습니다.

M Measurable

측정할 수 있는 목표를 설정하겠습니다. '자주 들어오게 한다'에 대한 생각은 모두 다를 것입니다. 매 시간 들어오는 빈도를 가져야 자주 들어온다고 생각할 수도 있습니다. 따라서 '하루 한 번 이상 들어오게 한다'라고 정해 '대학을 다니며 하루 한 번 이상 학식 메뉴를 보러 오게 하기'로 설정하겠습니다. 이제 이 서비스에서는 무엇을 만들 것이고, 어떠한 궁극적인 목표를 가졌는지 대강 알 수 있습니다.

A Achievable

달성할 수 있는 목표인지 알아보겠습니다. '대학에 다니며 하루 한 번 이상 학식 메뉴를 보러 서비스에 들어오게 한다'는 목표가 모든 사용자가 매일 한 번 이상 들어오는 것이라고 한다면 불가능에 가까운 목표일 것입니다. 그래서 목표에 대해 수치화를 해 현실적인 목표를 정해보겠습니다. '대학에 다니며 학식 메뉴를 보러 서비스에 들어오는 고착도^{Stickiness}를 30% 이상으로 유지한다'로 정하겠습니다.

여기서 '고착도'라는 용어가 등장했습니다. 고착도를 설명하기 전에 우선 DAU와 MAU에 대한 설명이 필요합니다. 고착도를 계산하는 공식에 DAU와 MAU 값이 들어가기 때문입니다.

서비스를 운영하는 단계에서는 사용자들이 앱을 설치하고 다시 실행하는 것이 무척 중요합니다. 서비스의 형태가 웹인 경우에도 마찬가지입니다. 다시 실행한다는 것은 곧 우리가 만든 서비스가 그 사용자에게 필요한 것임을 의미하기 때문입니다.

이러한 사용자 참여도를 측정하는 지표로는 DAU, WAU, MAU가 있습니다. 이 용어들은 각각 **Daily Active User**, **Weekly Active User**, **Monthly Active User**의 머리글자를 딴 것으로, 일간 활성 사용자, 주간 활성 사용자, 월간 활성 사용자를 의미합니다. 여기서 활성 사용자란, 기간 동안 앱을 사용한 사용자 수를 말합니다.

IT 기업의 내용이 등장하는 뉴스를 봤다면, 글로벌 기업의 앱 이용자가 국내 기업의 앱 이용자 수를 추월했다는 뉴스를 본 기억이 있을 것입니다. 어제 하루 동안 5만 명의 사용자가 앱을 사용했다면 어제의 DAU는 5만이 되고, 지난 한 주 동안 50만 명의 사용자가 앱을 사용했다면 지난주의 WAU는 50만, 지난 달 300만 명의 사용자가 앱을 사용했다면 MAU는 300만이 됩니다.

고착도는 DAU에 MAU를 나누어 백분율을 한 DAU/MAU의 값입니다. 이에 따라서 DAU가 30만이고 MAU가 300만이라면 30/100으로 0.3, 백분율로 계산하면 30%가 됩니다.

R Relevant

우리가 정한 목표가 현실적이고 관련된 목표인지 점검해보는 차례입니다. 우리가 설정한 '대학에 다니며 학식 메뉴를 보러 서비스에 들어오는 고착도^{Stickiness}를 30% 이상으로 유지한다'라는 목표를 보겠습니다. 이 목표가 현실적인지 보면서도 대학생들에게 편의를 제공하면서 그들이 매일 들어오고 싶어하는 것인가를 보아야 할 것입니다.

TTime-bound

목표를 달성하는 데까지의 기한을 설정해야 합니다. 지금 설정하는 목표는 서비스를 배포한 뒤 측정할 수 있는 목표입니다. 따라서 우리가 프로젝트를 진행하는 시점에 필요한 목표와는 거리감이 있습니다. 그러나 이 목표를 세움으로써 어떤 문제를 해결하는지에 대한 팀원 간의 방향성이 맞춰지고 해커톤 발표 단계에서 시연하는 과정에서 청중들의 공감을 얻을 수 있습니다.

우린 기한을 2분기 내로 두어 스마트 기법을 통한 목표를 '2분기 이내에 대학을 다니며 학식 메뉴를 보러 서비스에 들어오는 고착도를 30% 이상으로 유지한다'로 설정해보겠습니다.

3.2 구현 기능 범위 정하기

사용자들이 매일 들어오게 할 수 있도록 하루 단위의 학생식당 메뉴를 제공하려고 합니다.

학교에서 제공하는 학생식당 메뉴 사이트와 차별점을 두고자, 사용자 간 학생식당 메뉴의 실제 사진을 볼 수 있게 합니다. 주변에 있는 다른 대학의 학생식당도 갈 수 있는 것을 생각해 여러 대학의 학생식당 메뉴 정보를 제공하고 자신의 대학 및 타 대학을 즐겨찾기해서 메뉴를 볼 수 있는 기능을 두려고 합니다. 그리고 대학에서 여러 곳의 학생식당을 운영할 수 있고 서비스 화면에서 보이는 학생식당도 많아지는 만큼 나의 위치에서 가까운 학생식당 순으로 메뉴를 보여주는 기능을 고려하기로 합니다.

이 기능들을 사용자 스토리로 풀어보겠습니다. [사용자 스토리 3-1]

사용자를 위한 기능은 오늘과 내일의 학생식당 메뉴 제공, 식단 이미지 업로드, 다른 대학의 즐겨찾기와 가까운 학생식당을 보여주는 기능으로, 다섯 가지 기능이 있습니다. 운영을 위한 기능으로는 학생식당 메뉴 후기 사진 검증하기로, 한 가지 기능이 있습니다.

위에서 목표로 정한 '2분기 이내에 대학을 다니며 학식 메뉴를 보러 서비스에 들어오는 고착도를 30% 이상으로 유지한다'가 달성 가능한 기능인지, 그리고 해커톤이라는 한정된 시간 안에 구현해 선보일 수 있는 범위인지 살펴보겠습니다.

사용자들이 학생식당 메뉴를 보러 접속해 자신이 원하는 메뉴 정보를 쉽게 얻을 수 있는지에 초점을 맞추어 핵심 기능을 두려고 합니다. 이에 대한 핵심 기능으로 세 가지를 추려보겠습니다. 기능은 우선순위를 두어 나열했습니다.

> 사용자 스토리 3-1

오늘과 내일의 학생식당 메뉴 제공하기
1. 메인 홈 화면에 진입한다.
2. 처음 사용하는 경우
    a. 자신이 다니고 있는 대학을 선택한다.
3. 대학의 식당 이름과 함께 오늘 제공하는 메뉴 내용, 가격을 보여준다.

학생식당 메뉴 후기 사진 제공하기
1. 메인 홈에 진입한다.
2. 식당의 메뉴를 선택한다.
3. 사진을 선택해 올린다.
4. 사진이 검증 상태임을 알린다.
5. 사진 검증이 완료되면 메뉴 섬네일 이미지로 제공한다.

메뉴를 보는 경우
1. 메뉴 아래에 섬네일 이미지를 제공한다.
2. 섬네일 이미지를 누르면
    a. 이미지가 확대되어 보인다.

자신의 대학 및 타 대학 즐겨찾기해서 메뉴 조회하기
1. 메인 홈에 진입한다.
2. 대학 추가 버튼을 누른다.
3. 대학 이름을 입력한다.
4. 대학을 선택한다.
5. 추가된 대학의 식당 이름과 메뉴 내용, 가격을 함께 보여준다.

나의 위치에서 가까운 학생식당 순으로 보여주기
1. 메인 홈에 진입한다.
2. GPS 권한을 허용한다.
3. 자신의 대학 식당만 표시하기 선택 시
    a. 자신의 위치에서 가까운 거리순으로 자신의 대학의 학생식당을 정렬해 제공한다.
4. 자신의 대학 식당만 표시하기 미선택 시
    a. 자신의 위치에서 가까운 거리순으로 자신의 대학과 즐겨찾기 한 대학의 학생식당을 정렬해 제공한다.

학생식당 메뉴 후기 사진 검증하기
1. 사용자가 사진을 올리면 메신저를 통해 정보를 보낸다.
2. 관리자가 이미지 업로드 수락/거절 버튼을 누른다.
3. 수락을 누르는 경우
    a. 사용자에게 보이는 이미지로 제공한다.

1. 오늘과 내일의 학생식당 메뉴 제공하기
2. 학생식당 메뉴 후기 사진 제공하기
3. 다른 대학 즐겨찾기

이렇게 핵심 기능을 정한 이유는 다음과 같습니다. 사용자들은 강의 시간이 끝나고 점심 혹은 저녁을 먹으러 갈 때, 그리고 자기 전에 학식 메뉴를 확인할 것이라고 가정했습니다. 이를 위해서 오늘의 메뉴를 포함해 내일 먹을 메뉴도 미리 보고 싶어 하는 요구가 있으리라 생각했습니다.

그리고 학생식당 메뉴 후기 사진을 제공하는 기능을 핵심 기능에 포함했습니다. 기존에, 학교에서 제공하는 앱/웹사이트를 통해 학생식당 메뉴를 확인하던 학생들이 익숙한 서비스를 떠나 우리가 만드는 서비스를 쓰게 하려면 그 앱과 웹사이트에서 제공하지 않고 있는 차별화된 기능을 제공해야 한다고 생각했기 때문입니다.

근처 대학의 학생식당을 이용하고 싶은 경우도 있으므로 다른 대학 즐겨찾기 기능을 포함했습니다. 한 대학을 위한 서비스가 아닌 여러 대학의 학생들이 통합된 서비스를 통해 어느 대학의 메뉴를 보든지 우리 서비스로 오면 해결할 수 있다는 점을 부여하기 위함입니다.

핵심 기능에 나의 위치에서 가까운 학생식당 순으로 보여주기, 학생식당 메뉴 후기 사진 검증하기를 포함하지 않은 이유도 짚어보겠습니다.

우선 가까운 학생식당 순으로 보여주는 기능에 대해서 보겠습니다. 오늘과 내일의 학생식당 메뉴를 보여주고, 다른 대학 즐겨찾기 기능을 통해 여러 대학의 학생식당 메뉴 정보를 제공하게 된다면 사용자의 화면에는 많은 정보가 담길 것입니다. 이때 가까운 거리순으로 학생식당 정보를 보여준다면 사용자들이 메뉴를 좀 더 쉽게 찾을 수 있다고 생각했습니다.

그러나 화면에 많은 정보가 담기려면 다른 대학 즐겨찾기 기능이 많이 쓰인다는 점이 전제되어야 합니다. 나열한 기능을 서로 고려해보았을 때 제공하면 좋은 기능이지만, 사용자들이 우리가 만든 기능을 모두 잘 활용할 수 있을지 판단하기에는 이릅니다. 따라서 사용자들이 즐겨찾기 기능을 많이 쓰고 나서 고려해도 된다고 생각해 핵심 기능에서 제외했습니다.

그리고 학생식당 메뉴 후기 사진 검증하기 기능을 제외한 이유는 정해진 핵심 기능에는 학생식당 메뉴 후기 사진을 제공하는 기능이 있습니다. 사용자가 메뉴와 무관한 사진을 올릴 수 있어서 검증된 사진만 보여줄 수 있는 관리자 기능을 고려했습니다.

사용자가 많아지고 메뉴 후기를 올리는 경우가 많아지면 후기 사진에 대해 운영 모니터링을 하는 데 수월할 수 있겠지만 기능을 구현하고 있는 시점에서는 반드시 제공해야 하는 기능이 아닙니다. 메뉴 사진을 올리는 경우가 예상보다 적을 수 있고, 사진 검증 단계로 인해서 두세 시간 남짓인 학생식당의 점심 운영시간 동안 메뉴 사진의 공유가 실시간으로 이어지지 않는다면 사용자 경험을 저해할 수 있다는 판단을 해 핵심 기능에 넣지 않기로 했습니다.

이로써 학생식당 서비스를 만들며 목표를 달성하려면 무엇을 만들어야 할지 정리가 되었습니다.

3.3 주어진 상황을 고려한 기술 스택 정의하기

이번 과정에서는 '주변 대학의 학생식당 메뉴 모아보기' 프로젝트에 대해 제품 구현을 해봅니다. 어떤 프레임워크를 사용하고, 학생식당 메뉴를 제공하기 위한 기술 스택을 어떻게 구성할지 다뤄봅니다. 이 팀에서 개발 인원은 서버 개발자 두 명입니다. 팀 빌딩 과정에서 프런트엔드 개발자 팀원을 구하지는 못했지만, 프런트엔드 개발 경험을 가지고 있는 서버 개발자 팀원과 함께 하게 되었습니다.

개발 팀원 간 이야기를 나누는 과정에서 학생식당 메뉴를 얻기 위해서는 대학의 학생식당 메뉴 웹사이트에서 크롤링을 통해 정보를 가져와서 해결해야 한다는 부분에서 의견이 서로 같았습니다. 따라서 API 서버 개발이 가능하면서 크롤러 개발을 하며 문자열을 처리하기 쉬운 환경을 갖춘 언어인 파이썬을 사용하기로 정했습니다. 그리고 서버의 웹 프레임워크는 FastAPI를 사용하기로 했습니다.

데이터베이스로는 관계형 데이터베이스인 PostgreSQL을 사용하기로 합니다. PostgreSQL은 오픈 소스 데이터베이스로, 라이선스 정책에 따라 영구적으로 무료인 점이 특징입니다. 주요 기업과 국가 기관에서도 사용하는 데이터베이스인 점을 통해 안정성이 검증되었습니다. 또한 윈도우즈 기반에서 설치할 수 있으므로, 운영체제가 다른 팀원과의 협업이 필요한 상황을 고려할 수 있습니다. 객체 모델과 데이터베이스의 관계형 모델을 연결하기 위한 ORM으로는 2장에서도 사용했던 SQLAlchemy를 사용합니다.

그리고 매일 정해진 시간에 대학의 학생식당 메뉴를 가져와 데이터베이스에 저장하는 크롤러를 작동시켜야 합니다. 이를 위해서 깃허브 액션GitHub Actions을 사용합니다. 깃허브 액션은 깃허브에서 제공하는 빌드와 테스트 및 배포 파이프라인을 자동화할 수 있는 CIContinuous Integration(지속적 통합)/CDContinuous Delivery/Deployment(지속적 배포) 플랫폼입니다. 이런 플랫폼을 어떻게 크롤러 작동에 응용할 수 있을지 다음 절에서 다뤄보겠습니다.

결정된 기술 스택

'주변 대학의 학생식당 메뉴 모아보기'의 개발 기술 스택은 FastAPI, PostgreSQL, SQLAlchemy, 깃허브 액션으로 정했습니다.

3.4 깃허브 액션 사용하기

학생식당 메뉴 정보는 하루 단위로 변경됩니다. 실시간으로 변경되는 내용이 아니기에 하루마다 직접 메뉴를 입력해 데이터베이스에 저장하는 방법으로 보여줄 수도 있지만, 개발 이후 제품을 운영하는 단계에서 큰 번거로움을 느낄 것입니다. 따라서 매일 정해진 시간에 대학의 학생식당 메뉴를 가져오는 크롤러를 만드는 것을 고려했습니다.

요청 시 메뉴를 업데이트하는 API를 구현했다고 한다면, 특정한 시간에 이 API를 요청하는 무언가가 필요합니다. 우리는 이 동작을 구현하기 위해서 깃허브 액션을 사용하기로 합니다.

깃허브 액션https://github.com/features/actions은 깃허브에서 제공하는 기능으로, CI(지속적 통합)와 CD(지속적 배포)로 불리는 빌드와 테스트, 배포를 쉽게 자동화할 수 있게 하는 워크플로우 도구입니다. 다른 사람들이 만들어둔 워크플로우인 깃허브 액션 패키지를 가져다가 사용할 수 있고 직접 만들어서 공유할 수도 있습니다.

CI/CD를 포함해서 커스텀한 워크플로우를 작업으로 실행할 수 있습니다. 코드의 테스트를 수행하거나 배포를 위한 준비를 하는 등 사람이 매번 직접 하기에는 단순 반복적인 일로 비효율적이고, 사람의 실수로 인해 오류를 낼 수도 있기 때문에 자동화해 처리합니다.

우리 상황에 딱 맞는 기능을 제공하는 깃허브 액션을 사용하려면 비용이 발생한 것이라고 생각할 수도 있지만 다행히도 깃허브 액션은 매달 2,000분의 시간을 사용자에게 무료로 제공하고 있습니다. 개인이 작업을 처리하는 데 매우 충분한 시간이므로 비용 걱정 없이 이용할 수 있다는 장점도 있습니다.

또한 깃허브 액션에서는 Cron 기능을 제공하고 있습니다. Cron은 명령행Command Line에서 사용할 수 있는 작업 스케줄러로, 일정한 간격이나 고정된 시각, 날짜에 주기적으로 작업을 실행하도록 할 수 있습니다. 따라서 깃허브 액션에서 제공하는 Cron 기능을 활용해서 매일 자정, 매주 월요일 자정에 스케줄러가 동작하도록 설정한다면 정해진 시간에 구현해 둔 API를 요청하도록 해서 직접 정해진 시간에 수 작업으로 요청할 필요없이 식당 메뉴를 자동으로 업데이트할 수 있습니다.

3.5 FastAPI 프레임워크 사용하기

이 프로젝트 서버의 웹 프레임워크로 FastAPI를 사용한다고 했습니다. 그럼 FastAPI는 무엇이고, 어떤 장점이 있을까요? FastAPI는 Python 3.6 버전 이상에서 사용할 수 있는 웹 프레임워크입니다. 파이썬 언어는 동적 타입 언어로 런타임 시에 자료형이 결정되는 언어입니다. 따라서 변수를 선언할 때

변수의 자료형을 명시적으로 지정할 필요가 없습니다. 그러나 자료형이 런타임 시에 결정되는 유연성은 역으로 우려되는 점도 있습니다.

C, C++, 자바와 같은 정적 타입 언어는 컴파일 단계에서 자료형 오류로 인한 문제를 해결할 수 있습니다. 그러나 파이썬은 동적 타입 언어로, 런타임 중에 자료형이 결정되기 때문에 안정성이 비교적 낮습니다. 그래서 많은 개발자는 파이썬에서도 정적 타입처럼 변수를 사용할 수 있기를 바랐고 Python 3.5 버전에서는 타입을 추론할 수 있는 typing 모듈이 추가되었습니다. 이는 서드파티 도구로써 타입 체커, IDE, 린터 등에서 타입 힌트를 사용할 수 있습니다.

FastAPI에서는 Pydantic이라는 라이브러리를 통해 파이썬 자료형의 어노테이션annotation을 통해 데이터를 검증하고 설정을 관리할 수 있습니다. FastAPI 웹사이트에 의하면 Node.js와 Go 언어에 대등할 정도로 높은 성능을 갖추었다고 합니다. Pydantic을 사용하므로 데이터의 검증이 쉬운 점도 있습니다. 다양한 장점 중에서도 가장 눈에 띄는 점은 바로 API 문서를 자동으로 생성한다는 것입니다.

2장의 프로젝트에서는 플라스크를 사용하면서 OpenAPI에 맞는 문서를 작성해 프런트엔드 개발자와 공유하기로 했습니다. FastAPI 프레임워크는 OpenAPI 기반의 문서 생성 기능을 제공해 API 문서를 작성하기 위한 시간을 따로 들이지 않아도 되므로 빠른 개발을 하는 데 도움이 되므로 이 프로젝트에서는 FastAPI 프레임워크를 사용합니다.

3.6 서비스 아키텍처 구성하기

이제 '주변 대학의 학생식당 메뉴 모아보기' 프로젝트의 아키텍처를 다루고자 합니다. FastAPI, 깃허브 액션을 담아서 다이어그램을 구성해봤습니다. 다이어그램을 함께 보면서 설명하겠습니다.

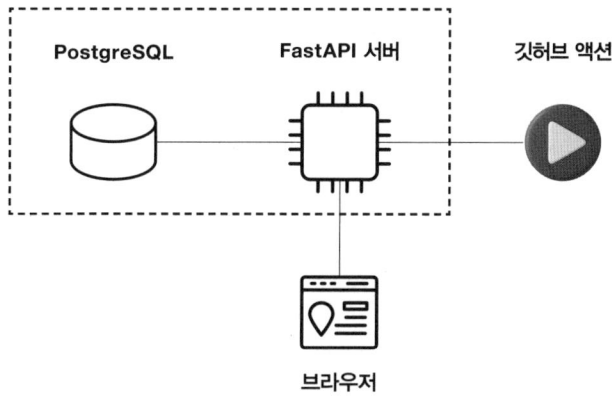

[그림 3-2] 프로젝트 아키텍처

FastAPI 기반의 서버를 사용하고 데이터베이스로는 PostgreSQL을 사용합니다. PostgreSQL은 SQLite와는 다르게, 클라이언트-서버 모델을 사용합니다. 즉, FastAPI 기반의 서버에서 네트워크 요청을 통해 PostgreSQL에 연결을 한다는 것입니다. 여기서 FastAPI 기반의 서버가 클라이언트가 되며, 데이터베이스 파일들을 관리하는 PostgreSQL가 서버로 구성됩니다. 여러 클라이언트를 연결(다중 클라이언트 연결)해 처리할 수 있는 장점이 있습니다. 즉, 여러 처리를 하더라도, 클라이언트는 서버와 간섭없이 fork 명령을 통해 생성된 서버 프로세스와 통신을 합니다.

여기서 fork에 대해서도 간략한 설명이 필요해보입니다. fork는 프로세스를 복제하는 방법으로, C 언어를 배워보았다면 함수로서 fork를 들어봤을 것입니다. 프로세스를 복제하게 되면 기존에 있는 원본 프로세스는 부모 프로세스Parent Process라고 부르고, 복제해 생겨난 프로세스를 자식 프로세스Child Process라고 부릅니다.

fork를 하는 이유는 요청을 바로, 동시에 처리할 수 있는 멀티태스킹을 하기 위해서입니다. 부모 프로세스와 자식 프로세스가 독립적으로 실행되므로 성능상에서 이점을 가지게 됩니다. 프로세스의 수가 많아진다면 자원의 소모가 커진다는 점은 유념해야 합니다.

이 설명을 통해 2장에서 언급한 SQLite의 특징인 동시에 한 개의 요청만 처리할 수 있다는 점이 왜 병목 현상으로 이어지는지 조금 더 기술적으로 이해가 될 것입니다. 여러 사용자의 요청이 몰릴 때, SQLite에서 요청을 빠르게 처리하지 못하므로 FastAPI 서버에서는 SQLite로 보낸 요청에 대해 응답을 기다리고 있어야 하기 때문입니다.

깃허브 액션은 독립적으로 동작하는 외부 서비스로 구성됩니다. 정해진 시간에 작업을 처리하도록 FastAPI 기반 서버의 API를 호출합니다.

3.7 데이터베이스 모델 정의하기

이 제품을 만들기 위해서 저장해야 하는 데이터가 무엇인지 살펴보고, 어떠한 연관 관계와 타입을 사용할지 정하기 위해서 프로젝트 구조와 API 스펙을 설계하기 전에 데이터베이스 모델을 정의하겠습니다.

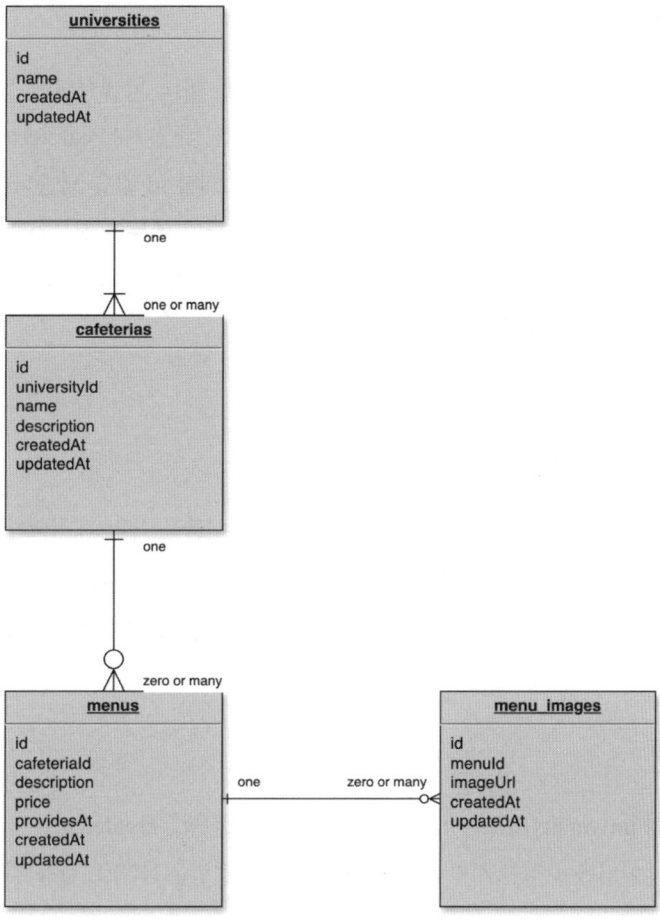

[그림 3-3] 데이터베이스 테이블 구성

데이터베이스에는 universities, cafeterias, menus, menu_images 테이블을 구성했습니다. 우리가 만들려는 제품에서는 여러 대학의 학생식당 메뉴를 볼 수 있어야 합니다. 여러 대학에 대한 정보를 저장할 수 있도록 먼저 universities 테이블을 생성했습니다.

universities 테이블

name 컬럼은 대학의 이름을 담는 컬럼이며, createdAt은 해당 데이터가 생성된 시간을 담으며, updatedAt은 수정된 시간을 담습니다. '한국대학'를 저장하게 된다면 name 컬럼에 '한국대학'이 들어가게 되는 형식입니다.

cafeterias 테이블

대학 내의 학생식당에 대한 데이터를 담습니다. 대학 내에 여러 학생식당이 있을 수 있으므로, universities 모델과 cafeterias 모델은 일대다, 일대일 관계를 맺습니다. cafeterias 테이블의 name 컬럼은 학생식당의 이름을 담습니다. universityId 컬럼에는 대학 id 값을 담습니다. description 컬럼은 학생식당에 대한 설명을 담습니다. 모든 대학의 식당 종류와 메뉴의 정보가 동일하지 않다는 점을 고려해서 description 컬럼에는 운영시간이 들어갈 수도 있고 식당의 임시 휴무 등 상황에 대한 내용을 담을 수도 있음을 고려했습니다.

createdAt 테이블과 updatedAt 테이블

universities 테이블과 마찬가지로 createdAt, updatedAt 테이블은 해당 데이터가 생성된 시간과 수정된 시간을 나타냅니다. 테이블의 자세한 설명을 위해서 앞서 저장한 '한국대학'의 id가 1이라고 가정하고 '본관 학생식당'이라는 학생식당 데이터를 추가한다고 상황을 설정해봅니다.

cateterias 테이블

cateterias 테이블의 universityId로는 1, name은 '본관 학생식당', createdAt은 데이터를 생성한 시간, updatedAt은 데이터를 수정한 시간입니다. description 컬럼은 NULL 값을 허용하도록 합니다.

'본관 학생식당'을 추가한 이후에 식당 운영시간에 관해 내용을 추가하고 싶다면, description 컬럼을 수정해서 '오전 8시~오후 6시 운영'과 같이 수정할 수 있습니다. 그리고 이렇게 수정한다면 updatedAt 컬럼의 값은 수정한 시간으로 변경합니다.

menus 테이블

이 테이블에는 학생식당의 메뉴를 저장합니다. 학생식당에는 메뉴가 여러 개이므로 cafeterias 모델과 menus 모델은 일대다 관계입니다. cafeteriaId 컬럼에는 식당의 id 값을 담습니다. description 컬럼에는 메뉴의 내용을 담게 됩니다. price 컬럼은 해당 메뉴의 가격을, providesAt 컬럼은 해당 메뉴를 제공하는 일자를 담습니다. createdAt과 updatedAt 컬럼은 생성된 시간, 수정된 시간을 담습니다.

그럼 universities 테이블의 id가 1인 '한국대학'의 cafeterias 테이블 id가 10인 '본관 학생식당'의 2025년 10월 10일에 2,500원에 제공하는 '비빔밥, 핫도그' 메뉴를 저장한다고 상황을 제시하겠습니다.

menus 테이블에서 cafeteriaId 컬럼은 10이 되고, description 컬럼은 '비빔밥, 핫도그', price 컬럼은 2,500이 됩니다. createdAt과 updatedAt 컬럼은 다른 테이블과 동일하게 생성된 시간, 수정된 시간을 담습니다.

menu_images 테이블은 학생식당 메뉴 후기 사진을 저장하기 위해 사용합니다. 하나의 메뉴에 여러 이용자가 후기 사진을 올릴 수 있으므로, menus 모델과 menu_images 모델은 일대다 관계를 맺습니다. menuId 컬럼에는 메뉴의 id를 담으며, imageUrl 컬럼에는 학생식당 메뉴 후기 사진의 URL을 저장합니다. menus 테이블에서 id가 30인 메뉴의 후기 사진을 저장한다고 하면, menuId 컬럼에는 30이 들어가며 imageUrl에는 올린 후기 사진의 주소가 들어가게 됩니다. createdAt과 updatedAt 컬럼은 생성한 시간, 수정한 시간을 담게 됩니다.

3.8 FastAPI 프로젝트 구조 정하기

FastAPI 프레임워크는 플라스크 프레임워크와 동일하게 구조에 대한 제약이 없는 경량 웹 프레임워크입니다. 따라서 프로젝트마다 구조를 다르게 설계해서 코드를 작성할 수 있습니다. 구조에 대한 제약이 없어 원하는 대로 구조를 설계할 수 있다고 해도, 같은 팀원과의 협업을 위해서는 서로 간의 규칙을 정하는 것이 사전에 필요합니다.

FastAPI 프레임워크를 개발한 tiangolo^{https://github.com/tiangolo}가 예제로 함께 올린 프로젝트 full-stack-fastapi-postgresql^{https://github.com/tiangolo/full-stack-fastapi-postgresql} 구조를 참고해 프로젝트 구조를 설계합니다.

전체적인 프로젝트 구조는 아래처럼 구성하게 됩니다. 모듈마다 어떠한 역할을 하는지 하나씩 살펴보겠습니다.

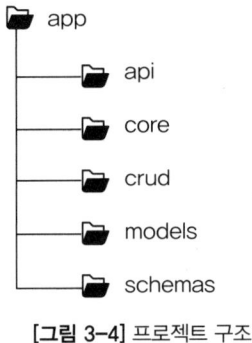

[그림 3-4] 프로젝트 구조

먼저 api 모듈입니다. api 모듈은 컨트롤러에 대한 구현을 담당합니다. 핵심 기능은 '오늘과 내일의 학생식당 메뉴 제공' '학생식당 메뉴 후기 사진 제공' '다른 대학 즐겨찾기'이므로 menus, universities 컨트롤러에 대해서 정의하려고 합니다.

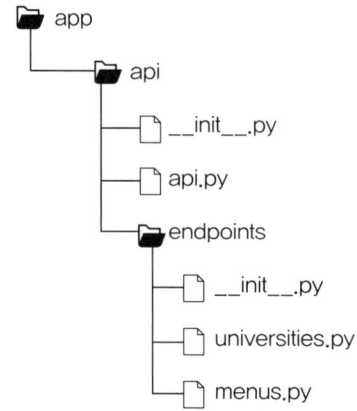

[그림 3-5] menus, universities 컨트롤러에 대해서 정의하기

endpoints 내에서 파일별로 나누어진 구조를 보면 데이터베이스의 테이블 구조와 동일합니다. 기능 기반으로 구조를 설계하며 각 기능 내에서는 데이터 모델별로 파일을 나누었습니다.

universities.py 파일 내에서는 대학에 대한 기능인, '다른 대학 즐겨찾기'에 필요한 대학 목록 조회 기능을 구현하게 됩니다. menus.py 파일에서는 '오늘과 내일의 학생식당 메뉴 제공' 기능을 구현합니다. '학생식당 메뉴 후기 사진 제공' 기능은 메뉴를 제공하면서 함께 데이터를 제공하도록 합니다.

다음은 core 모듈입니다. config.py 파일에서는 데이터베이스로 사용하는 PostgreSQL에 연결하기 위한 클라이언트를 구현합니다.

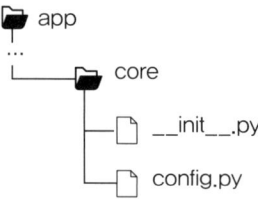

[그림 3-6] core 모듈 구조

이제 crud 모듈을 다룰 차례인데, crud가 무엇인지부터 설명하겠습니다.

crud는 Create, Read, Update, Delete를 묶어서 부르는 말로, 기본적인 데이터 처리 기능을 말합니다. Create는 데이터베이스에서 사용할 수 있는 SQL로 INSERT이며, Read는 SQL에서 SELECT, Update와 Delete는 SQL에서 각각 UPDATE, DELETE가 됩니다.

이 모듈에서는 데이터 모델과 데이터베이스의 테이블 간의 매핑을 통한 ORM을 이용해 SQL 쿼리를 호출하는 동작을 구현하게 됩니다. 학생식당의 메뉴를 업데이트하거나 새로운 대학 혹은 식당을 추가하는 과정에서 데이터베이스에 데이터를 추가하기 위해서는 crud 모듈 내에서 정의해야 합니다.

다음과 같은 구조로 정의할 수 있습니다.

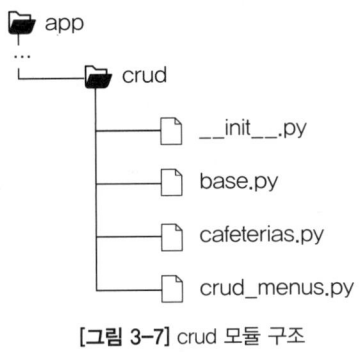

[그림 3-7] crud 모듈 구조

base.py에서는 모델별 crud마다 공통으로 사용하는 로직을 정의해두어 재사용할 수 있게 했습니다. cafeterias.py에서는 학생식당을 조회, 추가하거나 수정, 삭제하는 코드를 작성하게 됩니다. 만약, 새로운 메뉴를 올린다면 메뉴 생성 동작을 menus.py에서 구현하게 됩니다.

이제 models 모듈을 보겠습니다. 이 모듈은 3.7 데이터베이스 모델 정의하기에서도 본 테이블의 이름과 같은 것을 확인할 수 있습니다. FastAPI에서도 SQLAlchemy를 통해 ORM을 사용하면서 객체 모델과 데이터베이스 모델을 연결하기 위해서 정의합니다.

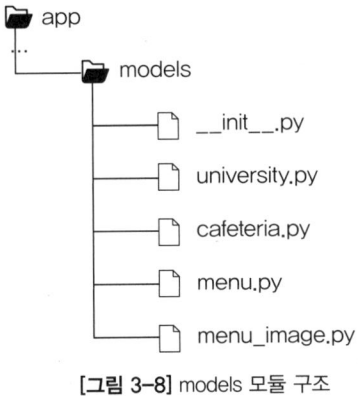

[그림 3-8] models 모듈 구조

다음으로는 schemas 모듈입니다. 이 모듈은 요청, 응답받을 때의 모델을 정의할 때 사용합니다. models 모듈과 schemas 모듈 간의 차이에 대해 궁금한 들이 있을 것 같아 간단하게 설명하겠습니다.

2.7 구현에 앞서 REST API 스펙 작성해서 공유하기에서 REST API에서 데이터를 생성할 때는 POST 메서드를 이용해서 요청한다고 했습니다. 이때 요청 Body에 생성할 데이터 값을 정하게 되는

데, 이 과정에서 요청 Body를 객체로 받기 위해서 모델을 정의하게 됩니다. 또한 응답으로 줄 때도 사용합니다. 오늘 '한국대학'의 '본관 학생식당'에서 메뉴를 응답으로 준다고 했을 때 models에서 정의한 menu 객체를 응답으로 내려줄 수 있습니다.

그러나 메뉴를 models 모듈의 models.py에서 정의한 모델로 응답으로 내려준다면 cafeteriaId, providesAt, createdAt, updatedAt 등 쓰이지 않을 컬럼도 전부 응답으로 제공하게 됩니다.

cafeteriaId와 함께 식당의 이름을 함께 응답으로 제공하고 싶을 수도 있고 providesAt, createdAt, updatedAt과 같은 사용자에게 보여주고 싶지 않은 컬럼을 응답에서 제외하고 싶다면 schemas 모듈에서 응답에 대한 모델을 정의해 원하는 값만 보여주도록 해결할 수 있습니다.

3.9 REST API 스펙 설계하기

이번에는 앞서 객체 모델과 데이터베이스 모델을 정의하면서 클라이언트에서 사용해야 하는 API를 REST 규약에 맞게 설계하는 과정을 진행해보려고 합니다.

우선 3.2 구현 기능 범위 정하기에서 정리했던 핵심 기능의 사용자 스토리를 보고 어떤 API가 필요한지 구성해보겠습니다. [사용자 스토리 3-2]

핵심 기능은 아래 세 가지로 이루어져 있습니다.

1. 오늘과 내일의 학생식당 메뉴 제공하기
2. 학생식당 메뉴 후기 사진 제공하기
3. 다른 대학 즐겨찾기

오늘과 내일의 학생식당 메뉴 제공하기에서의 사용자 스토리는 다음과 같습니다. [사용자 스토리 3-2]

사용자 스토리 3-2

1. 메인 홈 화면에 진입한다.
2. 처음 사용하는 경우
    a. 자신이 다니고 있는 대학을 선택한다.
3. 대학의 식당 이름과 함께 오늘 제공하는 메뉴 내용, 가격을 보여준다.

여기에서는 3번 과정을 위해서 대학의 식당 종류와 식당에서 제공하는 메뉴 그리고 가격을 보여주는 API가 필요합니다. 학생식당 메뉴 후기 사진 제공하기 기능에서는 [사용자 스토리 3-3]의 동작을 가지고 있습니다. [사용자 스토리 3-3]

> **사용자 스토리 3-3**
>
> 1. 메인 홈에 진입한다.
> 2. 식당의 메뉴를 선택한다.
> 3. 메뉴 사진을 추가하는 경우
>   a. 사진을 선택해 올린다.
>   b. 사진이 검증 상태임을 알린다.
>   c. 사진 검증이 완료되면 메뉴 섬네일 이미지로 제공한다.
> 4. 메뉴를 보는 경우
>   a. 메뉴 아래에 섬네일 이미지를 제공한다.
>   b. 섬네일 이미지를 누르는 경우
>   i. 이미지가 확대되어 보인다.

[사용자 스토리 3-3]에서 서버의 구현이 필요한 부분은 학생식당 메뉴에 대해 사진을 추가하는 API입니다.

다른 대학 즐겨찾기 기능의 사용자 스토리는 [사용자 스토리 3-4]와 같습니다. [사용자 스토리 3-4]

> **사용자 스토리 3-4**
>
> 1. 메인 홈에 진입한다.
> 2. 대학 추가 버튼을 누른다.
> 3. 대학 이름을 입력한다.
> 4. 대학을 선택한다.
> 5. 추가된 대학의 식당 이름과 메뉴 내용, 가격을 함께 보여준다.

여기서 서버의 구현이 필요한 것은 대학 이름을 입력하면 해당하는 대학 목록이 나오는 API, 대학 ID를 전달하면 해당 대학의 식당 이름, 메뉴 내용, 가격을 보여주는 API입니다. 세 가지의 기능에서 필요한 API를 다시 정리해보면 다음과 같습니다.

- 대학 내 모든 식당에서 제공하는 메뉴, 가격을 보여주는 API
- 학생식당 메뉴 후기 사진을 추가하는 API
- 식당 메뉴 정보 업데이트 API

대학 내 모든 식당에서 제공하는 메뉴, 가격을 보여주는 API를 먼저 설계해봅니다. [함께 해봐요 3-1]

> **함께 해봐요 3-1** 대학 내 모든 식당에서 제공하는 메뉴, 가격을 보여주는 API 설계하기

```
GET /universities/{university_id}/cafeterias/menus
```

요청 헤더
- 없음

요청 파라미터
- university_id

응답 Body

상태 코드 200
```
[
  {
    "id": 1,
    "created_at": "2023-07-02T08:04:03.396813+00:00",
    "university_id": 1,
    "name": "본관 학생식당",
    "description": "학생식당입니다.",
    "updated_at": "2023-07-02T08:04:03.396813",
    "menus": [
      {
        "description": "비빔밥\n핫도그",
        "provides_at": "2030-07-01T08:00:00.003059+09:00",
        "price": 3500,
        "id": 1,
        "cafeteria_id": 1,
        "created_at": "2030-07-01T08:00:00.003059+09:00",
        "updated_at": "2030-07-01T08:00:00.003059+09:00",
        "menu_images": [
          {
            "created_at": "2023-07-02T08:04:03.410782+00:00",
            "image_url": "https://www.image.com/image.png",
            "menu_id": 1,
            "id": 1,
            "updated_at": "2030-07-02T08:04:03.410782+09:00"
          }
```

```
            ]
          }
        ]
      }
    ]
```

상태 코드 404

```
{
  "detail": "해당하는 대학이 없습니다."
}
```

데이터베이스의 universities 테이블에 저장한 대학의 ID를 Path 파라미터로 전달합니다. 대학의 ID가 30이라고 한다면 GET /university/30/cafeterias/menus으로 요청해 ID가 30인 대학에 속하는 메뉴 목록을 조회할 수 있게 됩니다. 만약, 존재하지 않는 대학의 ID를 Path 파라미터로 전달한다면, 상태 코드를 404로 반환합니다.

이제 학생식당 메뉴 후기 사진을 추가하는 API를 설계해봅니다. API 엔드포인트는 POST /menus/{menu_id}/image로 정합니다. [함께 해봐요 3-2]

함께 해봐요 3-2 학생식당 메뉴 후기 사진을 추가하는 API 설계하기

요청 헤더
- 없음

요청 파라미터
- menu_id

요청 Body
- image_url

```
{
  "image_url": "https://image.png"
}
```

응답 Body

상태 코드 201
- 예시
  ```
  {
      "image_url": "https://image.png"
  }
  ```

상태 코드 404
```
{
    "detail": "해당하는 메뉴가 없습니다"
}
```

이제 식당 메뉴 정보 업데이트 API를 설계합니다. API 엔드포인트는 POST /menus/event로 정합니다. [함께 해봐요 3-3]

함께 해봐요 3-3 식당 메뉴 정보 업데이트 API 설계

요청 헤더
- 없음

요청 파라미터
- 없음

응답 Body

상태 코드 201
- 예시
  ```
  {
      "data": null
  }
  ```

식당 메뉴 정보 업데이트 API는 깃허브 액션에서 특정 시간에 호출하는 API입니다. 요청 헤더와 파라미터가 없으며 응답으로는 201 상태 코드를 제공하게 됩니다. 그러나 깃허브 액션에서는 응답받아 다른 처리를 하지 않으므로 응답에 별도의 데이터를 주지 않도록 설계했습니다.

> **참고** 깃허브 액션 대체하기
>
> 이 프로젝트에서 깃허브 액션은 정해진 시간에 반복된 동작을 수행하기 위해서 사용한 도구입니다. 그렇다면, 깃허브 액션을 사용하지 않고 이를 해결한다면 어떠한 방법이 있을지 살펴보기로 합니다.
>
> 먼저 fastapi-utils^{https://github.com/dmontagu/fastapi-utils} 라이브러리입니다. 이 라이브러리는 FastAPI의 기능을 확장하는 라이브러리이며 사용하는 프로젝트에서 추가해 사용할 수 있습니다. 반복된 작업을 주기적으로 실행하는 기능을 제공하고 있어서 개발하는 프로젝트 자체에서 해결할 수 있습니다.
>
> 비슷한 라이브러리로는 APScheduler^{https://github.com/agronholm/apscheduler}가 있습니다. 깃허브 액션과 비슷하게 외부 서비스를 이용해 Cron 작업을 수행할 수 있는 것으로는 cron-job^{https://cron-job.org/}이라는 서비스가 있으며 깃랩에서 제공하는 CI 워크플로우의 스케줄 파이프라인 기능을 이용해서 깃허브 액션과 같은 역할을 하는 스케줄러를 이용할 수 있습니다.

3.10 프로젝트 실행하기

이것으로 '주변 대학의 학생식당 메뉴를 모아보기' 프로젝트의 설계를 마쳤습니다. 이 책은 아이디어 도출과 구체화, 아키텍처 및 API 설계까지 다루고 구체적인 코드는 깃허브에서 제공합니다. 다만, 독자가 실제로 코드가 어떻게 동작하는지 보여주기 위해 각 프로젝트마다 코드의 실행 방법을 적어두었으니, 학습에 도움이 되기를 바랍니다.

이제 설계한 내용으로 프로젝트를 구성하고 실행하는 방법에 대해 진행하겠습니다. 먼저 미리 구성한 프로젝트를 클론해 개발환경을 설정하고, 프로젝트가 어떻게 동작하는지 설명하겠습니다.

이번 프로젝트의 소스코드는 다음 사이트에서 확인할 수 있습니다.

URL https://github.com/roharon/book-hackathon-project/tree/master/UniversityCafeteriaMenu

2장에서와 같이 이번 프로젝트도 A.1 깃허브 데스크톱으로 프로젝트 리포지토리 클론하기를 먼저 진행해야 합니다. 그런 후 비주얼 스튜디오 코드를 실행합니다. /User/aaronroh/hackathon-project 경로에 리포지토리를 클론했다면, /User/aaronroh/hackathon-project/UniversityCafeteriaMenu 폴더를 열어주세요. 이 폴더를 열었다면 아래 이미지와 같이 파일 구조를 확인할 수 있습니다.

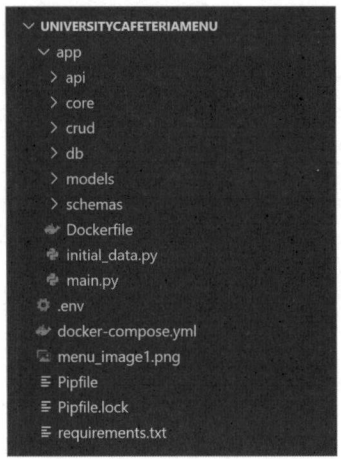

[그림 3-9] 프로젝트 파일 구조

이 프로젝트는 2장 프로젝트와 동일하게 Python 3.11.4 버전, Pipenv, FastAPI 프레임워크를 사용했습니다. 구성이 비슷해보이지만, 이 프로젝트에서는 도커Docker와 도커 컴포즈Docker Compose라는 도구를 사용하고 데이터베이스는 PostgreSQL를 사용합니다. PostgreSQL은 Sqlite3와 다르게 설치가 필요합니다. 해커톤에서 각 개발환경마다 이렇게 추가적으로 개발환경 설정이 필요한 점을 고려해서 도커와 도커 컴포즈라는 도구를 사용했습니다.

도커

도커Docker는 애플리케이션을 신속하게 구축하고 배포하게 돕는 소프트웨어 플랫폼입니다. 도커에는 이미지Image와 컨테이너Container라는 개념이 있습니다. 이미지에는 컨테이너에서 실행할 코드가 담깁니다. 이미지는 도커 컨테이너를 빌드하기 위한 명령어의 집합으로도 볼 수 있습니다. 컨테이너는 코드를 실행시키는 격리된 환경입니다. 컨테이너에서는 개발환경의 운영체제를 알거나 어떤 파일에서 실행했는지 알지 못하는 특징이 있습니다. 따라서 다른 개발환경에서 도커를 사용해 실행하더라도, 개발환경에 차이가 나서 실행할 수 없는 문제들을 쉽게 해결할 수 있습니다.

도커 컴포즈

도커 컴포즈Docker Compose는 여러 개의 컨테이너로 이루어진 서비스를 다룰 때 사용합니다. 컨테이너 간의 실행 순서를 정의하고 컨테이너 간의 네트워크를 구성할 수 있다는 장점이 있습니다. 도커를 설치하는 방법은 운영체제별로 약간씩 상이할 수 있습니다. 따라서 독자분들이 가장 많이 사용하는 윈도우즈 운영체제를 기준으로 설명하겠습니다.

윈도우즈에서 WSL2를 설치하고 도커 데스크톱을 설치해야 합니다(WSL는 리눅스용 윈도우즈 하위 시스템이라고 생각하면 쉽습니다). WSL2를 설치하려면 자신의 윈도우즈 운영체제의 버전을 알고 있어야 합니다. 예를 들어, 윈도우즈 10을 사용하는 경우에는 윈도우즈 10 버전 2004(빌드 19041 이상)이어야 합니다. 이보다 버전이 낮다면 WSL2를 사용할 수 없습니다. 따라서 이보다 낮은 버전의 윈도우즈를 사용하고 있다면 윈도우즈를 업데이트한 뒤 이어서 따라하길 바랍니다. 윈도우즈 11을 사용하는 경우에는 별도의 업데이트가 필요하지 않습니다.

① 윈도우즈에서 PowerShell(터미널)을 관리자 권한으로 실행합니다.

[그림 3-10] PowerShell 실행

② 다음 명령어를 실행합니다.

```
wsl --install
```

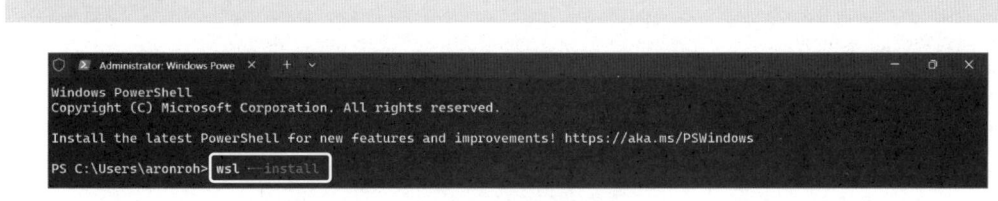

[그림 3-11] 명령어 실행

③ WSL의 설치가 완료되면 아래의 안내처럼 윈도우즈 운영체제의 재부팅을 진행합니다.

```
PS C:\Users\aronroh> wsl --install
설치 중: Linux용 Windows 하위 시스템
Linux용 Windows 하위 시스템이(가) 설치되었습니다.
설치 중: Ubuntu
Ubuntu이(가) 설치되었습니다.
요청한 작업이 잘 실행되었습니다. 시스템을 다시 시작하면 변경 사항이 적용됩니다.
PS C:\Users\aronroh>
```

[그림 3-12] 윈도우즈 재부팅

④ 설치가 끝나면 WSL에서 기본 버전으로 WSL2를 사용하기 위해서 다음 명령어를 실행합니다.

```
wsl --set-default-version 2
```

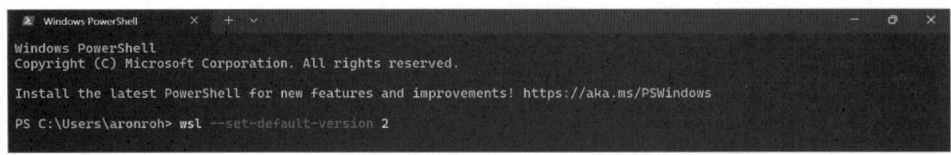

[그림 3-13] WSL2로 변경

⑤ 명령어 실행이 완료되면 다음과 같이 실행 결과가 나옵니다.

[그림 3-14] 실행 완료

⑥ WSL을 최신 버전으로 사용하기 위해 업데이트합니다. 다음 명령어를 입력해 업데이트를 진행합니다.

```
wsl --update
```

만약, 이미 최신 버전이라면 다음 결과가 나옵니다. 그러면 WSL2의 설치 및 준비가 완료된 것입니다.

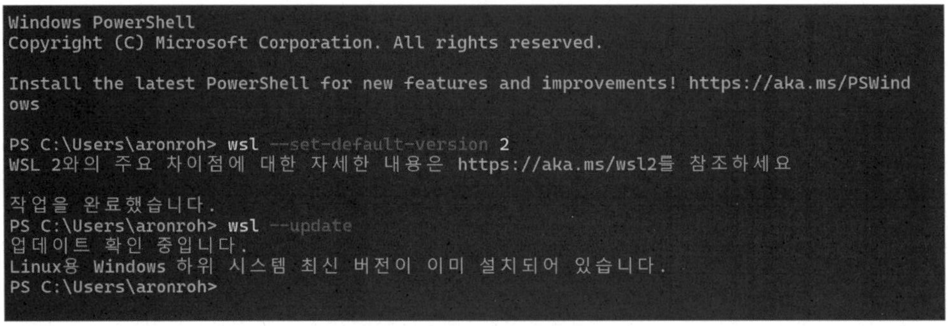

[그림 3-15] 설치 및 준비 완료

이어서 Docker Desktop을 설치하겠습니다. 다음 URL에 접속합니다. 그리고 화면에 보이는 [Docker Desktop for Windows] 버튼을 클릭합니다.

URL https://docs.docker.com/desktop/install/windows-install/

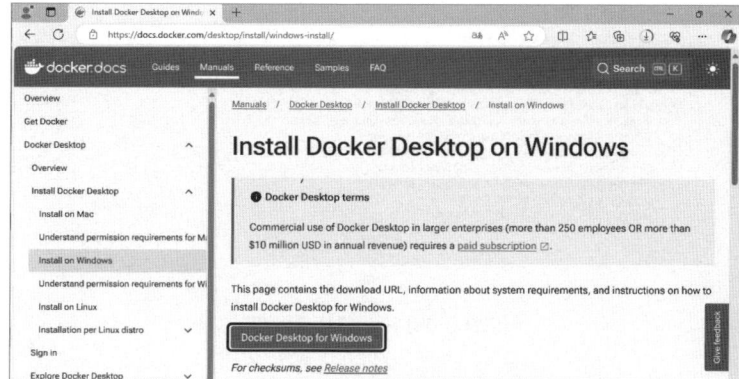

[그림 3-16] 도커 다운로드 페이지

① 설치 파일을 다운로드해서 열었다면, '디바이스를 변경할 수 있도록 허용하시겠어요?' 팝업 창에서 [예] 버튼을 클릭합니다.

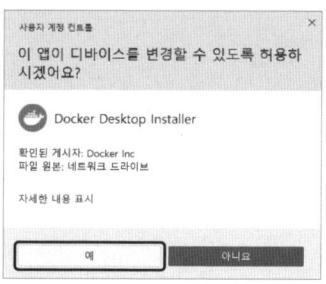

[그림 3-17] 도커 설치 파일 실행

② Configuration에서 두 가지를 모두 체크한 뒤, [OK] 버튼을 클릭합니다.

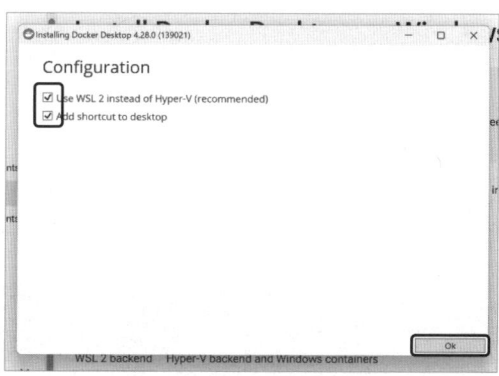

[그림 3-18] 도커 설치 화면 ①

③ Docker Desktop이 설치되는 과정을 잠시 기다립니다.

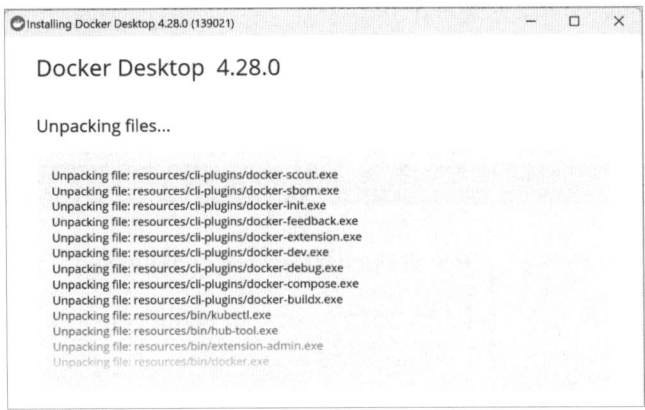

[그림 3-19] 도커 설치 화면 ②

④ 설치가 완료되었다면 다음과 같이 화면이 나옵니다. [Close and log out] 버튼을 눌러 윈도우즈 운영체제에서 로그아웃하고, 다시 접속합니다.

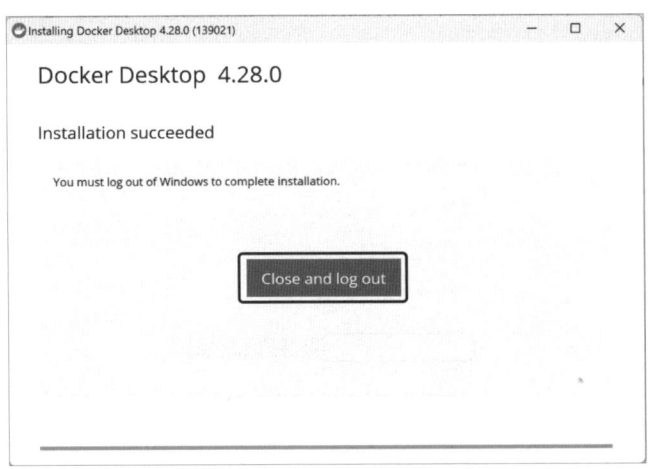

[그림 3-20] 도커 설치 화면 ③

⑤ 관리자 모드로 PowerShell을 실행합니다. 그리고 다음 명령어를 입력합니다. [그림 3-21]과 같이 출력된다면 필요한 환경 설정을 모두 마친 것입니다.

```
docker ps
```

[그림 3-21] 터미널에서 docker ps를 실행한 결과

⑥ 이제 아래 명령어를 실행합니다. 이 명령어는 이미지를 빌드한 뒤, 컨테이너를 생성하고 실행하는 동작을 합니다.

```
docker compose up --build
```

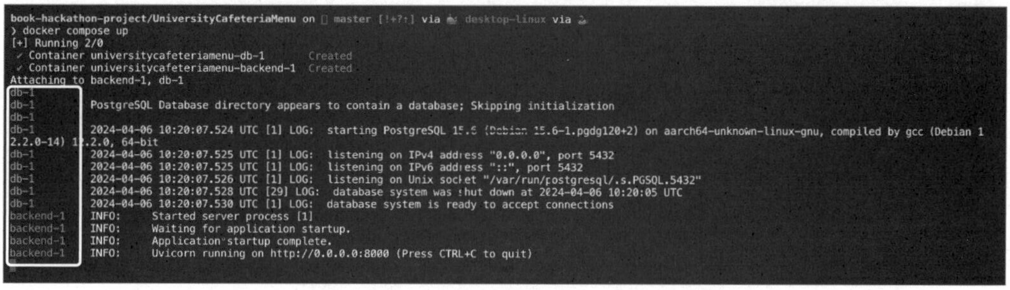

[그림 3-22] 이미지 빌드와 컨테이너 생성 및 실행

정상적으로 동작한다면 [그림 3-22]와 같이 구성된 것을 볼 수 있습니다. 화면을 보면 도커에 대해 자세히 알지 않더라도, db와 backend로 나뉘어 동작을 하고 있다는 것을 알 수 있을 것입니다. 이는 도커 컴포즈를 통해 도커 컨테이너를 두 개 실행했기 때문입니다.

도커 컨테이너를 두 개 실행하기 위해서 docker-compose.yml 파일에서 services로 db와 backend를 정의했습니다.

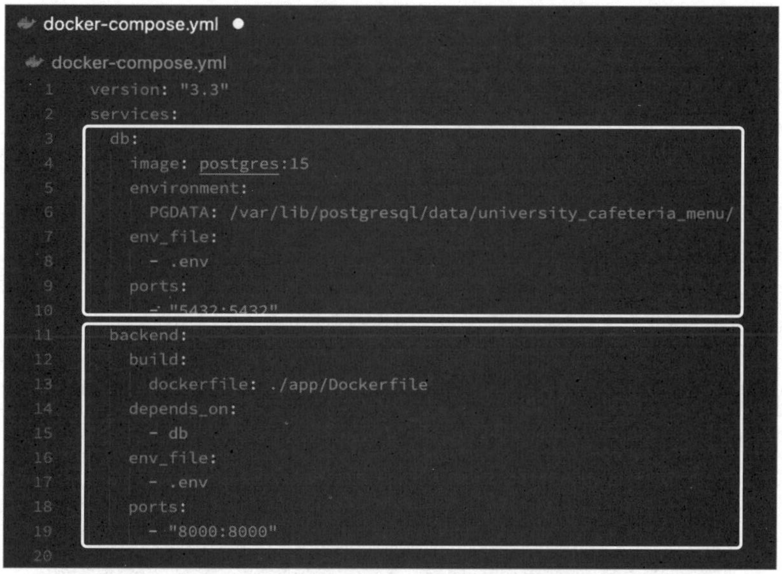

[그림 3-23] docker-compose.yml 파일에서 services로 정의한 db와 backend

그리고 docker ps 명령어를 실행하면 아래와 같이 두 대의 컨테이너가 동작하는걸 볼 수 있습니다.

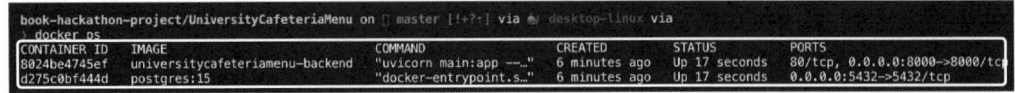

[그림 3-24] 컨테이너 두 대가 동작하는 모습

> **TIP** 이 책에서는 프로젝트를 실행할 수 있을 정도의 수준으로만 도커를 다룹니다. 따라서 이번을 계기로 도커에 대해 더 자세히 알아보고 싶다면, 다음 사이트를 통해 알아보는 것을 권합니다.
> **URL** https://docs.docker.com/get-started

프로젝트를 실행했으니 이제 가동 중인 PostgreSQL의 데이터를 확인해보겠습니다. 실행 중인 도커 컴포즈는 그대로 유지한 채로 다음 내용을 진행합니다.

PostgreSQL의 테이블을 조회하기 위해 아래 URL을 통해 VSCode의 익스텐션을 설치합니다.

URL https://marketplace.visualstudio.com/items?itemName=ckolkman.VSCode-postgres

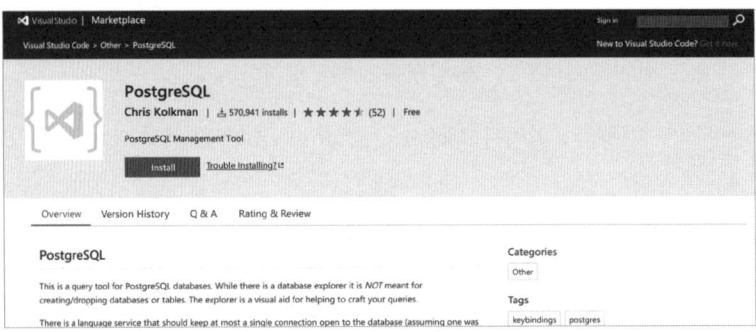

[그림 3-25] VSCode 익스텐션 설치

익스텐션을 설치했다면 사이드바에 PostgreSQL 아이콘이 추가된 익스텐션이 자리잡은 것을 볼 수 있습니다.

이제 PostgreSQL 익스텐션에서 [+] 버튼을 눌러 데이터베이스와 연결하겠습니다.

① hostname을 적는 곳에 127.0.0.1을 적습니다. 127.0.0.1이라는 IP는 loopback 주소라고도 부르며 자신 컴퓨터의 주소를 가리킵니다.

[그림 3-26] 데이터베이스 연결 ①

② 다음으로 user 이름을 postgres로 입력합니다.

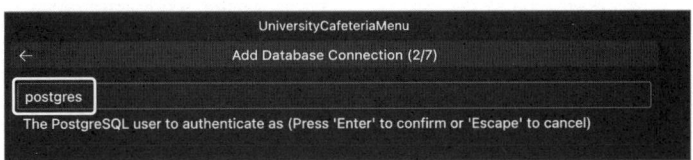

[그림 3-27] 데이터베이스 연결 ②

③ 패스워드를 입력해야 합니다. password를 입력합니다.

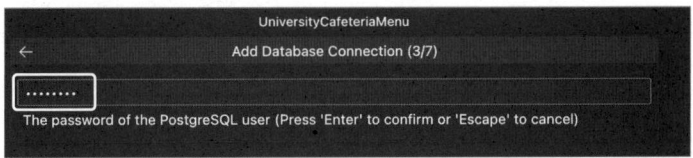

[그림 3-28] 데이터베이스 연결 ③

④ 포트 번호로는 5432를 입력합니다.

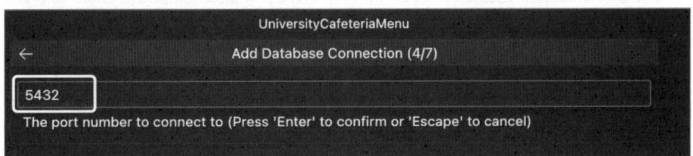

[그림 3-29] 데이터베이스 연결 ④

⑤ 커넥션으로는 Standard Connection을 이용합니다.

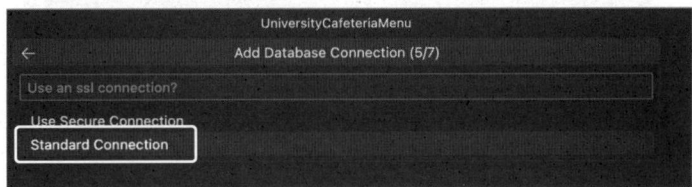

[그림 3-30] 데이터베이스 연결 ⑤

⑥ 이제 사용할 수 있는 데이터베이스가 나열됩니다. 여기서 app을 선택합니다.

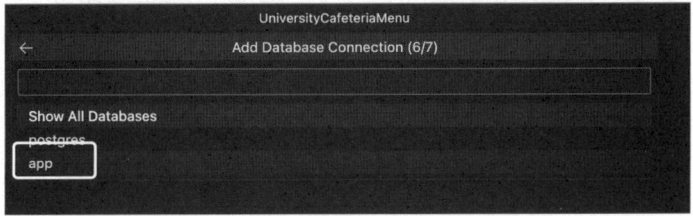

[그림 3-31] 데이터베이스 연결 ⑥

⑦ 연결한 데이터베이스는 자동 선택이므로 Enter 를 눌러 다음 단계로 넘어갑니다.

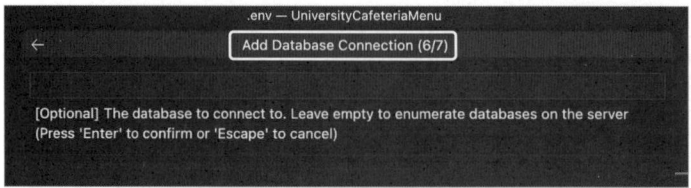

[그림 3-32] 데이터베이스 연결 ⑦

⑧ 마지막 과정으로 VSCode에서 데이터베이스 커넥션을 구분할 수 있도록 이름을 정합니다. 다른 데이터베이스는 연결하지 않을 것이므로 기본값으로 나온 127.0.0.1을 사용하고자 Enter 를 누릅니다.

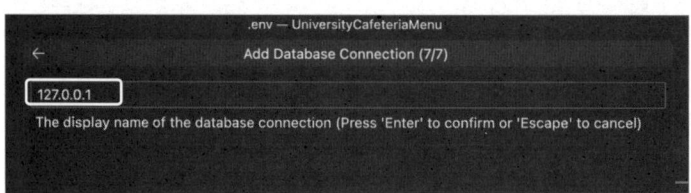

[그림 3-33] 데이터베이스 연결 ⑧

성공적으로 PostgreSQL 데이터베이스와 연결되었다면 아래 화면과 같이 구성되는 것을 확인할 수 있습니다.

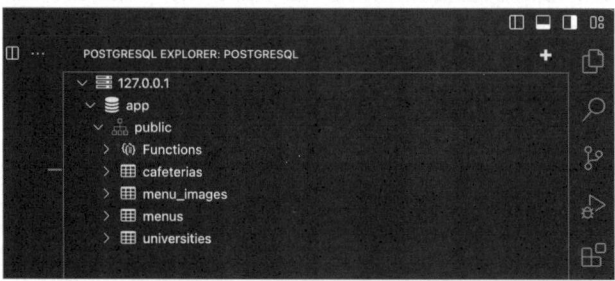

[그림 3-34] 데이터베이스 구성 확인

universities 테이블 아이콘에 마우스를 대고 오른쪽 버튼을 우측 클릭해 Select의 [Select Top 1000]을 클릭합니다. 그러면 SELECT * FROM "universities" LIMIT 1000; 쿼리를 호출하게 됩니다.

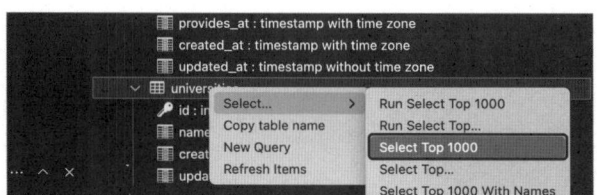

[그림 3-35] 쿼리 호출

universities 테이블에서 최대 1000개 만큼의 row를 가져옵니다. 현재 universities 테이블에는 데이터가 없으므로 아래 화면과 같이 빈 결과를 출력합니다.

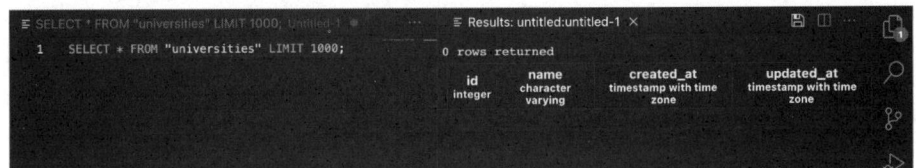

[그림 3-36] 빈 결과 출력

menus 테이블도 조회해 데이터를 확인해봅니다.

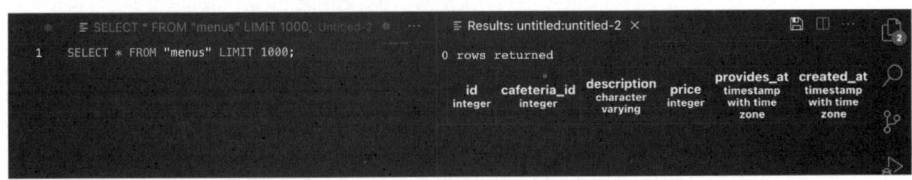

[그림 3-37] 테이블 조회

이제 API의 동작을 확인해보겠습니다. docker-compose up 동작을 통해 FastAPI 서버도 함께 가동 중인 상태입니다. 따라서 바로 브라우저를 열어 localhost:8000/docs에 접속하겠습니다.

[그림 3-38] localhost:8000/docs에 접속

보이는 순서대로 대학의 식당 메뉴를 조회하는 API, 식당 메뉴 사진을 추가하는 API, 메뉴 정보 업데이트 API를 두었습니다.

이제 university ID 1번에 속하는 모든 식당의 메뉴를 조회하려고 합니다. university_id로는 1을 입력하고 Execute를 눌러 API를 호출합니다.

3장. 주변 대학의 학생식당 메뉴 모아보기 91

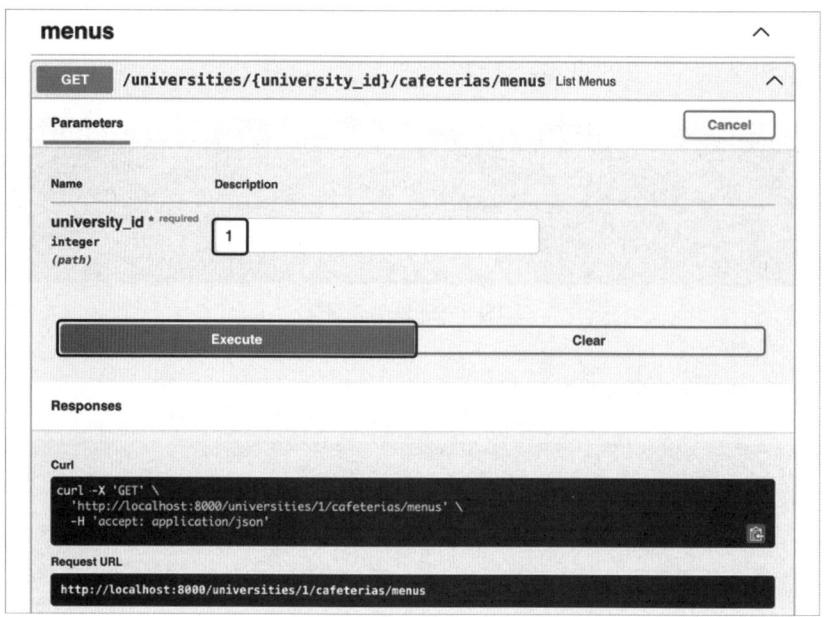

[그림 3-39] 식당 메뉴를 조회하는 API

/universities/1/cafeterias/menus로 API를 호출하고 응답을 반환합니다. db/init_db.py 파일을 통해 추가한 cafeterias 테이블의 '본관 학생식당', menus 테이블의 '비빔밥\n핫도그' 데이터가 응답으로 반환되는 것을 확인할 수 있습니다.

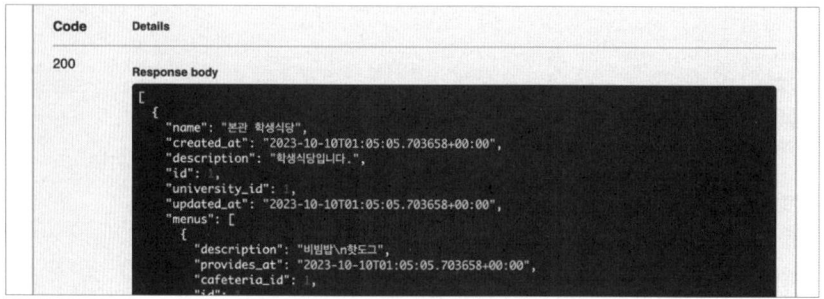

[그림 3-40] 데이터 응답과 반환 ①

다음으로는 식당 메뉴 사진을 추가하는 API입니다. menu_id로 1을 지정해 요청하겠습니다. Request Body에는 아래 값을 작성했습니다.

```
{
  "image_url": "https://raw.githubusercontent.com/roharon/book-hackathon-project/master/UniversityCafeteriaMenu/menu_image1.png"
}
```

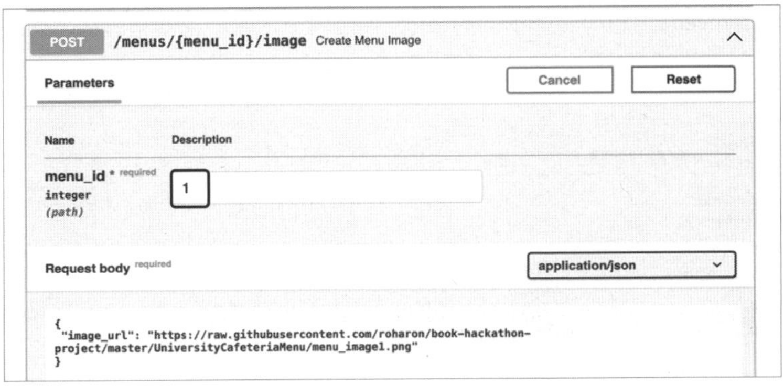

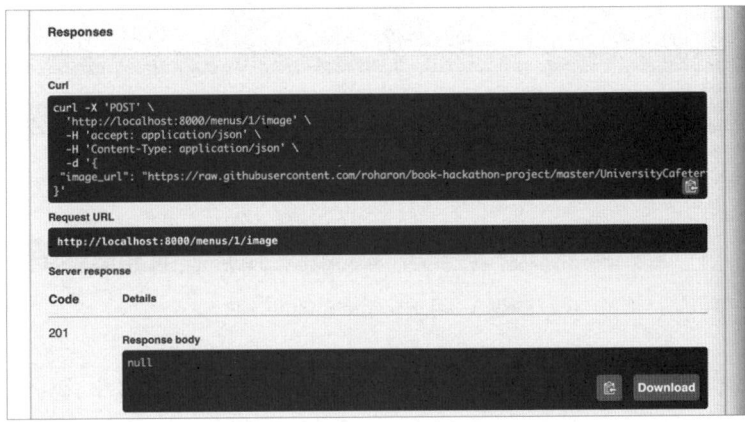

[그림 3-41] 식당 메뉴 사진을 추가하는 API ①

[그림 3-42] 식당 메뉴 사진을 추가하는 API ②

의도한대로 메뉴 ID 1번에 대해 식당 메뉴 사진이 추가되어야 합니다. 따라서 방금 사용한 /universities/1/cafeterias/menus API를 다시 호출해서 메뉴 이미지가 추가되었는지 확인해야 합니다. 아래 화면대로 조회하니, menu_images 필드에 ID 2번으로 데이터가 생성되어 응답으로 반환되는 것을 볼 수 있습니다.

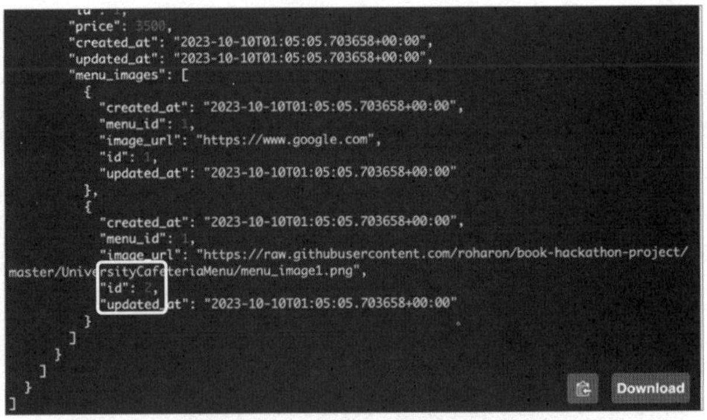

[그림 3-43] 데이터 응답과 반환 ②

마지막으로 /menus/event API의 동작을 확인해봅니다. 이 API를 호출하면 최신 메뉴 정보를 생성합니다.

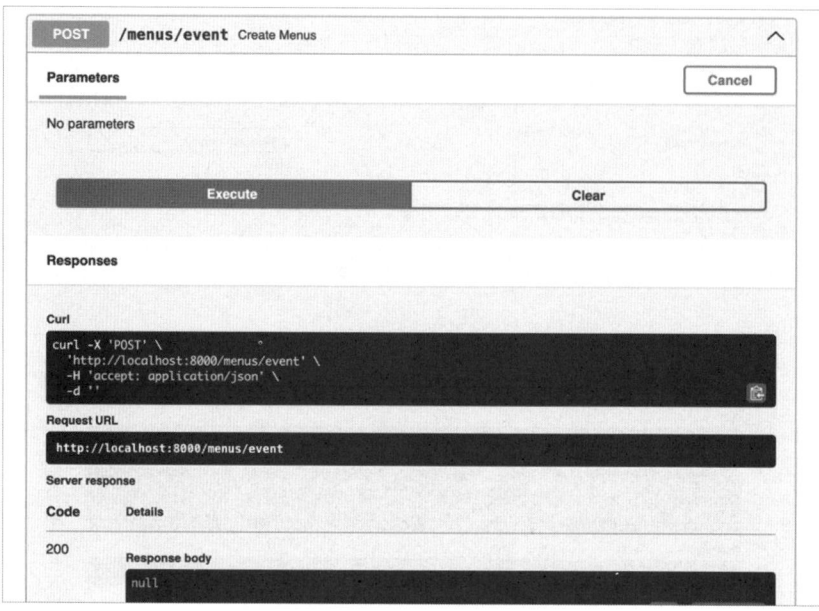

[그림 3-44] 메뉴 정보 업데이트 API

API를 호출해 최신 메뉴 정보를 생성되었는지 확인해보고자, university_id가 1인 식당의 메뉴에 대해 조회해봅니다. menu_id 2번이 생성된 것을 통해 새롭게 데이터가 생성됨을 확인할 수 있습니다.

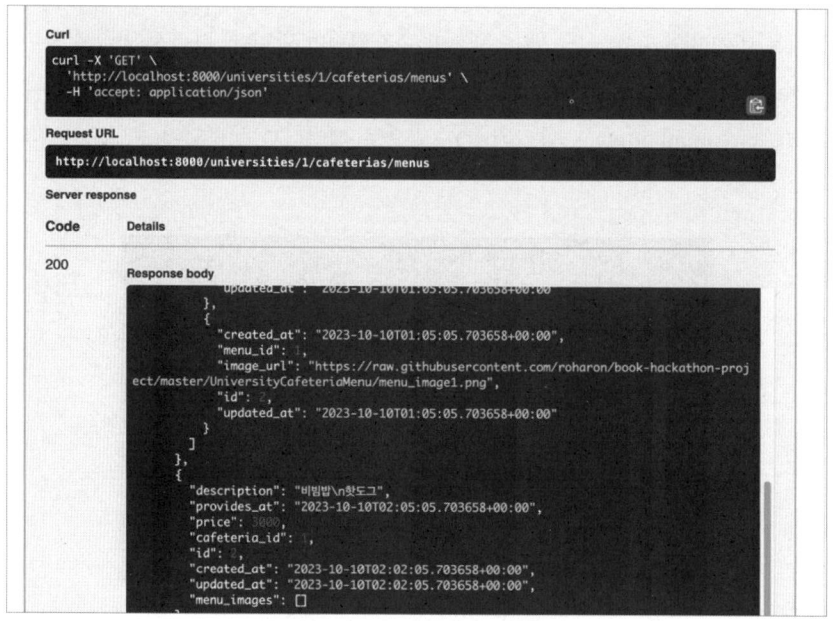

[그림 3-45] 데이터 응답과 반환 ③

데이터를 자동으로 생성하고자 정해진 시간에 /menus/event API를 호출하도록 깃허브 액션 워크플로우를 구성했습니다. 깃허브 액션 워크플로우는 아래 URL을 참고할 수 있습니다.

> URL https://github.com/roharon/book-hackathon-project/blob/master/.github/workflow/menu_update_workflow.yml

이것으로 주변 대학의 학생식당 메뉴를 모아보기 프로젝트의 환경 구성과 동작 확인을 모두 확인했습니다.

다음 장부터는 서버리스 구조로 설계한 프로젝트를 다룹니다. 지금까지 진행한 프로젝트와 어떤 차이가 있는지 확인할 수 있기를 바랍니다.

"해커톤, 지금 당장 도전해보세요!"

Chapter 4

일주일 치 구내식당 식단표, 하루 단위로 확인하기

- 반복되는 프로세스의 자동화 -

이 장에서는 식당과 관련되어 반복되는 일을 기술적으로 해결하는 아이디어를 낸 후 해당 아이디어를 구체화하고 아키텍처, 기술 스택, API 구현을 진행합니다. 그리고 동작을 직업 확인해봅니다.

이번 프로젝트는 아마존 웹서비스(AWS) 클라우드 환경을 이용합니다. 클로바 OCR, DynamoDB, 람다, 이벤트 브리지 순으로 설정을 진행한 뒤에 슬랙과 연동해 동작을 확인하는 과정으로 진행합니다.

4.1 아이디어 도출하기

이번 프로젝트에서도 세 가지 기법을 이용해서 아이디어를 도출해보기로 합니다. 먼저 마인드맵입니다.

마인드맵 기법

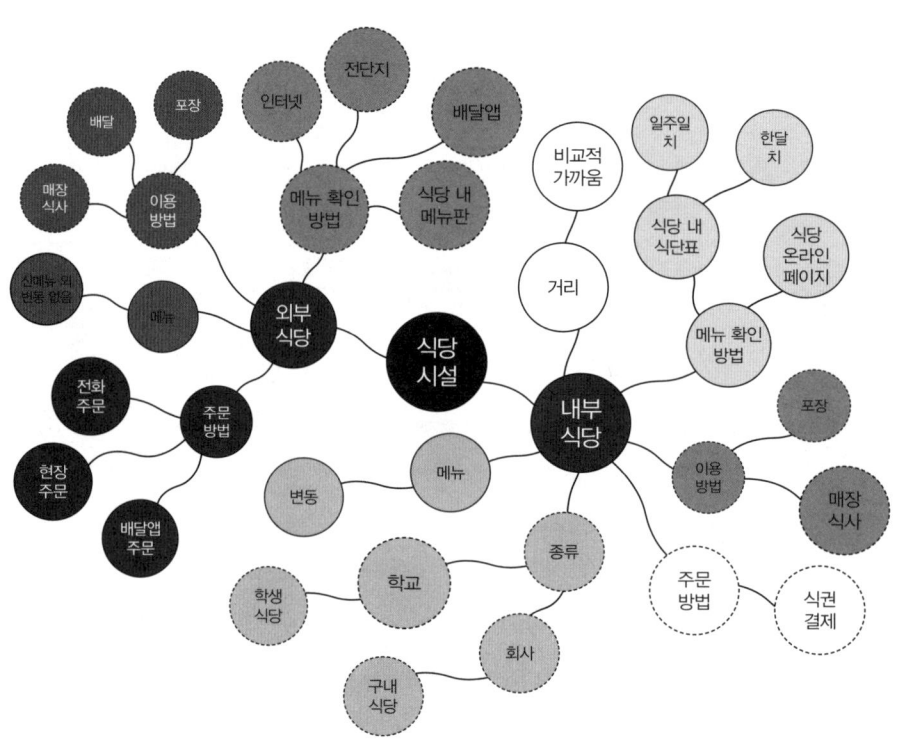

[그림 4-1] 식당 시설 키워드 중심으로 작성한 마인드맵

식당 시설 키워드를 중심으로 마인드맵을 작성해봤습니다. 일반 음식점으로 분류되는 **외부 식당**과 학교 식당, 구내식당 같은 **내부 식당**으로, 식당의 운영 형태에 대한 키워드가 나열되었습니다.

각 운영 형태에 따른 식당에서 나온 키워드로는 **메뉴, 주문 방법, 이용 방법** 등이 있습니다. 외부 식당은 메뉴가 다양하며 종류의 변동이 크게 없다는 점이 있습니다. 이에 반해 내부 식당은 식단표를 미리 구성하고 하루 단위로 메뉴를 변경한다는 차이점이 있습니다.

주문 방법도 다양합니다. 외부 식당은 **전화 주문**과 **배달앱 주문**을 통해 식당에 가지 않아도 미리 주문을 할 수 있는 점이 있습니다. 내부 식당은 식당에 가서 식권을 **선결제**하는 과정이 필요합니다.

이용 방법에도 주문 방법과 비슷한 차이가 있습니다. 우선 외부 식당과 내부 식당 모두 대부분 매장에서 식사가 가능합니다. 외부 식당의 경우에는 포장과 배달이 가능하지만, 내부 식당의 경우에는 포장을 할 수 있는 메뉴가 정해져 있고, 배달은 하지 않고 있습니다.

그리고 메뉴를 확인하는 방법에도 약간의 차이가 있습니다. 외부 식당은 **인터넷 검색, 광고 전단지, 배달앱**을 통해 어떤 음식을 파는지 확인할 수 있고 식당에 가서 **메뉴판**을 직접 보는 방법이 있습니다. 이에 반해 내부 식당은 식당의 온라인 페이지를 통해 구성된 식단표를 확인하거나, 식당 내부에 부착된 식단표를 보고 어떤 음식을 파는지 알 수 있습니다.

내부 식당에서 볼 수 있는 식단표는 하루 단위보다 일주일 치, 한 달 치의 식단 계획이 나와 있는 경우가 대부분입니다. 또한 내부 식당은 비교적 가까운 거리에 위치한 점도 있습니다.

이처럼 마인드맵을 통해 식당 시설에 대해 외부 식당과 내부 식당의 차이에 관해 확인해볼 수 있습니다.

스캠퍼 기법

마인드맵을 구성하면서 나온 키워드를 가지고 내부 식당인 구내식당에 초점을 맞추어 스캠퍼 기법을 적용해보려고 합니다.

S Substitute

먼저, 대체하기 방법을 이용해보겠습니다. 내부 식당으로 분류된 구내식당의 웹사이트에서는 대개 식단표를 이미지 형태로 업로드합니다. 이렇게 식단표를 이미지 형태로 제공하는 예시로는 정부청사의 구내식당[1]을 들 수 있습니다.

[그림 4-2] 정부청사의 구내식당 예시

---

1 정부청사관리본부의 구내식당 주간메뉴표
URL https://gbmo.go.kr/chungsa/dv/dietView/selectDietCalendarView.do

이미지를 저장해서 메뉴가 궁금할 때 앨범에서 확인할 수 있다는 장점이 있겠지만, 식단표를 보기 위해서 앨범에서 이미지를 매번 찾는 과정이 번거롭겠다는 생각이 들었습니다. 또한 웹사이트에 들어가서 메뉴를 조회하게 되면 와이파이가 아닌 환경에서 데이터 네트워크를 쓰는 경우, 보려는 정보에 비해서 데이터가 더 소모된다는 아쉬움도 있습니다.

식당 운영 업체에서 자체적으로 글자 형태로 제공하면 해결될 수 있겠지만 대부분의 식당에서 이미지를 제공하고 있어서 결코 쉬워 보이는 일은 아니라고 생각이 들었습니다. 따라서 '이미지'를 '글자'로 대체해 식단표를 제공해보는 것을 생각했습니다.

이미지가 아닌 글자로 제공한다면 더 빠른 속도로 적은 데이터를 쓰면서 식단표를 볼 수 있고, 보고 싶은 내용만 볼 수 있을 것이라는 기대도 생깁니다.

C Combine

다음으로, 결합하기 방법입니다. 구내식당의 식단표를 보려면 구내식당의 웹사이트에서 보거나, 식당 내부에 부착된 식단표를 봐야 합니다. 매일 이러한 과정으로 메뉴를 확인한다면 익숙해지면서 크게 불편하지 않다고 느낄 수 있겠지만, 조금 더 쉽고 편하게 볼 수 있는 방법이 있을 것 같습니다.

기업에서 사용하는 메신저의 챗봇 기능과 식단 메뉴를 보여주는 기능을 결합해보기로 합니다. 고용주 입장에서는 고용자가 식단표를 찾아보는 시간이 줄어 업무에 더 집중할 수 있는 환경을 기대할 수 있고, 고용자 입장에서는 실제 식당 이용자로서 매번 웹사이트에 들어 가거나 구내식당을 찾아가서 식단을 찾지 않아도 된다는 장점을 얻게 됩니다.

M Modify, Magnify, Minify

셋째, 수정-확대-축소하기 방법을 사용해보겠습니다. 수정, 확대, 축소하기 중에서 축소하기를 이용해보려 합니다. 구내식당의 식단표는 주간 식단표의 형태로 일주일 치의 메뉴를 제공하고 있습니다. 식단표를 제공하는 입장에서는 일주일에 한 번만 식단표를 작성하면 된다는 장점이 있고, 식당을 이용하는 입장에서는 내일 메뉴나 모레 메뉴도 한꺼번에 볼 수 있다는 장점이 있습니다. 하지만 오늘 점심으로 먹을 메뉴를 보기 위해 일주일 치의 식단표를 꺼내 봐야 하는 건 다소 아쉽습니다.

따라서 축소하기 방법을 통해 식단표에서 오늘의 점심 메뉴만 볼 수 있도록 해보기로 합니다. 필요한 정보만 보여줌으로써 보는 이들의 피로감을 줄일 수 있으리라는 기대를 합니다.

스마트 기법

앞서 구내식당에 대한 내용으로 스캠퍼 기법에서 여러 가지 아이디어를 내봤습니다. 그렇다면 스마트 기법을 통해서 이 제품의 목표는 무엇이고, 무엇을 해결하려는지 정해보겠습니다. 구내식당과 관련된 서비스의 최초 목표를 '임직원의 회사 만족도 높이기'로 정합니다.

S Specific

목표가 구체적인지 검토하고자 합니다. '스캠퍼 기법'을 이용해 구상한 내용을 알고 있다면 어떻게 만족도를 높일 것인지 유추해볼 수 있을 것입니다. 그러나 이전에 구상한 내용 없이 지금 다루는 스마트 기법에서 설정한 최초 목표만을 알고 있는 상황에서는 어떤 면에서 임직원들의 회사 만족도를 높일 것인지 유추하기 어렵습니다. 따라서 조금 더 구체적으로 설정해 '구내식당 정보 제공 챗봇을 통해 임직원의 회사 만족도 높이기'로 설정하겠습니다.

M Measurable

측정 가능한 목표를 설정해보려고 합니다. 임직원의 업무 효율을 높이는 것이 목표지만, 얼마만큼 높일 것인지 목표를 정량적으로 정의하지 않았습니다. 이러한 목표로는 이후에 목표를 달성했는지 측정하기 어렵습니다.

측정 가능한 목표를 세우려면 업무 만족도를 어떻게 평가해야 하는지에 대한 기준을 마련하고, 얼마만큼 높일지에 대한 정량적인 수치를 정해야 합니다. 업무 만족도는 사무실 출근 시의 업무 집중 만족도에 대해 자가 설문을 진행하고, 만족도를 기존 대비 10% 향상하는 것을 목표로 설정하고자 합니다. 따라서 M 단계를 통해 설정한 목표는 '구내식당 정보 제공 챗봇을 통해 임직원의 회사 만족도를 10% 향상하기'가 됩니다.

A Achievable

달성 가능한 목표 점검 과정을 보겠습니다. 기존에는 모두가 번거롭게 웹사이트에 직접 들어가서 매일 점심 식사를 고민하던 과정을 자동화 챗봇을 통해 간소화하면서 사소한 부분을 지원하는 차원에서 회사의 만족도가 높아질 것이라 예상됩니다. 하지만 챗봇을 도입하더라도 오늘 먹을 점심 메뉴를 찾는 과정에서 한 달, 일주일 치의 식단표를 모두 보여준다면 보는 사람들의 피로도는 여전할 것입니다.

따라서 식단표에서 당일 먹게 될 점심 메뉴를 제공할 수 있도록 목표를 '당일 구내식당의 메뉴를 알려주는 챗봇을 통해 임직원의 회사 만족도를 10% 향상하기'로 수정해봅니다.

R Relevant

현실적이고 관련된 목표인지를 함께 점검해보겠습니다. 목표를 달성하려면 필요한 기능이 적당한지 살펴봐야 합니다. 당일의 구내식당 메뉴의 경우에는 아침, 점심, 테이크아웃 메뉴와 저녁 메뉴가 있습니다. 대부분의 임직원들이 점심만 먹는다는 것을 전제로 진행합니다. 이를 더 나누어 점심 메뉴와 전체 메뉴를 볼 수 있게 제공하기로 합니다.

그러면 목표는 '당일 구내식당의 전체 메뉴와 점심 메뉴를 알려주는 챗봇을 통해 임직원의 회사 만족도를 10% 향상시키기'가 됩니다.

T Time

기한에 대해서 설정해봅니다. 기한을 하나의 분기로 잡겠습니다. 따라서 '새로운 분기 동안 당일 구내식당의 전체 메뉴와 점심 메뉴를 알려주는 챗봇을 통해 임직원의 회사 만족도를 10% 향상하기'로 정했습니다.

4.2 구현 기능 범위 정하기

그동안은 오늘 점심으로 먹을 구내식당 메뉴 구성에 대해 알기 위해서 다음과 같은 과정을 거쳐야 했습니다.

1. 웹사이트에 접속한다.
2. 해당 주차의 식단표 이미지를 선택한다.
3. 식단표에서 해당하는 요일을 확인한다.
4. 해당하는 요일의 점심 칸을 확인한다.

매번 반복되는 이 과정을 당일 구내식당의 전체 메뉴와 점심 메뉴를 알려주는 챗봇으로 제공하려고 합니다. 그리고 이번 주의 전체 메뉴를 보기 위한 요구도 고려해봅니다. 이와 함께 직접 확인하지 않아도 오늘의 점심 메뉴를 알림으로 받는 기능도 함께 고려하겠습니다.

이 기능들을 사용자 스토리로 풀어보겠습니다. [사용자 스토리 4-1]

> 사용자 스토리 4-1

오늘의 전체 메뉴 조회하기
1. 챗봇에서 '/오늘메뉴' 명령어를 입력한다.
2. 오늘의 전체 메뉴를 글자로 제공받는다.
3. 오늘의 메뉴가 등록되지 않은 경우
    a. 메뉴가 업데이트되면 메시지를 받는다.

오늘의 점심 메뉴 조회하기
1. 챗봇에서 '/오늘점심' 명령어를 입력한다.
2. 오늘의 점심 메뉴를 글자로 제공받는다.
3. 오늘의 점심 메뉴가 등록되지 않은 경우
    a. 메뉴가 업데이트되면 메시지를 받는다.

이번 주의 전체 메뉴 조회하기
1. 챗봇에서 '/이번주메뉴' 명령어를 입력한다.
2. 이번 주 전체 메뉴를 글자로 제공받는다.
3. 이번 주 점심 메뉴가 등록되지 않은 경우
    a. 메뉴가 업데이트되면 메시지를 받는다.

점심 메뉴 구독하기
1. 챗봇에서 '/점심구독' 명령어를 입력한다.
2. 메뉴 정보를 받을 시간을 입력한다.
3. 이미 구독한 경우
    a. 이미 구독한 이력이 있음을 메시지로 알리며 시간을 수정할 수 있는 화면을 제공한다.
4. 구독 후 설정한 시간이 된 경우
    a. 오늘의 점심 메뉴를 글자로 제공받는다.

구현 기능에 적힌 기능은 모두 OCR$^{Optical\ Character\ Recognition}$(광학문자인식)을 통해 글자를 얻어야 합니다. 구글의 Cloud Vision API, 마이크로소프트 애저^{Azure}의 Computer Vision API를 통해 OCR에 대한 지식이 없어도 원하는 글자 정보를 얻을 수 있습니다. 이를 식단표에서 어떻게 사용할지에 대해서는 다음 절에서 다루어 보겠습니다.

이 챗봇에서 내세우는 핵심 기능은 두 가지로 추려보겠습니다.

- 오늘의 전체 메뉴 조회하기
- 오늘의 점심 메뉴 조회하기

'새로운 분기 동안 당일 구내식당의 전체 메뉴와 점심 메뉴를 알려주는 챗봇을 통해 임직원의 회사 만족도를 10% 향상하기'라는 목표로 임직원들이 매번 점심 메뉴를 찾아보는 번거로움을 줄여 업무에 집중할 수 있는 환경을 조성하기 위해서 이처럼 핵심 기능을 위 두 가지로 정했습니다.

기존에도 웹사이트에서 이미지 식단표를 통해 식단을 알 수 있었지만, 이 과정을 간소화하면서 원하는 정보만을 제공해 피로감을 줄이는 것이 중요하다고 판단했습니다. 따라서 핵심 기능을 한 달, 한 주 단위의 식단표가 아닌 당일 메뉴 제공으로 두었습니다.

이에 따라 첫 번째 핵심 기능을 '오늘의 전체 메뉴 조회하기'로 두었습니다. 일찍 출근하는 경우에는 아침 식사를, 늦게 퇴근하는 경우에는 저녁 식사를 하는 경우도 있기 때문에 우선 당일의 전체 메뉴가 필요한 점을 고려했습니다. 두 번째 핵심 기능으로는 '오늘의 점심 메뉴 조회하기'를 두었습니다. 이 기능은 가장 많이 사용할 것으로 예상하는 기능입니다.

핵심 기능으로 정하지 않은 두 가지의 기능은 '이번 주의 전체 메뉴 조회하기' 기능과 '점심 메뉴 구독하기' 기능입니다.

'이번 주의 전체 메뉴 조회하기' 기능은 한 번에 모든 메뉴를 보여줄 수 있어 며칠 뒤의 메뉴를 보고 구내식당을 이용할지, 밖에 나가서 더 마음에 드는 음식을 먹을지 정하는 경우에 필요할 수 있습니다. 그러나 매번 점심 메뉴를 찾아보는 번거로움을 줄이는 것이 더 중요하다는 생각이 들어 핵심 기능에는 넣지 않았습니다. '점심 메뉴 구독하기'의 기능은 '오늘의 점심 메뉴 조회하기' 기능이 제공된 뒤에 이용할 수 있는 부가 기능이므로 핵심 기능에서 제외했습니다.

이제 이 기능들을 어떻게 설계하고 구현할지 다루어 봅니다.

4.3 당일 점심 메뉴만 볼 수 있는 식단표 만들기

이번 과정에서는 '일주일 치 구내식당 식단표, 하루 단위로 확인하기' 프로젝트를 구현해봅니다.

네이버, 구글 등 많은 기업의 제품에서는 사진 촬영 후 이미지에 있는 문장을 스마트폰 내에 붙여넣기 하거나 편집하는 기능을 제공하고 있습니다. 이 기술을 OCR이라고 하는데, 이 프로젝트에서도 오늘의 메뉴만 보거나 점심 메뉴만을 보기 위해서 사용하게 됩니다.

그러나 이 글을 읽고 있는 독자분들과 지금 해커톤에서 이 프로젝트를 하게 되는 팀원들이 OCR에 대한 기술을 공부하고 구현했던 경험은 대부분 없을 겁니다. 문자 인식 기술이 필요한 이번 프로젝트에서 외부 OCR API를 도입해 기술적인 문제를 빠른 시간에 해결하고 제품을 선보일 수 있도록 설계합니다. 이제 상황마다 필요한 API는 무엇이 있고 어떻게 활용하는지 다루어 봅니다.

프로젝트에 도입할 OCR API 선택하기

프로젝트의 전체 아키텍처 설계를 하기 전에 어떤 OCR API를 사용할지 정해야 합니다. 그 이유는 다음과 같습니다. 먼저, 외부에서 제공하는 OCR API는 서비스 업체마다 요청, 응답 형태가 다르며 지원하는 국가의 언어가 다를 수 있기 때문입니다. 그리고 문서 내에서는 필요한 기능을 지원하지만, 한국어를 지원하지 않고 있거나 지원하더라도 정확도가 낮아 제품에 적용하기 어려운 단계의 API일 수 있는 가능성이 있습니다. 또한 해커톤의 상황을 고려한다면 기능적으로 필요한 것을 모두 지원해도 많은 돈을 지불해야 하거나 서비스를 제공하는 회사와 계약을 맺어야 이용할 수 있는 서비스는 현실적으로 도입하기 어렵습니다.

이 외에도 고려하지 못한 부분으로 OCR API를 선택하기 전에 미리 설계했던 아키텍처 구조를 사용할 수 없게 되는 경우가 발생할 수 있습니다. 따라서 이러한 부분에 대해 시간을 절약하려면 어떤 API를 도입할지 대해서 미리 알아보고 선택하는 것이 좋습니다.

그럼 어떤 OCR API가 있는지 살펴보고 어떤 것이 적합한지 알아보겠습니다. OCR API의 결과를 보고 판단하기 위해서 행정안전부 세종청사 구내식당의 주간 식단표 사진을 가지고 실제 결과를 확인하기로 합니다.

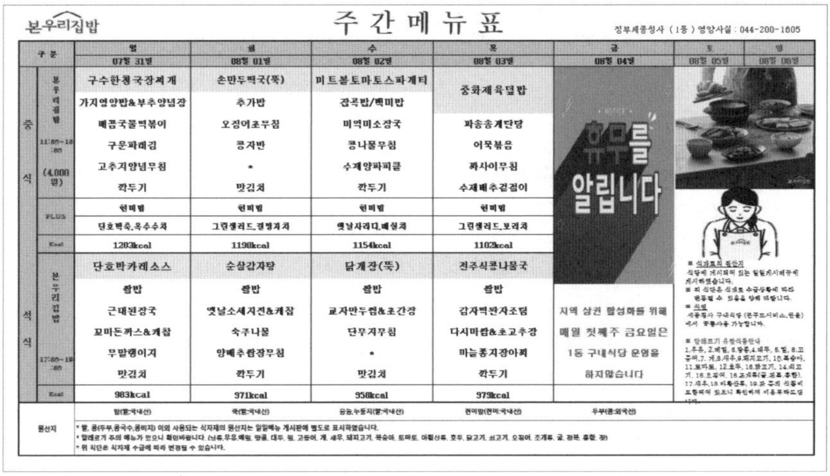
본우리집밥

주 간 메 뉴 표

정부세종청사 (1동) 영양사실 : 044-200-1605

구분		월 07월 31일	화 08월 01일	수 08월 02일	목 08월 03일	금 08월 04일	토 08월 05일	일 08월 06일
중식	본우리집밥 11:30~13:30 (4,000원)	구수한청국장찌개	손만두떡국(뚝)	미트볼토마토스파게티	중화제육덮밥	휴무를 알립니다		
		가지영양밥&부추양념장	추가밥	잡곡밥/백미밥				
		매콤국물떡볶이	오징어초무침	미역미소장국	파송송계란당			
		구운파래김	콩자반	콩나물무침	어묵볶음			
		고추지양념무침	*	수제양파피클	짜사이무침			
		깍두기	맛김치	깍두기	수제배추겉절이			
	PLUS	현미밥	현미밥	현미밥	현미밥			
		단호박죽,옥수수차	그린샐러드,결명자차	옛날사라다,매실차	그린샐러드,보리차			
	Kcal	1203kcal	1198kcal	1154kcal	1102kcal			
석식	본우리집밥 17:30~19:30	단호박카레소스	순살감자탕	닭개장(뚝)	전주식콩나물국			
		쌀밥	쌀밥	쌀밥	쌀밥			
		근대된장국	옛날소세지전&케찹	교자만두찜&초간장	감자백완자조림	지역 상권 활성화를 위해		
		꼬마돈까스&케찹	숙주나물	단무지무침	다시마쌈&초고추장	매월 첫째주 금요일은		
		무말랭이지	양배추쌈장무침	*	마늘종지장아찌	1동 구내식당 운영을		
		맛김치	깍두기	맛김치	깍두기	하지않습니다		
	Kcal	983kcal	971kcal	958kcal	979kcal			
원산지		밥(쌀:국내산)	죽(쌀:국내산)	숭늉,누룽지(쌀:국내산)	현미밥(현미:국내산)	두부(콩:외국산)		

* 쌀, 콩(두부,콩국수,콩비지) 이외 사용되는 식자재의 원산지는 일일메뉴 게시판에 별도로 표시하였습니다.
* 알레르기 주의 메뉴가 있으니 확인바랍니다. (난류,우유,메밀,땅콩,대두,밀,고등어,게,새우,돼지고기,복숭아,토마토,아황산류,호두,닭고기,쇠고기,오징어,조개류,굴,전복,홍합,잣)
* 위 식단은 식자재 수급에 따라 변경될 수 있습니다.

[그림 4-3] 세종청사 구내식단 주간 식단표[2]

구글 검색을 통해 OCR API를 검색하니 아마존 웹서비스AWS의 아마존 텍스트랙Amazon Textract 제품을 알게 되었습니다.

URL https://aws.amazon.com/ko/textract/

2 https://gbmo.go.kr/chungsa/dv/dietView/selectDietCalendarView.do?mi=1277&gbd=CD002

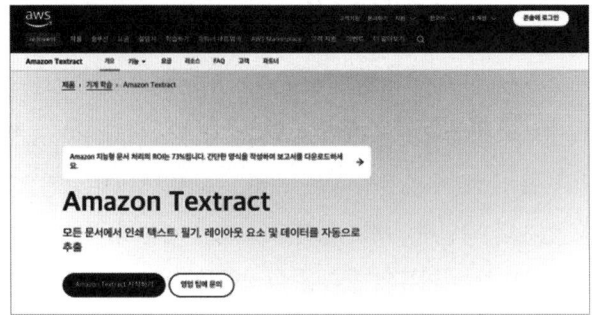

[그림 4-4] 아마존 텍스트랙 웹사이트

AWS 콘솔에 로그인을 통해 들어가보니 '평가판 사용하기'를 통해서 결과를 볼 수 있는 데모를 제공하고 있습니다.

URL https://ap-northeast-2.console.aws.amazon.com/textract/home

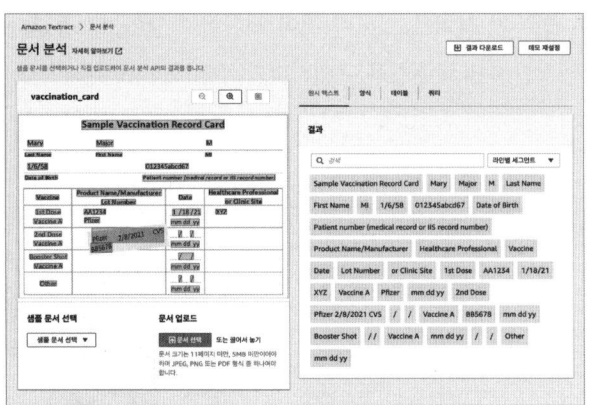

[그림 4-5] 평가판 사용하기

한글로 적힌 주간 식단표를 잘 인식하는지 문서를 선택해서 확인해보겠습니다.

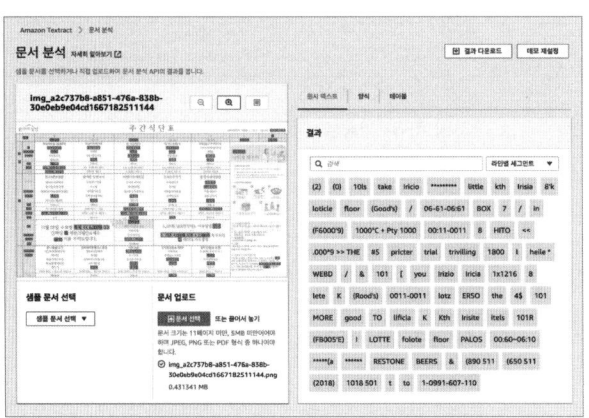

[그림 4-6] 한글 인식 테스트(실패)

[그림 4-6]의 왼쪽 이미지에서 텍스트의 영역은 인식하지만 특수 기호로 인식할 뿐, 한글로 인식하지는 않습니다. 그렇다면 우리의 제품에서 사용할 수 없으므로 다른 API를 찾기로 합니다.

두 번째로 구글 클라우드 비전 API^{Vision API}를 찾았습니다.

URL https://cloud.google.com/vision

[그림 4-7] 구글 클라우드 비전 VPI

구글 클라우드 비전 API는 광학 문자 인식의 기능으로 글자 감지, 필기 입력 감지, PDF나 TIFF(고품질 그래픽 형식으로 저장되는 이미지 파일 형식의 한 종류) 파일에서 텍스트를 감지하는 기능을 제공합니다. 웹사이트에서 제공하는 데모를 통해서 구내식당의 주간 식단표를 비전 API에 입력해보겠습니다.

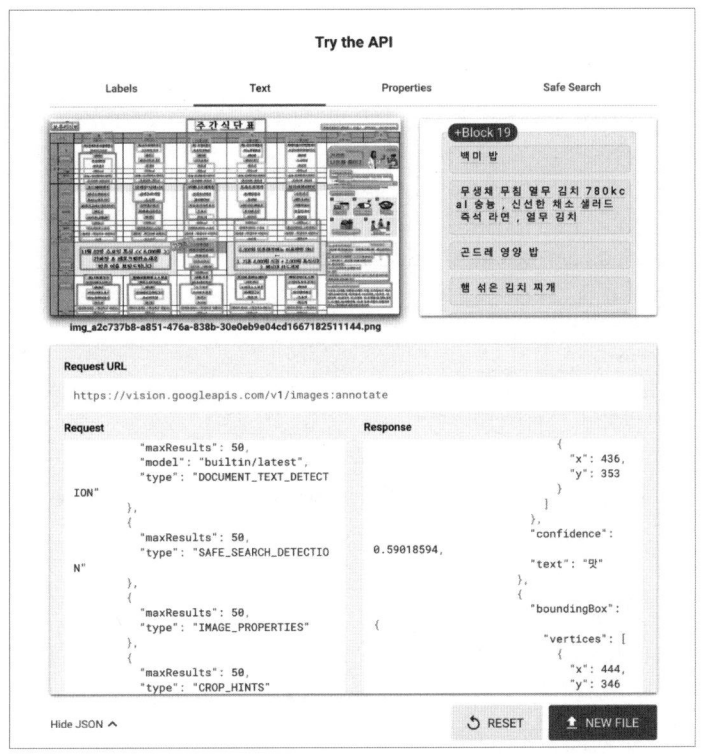

[그림 4-8] 구글 클라우드 비전 VPI 한글 인식 테스트 ①(성공)

4장. 일주일 치 구내식당 식단표, 하루 단위로 확인하기   107

한글을 잘 인식하는 것을 볼 수 있습니다. 문자 인식에 대한 내용은 description 필드에서 제공하고 있습니다.

[그림 4-9] 구글 클라우드 비전 VPI 한글 인식 테스트 ②(성공)

마지막으로 네이버 클라우드 플랫폼의 클로바 OCR^{CLOVA OCR}을 사용해보겠습니다.

URL https://www.ncloud.com/product/aiService/ocr

[그림 4-10] 네이버 클라우드 플랫폼의 클로바 OCR

인식한 문자에 대해 Json 파일로 다운로드할 수 있고 Json 파일의 inferText 필드에서 인식한 문자를 확인할 수 있습니다.

```
        },
        "inferText": "뚝배기불고기*당면사리",
        "inferConfidence": 0.9559,
        "type": "NORMAL",
        "lineBreak": true
    },
    {
        "valueType": "ALL",
        "boundingPoly": {
            "vertices": [
                {
                    "x": 117,
                    "y": 90
                },
                {
                    "x": 174,
                    "y": 90
                },
                {
                    "x": 174,
                    "y": 106
                },
                {
                    "x": 117,
                    "y": 106
                }
            ]
        },
        "inferText": "감자당근조림",
        "inferConfidence": 0.9999,
```

```
        "type": "NORMAL",
        "lineBreak": false
    },
    {
        "valueType": "ALL",
        "boundingPoly": {
            "vertices": [
                {
                    "x": 271,
                    "y": 90
                },
                {
                    "x": 328,
                    "y": 90
                },
                {
                    "x": 328,
                    "y": 106
                },
                {
                    "x": 271,
                    "y": 106
                }
            ]
        },
        "inferText": "교자만두강정",
        "inferConfidence": 0.9662,
        "type": "NORMAL",
        "lineBreak": false
    },
```

[그림 4-11] 네이버 클라우드 플랫폼의 클로바 OCR 테스트

AWS, 구글 클라우드, 네이버 클라우드 플랫폼에서 제공하는 OCR API의 결과를 보고 구글 클라우드와 네이버 클라우드 플랫폼에서 제공하는 API가 한글을 지원하는 것을 확인했습니다. 그리고 이 중에서 문자 인식 단위를 음식 이름으로 나누어 보여주고 있는 네이버 클라우드 플랫폼의 클로바 OCR을 사용하기로 정해봅니다.

식단 정보를 받을 메신저 선택하기

제품을 만들고 우리가 만든 제품을 사람들에게 효과적으로 전달하기 위해서는 가상의 기업을 사례로 들어 실제와 같은 사용 사례를 보여주어야 합니다. 이 과정에서 어떤 메신저를 사용하고 있는지 상황을 정해야 합니다. 메신저는 식단 정보를 받을 수 있어야 하므로, 봇과 같은 추가 기능을 제공하는 메신저를 선택하는 것이 중요합니다. 우리가 구축할 서버에서 API를 통해 메시지를 발송할 수 있는 메신저를 선택하면, 같은 결과를 얻으면서도 더 빠르게 기능을 구현할 수 있습니다.

이번 프로젝트에서는 슬랙Slack이라는 메신저로 사용합니다. 슬랙은 '채널'이라는 공간을 통해 협업을 지원하며, 채널 내에서 스레드 기능을 활용해 원활한 소통이 가능합니다. 또한 슬랙은 웹훅Webhook과 명령어Command 같은 다양한 연동 기능을 제공해 외부 시스템과의 통합도 용이합니다.

구내식당의 메뉴를 알려주는 기능을 구현하려면 다음과 같은 명령어를 설정할 수 있습니다.

- 오늘 메뉴
- 오늘 점심
- 이번 주 메뉴

이 명령어들을 사용해 사용자가 쉽게 오늘 메뉴, 오늘 점심, 이번 주 메뉴를 확인할 수 있고 슬랙을 통해 식단 정보를 효율적으로 제공할 수 있습니다.

4.4 주어진 상황을 고려한 기술 스택 정의하기

이번 프로젝트에서는 서버리스 방식을 이용합니다. 서버리스 방식이란 개발자가 서버를 직접 관리할 필요 없이 빌드하고 실행할 수 있는 클라우드 컴퓨팅 방식입니다. 기존 서버는 한 달 동안 정해진 사양에 따라 요금을 지불해야 했지만, 서버리스 환경에서는 사용한 시간만큼 요금을 지불하면 됩니다. 이러한 모델을 사용하면 서버의 가용성을 위해 추가적인 설계가 필요 없으므로, 필요한 기능 구현에만 집중할 수 있는 장점이 있습니다.

구내식당의 메뉴 조회는 주로 평일 낮에 이루어지므로, 24시간 서버를 운영하는 것보다 사용한 만큼만 비용을 지불하는 서버리스 모델이 더 효율적입니다. 이 점은 서버리스 모델의 장점 중 하나입니다. 또한 이 프로젝트에서는 오늘 메뉴나 이번 주 메뉴를 조회하는 등 특정 요일에 정보를 업데이트하는 작업이 필요합니다. 서버리스 환경에서는 Cron을 이용한 반복 작업을 통해 이러한 작업을 간편하게 해결할 수 있습니다.

이 프로젝트에서는 AWS의 서버리스 컴퓨팅 서비스인 람다^{Lambda}를 이용합니다. 람다를 사용하면 HTTP 트리거를 통해 API 게이트웨이에 연결된 함수를 만들거나, 정해진 시간에 작업을 수행하는 이벤트 브리지를 트리거로 이용할 수 있습니다.

예를 들어, HTTP로 요청하는 함수는 슬랙에서 명령어를 입력할 때 실행되는 '/오늘메뉴' '/오늘점심' '/이번주메뉴'와 같은 기능을 처리합니다. 이벤트 브리지에서 동작하는 함수는 매주 월요일에 주간 식단표 이미지를 OCR API를 통해 텍스트로 변환해 업데이트하는 작업을 수행할 수 있습니다.

람다를 사용하면 개발자들이 사용하는 언어를 통일할 필요가 없습니다. 서버리스의 특징 중 하나는 여러 프로그래밍 언어를 지원하는 폴리글랏^{Polyglot} 환경이기 때문에, 함수 단위로 기능을 구현하면 팀원들이 프로젝트에 사용할 언어를 통일하지 않고도 자신에게 능숙한 언어를 사용할 수 있습니다.

람다 함수를 통해 OCR API를 사용해 식단 메뉴를 텍스트로 추출한 후, 이 정보를 저장할 공간이 필요합니다. 이를 위해 AWS의 DynamoDB를 사용하기로 결정했습니다.

DynamoDB는 AWS의 완전 관리형 NoSQL 데이터베이스 서비스입니다. 기존에는 데이터베이스로 관계형 데이터베이스를 주로 사용했지만, NoSQL의 가장 큰 차이점은 스키마가 없다는 것입니다. 그러므로 모든 데이터를 미리 스키마로 정의하고 생성할 필요 없이 유연하게 사용할 수 있어 데이터 구조가 자주 변경되거나 다양한 형태의 데이터를 저장해야 할 때 매우 유용합니다.

 결정된 기술 스택

'일주일 치 구내식당 식단표, 하루 단위로 확인하기'의 개발 기술 스택으로, 클로바 OCR API, 슬랙, 람다 함수, DynamoDB, 이벤트 브리지를 사용하기로 정했습니다.

4.5 서비스 아키텍처 구성하기

기술 스택을 정하며 언급한 내용을 바탕으로 아키텍처를 구성했습니다. 람다 함수는 다음처럼 세 가지로 구성합니다.

1. 오늘 전체 메뉴 조회 함수
2. 오늘 점심 메뉴 조회 함수
3. OCR 처리 및 데이터 저장 함수

오늘 전체 메뉴 조회 함수, 오늘 점심 메뉴 조회 함수는 함수 URL을 이용해서 호출합니다. 이는 사용자가 호출하게 되는 함수로, 슬랙에서 명령어를 실행하면 람다가 호출되어 원하는 식단 정보를 텍스트로 받을 수 있게 됩니다.

OCR 처리 및 데이터 저장 함수는 네이버 클로바 OCR API를 사용하여 주간 식단표 이미지를 텍스트로 변환한 후, 가공된 텍스트를 DynamoDB에 저장합니다. OCR 처리 내용을 DynamoDB에 저장하는 시간은 주간 식단표가 올라오는 매주 월요일 오전 9시로 설정합니다.

매일 같은 시간에 반복된 동작을 처리할 수 있게 AWS에서 제공하는 이벤트 브리지Event Bridge를 사용합니다. 이벤트 브리지는 AWS 서비스에서 발생한 이벤트를 이용해 다른 서비스에서 특정한 동작을 수행하게 하거나 일정한 간격으로 서비스를 호출하는 기능을 제공하고 있습니다.

우리는 일주일마다 특정 시간에 함수를 실행해 일주일 치의 식단표를 미리 DynamoDB에 저장해서 사용자가 메뉴를 보려고 할 때 제공하려고 합니다. 이 시간에 함수를 실행하기 위해 이벤트 브리지를 두어 람다 함수를 호출하기로 했습니다.

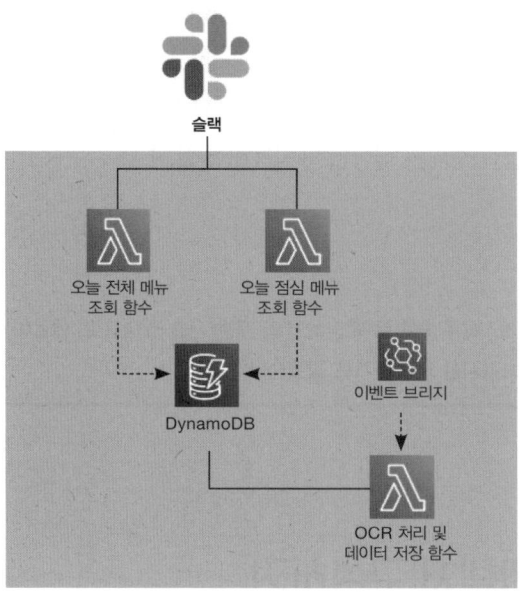

[그림 4-12] 구내식당 식단표 기술 아키텍처

> **참고** **AWS 람다 대신에 사용할 수 있는 서비스**
>
> 이번 프로젝트에서는 AWS 환경에서 람다 함수를 이용해 서버리스 환경 구성을 했습니다. 서버리스 환경은 사용한 만큼 요금을 지불해 비용을 절약할 수 있고 자동으로 서버 스케일을 관리할 수 있으므로 가용성에 대해 크게 신경쓰지 않아도 안정적으로 운영할 수 있습니다. 이런 점을 통해 개발에만 집중해 짧은 시간에 다양한 기능을 제공해 생산성을 높이는 데 큰 도움이 됩니다.
>
> 그러나 서버리스 환경은 클라우드 서비스 제공자에 의존적이라는 단점이 있습니다. 서버리스라는 개념은 여러 클라우드 서비스에서 제공하고 있지만 람다는 AWS에만 제공하는 서비스이기 때문입니다. 이에 따라 특정 업체의 서비스나 솔루션에 종속되는 벤더 락인Vendor Lock-in 현상이 발생합니다.
>
> AWS 외에도 비슷한 서버리스 플랫폼 환경을 제공하고 있는 대체재가 있습니다. 구글 클라우드 플랫폼에서는 '클라우드 함수Cloud Functions'라는 서버리스 제품을 제공하고 있습니다. 이를 이용해 AWS 람다와 유사한 기능을 사용할 수 있습니다. 정해진 시간에 AWS 람다 함수를 실행하는 이벤트 브리지는 구글 클라우드 Pub/Sub을 대신 사용할 수 있습니다.
>
> 마이크로소프트의 클라우드 서비스인 '애저Azure'에도 마찬가지로 서버리스 제품을 제공합니다. AWS 람다는 애저 함수Azure Functions로 대체할 수 있습니다. 이벤트 브리지의 역할을 애저에서는 애저 함수 기능 중 하나로서, 타이머 트리거로 이용해 일정에 따라 함수를 실행하는 기능을 지원하고 있습니다.
>
> AWS의 API 게이트웨이는 애저에서 API Management를 이용할 수 있습니다. 응답을 캐시에 두어 중복된 응답을 반환해 응답 시간을 줄이거나 필요한 애저 함수의 자원 사용률을 절약하고 애저 함수의 호출 양에 대한 모니터링과 문제 해결을 위한 로그를 확인할 수 있습니다.

4.6 API 스펙 설계하기

이번에는 슬랙 메신저를 통해 명령어를 입력하고 식당 메뉴를 응답으로 반환하는 API의 스펙을 설계합니다. 슬랙에서 호출과 응답을 모두 담당하므로 이번에 설계하는 API 스펙은 슬랙에서 제공하는 스펙에 맞추어 진행합니다. 따라서 이전 프로젝트보다 API 스펙을 설계하는 데 많은 내용을 다루지 않습니다.

슬래시 명령어는 아래의 '/메뉴'와 같이 /(슬래시)를 통해 입력해서 우리가 만드는 앱을 이용할 수 있게 합니다.

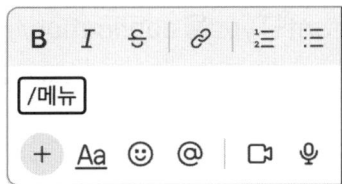

[그림 4-13] 슬랙의 / 명령어 예시

슬랙에서 제공하는 슬래시 명령어를 이용하여 우리가 만든 기능을 이용하려면 우선 두 가지 기능을 제공해야 합니다.

- 오늘의 전체 메뉴 조회하기
- 오늘의 점심 메뉴 조회하기

파라미터를 받아 전체 메뉴도 처리하고 점심 메뉴도 처리하는 것으로 구현해볼 수 있지만, 각 함수별로 역할을 분리해서 개발하기로 합니다. 우선 설계하기 전에, 슬랙의 슬래시 명령어에 대한 개발 문서 https://api.slack.com/interactivity/slash-commands 를 확인해보겠습니다.

슬랙의 슬래시 명령어를 통해 우리의 기능을 호출할 때 HTTP 메서드로 POST를 사용합니다. 이때 쿼리 파라미터를 통해 아래 정보를 넘기게 됩니다. 이 정보는 우리가 만드는 기능에서는 필요하지 않은 정보이므로 설명을 생략하고 넘어가보겠습니다.

```
04: token=gIkuvaNzQIHg97ATvDxqgjtO
05: &team_id=T0001
06: &team_domain=example
07: &enterprise_id=E0001
08: &enterprise_name=Globular%20Construct%20Inc
09: &channel_id=C2147483705
10: &channel_name=test
11: &user_id=U2147483697
```

```
12: &user_name=Steve
13: &command=/weather
14: &text=94070
15: &response_url=https://hooks.slack.com/commands/1234/5678
16: &trigger_id=13345224609.738474920.8088930838d88f008e0
17: &api_app_id=A123456
```

'/점심명령어'를 통해 응답을 받으려면 아래와 같이 Content-Type을 application/json 형식으로 응답을 구성해서 제공해야 합니다. [함께 해봐요 4-1]

함께 해봐요 4-1 응답의 Content-Type을 application/json 형식으로 구성해서 제공하기

```
{
  "blocks": [
    {
      "type": "section",
      "text": {
        "type": "mrkdwn",
        "text": "*점심 메뉴*"
      }
    },
    {
      "type": "section",
      "text": {
        "type": "mrkdwn",
        "text": "된장찌개\n보리밥\n궁중떡볶이"
      }
    }
  ]
}
```

그럼 이제 '오늘의 전체 메뉴 조회하기' API를 설계해봅니다. 이번 과정에서는 함수 URL을 이용하므로 API 엔드포인트를 지정하지 않고 스키마를 정합니다. [함께 해봐요 4-2]

HTTP 메서드
- POST

응답 상태 코드
- 200

함께 해봐요 4-2 오늘의 전체 메뉴 조회하기 API 응답 Body 예시

```
{
    "blocks": [
    {
      "type": "section",
      "text": {
        "type": "mrkdwn",
        "text": "*점심 메뉴*"
      }
    },
    {
      "type": "section",
      "text": {
        "type": "mrkdwn",
        "text": "구수한청국장찌개\n가지영양밥&부추양념장\n매콤국물떡볶이\n구운파래김
          \n고추지양념무침\n깍두기\n현미밥\n단호박죽,옥수수차\n1203kcal"
      }
    },
    {
      "type": "section",
      "text": {
        "type": "mrkdwn",
        "text": "*저녁 메뉴*"
      }
    },

    {
      "type": "section",
      "text": {
        "type": "mrkdwn",
        "text": "단호박카레소스\n쌀밥\n근대된장국\n꼬마돈까스&캐찹\n무말랭이지
          \n맛김치\n983kcal"
      }
    }
  ]
}
```

응답 Body에서는 배열 타입의 blocks 필드에서 슬랙 메시지로 보여질 메시지를 정의합니다. block의 내용은 슬랙의 블록 킷 빌더Block Kit Builder에서 구성하고 JSON 형식으로 확인해볼 수 있습니다.

URL https://app.slack.com/block-kit-builder

다음으로 '오늘의 점심 메뉴 조회하기' API입니다. [함께 해봐요 4-3]

HTTP 메서드
- POST

응답 상태 코드
- 200

[함께 해봐요 4-3] 오늘의 점심 메뉴 조회하기 응답 Body 예시

```
{
  "blocks": [
    {
      "type": "section",
      "text": {
        "type": "mrkdwn",
        "text": "*점심 메뉴*"
      }
    },
    {
      "type": "section",
      "text": {
        "type": "mrkdwn",
        "text": "구수한청국장찌개\n가지영양밥&부추양념장\n매콤국물떡볶이
        \n구운파래김\n고추지양념무침\n깍두기\n현미밥\n단호박죽,옥수수차\n1203kcal"
      }
    }
  ]
}
```

전반적으로 '오늘의 전체 메뉴 조회하기' API와 구성이 동일합니다. 두 API의 응답에 차이점이 있다면, 슬랙에서 메시지로 보여주기 위해 필요한 배열 타입의 blocks 크기를 2로 두어 응답하는 점이 있습니다.

만일 휴일인 관계로 식당에서 제공하는 메뉴가 없을 수도 있습니다. 이러한 경우에는 메시지로 아래처럼 응답을 제공하기로 합니다. [함께 해봐요 4-4]

> **함께 해봐요 4-4** 휴일로 식당에서 제공하는 메뉴가 없을 때 응답 Body 예시

```
{
  "blocks": [
  {
    "type": "section",
    "text": {
      "type": "mrkdwn",
      "text": "오늘 점심 메뉴가 없습니다."
    }
  }
  ]
}
```

4.7 프로젝트 구성 및 실행하기

이제 '일주일 치 구내식당 식단표, 하루 단위로 확인하기' 프로젝트를 구성하고 실행해봅니다. 이번 프로젝트는 앞서 서비스 아키텍처를 구성하면서 알게 된 것처럼, AWS 클라우드 환경을 이용합니다. 클로바 OCR, DynamoDB, 람다, 이벤트 브리지 순으로 설정을 진행한 뒤에 슬랙과 연동해 동작을 확인해봅니다.

이번에 진행하는 프로젝트의 소스코드는 실습 코드 리포지토리의 CafeteriaMenuBo(아래 사이트)에서 확인할 수 있습니다.

URL https://github.com/roharon/book-hackathon-project/tree/master/CafeteriaMenuBot

먼저 클로바 OCR을 사용하기 위해 네이버 클라우드 플랫폼https://console.ncloud.com/에서 회원가입을 합니다. 그리고 결제 수단을 등록해야 합니다.

① 네이버 클라우드 플랫폼에 접속해 서비스 목록에서 'CLOVA OCR'을 선택합니다. 그러면 클로바 OCR 대시보드https://console.ncloud.com/ocr/domain 소개 페이지가 표시될 것입니다.

[그림 4-14] 'CLOVA OCR' 선택

② 소개 페이지에서 이용 신청 버튼을 눌러 상품 [이용 신청]을 완료한 뒤, 도메인 생성을 진행합니다.

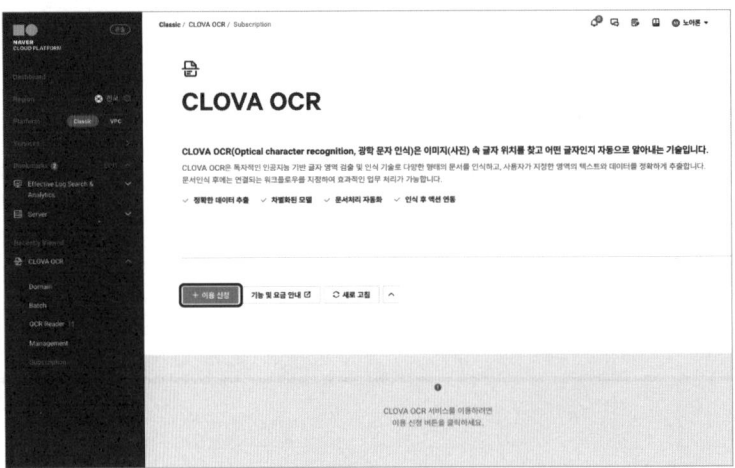

[그림 4-15] 이용 신청 완료 및 도메인 생성

③ 도메인은 일반/템플릿과 특화 모델이 있습니다. 이 중에서 일반/템플릿 도메인을 생성합니다.

[그림 4-16] 일반/템플릿 도메인 생성

④ 그 다음으로 도메인명과 도메인 코드를 입력합니다. 이번 프로젝트 설정 과정에서는 cafeteria-menu-ocr이라고 정했습니다. 도메인명과 도메인 코드는 중복되지 않아야 하므로, 'cafeteria-menu-ocr-100'처럼 원하는 이름으로 설정한 뒤 [중복 확인] 버튼을 눌러 사용할 수 있는지 체크하길 바랍니다. 그리고 지원 언어는 한국어, 서비스 타입은 일반으로 선택해 생성합니다.

[그림 4-17] 새로운 도메인 생성

⑤ 도메인을 생성했다면 다음과 같이 도메인을 확인할 수 있습니다. 먼저 우측의 '표 추출 여부'를 활성화합니다.

[그림 4-18] 표 추출 여부 활성화

⑥ 그 다음으로 우측의 [API Gateway 연동] 버튼을 누릅니다. 그러면 다음과 같이 Secret Key, APIGW Invoke URL 값이 있습니다.

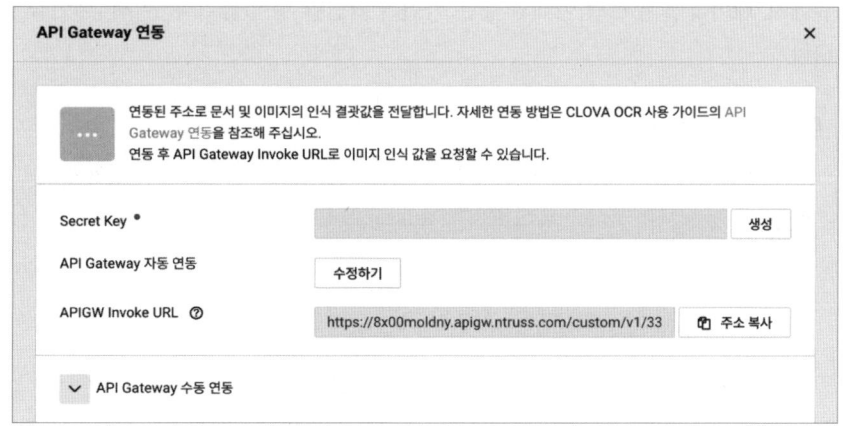

[그림 4-19] API Gateway 연동

Secret Key 값은 [생성] 버튼을 눌러 새롭게 만들어줍니다. 이 값은 이후에 식단 메뉴를 DynamoDB에 저장하기 전에 클로바 OCR을 통해 글자를 추출할 때 사용하게 됩니다. 또한 Secret Key 값은 외부에 유출되면 안 되는 정보이므로 잘 보관해야 합니다. 만일 외부에 공개되었다면, [생성] 버튼을 눌러 새로운 값으로 초기화하면 됩니다.

이제 AWS에서 DynamoDB를 생성할 차례입니다.

> **TIP** 이 책에서는 AWS 계정을 생성하는 방법에 대해 다루지 않습니다. 계정 생성이 필요하다면 아래 AWS의 계정 생성 자습서를 참고해 진행하기를 바랍니다.
> **URL** https://aws.amazon.com/ko/getting-started/guides/setup-environment/module-one/

① 계정이 준비되었다면, AWS 웹 콘솔을 통해 DynamoDB 대시보드에 들어갑니다.

URL https://ap-northeast-2.console.aws.amazon.com/dynamodbv2/home

[그림 4-20] DynamoDB 대시보드 접속

② 왼쪽 메뉴에서 '테이블'을 누르면 아래와 같은 화면을 확인할 수 있습니다. 이제 [테이블 생성] 버튼을 누릅니다.

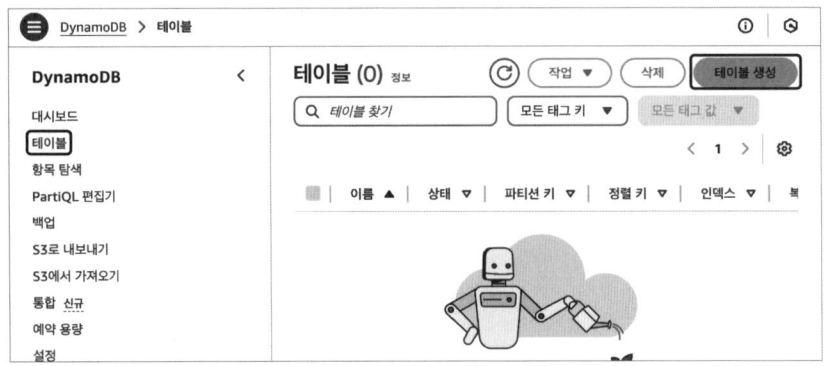

[그림 4-21] 테이블 생성

③ 테이블 이름은 'cafeteria_menu'로 작성합니다. 다음으로 파티션 키를 지정해야 합니다. 파티션 키는 테이블의 기본 키로 사용되며 유일성을 가져 다른 값과 중복될 수 없습니다. 파티션 키의 이름은 id로 정하겠습니다. 테이블 설정은 '기본 설정'으로 둔 뒤 [생성] 버튼을 누릅니다.

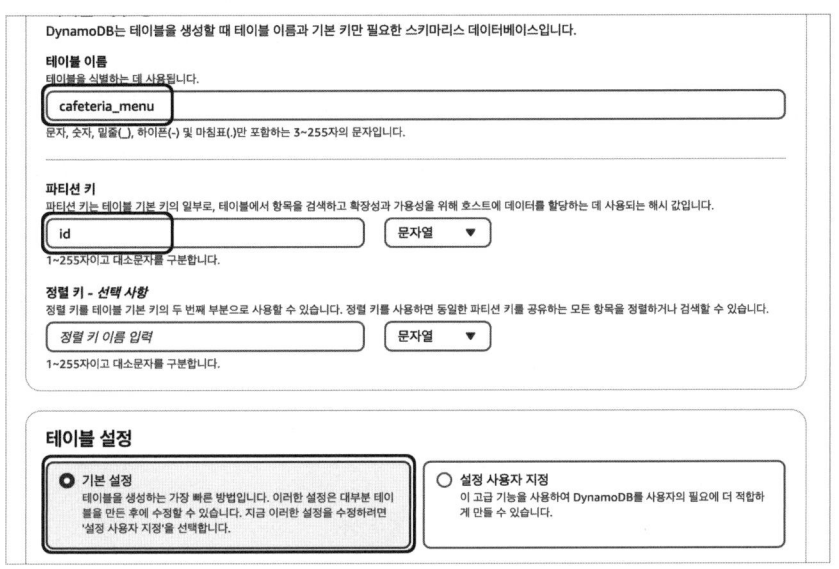

[그림 4-22] 테이블 설정

④ 테이블이 생성되었다면 아래의 화면과 같이 테이블이 활성화된 것을 볼 수 있습니다.

[그림 4-23] 테이블 활성화

이것으로 DynamoDB의 기본적인 설정이 끝났습니다. 람다 함수를 만든 뒤에 테이블에 쌓인 정보를 볼 때에 다시 DynamoDB를 확인해보겠습니다.

그럼 이제 AWS의 서버리스 컴퓨팅 서비스인 람다 함수를 생성하겠습니다. 람다 함수는 총 세 가지로 구성합니다. 먼저 메뉴를 보여주려면 메뉴 정보를 어딘가에 저장해야 합니다. 이번 프로젝트에서는 saveCafeteriaMenu 이름의 람다 함수를 만들어 이 함수를 실행하면 DynamoDB에 데이터를 쌓도록 진행합니다.

getCafeteriaAllOfMenu 함수는 오늘의 전체 메뉴를 보여주고 getCafeteriaLunchMenu 함수는 오늘의 점심 메뉴를 보여줍니다.

그럼 먼저 saveCafeteriaMenu 람다 함수를 만들어보겠습니다.

① [함수 생성] 버튼을 누릅니다.

[그림 4-24] 함수 생성

② 함수를 생성했으면 [새로 작성]을 선택하고 함수 이름으로 'saveCafeteriaMenu', 런타임으로는 'Python 3.11', 아키텍처로는 'arm64'를 선택합니다. 그리고 [함수 생성] 버튼을 누릅니다.

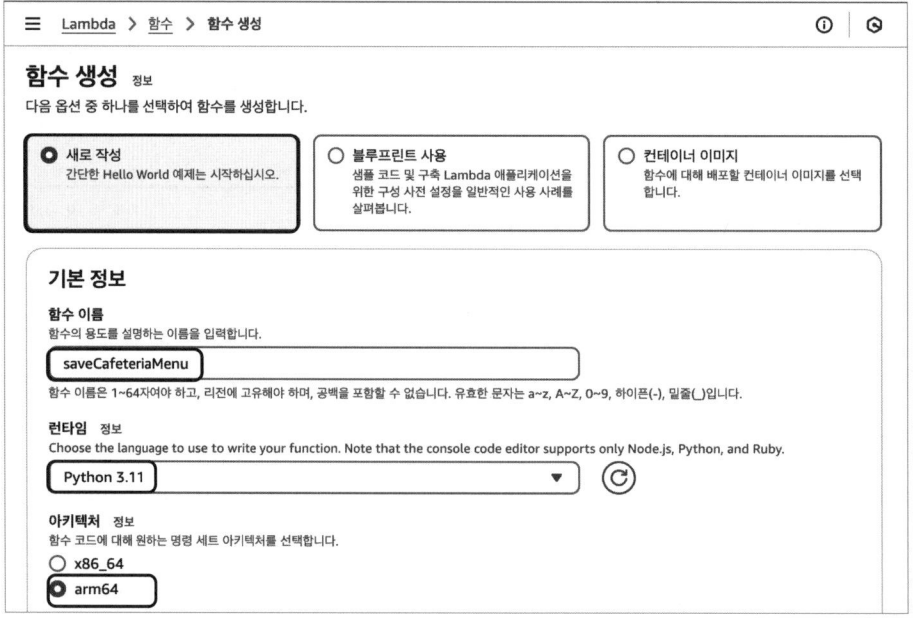

[그림 4-25] 함수 설정

③ 함수를 생성하면 다음과 같은 화면이 표시됩니다.

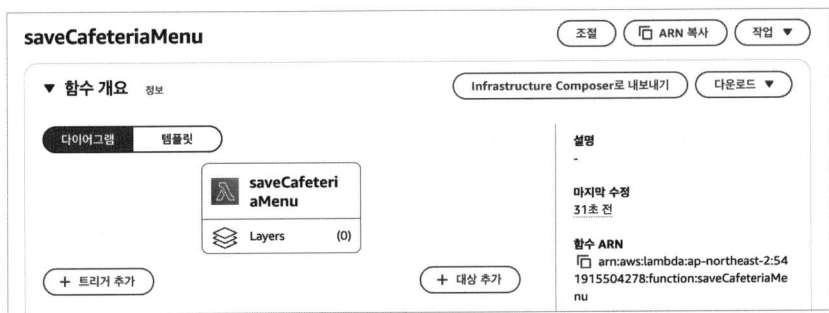

[그림 4-26] 함수 생성 결과

④ 이제 람다의 코드 편집기에 소스코드를 복사합니다. 소스코드의 내용은 프로젝트 리포지토리의 saveCafeteriaMenu 디렉터리의 lambda_function.py 파일(아래 URL)에서 확인할 수 있습니다.

URL https://github.com/roharon/book-hackathon-project/blob/master/CafeteriaMenuBot/saveCafeteriaMenu/lambda_function.py

⑤ 코드를 붙여넣은 뒤 [Deploy] 버튼을 누릅니다.

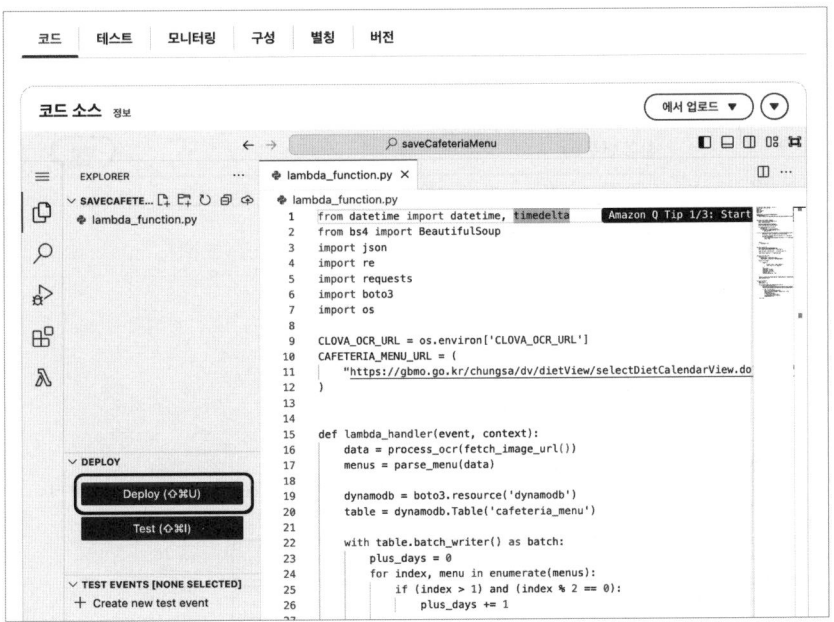

[그림 4-27] 소스코드 붙여넣기

⑥ 이제 환경변수를 지정합니다. 클로바 OCR 도메인을 생성하고 얻었던 Secret Key와 APIGW Invoke URL 값을 입력합니다. saveCafeteriaMenu/lambda_function.py 코드에서 9행은 APIGW Invoke URL 값을 담는 환경변수로 CLOVA_OCR_URL 값을 정의해 사용합니다.

```
CLOVA_OCR_URL = os.environ['CLOVA_OCR_URL']
```

55행은 Secret Key를 담는 환경변수로 CLOVA_OCR_SECRET로 이름을 정해 사용합니다.

```
"X-OCR-SECRET": os.environ['CLOVA_OCR_SECRET']
```

⑦ 아래 화면과 같이 환경변수에 [편집] 버튼을 눌러 두 환경변수의 값을 지정합니다.

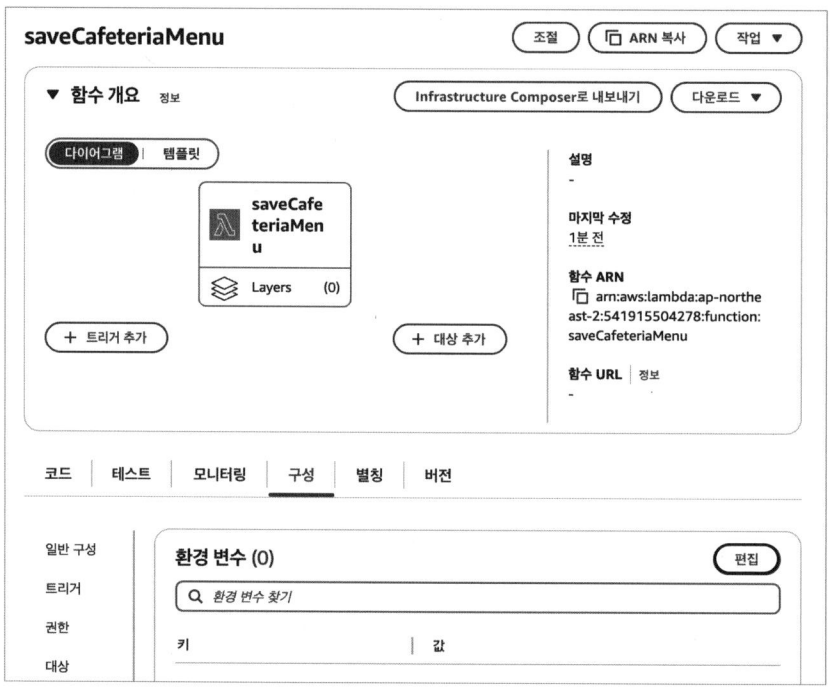

[그림 4-28] 환경변수 값 지정

⑧ 키와 값을 작성했다면 [저장] 버튼을 누릅니다.

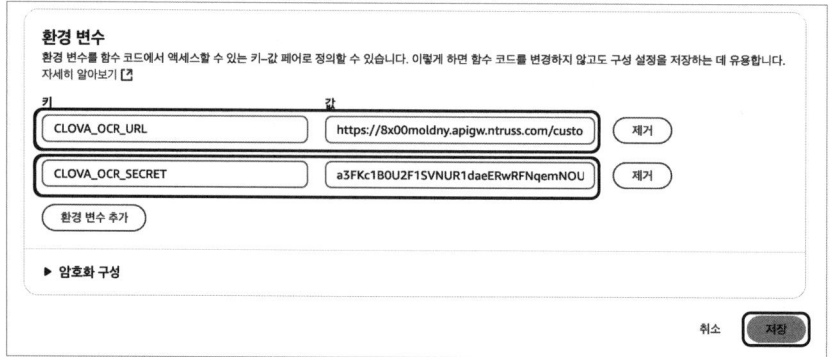

[그림 4-29] 키와 값 작성

⑨ 이제 [테스트] 탭에 들어가서 [테스트] 버튼을 통해 호출해보겠습니다. 실행이 될 것이라 예상했겠지만, "Unable to import module 'lambda_function': No module named 'bs4'"라는 오류 메시지가 반환되었습니다.

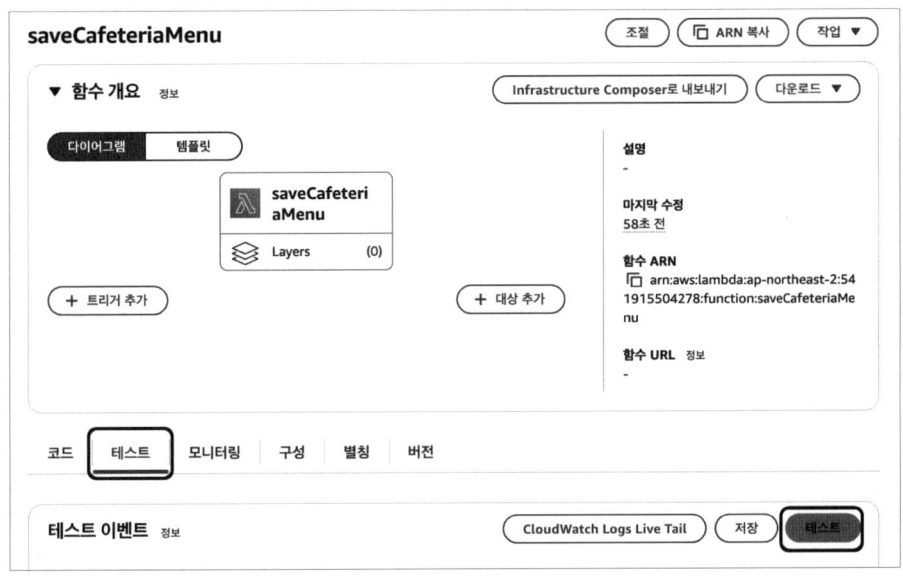

[그림 4-30] 테스트 실행

실행에 실패하고 이 오류가 나온 이유는 saveCafeteriaMenu 람다 함수에서는 lambda_function.py 코드에서 사용하는 라이브러리가 설치되어 있지 않기 때문입니다. 람다에서는 계층Layer을 제공하고 있습니다. 이를 통해 람다 함수에서 사용하는 라이브러리의 종속성을 패키징해서 사용할 수 있습니다. 따라서 람다 함수에 필요한 계층을 생성해보겠습니다.

① 먼저 좌측의 '계층'으로 이동한 뒤 [계층 생성] 버튼을 누릅니다.

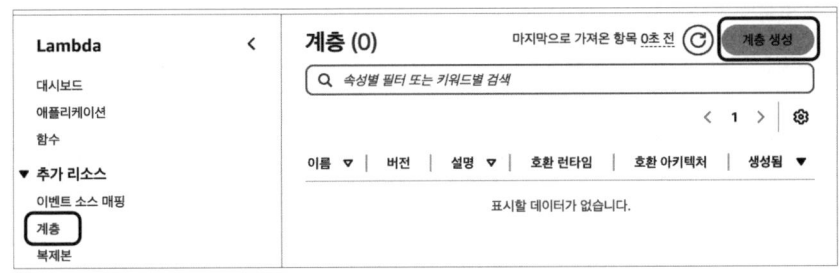

[그림 4-31] 계층 생성

② 계층 이름은 saveCafeteriaMenu로 정하고, 리포지토리의 CafeteriaMenuBot/lambda_layer.zip 파일을 업로드합니다. 호환 아키텍처는 arm64를 선택하고 호환 런타임은 Rython 3.11을 선택한 뒤 [생성] 버튼을 눌러 계층을 생성합니다.

4장. 일주일 치 구내식당 식단표, 하루 단위로 확인하기   125

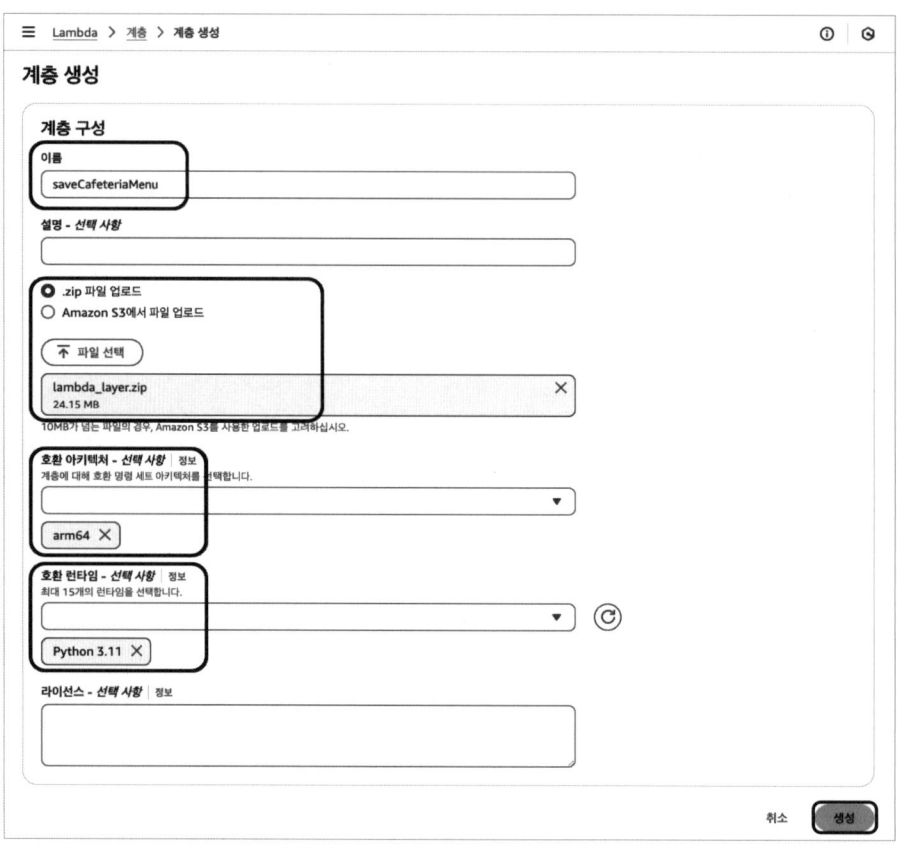

[그림 4-32] 계층 생성

③ 이제 람다 함수의 페이지로 돌아와 계층을 추가합니다. [Add a layer] 버튼을 누릅니다.

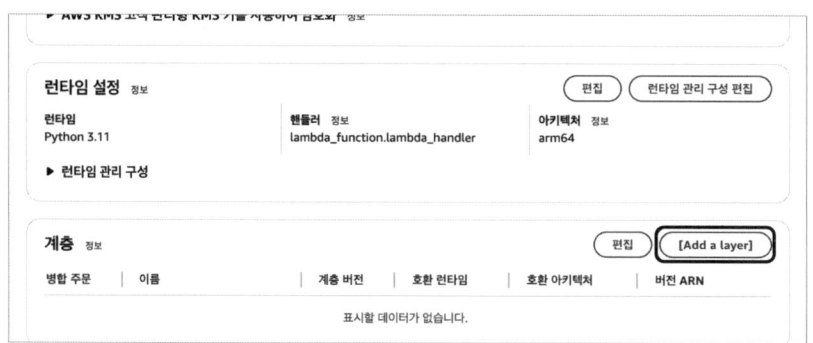

[그림 4-33] 계층 추가

④ 계층 소스에서 [사용자 지정 계층]을 고르고, 계층으로 'saveCafeteriaMenu'를 선택합니다. 계층을 생성할 때 버전을 확인할 수 있을 것입니다. 가장 마지막 버전을 지정합니다. 완료했다면 [추가] 버튼을 눌러 계층을 추가합니다.

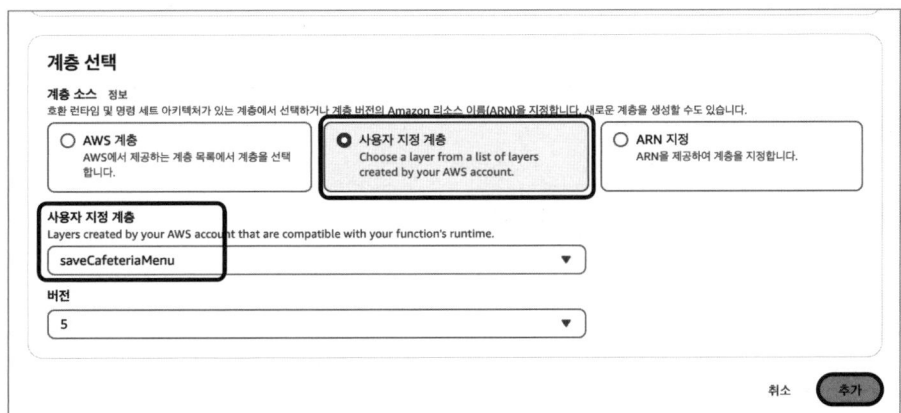

[그림 4-34] 계층 추가 완료

이제 람다의 호출 제한 시간을 조정합니다.

① saveCafeteriaMenu 람다에서 '구성' 〉 '일반 구성'에 들어가면 아래와 같은 화면을 볼 수 있습니다. [편집] 버튼을 누릅니다.

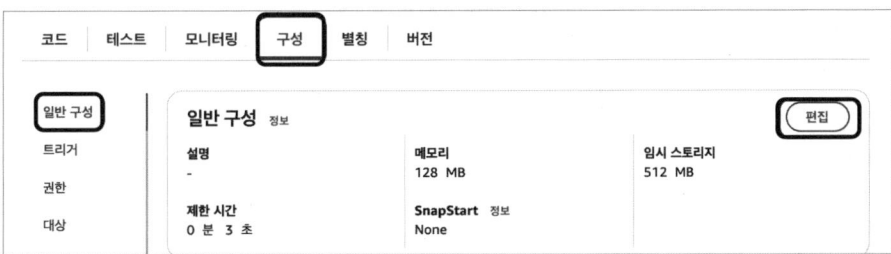

[그림 4-35] 일반 구성 화면

② 클로바 OCR을 통해 글자를 추출하고 DynamoDB에 값을 저장하는 동작을 하므로, 제한 시간은 넉넉하게 10초로 지정하겠습니다. 이후 [저장] 버튼을 눌러 적용하면 됩니다.

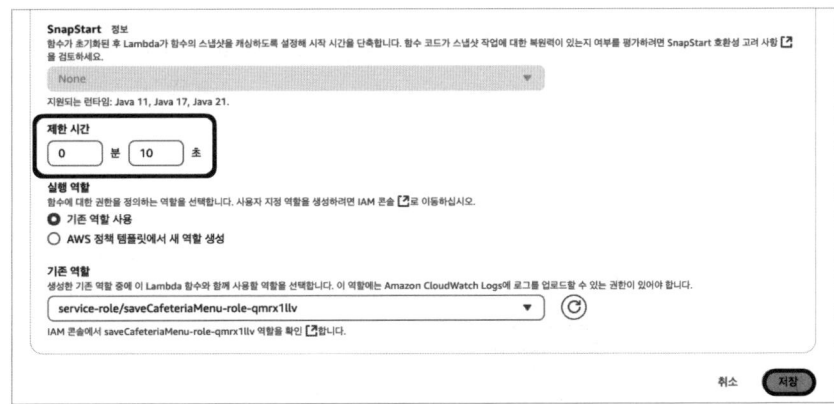

[그림 4-36] 제한 시간 설정

그리고 DynamoDB에 대한 IAM 권한을 설정해야 합니다.

① '구성' 〉 '권한'에서 역할 이름을 클릭합니다. 아래 화면에서는 'saveCafeteriaMenu-role-5jl2mi8e' 이름으로 되어 있습니다.

[그림 4-37] 역할 이름 확인

② 역할 이름에 대해 클릭하면 아래 화면이 보일 것입니다. 우측의 [권한 추가] 버튼을 눌러 '인라인 정책 생성'을 누릅니다.

[그림 4-38] 인라인 정책 생성

③ 이제 정책 편집기 화면이 나옵니다. 서비스 선택의 검색 칸에 'DynamoDB'를 입력해 결과에 나오는 'DynamoDB'를 선택합니다.

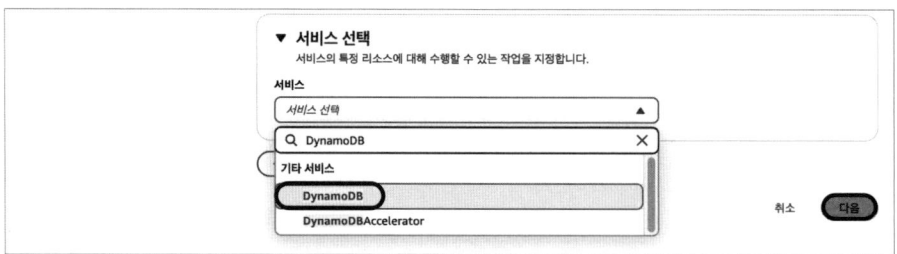

[그림 4-39] 데이터베이스 선택

④ 허용할 작업으로는 '모든 DynamoDB 작업(DynamoDB:*)'에 체크합니다. 그리고 리소스는 '모두'를 선택합니다.

> **TIP** 이번 과정에서는 환경 구성의 편의를 위해 모든 리소스에 대해 모든 DynamoDB 작업 접근을 허용했습니다. 단, 실제 운영 환경에서는 반드시 필요한 권한만 부여해 사용해야 합니다.

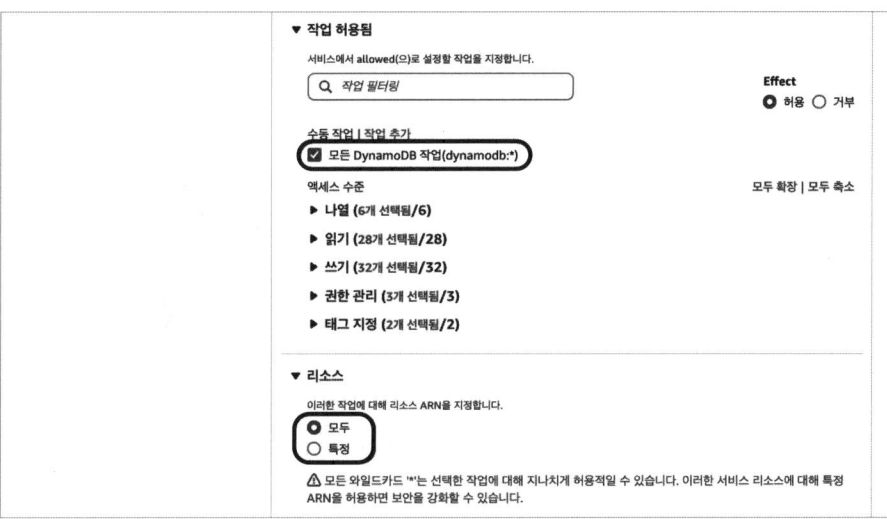

[그림 4-40] 허용할 작업 선택

⑤ 정책 생성을 마친 뒤, 람다 함수의 [테스트] 탭에서 [테스트] 버튼을 눌러 테스트를 진행합니다. 테스트가 동작하면 아래와 같이 결과가 나오게 됩니다.

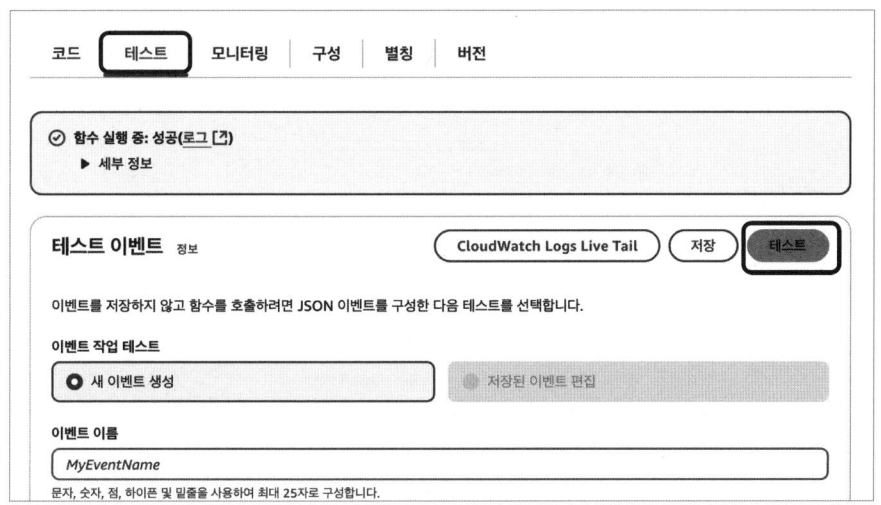

[그림 4-41] 테스트 진행

이제 DynamoDB에 접속해 어떤 결과가 저장되었는지 확인해보겠습니다.

① DynamoDB의 테이블에서 cafeteria_menu를 선택하고, [표 항목 탐색] 버튼을 누릅니다.

[그림 4-42] 표 항목 탐색

② 항목 스캔 또는 쿼리에서 '스캔'을 선택하고 속성 프로젝션 선택에서는 '모든 속성'을 선택합니다. 그리고 [실행] 버튼을 클릭합니다.

[그림 4-43] 속성 선택

③ 실행하면 다음과 같이 반환된 항목으로 데이터가 표시됩니다.

[그림 4-44] 데이터 표시

이제 saveCafeteriaMenu 람다 함수가 [Test] 버튼을 눌렀을 때가 아닌, 매주 월요일 정해진 시간대에 동작하도록 설정합니다.

① 이벤트 브리지의 Scheduler에서 일정에 접속합니다. 그리고 [일정 생성] 버튼을 누릅니다.

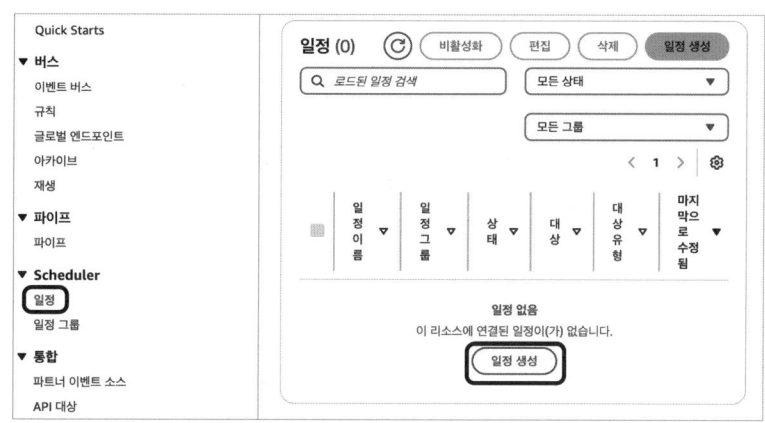

[그림 4-45] 일정 생성

② 일정 이름은 'save-cafeteria-menu'로 정했습니다.

[그림 4-46] 일정 이름 생성

③ 그리고 일정 패턴에서는 '반복 일정'을 선택합니다. 일정 유형에서는 'Cron 기반 일정'을 선택합니다. 매주 월요일 오전 6시에 동작하기 위해 Cron 표현식은 '0 6 ? * 2 *'로 입력합니다. 유연한 기간은 '꺼짐'으로 선택하고 [다음] 버튼을 누릅니다.

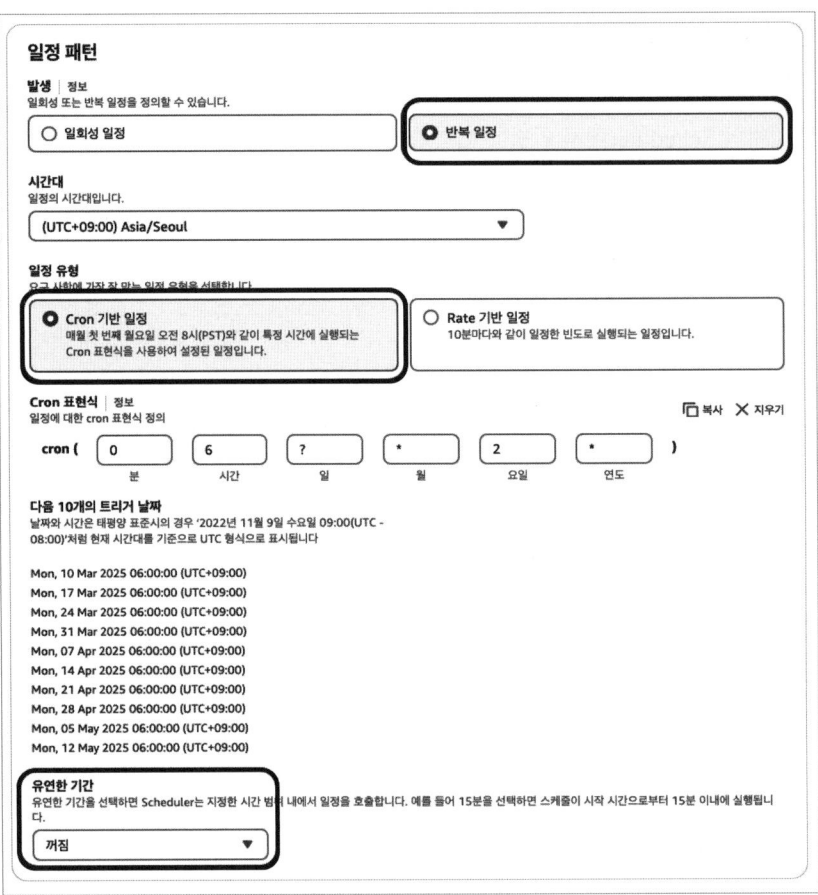

[그림 4-47] 일정 패턴 설정

④ 대상 선택에서는 'AWS Lambda Invoke'를 선택합니다.

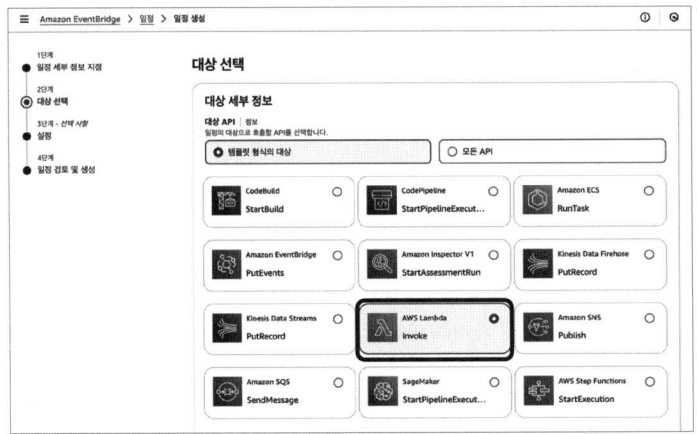

[그림 4-48] 대상 선택

⑤ Invoke의 Lambda 함수로 'saveCafeteriaMenu'를 선택합니다. 그리고 [일정 검토 및 생성단계로 건너뛰기] 버튼을 누릅니다. 그리고 최종적으로 [일정 생성] 버튼을 누릅니다.

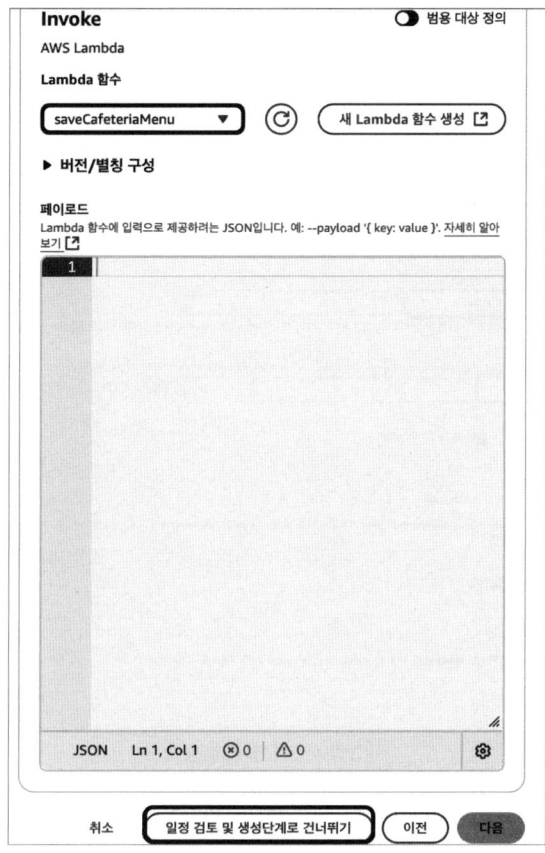

[그림 4-49] Invoke 설정

⑥ 정상적으로 생성되었다면 아래 화면과 같이 나오게 됩니다.

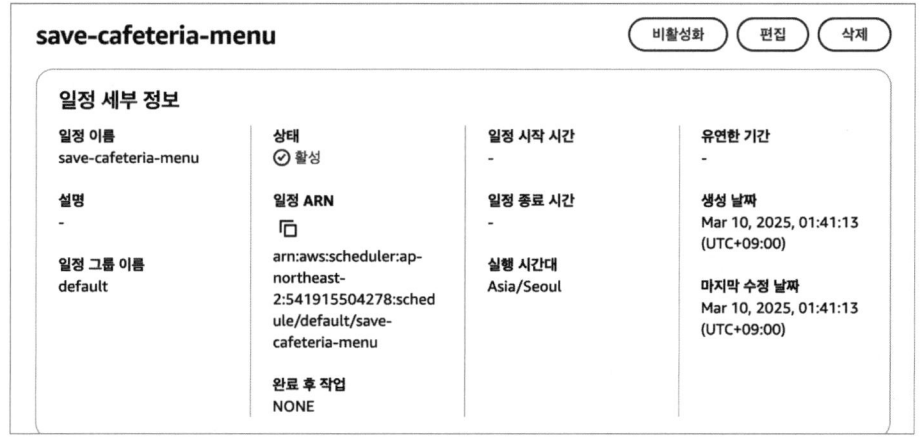

[그림 4-50] 생성 완료

그럼 이제 오늘의 전체 메뉴를 보여주는 getCafeteriaAllOfMenu 람다 함수를 구성하겠습니다.

① 람다 함수 생성 페이지에서 함수 이름은 'getCafeteriaAllOfMenu'로 정하고, saveCafeteriaMenu 람다 함수를 생성했을 때와 동일하게 런타임은 'Python 3.11', 아키텍처는 'arm64'로 지정합니다.

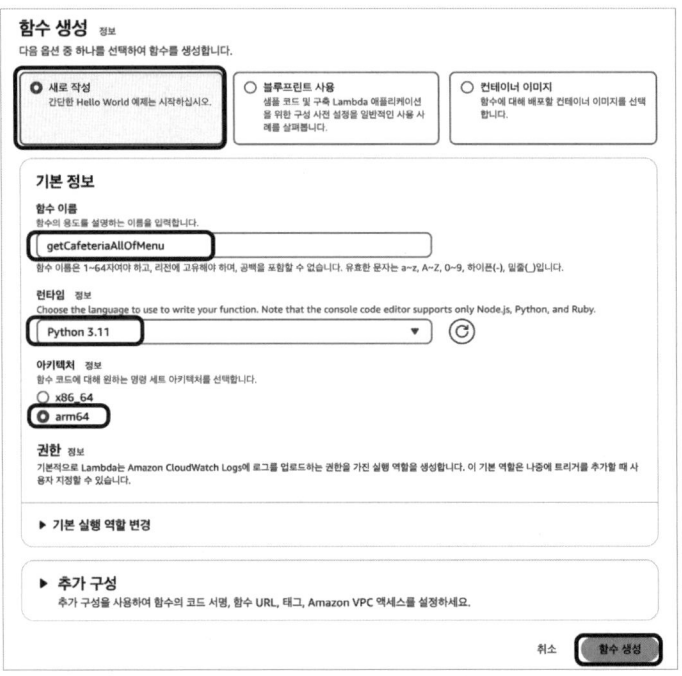

[그림 4-51] 함수 생성

② '권한' 〉 '기본 실행 역할 변경'을 누릅니다. 실행 역할로 'AWS 정책 템플릿에서 새 역할 생성'을 선택합니다. 역할 이름을 람다 함수 이름과 동일한 'getCafeteriaAllOfMenu'로 설정했습니다. 정책 템플릿은 'DynamoDB 단순 마이크로서비스 권한'을 선택합니다.

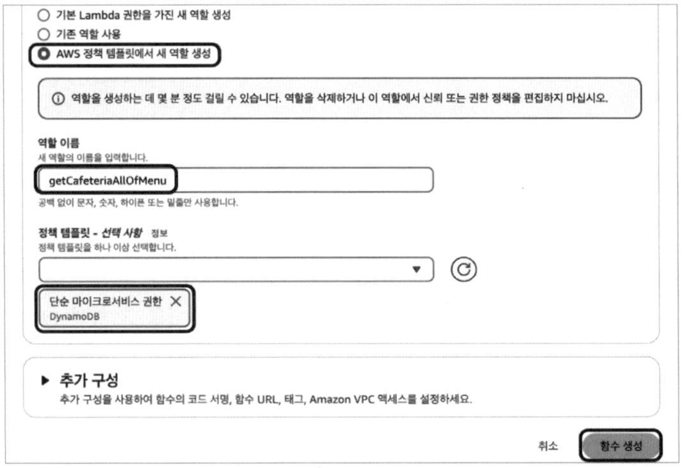

[그림 4-52] 권한 설정

③ 고급 설정에서 '함수 URL 활성화'에 체크합니다. 인증 유형은 모든 사람이 람다 함수에 접근할 수 있게 'NONE'을 선택합니다. 이제 구성이 모두 끝났으니 [함수 생성] 버튼을 누릅니다.

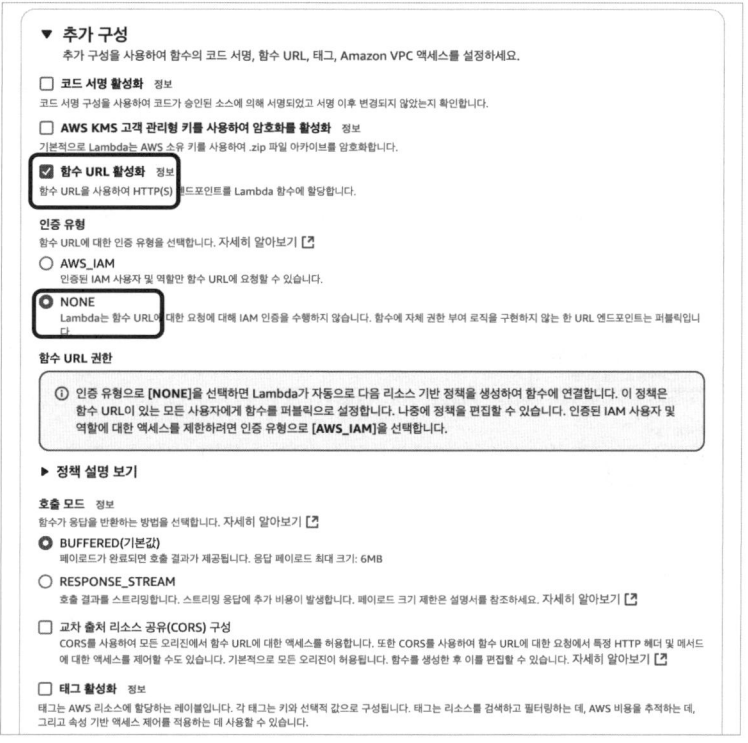

[그림 4-53] 함수 설정

④ 함수 생성을 마치면 람다 함수의 URL이 보입니다. 우리는 오늘의 전체 메뉴 조회 기능을 배포해야 하므로, 프로젝트 리포지토리의 cafeteriaMenuBot/getCafeteriaAllOfMenu/lambda_function.py 소스코드를 람다의 소스코드에 붙여넣습니다.

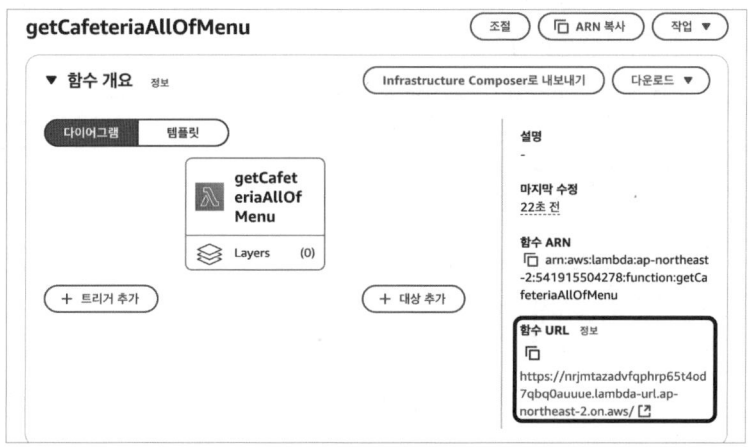

[그림 4-54] 소스코드 붙여넣기

이어서 getCafeteriaLunchMenu 람다 함수도 구성합니다. getCafeteriaAllOfMenu 람다 함수와 동일하게 구성할 것입니다.

① 함수 이름은 getCafeteriaLunchMenu로 지정하고, 런타임은 Python 3.11, 아키텍처는 arm64로 선택합니다.

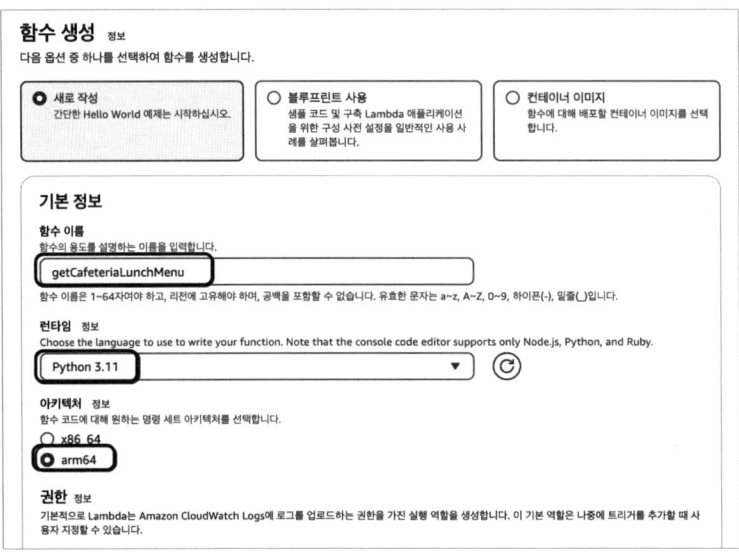

[그림 4-55] 함수 생성

② 기본 실행 역할 변경에서 'AWS 정책 템플릿에서 새 역할 생성'을 선택합니다. 역할 이름은 getCafeteriaLunchMenu로 지정하고 정책 템플릿은 'DynamoDB 단순 마이크로 서비스 권한'을 선택합니다.

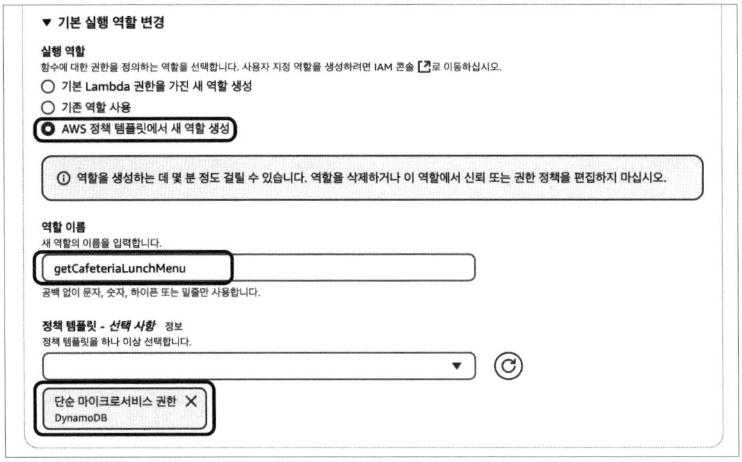

[그림 4-56] 권한 설정

③ 고급 설정에서 함수 URL 활성화를 체크합니다. 오늘 점심 메뉴를 확인하는 getCafeteriaLunch
Menu 람다 함수도 모든 사람이 접근할 수 있게 인증 유형을 'NONE'으로 선택합니다. 그리고 [함
수 생성] 버튼을 눌러 람다 함수를 생성합니다.

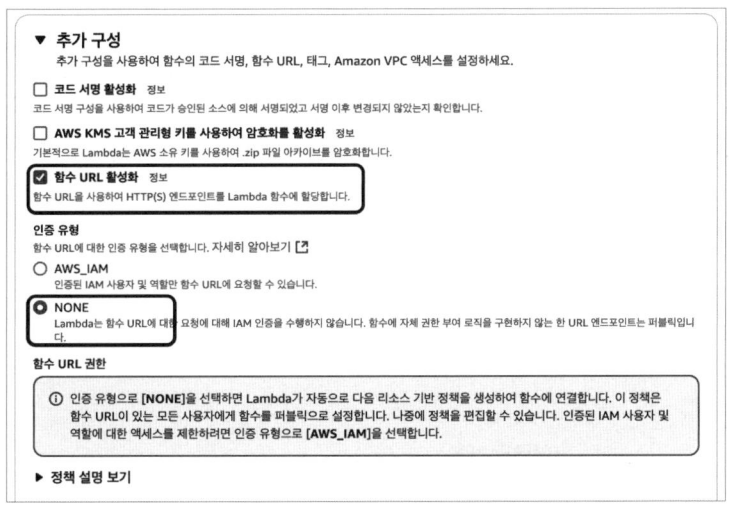

[그림 4-57] 고급 설정

④ 람다 함수가 생성되었다면 프로젝트 리포지토리의 CafeteriaMenuBot/getCafeteriaLunchMenu/
lambda_function.py의 소스코드를 붙여넣고 [Deploy] 버튼을 누릅니다.

[그림 4-58] 소스코드 붙여넣기

이것으로 AWS에서의 설정을 마쳤습니다. 이제 슬랙에서 앱을 만들고, 람다 함수에 요청해 받은 응
답을 슬랙 메시지로 보여주는 과정을 진행합니다.

① 슬랙 앱을 생성할 수 있는 슬랙 API 대시보드https://api.slack.com/apps/로 이동합니다. 그리고 [Create an App] 버튼을 누릅니다.

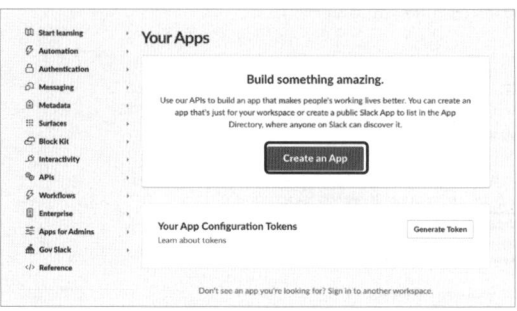

[그림 4-59] 앱 생성

② 'From scratch'를 선택합니다.

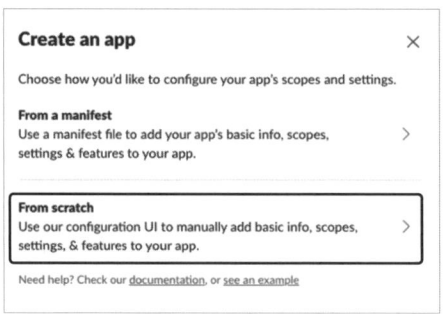

[그림 4-60] From scratch 선택

③ App Name에 원하는 슬랙 앱의 이름을 작성합니다. 여기서는 '구내식당봇'으로 정하겠습니다. 그리고 워크스페이스를 선택합니다. 워크스페이스가 아직 없다면 슬랙 웹사이트https://slack.com/에서 새로운 워크스페이스를 만든 뒤 진행하길 바랍니다.

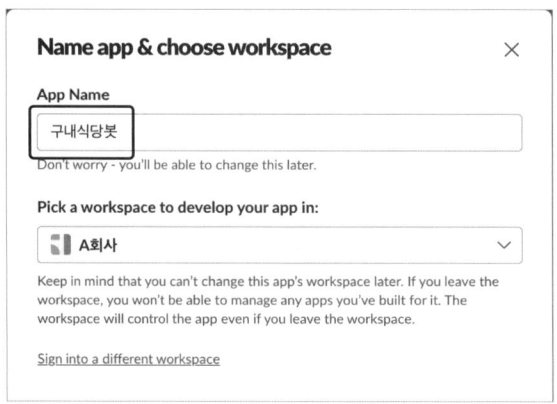

[그림 4-61] 슬랙 앱 이름 작성

④ Slash Commands 페이지로 이동해 명령어를 정의합니다. 여기서 '/점심' 명령어와 '/메뉴' 명령어를 정의하겠습니다. '/점심' 명령어부터 추가해보겠습니다. [Create New Command]를 누릅니다.

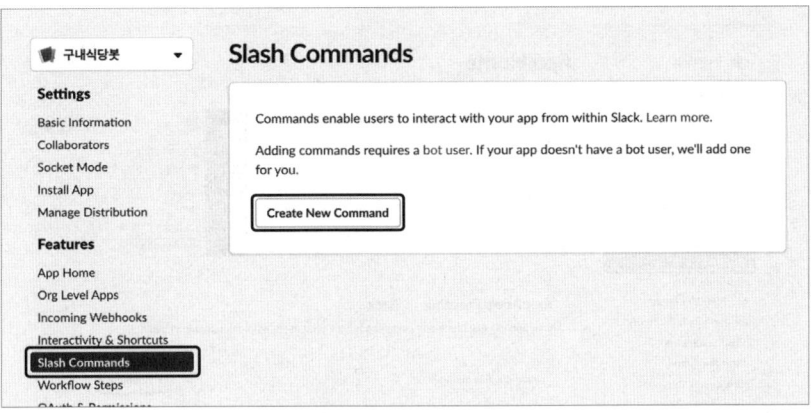

[그림 4-62] 명령어 정의

⑤ Command에는 '점심', Request URL에는 getCafeteriaLunchMenu 람다의 함수 URL을 기재합니다. Short Description에는 명령어의 설명을 작성해도 되지만 선택 사항이므로 빈칸으로 남겨두어도 됩니다.

[그림 4-63] '/점심' 명령어 추가

⑥ 이어서 ⑤와 같은 방법으로 '/메뉴' 명령어도 추가합니다.

[그림 4-64] '/메뉴' 명령어 추가

두 명령어를 추가했다면 이제 봇의 이름을 정해야 합니다.

① App Home 페이지에서 App Display Name 우측의 [Edit] 버튼을 클릭합니다.

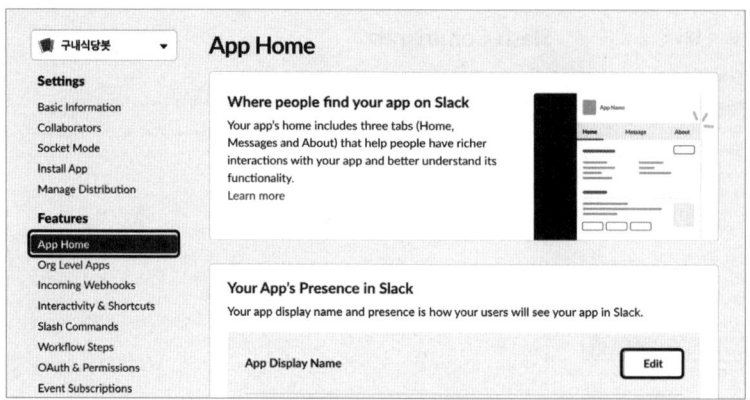

[그림 4-65] 봇 정하기

② Display Name으로 '구내식당봇'을, Default username에는 'cafeteria-bot'으로 지정했습니다. 이 부분은 다른 이름으로 지어도 무방합니다. 모두 입력했다면 [Add] 버튼을 누릅니다.

[그림 4-66] 봇 이름 정하기

③ 워크스페이스에 앱을 설치해야 합니다. Install App 페이지에 들어가서 [Install to Workspace] 버튼을 누릅니다.

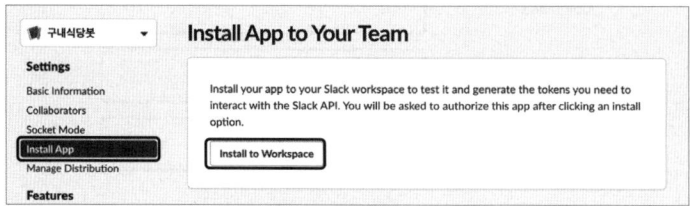

[그림 4-67] 앱 설치하기

④ 그러면 이러한 권한 요청 페이지가 나오게 됩니다. [허용] 버튼을 누릅니다.

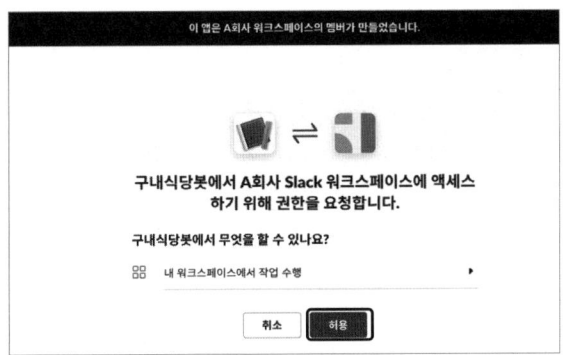

[그림 4-68] 권한 요청

⑤ 다시 슬랙 워크스페이스에 들어가서 추가한 명령어를 입력해봅니다. '/점심'이란 메시지를 입력하니 아래 화면과 같이 인식을 하게 됩니다.

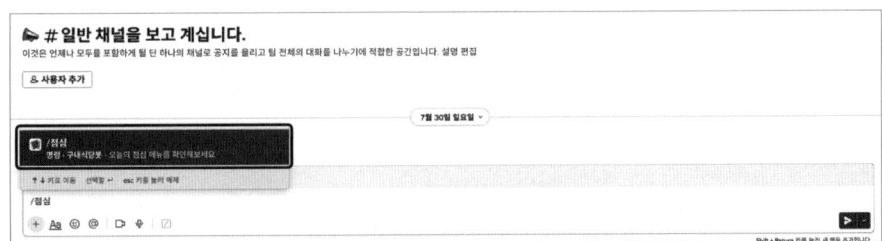

[그림 4-69] 설정한 페이지 확인

⑥ 이 메시지를 전송하면 아래와 같이 응답이 오는 것을 볼 수 있습니다.

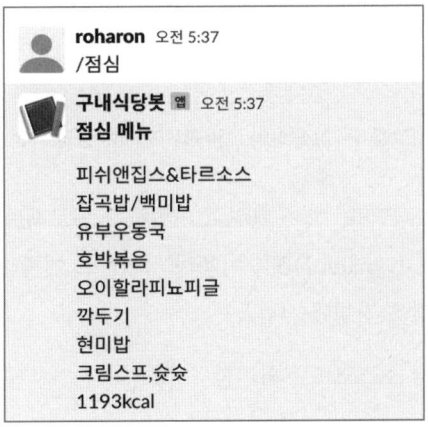

[그림 4-70] '/점심' 명령어에 대한 응답 확인

⑦ /메뉴 명령어도 마찬가지입니다. 동작을 확인해보고자 '/메뉴' 명령어를 입력하고 전송합니다.

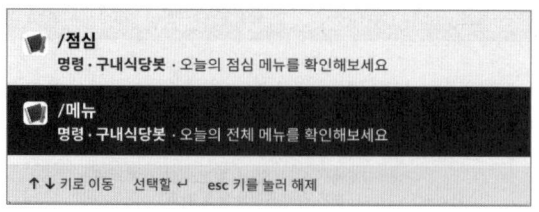

[그림 4-71] '/메뉴' 명령어에 대한 응답 확인

⑧ 코드에서 구성한 것처럼, 오늘의 전체 메뉴에 대해 응답이 오는 것을 확인할 수 있었습니다.

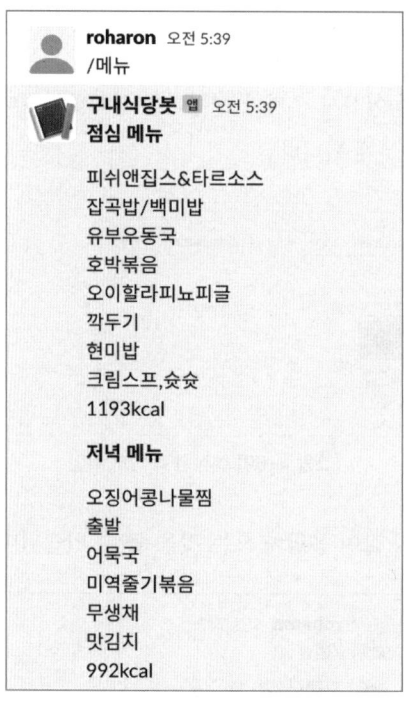

[그림 4-72] 오늘의 전체 메뉴에 대한 응답 확인

이것으로 '일주일 치 구내식당 식단표, 하루 단위로 확인하기 프로젝트'의 실행하기를 마쳤습니다. 4장에서는 람다, 이벤트 브리지, DynamoDB를 이용해 서버리스 애플리케이션을 개발하고 슬랙 앱과 연결해 실제로 사용해보는 과정을 진행했습니다.

이 프로젝트는 다음 사이트에서 소스코드를 확인할 수 있습니다.

URL https://github.com/roharon/book-hackathon-project/tree/master/CafeteriaMenuBot

이후 프로젝트에서는 API 게이트웨이를 이용해 웹, 앱과 같은 클라이언트에서 사용하는 API를 설계하고 제공해보는 내용을 다루게 됩니다.

Chapter 5

주말에 갈 캠핑장 찾기

주말이나 짧은 휴식을 위해 가까운 여행지를 찾는 일은 많은 사람들에게 익숙한 고민입니다. 하지만 여러 웹사이트에서 정보를 비교하고 최신 정보를 확인하는 과정은 번거롭고 시간도 많이 걸립니다. 이 장에서는 이러한 문제를 공공데이터 API를 활용해 해결하는 방법을 다룹니다.

근교 여행지 정보를 더 효율적으로 검색하고 활용할 수 있는 아이디어를 제안하며, 이를 구현하는 과정을 구체적으로 설명합니다. '공공데이터포털'에서 제공하는 OpenAPI를 탐색하며 데이터를 활용하는 방법을 알아보고, AWS 람다와 API 게이트웨이를 통해 정보를 가공해 사용자에게 최적의 여행지 정보를 제공하는 서비스를 설계합니다.

마지막으로 이 모든 과정을 실행해 결과를 확인하며, 실생활에 도움이 되는 유용한 도구를 직접 만들어 보겠습니다.

5.1 아이디어 도출하기

이번 프로젝트에서도 세 가지 기법을 이용해서 아이디어를 도출해보기로 합니다. 먼저 마인드맵입니다.

마인드맵 기법

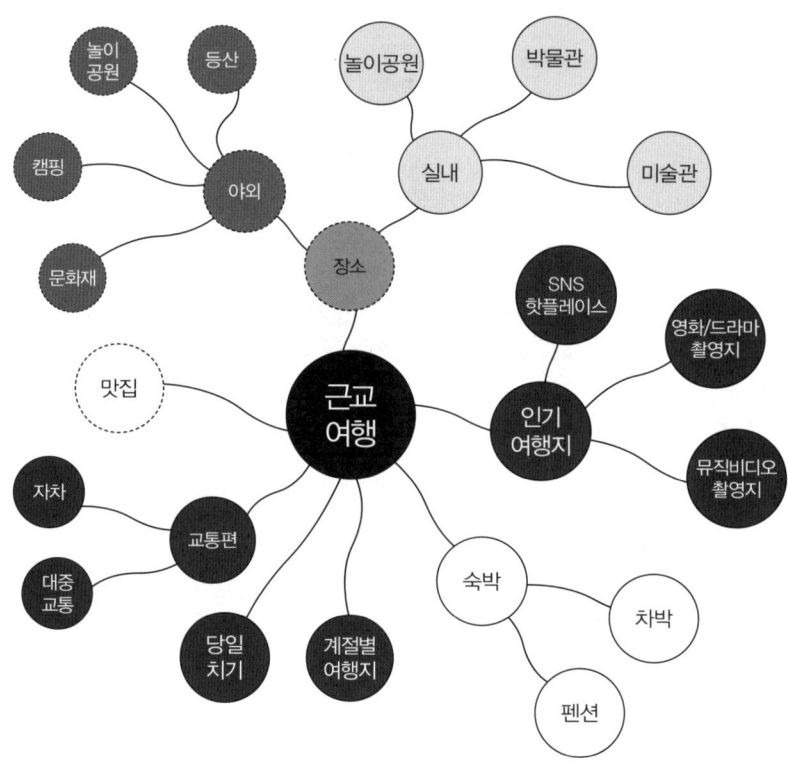

[그림 5-1] 근교 여행을 주제로 한 마인드맵

근교 여행이란 키워드를 가지고 마인드맵을 작성했습니다. 장소, 인기 여행지, 맛집, 교통편, 당일치기, 계절별 여행지, 숙박, 인기 여행지 키워드를 나열했습니다. 그리고 하위 키워드는 다음과 같이 간략하게 정리했습니다.

- **장소**
  - 야외: 문화재, 캠핑, 놀이공원, 등산
  - 실내: 놀이공원, 박물관, 미술관
- **인기 여행지**: SNS 핫플레이스, 영화/드라마 촬영지, 뮤직비디오 촬영지

- **교통편:** 자차, 대중교통
- **맛집**
- **계절별 여행지**
- **숙박:** 펜션, 차박

마인드맵을 그려보면서 근교 여행의 장소 유형, 이동 수단, 숙박에 대해서 아이디어를 넓혀볼 수 있었습니다.

스캠퍼 기법

이번 차례에서는 근교 여행 서비스에 초점을 맞추어 스캠퍼 기법을 적용해보겠습니다.

C Combine

결합하기 방법을 이용해봅니다. 사람들은 이번 주말 동안 머물 여행지를 찾기 위해 여행 앱을 보면서 해당 날에 비나 눈이 내리지 않을지는 날씨 앱을 통해 확인합니다. 따라서 여행 앱에서 찾는 정보와 날씨 앱에서 찾는 정보를 결합해 여행 가기로 선택한 날의 지역 날씨가 어떤지를 함께 확인하는 구성을 떠올렸습니다.

그리고 선택한 지역에 비 소식이 있다면, 화창한 날씨가 예상되는 다른 지역의 여행지를 추천하는 기능까지 추가하면 어떨까 합니다. 이렇게 접근한다면 여행지를 탐색하고 있는 사람들에게 만족감을 줄 수 있을 것이라고 기대됩니다.

M Minify

축소하기 방법을 이용해 아이디어를 내보겠습니다. 근교 여행의 범주를 캠핑으로 좁히고, 일정의 범위는 주말로 축소해봅니다. 그러면 주말에 떠날 수 있는 캠핑장을 제공하면서 주말에 가볍게 캠핑을 다녀오고 싶은 사람들에게 맞춤 정보를 제공할 수 있을 것입니다.

R Reverse

거꾸로 하기 방법을 이용해봅니다. 여행 계획을 세운다면 자신이 여행할 수 있는 일정을 확인한 뒤 야외 활동을 해도 괜찮은 날씨인지, 아니라면 실내에 주로 머무는 동선으로 계획할지를 정할 것입니다.

이 순서를 바꾸어 접근한다면 여행객이 여행을 떠나고 싶은 날씨를 먼저 선택하고, 추천한 날 중에서 여행 일정을 구성해볼 수 있습니다.

스캠퍼 기법의 결합하기, 축소하기, 거꾸로 하기 방법을 이용해 아이디어를 도출해봤습니다. 이제 여러 아이디어 중에서 '날씨 정보를 알려주는 주말 캠핑 정보 제공 서비스'로 주제를 정해 구체화해보겠습니다.

스마트 기법

이제 '날씨 정보를 알려주는 주말 캠핑 정보 제공 서비스'가 사람들에게 무엇을 해결해 줄 것이며 목표가 무엇인지를 설정하겠습니다. 이 서비스의 최초 목표는 '주말에 캠핑을 가는 사용자의 만족도 높이기'로 정했습니다. 이 목표를 스마트 기법으로 검토해보겠습니다.

S Specific

목표가 구체적인지 검토해보겠습니다. '주말에 캠핑 가는 사용자'는 제품에서 공략할 대상이 맞지만, 어떤 방면에서 만족도를 높일 것인지 구체적으로 설정한다면 이를 위한 일을 우선으로 할 수 있을 것입니다. 목표를 조금 더 구체적으로 변경하고자, '주말에 캠핑 가는 사용자가 새로운 캠핑장을 쉽게 찾을 수 있도록 한다'로 설정하겠습니다.

M Measurable

방금 설정한 목표가 측정 가능한지 점검해보겠습니다. '주말에 캠핑 가는 사용자가 새로운 캠핑장을 쉽게 찾을 수 있도록 한다'의 목표에서 사용자들이 쉽게 찾았는지 확인하려면 직접 물어보거나 설문 조사를 하는 방식이 필요합니다. 따라서 이 목표의 측정을 위해 서비스를 통해 캠핑장을 찾아본 사용자들을 대상으로 만족도를 조사하는 설문을 진행하고자 합니다.

응답받은 설문을 통해 기준을 설정할 수 있으므로 목표를 '주말에 캠핑 가는 사용자가 새로운 캠핑장을 찾는 과정의 만족도를 20% 높인다'로 수정하겠습니다.

A Achievable

달성할 수 있는 목표인지 보겠습니다. 사용자가 새로운 캠핑장을 찾는 과정 중 만족도를 조사하는 방법에서 주의할 점이 있습니다. 제품을 사용해 본 모든 사용자를 대상으로 진행해야 하기에 매일 앱에 들어와 기능을 사용하는 사람을 비롯해 앱을 더 이상 사용하지 않는 사용자까지 조사해야 합니다. 이 점을 염두하고 목표를 보았을 때, 제품을 통해 희망하는 목표치인 20%를 두었습니다.

R Relevant

현실적이고 관련된 목표인지 점검해봅니다. 이 제품은 주말에 캠핑 가는 사용자에게 더 좋은 경험을 주기 위한 서비스입니다. 따라서 설정한 목표는 이와 관련이 있다고 판단됩니다.

T Time-bound

마지막으로 기한을 설정해야 합니다. 우리의 제품을 통해 새로운 캠핑장에 대한 정보를 얻고 실제 캠핑을 간 과정이 두 번 반복되는 여유 기간이 필요하다고 생각했습니다. 따라서 3개월에 달하는 1분기로 기간을 잡고 '1분기 동안 주말에 캠핑 가는 사용자가 새로운 캠핑장을 찾는 과정의 만족도를 20% 높인다'로 설정하겠습니다.

5.2 구현 기능 범위 정하기

캠핑장 정보를 알려주는 앱에서 새로운 캠핑장을 보고 계획하려면 대부분 다음처럼 날씨를 확인하는 수고로운 과정을 거쳐야 합니다.

1. 캠핑을 계획한 날의 날씨를 알아본다.
2. 캠핑장 정보 앱에서 해당 날짜를 선택한다.
3. 이동 거리를 확인하고 캠핑장을 선택한다.

우리가 만들려는 제품에서 어떻게 정보를 제공할지 사용자 스토리로 풀어보겠습니다. [사용자 스토리 5-1]

> 사용자 스토리 5-1

캠핑장 검색 시 날씨 조건 선택하기
1. 원하는 날짜를 선택한다.
2. 선호하는 날씨를 선택한다.
3. 이동 거리를 확인하고 캠핑장을 선택한다.

희망 조건에 맞는 캠핑장이 없는 경우 다른 일정 추천하기
1. 캠핑장을 검색하는 과정을 거친다.
2. 희망하는 날씨에 맞는 캠핑장 목록이 나오지 않았다면
3. 날씨 조건을 더 넓게 조정하도록 한다.
4. 비슷한 시일에 희망하는 날씨를 갖춘 일정을 제안한다.

캠핑장 종류 필터링하기
1. 원하는 날짜를 선택한다.
2. 원하는 캠핑 형태를 선택한다.
3. 다른 조건도 연달아 함께 추가한다.
4. 이동 거리를 확인하고 캠핑장을 선택한다.

가까운 캠핑장 순으로 보여주는 기능
1. 원하는 날짜를 선택한다.
2. 날씨/캠핑 종류 등의 조건을 추가한다.
3. 캠핑장 목록 조회에서 가까운 순으로 보기를 선택한다.

네 가지 기능으로 캠핑장 검색 과정에서 날씨 조건을 선택하는 기능, 캠핑 종류 필터링 기능, 가까운 캠핑장 순으로 보여주는 기능, 희망하는 조건에 맞는 캠핑이 없는 경우 다른 일정을 추천하는 기능이 나왔습니다.

이를 기반으로 이 제품의 핵심 기능을 두 가지로 정해보겠습니다.

- 날씨 조건으로 필터링해 캠핌장 검색하기
- 희망하는 조건에 맞는 캠핑장이 없는 경우 다른 일정 추천하기

이렇게 핵심 기능을 정한 이유에 관해서 설명해보겠습니다.

'1분기 동안 주말에 캠핑 가는 사용자가 새로운 캠핑장을 찾는 과정의 만족도를 20% 높인다'의 목표

를 달성하려면 다른 캠핑장 찾기 서비스와 차별점이 있어야 합니다. 이에 대해서, 검색 과정에서 날씨 정보를 넣는 것을 고려했습니다. 캠핑장을 찾은 뒤, 다른 앱을 통해 날씨 정보를 개별적으로 알아보는 것보다 캠핑장을 찾으며 날씨 정보를 함께 제공한다면 검색 과정에서 사용자의 피로도를 덜 수 있을 것으로 기대해볼 수 있기 때문입니다.

핵심 기능으로 두지 않은 '캠핑 종류 필터링 기능'과 '가까운 캠핑장 순으로 보여주는 기능'에 관해서도 설명해보겠습니다.

날씨 정보를 제공해 사용자에게 더 나은 경험을 주도록 하는 과정에서 캠핑 종류 필터링과 가까운 캠핑장 순으로 보여주는 기능은 제품의 세세한 기능으로서 중요하지만, 초기 단계에서 꼭 필요한 기능은 아니라고 판단했습니다. 날씨 정보를 함께 제공하면서 사용자들이 느끼는 점을 알아본 뒤 넣어도 된다고 생각해 핵심 기능에서 제외하기로 했습니다.

앞서 언급했듯이 이 서비스에서는 캠핑장 정보와 날씨 정보가 들어가게 됩니다. 그렇다면 기존에 수집한 캠핑장 정보가 있어야 하고, 계속 변동되는 날씨에 대한 정보를 수집할 수 있어야 합니다. 이는 공공데이터 API를 통해 해결할 수 있습니다.

5.3 필요한 OpenAPI 찾아보기

주말에 갈 캠핑장 찾기에서의 핵심 기능은 앞서 언급한 것처럼 다음 두 가지입니다.

- 날씨 조건으로 필터링해 캠핑장 검색하기
- 희망하는 조건에 맞는 캠핑장이 없는 경우 다른 일정 추천하기

이 기능을 구현하기 위해서는 '기상 예보 정보'와 '캠핑장 정보 수집'이 필요합니다. 기상 예보의 경우 기상청에서 정보를 가져오고 캠핑장은 직접 캠핑장 웹사이트를 찾아보며 수집할 수도 있겠지만, 수작업이 필요한 내용이기에 수많은 캠핑장을 모두 지원하기에는 시간적으로도 무리가 있습니다.

이럴 경우, 많은 시간을 들이지 않고 OpenAPI를 이용해 데이터를 활용하는 방법이 있습니다. 바로 공공데이터포털https://data.go.kr을 이용하는 것입니다. 국내에서 어떤 데이터를 활용할 수 있을지 찾아볼 때 유용하게 사용할 수 있습니다.

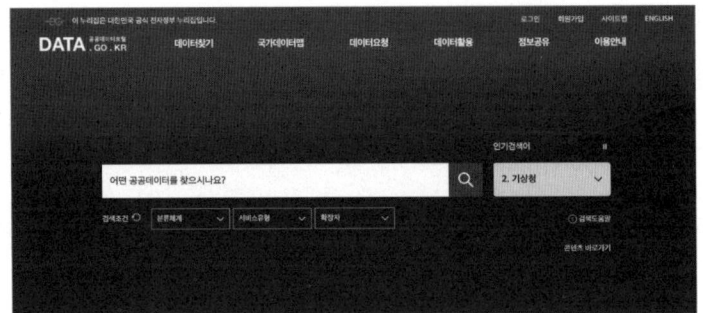

[그림 5-2] 공공데이터포털 웹사이트

그래서 캠핑에 대한 정보는 어떤 API를 사용할 수 있는지 검색해봤습니다. 한국관광공사https://knto.or.kr에서 제공하는 OpenAPI인 '한국관광공사_고캠핑 정보 조회서비스_GW'를 알게 되었고, 전국 단위로 제공하는 API임을 확인했습니다.

[그림 5-3] 한국관광공사에서 제공하는 OpenAPI

캠핑장 정보의 API는 공공데이터포털의 한국관광공사에서 제공하는 **고캠핑 정보 조회 서비스 API**https://www.data.go.kr/data/15101933/OpenAPI.do를 사용하기로 합니다. OpenAPI의 상세에 들어가 활용 신청을 해 API를 사용할 준비를 합니다.

다음으로 날씨에 대한 정보를 알아야 합니다. 공공데이터포털에 '기상청'이란 키워드로 검색하니 '단기예보', '초단기예보', '중기예보' 등 기상청에서 제공하는 여러 OpenAPI가 있습니다. 사용자들은 일주일의 간격을 두고 미리 캠핑장을 알아볼 것이라 예상했습니다. 이런 특징을 고려해 '기상청_중기예보 조회서비스' API를 알아봤습니다.

이 API는 중기 육상 예보를 조회할 수 있는 API로, 예보 구역 코드, 발표 시각을 가지고 예보일로부터 3일에서 10일까지의 날씨 정보를 조회할 수 있는 것으로 확인했습니다.

[그림 5-4] 기상청_중기예보 조회서비스

필요한 정보를 조회할 수 있다는 것을 확인했으니 날씨에 대한 정보는 **기상청_중기예보 조회서비스 API**(https://www.data.go.kr/data/15059468/OpenAPI.do)를 사용하겠습니다. 이 OpenAPI의 상세에 들어가 활용 신청을 해 API를 이용할 준비를 합니다.

5.4 서비스 아키텍처 구성하기

이제 서비스 아키텍처를 구성할 차례입니다. 짧은 기간 동안 개발하고 선보여야 한다는 점에서 처음 인프라를 구축하는 데 소요되는 시간과 서버를 배포하는 데 사용하는 시간을 절약하기 위해 4장의 프로젝트에서도 사용한 AWS 람다를 통해서 이번 구현을 진행하기로 합니다.

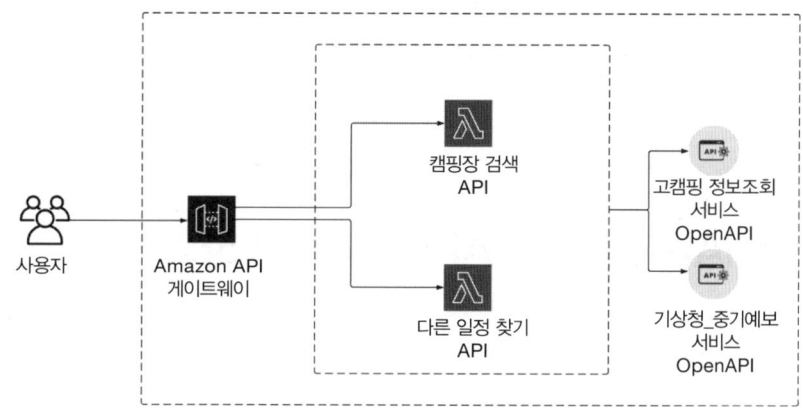

[그림 5-5] 서비스 아키텍처 구성

5.3절에서 '공공데이터포털'의 두 가지 OpenAPI를 활용할 수 있는 것을 확인해 기상 날씨와 캠핑장 정보의 수집이 수월해졌습니다. 그러나 OpenAPI 사용에는 약간의 제약 사항이 있습니다. 공공데이터포털을 비롯해 무료로 개방하는 API에는 시간당 요청 수 제한이 있습니다. 다른 개발자가 만든 서비스에서도 호출해서 사용하는 만큼 API를 안정적으로 제공해야 하기 때문입니다.

그러므로 공공데이터포털의 한국관광공사 고캠핑 정보 조회 서비스 API와 기상청 중기예보 조회 서비스 API에도 하루 최대 요청 가능 횟수가 정해져 있습니다. 지금 구현하는 단계에서는 하루에 정해진 사용량 한도를 넘지 않는다고 가정하고 진행하겠습니다. 그러나 이후에 한도를 넘게 되는 경우도 있을텐데, 이러한 경우에는 어떠한 방법을 사용할 수 있는지 짧게 언급해보겠습니다.

만약, 하루에 요청할 수 있는 한도를 넘어 최적화가 필요하다면, 다음처럼 이용할 수 있습니다.

1. 같은 요청에 대해서 캐시 정책을 적용해 일정 기간 동안 캐싱된 정보를 이용한다.
2. 최초 API를 요청받았을 때의 정보를 데이터베이스에 구축한다.

1번의 경우에는 날씨를 조회하는 상황에서 사용할 수 있습니다. 서울의 날씨 정보를 여러 번 호출해도 이후 기상청에서 새로운 정보로 업데이트하기 전까지는 모두 같은 응답을 보여주기 때문입니다. 기상청 중기예보 조회서비스는 매일 06시와 18시, 두 차례에 걸쳐 정보를 업데이트한다고 안내하고 있습니다(아래 웹사이트 참고).

URL https://www.data.go.kr/data/15059468/OpenAPI.do

그러므로 해당 시각에 OpenAPI를 호출해 정보를 갱신하면 하루 동안 많은 사람들이 서울에 대한 날씨 정보를 조회한다고 해도, 2회에 달하는 OpenAPI 호출만 일어나게 됩니다.

OpenAPI 호출 한도를 넘지 않게 관리하는 방법은 다양하며, 이 내용에서 언급한 두 가지 방법이 유일한 정답은 아닙니다. 따라서 이러한 방법을 고민하게 되는 시점이 온다면, 여러분들이 처한 상황에서 가장 적합한 해결책을 결정하는 것이 중요합니다.

5.5 OpenAPI 3.0으로 API 스펙 설계하기

핵심 기능으로 정했던 다음의 두 가지 API에 대해서 설계가 필요합니다.

- 캠핑장 검색 API
- 캠핑장에 가기 좋은 다른 일정 추천 API

먼저 캠핑장 검색 API를 설계합니다. API를 요청할 때 경로를 지정하기 위해서 API 엔드포인트와 HTTP 메서드를 정해야 합니다. API 엔드포인트는 /campsites/search로 정합니다. 이 API는 캠핑장 정보를 가져오는 동작을 하므로 HTTP 메서드를 GET으로 정합니다. 그리고 요청 쿼리 파라미터로, 날씨 유형, 캠핑하러 갈 희망하는 날짜 구간을 정합니다.

날씨 유형은 weather_type으로 파라미터 이름을 지정하고, 날짜 구간으로는 시작 날짜를 begins_at, 종료 날짜는 ends_at으로 지정하겠습니다. 이들 모두 date-time 포맷의 String 타입으로 표현합니다. weather_type 파라미터는 열거형Enumerated Type으로 정의하려고 합니다. 열거형으로 타입을 지정하면 특정 값만 사용할 수 있도록 제한을 할 수 있기 때문입니다.

> **TIP** 열거형 타입은 영어식 표현의 이름을 축약해 Enum이라고 부릅니다. Enum이란 용어는 우리가 작성하는 OpenAPI 스펙에서 사용하는 용어이자, C 언어와 자바와 같은 프로그래밍 언어에서도 사용하고 있습니다.

날씨 유형으로는 크게 '맑은 날씨' '비나 눈이 내리는 날씨'로 구분지으려 합니다. 따라서 Enum 타입인 weather_type 필드의 값은 "CLEAR"와 "DOWNFALL"로 이름을 지어보겠습니다.

이제까지 정한 내용을 정리해보자면, 요청 쿼리 파라미터는 아래와 같이 구성됩니다.

weather_type
- 날씨 유형
- String 타입
- Enum 값
  - "CLEAR": 맑은 날씨
  - "DOWNFALL": 비/눈이 내리는 날씨

begins_at
- 시작 날짜
- String 타입(포맷: date-time)

ends_at
- 종료 날짜
- String 타입(포맷: date-time)

응답 본문으로는 캠핑장에 대해 날씨를 포함한 정보를 제공합니다. 여러 캠핑장이 결과로 나올 수 있으므로 응답은 배열 형태로 제공합니다. 응답 필드로는 다음 값을 제공합니다. 응답 필드 이름은 **고캠핑 정보 조회 서비스 API**에서 사용하는 이름을 참고했습니다.

name
- 캠핑장 이름
- String 타입

allar
- 캠핑장 면적
- Integer 타입

line_intro
- 캠핑장 한 줄 소개

intro
- 캠핑장 소개
- String 타입

image_url
- 캠핑장의 대표 이미지
- String 타입

created_time
- 캠핑장 정보 등록일
- String 타입(포맷: date-time)

updated_time
- 캠핑장 정보 최근 수정일
- String 타입(포맷: date-time)

address
- 캠핑장 주소
- String 타입

latitude
- 캠핑장의 위도
- Number 타입(포맷: Float)

longitude
- 캠핑장의 경도
- Number 타입(포맷: Float)

weather
- 날씨
- 중첩 필드

- temperature
    - 캠핑장 기온
    - Number 타입(포맷: Float)
- degree_type
    - 섭씨, 화씨 여부 정보
    - String 타입

이를 실제 응답 예시로 표현한다면 아래와 같이 구성됩니다.

```
[
  {
    "name": "캠핑장 이름",
    "allar": "캠핑장 면적",
    "line_intro": "캠핑장 한 줄 소개",
    "intro": "캠핑장 소개",
    "image_url": "캠핑장 대표 이미지 URL",
    "created_time": "등록일",
    "updated_time": "수정일",
    "address": "캠핑장 주소",
    "latitude": "위도",
    "longitude": "경도",
    "weather": {
      "temperature": "기온",
      "degree_type": "celsius <섭씨/화씨 여부 정보>",
    }
  }
]
```

이제 남은 API인 캠핑장에 가기 좋은 다른 일정 추천 API를 설계하겠습니다.

HTTP 엔드포인트는 /campsites/suggests로 정하며, 캠핑장 검색 API와 마찬가지로 정보를 가져오는 동작이므로 HTTP 메서드는 GET으로 정의합니다.

그리고 요청 쿼리 파라미터를 정의합니다. 캠핑장 검색 API에서 정의한 쿼리 파라미터인 weather_type, begins_at, ends_at과 함께 사용자의 위치를 기반으로 정보를 제공하고자 위도와 경도를 표현하는 latitude, longitude를 파라미터로 추가했습니다.

요청 쿼리 파라미터를 다시 정리해보자면 다음과 같이 구성하게 됩니다.

weather_type
  - 날씨 유형
  - String 타입

- Enum 값
  - "CLEAR": 맑은 날씨
  - "DOWNFALL": 비나 눈이 내리는 날씨

begins_at
- 시작 날짜
- String 타입

ends_at
- 종료 날짜
- String 타입

latitude
- 위도

longitude
- 경도

응답 Body의 내용으로는 캠핑장 검색 API와 동일한 정보를 반환합니다. 따라서 다음과 같은 값이 응답으로 반환하게 됩니다.

```
[
  {
    "name": "캠핑장 이름",
    "allar": "캠핑장 면적",
    "line_intro": "캠핑장 한 줄 소개",
    "intro": "캠핑장 소개",
    "image_url": "캠핑장 대표 이미지 URL",
    "created_time": "등록일",
    "updated_time": "수정일",
    "address": "캠핑장 주소",
    "latitude": "위도",
    "longitude": "경도",
    "weather": {
    "temperature": "기온",
    "degree_type": "celsius <섭씨/화씨 여부 정보>",
    }
  }
]
```

이렇게 API의 스펙을 설계했습니다. 그러나 API를 정의하는 방식은 사람마다 방법이 달라 표준화된 양식이 없다는 단점이 있습니다. 따라서 표준화된 양식으로 작성하기 위해서 OpenAPI 표준에 맞게 API 스펙을 작성해보려고 합니다.

표준으로 정해진 정의이기에 다른 사람과 공유할 때도 혼선이 없다는 장점이 있습니다. 또한 이 OpenAPI 표준으로 작성한 API 문서는 제공하는 엔드포인트와 요청 정보, 응답 정보에 대한 내용을 시각적으로 보여주는 스웨거Swagger와 같은 도구로 가시성 있게 확인할 수 있습니다. 이뿐만 아니라 OpenAPI 문서를 생성하면 이후 생성할 AWS의 API 게이트웨이에서도 리소스와 메서드를 자동으로 생성해주는 기능을 사용할 수 있는 이점도 있습니다.

앞서 작성한 API 스펙을 OpenAPI 표준에 맞게 작성했습니다.

```
03: OpenAPI: 3.0.0
04: info:
05:   version: "1.0.0"
06:   title: 주말에 갈 캠핑장 찾기 API
07:   description: 주말에 갈 캠핑장 찾기 프로젝트의 API
08: paths:
09:   /campsites/search:
10:     get:
11:       tags:
12:         - 검색
13:       description: 캠핑장 검색하기
14:       operationId: campsitesSearch
15:       parameters:
16:         - in: query
17:           name: weather_type
18:           description: 날씨 유형
19:           schema:
20:             type: string
21:             enum:
22:               - "CLEAR"
23:               - "DOWNFALL"
24:             example: "CLEAR"
25:         - in: query
26:           name: begins_at
27:           description: 시작일
28:           schema:
29:             type: string
30:             format: date-time
31:             example: "2030-01-01T00:00:00+0900"
32:         - in: query
33:           name: ends_at
34:           description: 종료일
35:           schema:
36:             type: string
37:             format: date-time
38:             example: "2030-01-02T00:00:00+0900"
```

```
39:      responses:
40:        '200':
41:          description: ok
42:          content:
43:            application/json:
44:              schema:
45:                type: array
46:                items:
47:                  $ref: '#/components/schemas/Campsite'
48:  /campsites/suggests:
49:    get:
50:      tags:
51:        - 제안
52:      description: 다른 일정 찾기
53:      operationId: campsitesSuggests
54:      parameters:
55:        - in: query
56:          name: weather_type
57:          description: 날씨 유형
58:          schema:
59:            type: string
60:            enum:
61:              - "CLEAR"
62:              - "DOWNFALL"
63:          example: "CLEAR"
64:        - in: query
65:          name: begins_at
66:          description: 시작일
67:          schema:
68:            type: string
69:            format: date-time
70:          example: "2030-01-01T00:00:00+0900"
71:        - in: query
72:          name: ends_at
73:          description: 종료일
74:          schema:
75:            type: string
76:            format: date-time
77:          example: "2030-01-02T00:00:00+0900"
78:        - in: query
79:          name: longitude
80:          description: 경도
81:          schema:
82:            type: number
83:            format: float
84:        - in: query
```

```
 85:            name: latitude
 86:            description: 위도
 87:            schema:
 88:              type: number
 89:              format: float
 90:      responses:
 91:        '200':
 92:          description: ok
 93:          content:
 94:            application/json:
 95:              schema:
 96:                type: array
 97:                items:
 98:                  $ref: '#/components/schemas/Campsite'
 99: components:
100:   schemas:
101:     Campsite:
102:       type: object
103:       properties:
104:         name:
105:           type: string
106:           example: '00 캠핑장'
107:         allar:
108:           type: number
109:           example: 1030
110:         line_intro:
111:           type: string
112:           example: '주말에 가기 좋은 근교 캠핑장입니다.'
113:         intro:
114:           type: string
115:           example: '주말에 가기 좋은 근교 캠핑장입니다. 00캠핑장은 ~~~~~'
116:         image_url:
117:           type: string
118:           format: uri
119:           example: 'https://example.com/image.png'
120:         created_time:
121:           type: string
122:           format: date-time
123:         updated_time:
124:           type: string
125:           format: date-time
126:         address:
127:           type: string
128:           example: '강원도 강릉시'
129:         latitude:
130:           type: number
```

```
131:            example: 37.2199766
132:        longitude:
133:          type: number
134:          example: 127.6403183
```

이 내용을 스웨거로 확인한다면 다음과 같은 모습으로 볼 수 있습니다.

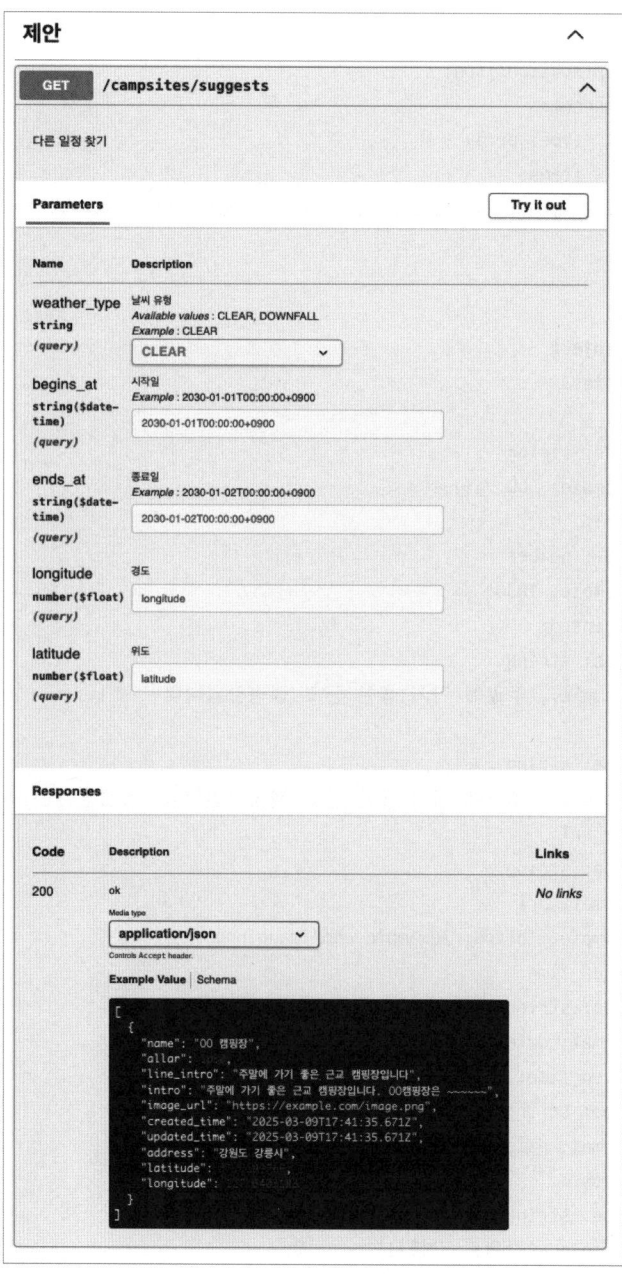

[그림 5-6] 스웨거로 확인한 표준 API 스펙

OpenAPI는 표준화된 스펙입니다. 따라서 우리 팀 외의 수 많은 개발자와 팀에서도 사용하는 스펙이기에 새롭게 협업하는 사람들과 작업을 하기 전에 합의해야 하는 지점이 줄어듭니다. 요청과 응답에 대한 표현 방식이 이미 정의되어 있으므로 서버를 담당하는 개발자와 협업해서 API 스펙에 대해 리뷰를 한다거나, API를 사용하는 클라이언트 개발자와의 커뮤니케이션도 원활하다는 장점이 있습니다.

OpenAPI에 대해서 스웨거로 API 문서를 제공한다면, yml 형식의 OpenAPI는 사람이 읽기 좋은 HTML 문서로 제공합니다. HTML 문서로 제공하기에 정적 웹사이트를 통해서 API 문서를 공유할 수 있습니다. 더불어 스웨거에서는 API를 호출할 수 있는 기능을 제공하고 있습니다. 이를 통해 터미널이나 특정 HTTP 클라이언트 유틸리티를 사용하지 않고 API의 응답을 확인할 수 있습니다.

이러한 특징을 종합해보면, 서버를 함께 개발하는 개발자와 협업해서 API 스펙에 대해 리뷰를 한다거나, API를 호출하는 클라이언트 개발자와의 커뮤니케이션을 원활히 진행할 수 있다는 장점이 있습니다.

5.6 API 게이트웨이 구성하기

AWS의 람다 함수를 한 곳에서 관리하기 위해 4장에서 진행한 것과 같이 API 게이트웨이를 생성하겠습니다.

① API 게이트웨이 페이지에서 [API 생성] 버튼을 누르면 아래와 같은 화면이 보일 것입니다.

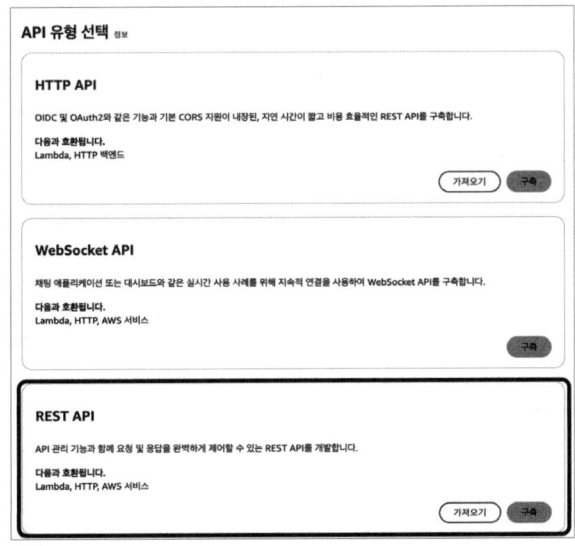

[그림 5-7] API 게이트웨이 페이지

② 여기서 REST API를 선택하고 [가져오기] 버튼을 클릭합니다. 우리는 이미 OpenAPI로 API 정의를 마친 상태이기 때문입니다. 이처럼 API 게이트웨이에서는 OpenAPI 스펙 정의를 불러오는 편의 기능을 제공하고 있습니다.

[그림 5-8] API 가져오기

③ [API 생성] 버튼을 누르면 아래와 같은 화면을 볼 수 있습니다. /campsites의 하위 리소스로 search와 suggests 리소스가 있는 것을 확인할 수 있고 각 리소스의 메서드는 GET으로 정의되어 있는 것을 확인할 수 있습니다.

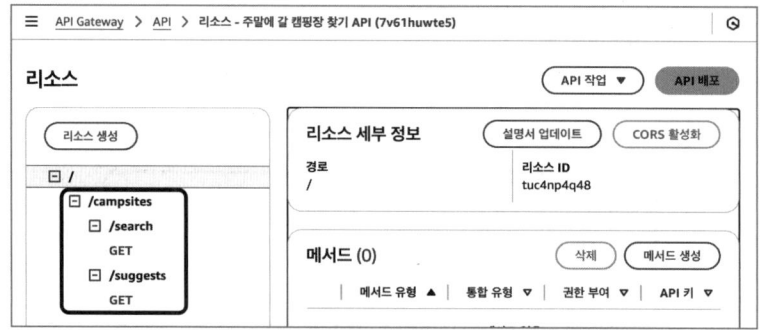

[그림 5-9] 리소스 확인

이제 람다 함수를 각 메서드에 연결해야 합니다. /campsites/search API 엔드포인트에 대한 campsiteSearch 람다 함수와 /campsites/suggests API 엔드포인트에 대한 campsiteSuggest 람다 함수를 먼저 생성하고 API 게이트웨이에 연결하겠습니다.

① AWS Lambda 함수 페이지로 이동해 [함수 생성] 버튼을 누릅니다.

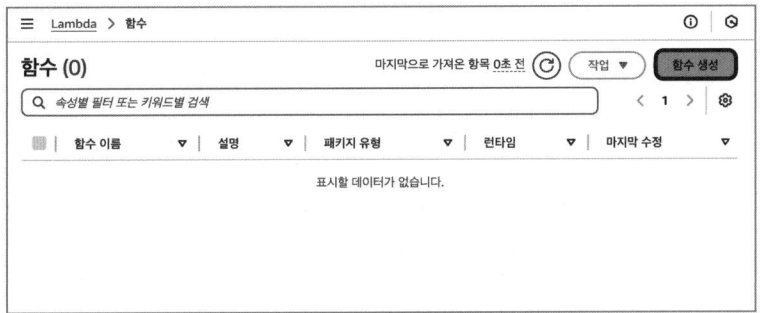

[그림 5-10] AWS Lambda 함수 페이지

② campsiteSearch 람다 함수를 생성합니다. 함수 이름을 'campsiteSearch'로 두고 런타임은 'Python 3.11'을 선택합니다. 아키텍처는 'arm64'를 선택한 뒤에 [함수 생성] 버튼을 누릅니다.

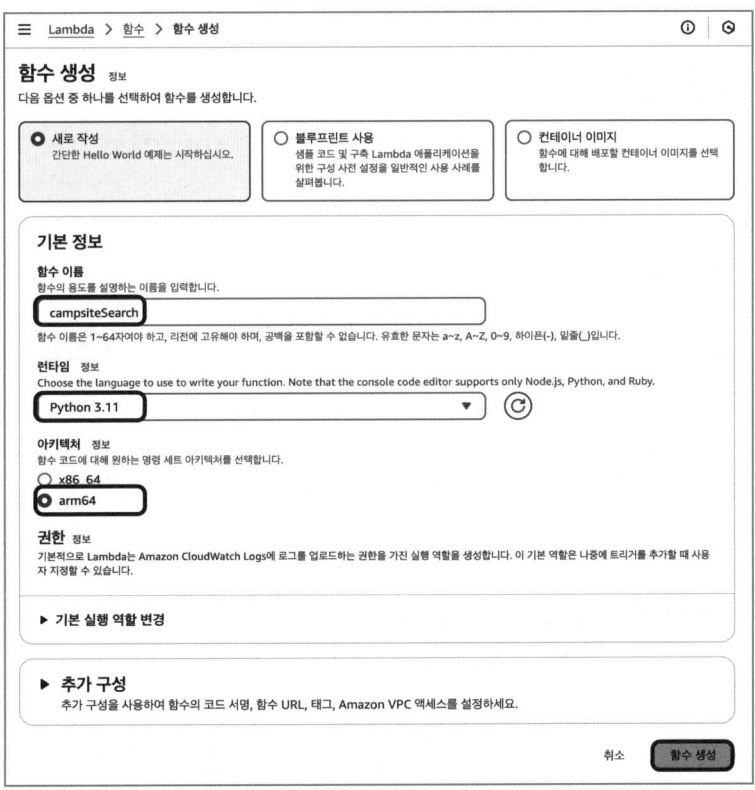

[그림 5-11] campsiteSearch 람다 함수 생성

③ 아래처럼 campsiteSearch 람다 함수가 생성되었습니다.

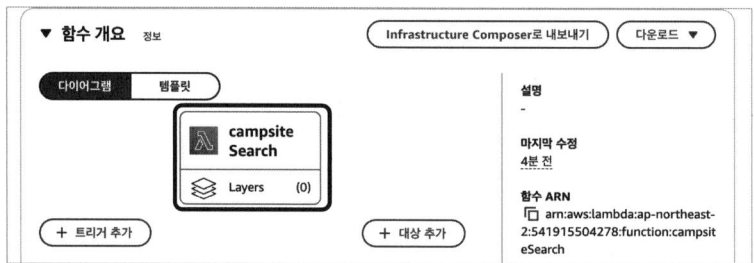

[그림 5-12] 생성된 campsiteSearch 람다 함수

④ 이어서 campsiteSuggest 람다 함수를 생성합니다. 런타임은 'Python 3.11', 아키텍처는 'arm64'로 선택해 [함수 생성] 버튼을 누릅니다.

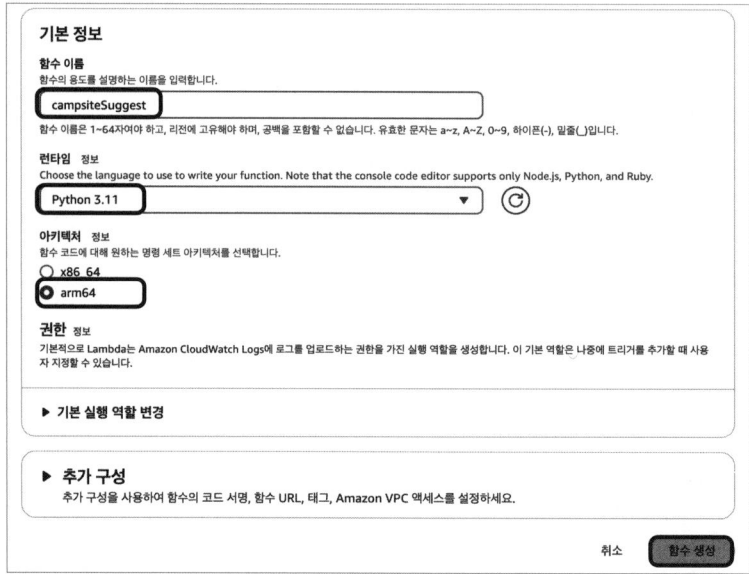

[그림 5-13] campsiteSuggest 람다 함수 생성

⑤ campsiteSuggest 람다 함수가 생성되었다면, 아래와 같이 확인할 수 있습니다.

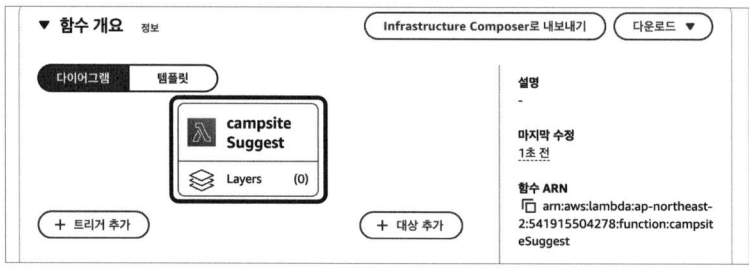

[그림 5-14] 생성된 campsiteSuggest 람다 함수

⑥ 생성한 두 람다 함수를 API 게이트웨이에 연결하겠습니다. campsiteSearch 람다 함수의 ARN을 API 게이트웨이에서 정의한 리소스의 메서드에서 연결합니다. 방금 전 생성한 람다 함수의 ARN은 arn:aws:lambda:ap-northeast-2:541915504278:function:campsiteSearch입니다.

이 값을 /search 리소스의 GET 메서드의 통합 포인트에서 정의합니다. 메서드의 통합 유형은 람다 함수, 람다 함수의 입력 값으론 ARN의 값을 입력합니다. 그리고 Lambda 프록시 통합 사용에 체크합니다. Lambda 프록시를 이용하면, 상태 코드와 응답 메시지를 람다 함수에서 제어할 수 있게 됩니다.

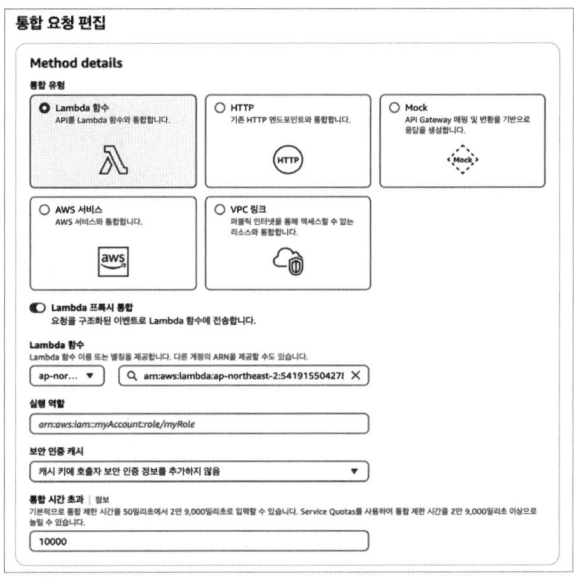

[그림 5-15] /search 리소스의 통합 포인트 정의

⑦ 연결되었다면 메서드의 통합 포인트가 다음과 같이 구성됨을 확인할 수 있습니다.

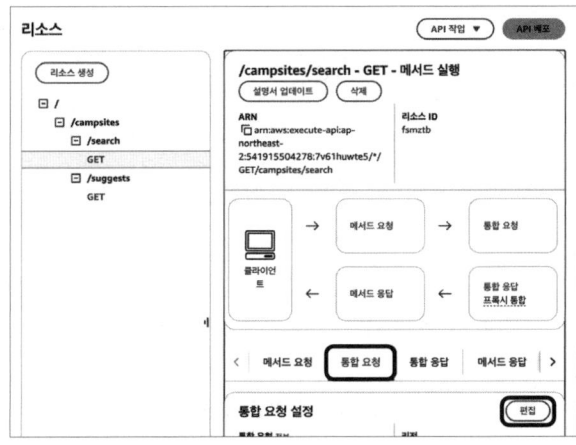

[그림 5-16] 구성된 /search 리소스의 통합 포인트

⑧ API 게이트웨이에서 /suggests 리소스의 GET 메서드도 통합 포인트를 지정합니다. 통합 유형으로 람다 함수, 람다 함수에는 campsiteSuggest 람다 함수의 ARN 값인 `arn:aws:lambda:ap-northeast-2:541915504278:function:campsiteSuggest` 값을 붙여넣습니다.

그리고 'Lambda 프록시 통합 사용'에 체크해 람다 함수에서 상태 코드와 응답 메시지를 제어할 수 있게 합니다.

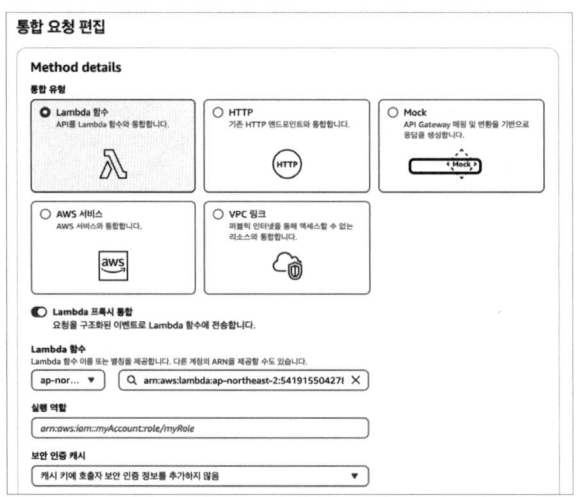

[그림 5-17] /suggests 리소스의 통합 포인트 정의

적용되었다면 아래와 같이 통합 포인트가 구성된 것을 확인할 수 있습니다.

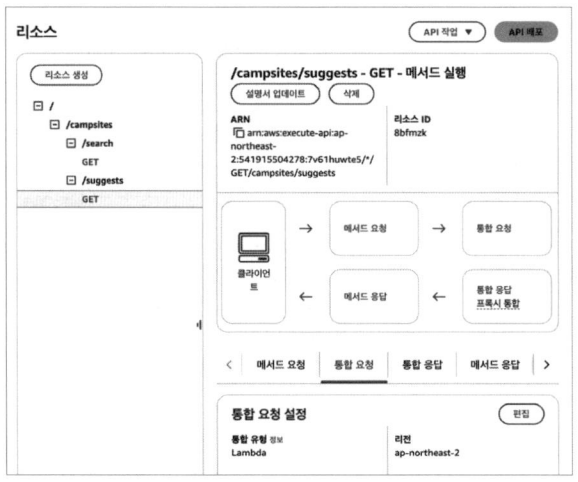

[그림 5-18] 구성된 /suggests 리소스의 통합 포인트

여기까지 API 게이트웨이의 구성을 마쳤습니다. 다음으로 람다 함수의 소스코드 구성과 실행 방법을 알아보겠습니다.

5.7 프로젝트 실행하기

이제 람다 함수를 구성해 API 게이트웨이를 통해 실행해봅니다. 이번 프로젝트의 소스코드는 실습 코드 리포지토리의 Campsite에서 확인할 수 있습니다.

URL https://github.com/roharon/book-hackathon-project/tree/master/Campsite

이번 프로젝트에서 코드를 동작시키려면 공공데이터포털의 API 인증키가 필요합니다. 공공데이터포털 https://data.go.kr의 마이페이지에 들어갑니다. 그러면 아래 화면의 개인 API 인증키가 있는 것을 볼 수 있습니다. 앞으로 API를 호출할 때 이 인증키를 사용하게 됩니다. 이 값은 [인증키 복사 (Decoding)] 버튼을 눌러 얻을 수 있는, 디코딩된 값을 사용합니다.

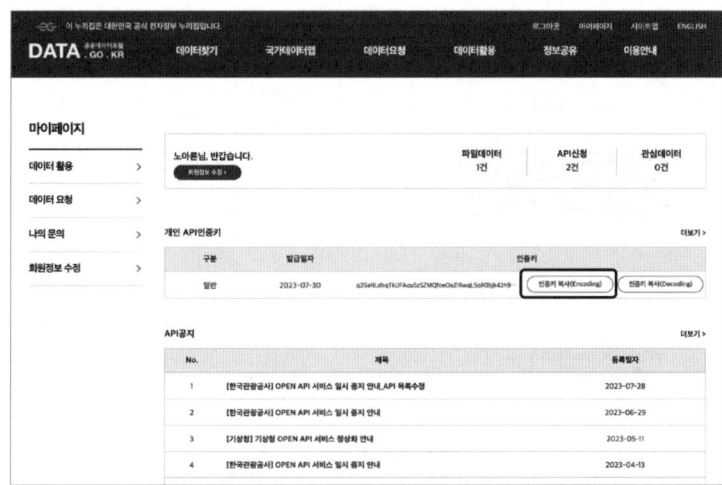

[그림 5-19] 인증키 복사

이 인증키는 외부에 노출되지 않게 주의해야 합니다. 인증키로 사용자를 식별하고 하루 요청 한도를 제한하고 있기 때문입니다. 이러한 점으로 인해, 소스코드 내에 인증키를 넣어서 관리한다면 공개된 깃 리포지토리를 통해 유출될 수 있는 위험이 있습니다. 만일 외부로 노출되었다면, 인증키를 재발급해서 사용해야 합니다.

개발환경에서는 인증키를 다시 재발급해서 사용하면 되지만, 실제 제품으로 운영하는 경우에는 인증키를 재발급하고 람다 함수 내의 소스코드에 기록한 인증키를 변경하기까지 서비스를 정상적으로 이용하지 못할 수 있습니다. 따라서 이러한 위험을 줄이기 위해 인증키는 람다 함수의 환경변수로 관리해야 합니다.

그럼 이제 앞서 API 게이트웨이에 연결된 람다 함수를 구성하겠습니다. 먼저 campsiteSearch 람다 함수에 대해서 먼저 소스코드를 구성하겠습니다. 이 람다 함수를 위한 소스코드는 아래 사이트에서 확인할 수 있습니다.

🔗 https://github.com/roharon/book-hackathon-project/blob/master/Campsite/campsiteSearch/lambda_function.py

소스코드를 복사해 lambda_function.py 파일에 아래와 같이 붙여넣기를 합니다. 그리고 [Deploy] 버튼을 눌러 소스코드를 적용합니다.

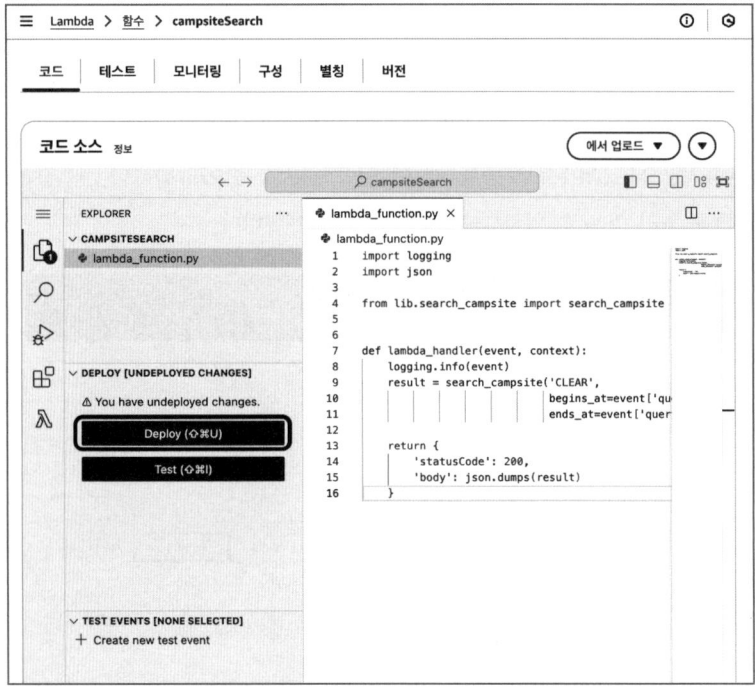

[그림 5-20] 소스코드 적용

실습 코드 리포지토리에서 lib 모듈이 있는 것을 확인했을 것입니다.

🔗 https://github.com/roharon/book-hackathon-project/tree/master/Campsite/lib

lib 모듈은 소스코드의 4행을 보면 아래 코드 내용처럼 참조하고 있습니다.

```
from lib.search_campsite import search_campsite
```

그러나 lib 모듈의 소스코드를 campsiteSearch 람다 함수의 코드 소스 화면에서 확인할 수 없습니다. 이는 람다에서 제공하는 계층layer이라는 기능을 이용할 것이기 때문입니다. 일반적인 경우라면 campsiteSearch 람다 함수에서 lib 모듈의 파일을 생성하는 것을 생각해볼 수 있습니다. 그러나 lib 모듈에서 정의한 함수들은 campsiteSuggest 람다 함수에서도 참조해서 사용합니다.

더 쉬운 이해를 위해서 campsiteSearch 람다 함수와 campsiteSuggest 람다 함수에서 각각 lib 모듈의 파일을 추가해 사용하는 상황을 떠올려 봅니다.

campsiteSearch 람다 함수를 구현하면서 lib 모듈의 내용을 수정한다면 campsiteSuggest 람다 함수에 추가한 lib 모듈에도 내용을 함께 반영해야지만 코드의 최신화를 유지할 수 있습니다. 한두 번의 과정까지는 이렇게 진행해도 크게 무리가 없겠지만, 이 과정을 지속한다면 lib 모듈을 수정하면서 누락하는 부분이 생기며 각 람다 함수가 사용하는 lib 모듈의 내용이 달라지는 상황이 우려됩니다. 따라서 이렇게 공통적으로 필요한 lib 모듈은 람다에서 제공하는 계층을 이용하게 됩니다.

람다의 계층이란, 람다 함수와 함께 사용할 수 있는 라이브러리 및 기타 종속성을 패키징하는 편리한 방법을 제공하는 기능입니다. 계층은 추가 코드 또는 데이터를 포함할 수 있는 .zip 파일 형식으로 이루어져 있습니다. lib 모듈에 대한 내용을 람다에서 계층으로 추가할 수 있게 미리 zip 파일을 준비했습니다.

URL https://github.com/roharon/book-hackathon-project/blob/master/Campsite/lambda_layer.zip

lambda_layer.zip 파일을 다운로드하고 계층을 추가해보겠습니다.

① 람다의 추가 '리소스' 〉'계층'에 들어갑니다. 그리고 [계층 생성] 버튼을 누릅니다.

[그림 5-21] 계층 추가

② 이번 프로젝트에서 사용하는 람다 함수의 모듈이므로 이름은 campsite로 정했습니다. '.zip 파일 업로드'를 선택해 방금 전 다운로드한 lambda_layer.zip 파일을 업로드합니다. 호환 런타임으로는 'Python 3.11'을 선택합니다. 그리고 [생성] 버튼을 누릅니다.

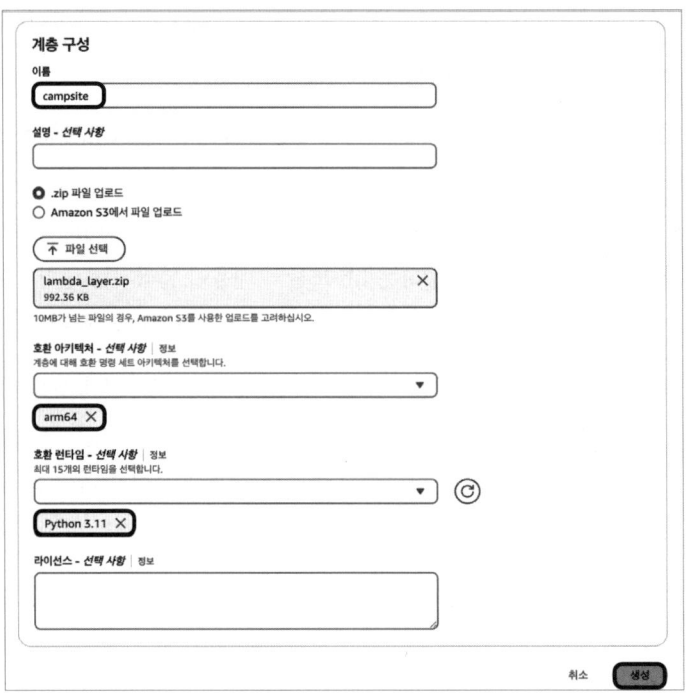

[그림 5-22] 계층 생성

③ 아래 화면처럼 campsite 계층이 추가된 것을 볼 수 있습니다.

[그림 5-23] campsite 계층 추가

④ 다시 campsiteSearch 람다 함수로 돌아가서 계층에 대해 [Add a layer] 버튼을 누릅니다.

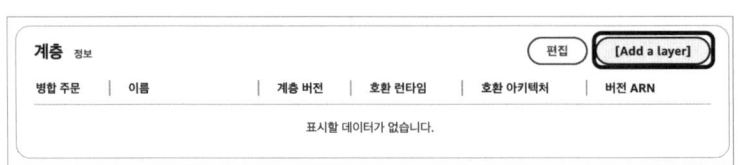

[그림 5-24] 새로운 계층 추가

⑤ 계층 소스로 '사용자 지정 계층'을 선택합니다. 그리고 사용자 지정 계층에서 campsite를 선택합니다. 버전은 하나만 있으므로 1을 선택했습니다.

> **TIP** 만일 진행하면서 계층을 여러 번 업데이트했다면 버전 2, 3, 4와 같이 버전이 올라갑니다. 이 경우에는 버전이 가장 높은 것을 선택하면 됩니다.

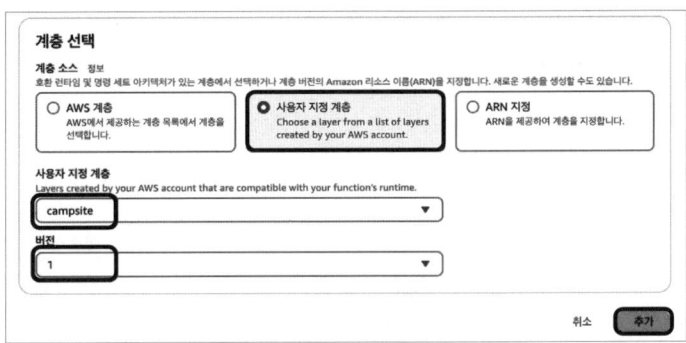

[그림 5-25] 새로운 계층 선택

⑥ 이제 공공데이터포털의 OpenAPI를 사용하기 위한 인증키를 환경변수로 등록하겠습니다. campsiteSearch 람다 함수의 '구성' 〉 '환경변수'에 들어갑니다. 그리고 [편집] 버튼을 눌러 환경변수를 추가합니다.

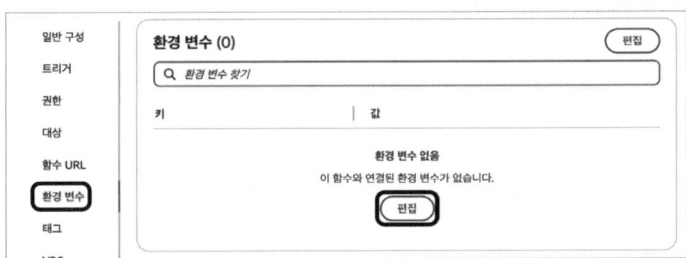

[그림 5-26] 환경변수 추가

⑦ 키 값으로는 service_key를 적습니다. 값으로는 공공데이터포털에서 확인한 인증키 값을 기재합니다. 그리고 [저장] 버튼을 눌러 환경변수 편집을 마칩니다.

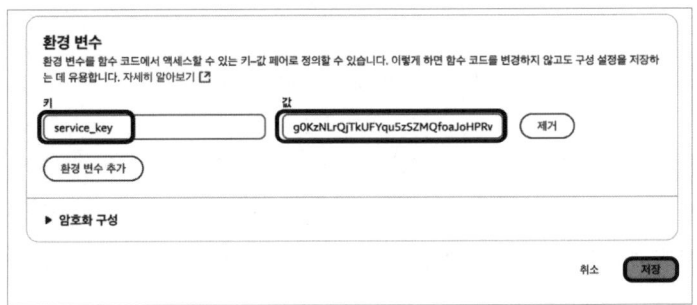

[그림 5-27] 키 값 작성

이어서 campsiteSuggest 람다 함수를 구성합니다.

① lambda_function.py 파일에 리포지토리의 아래 파일 내용을 붙여넣습니다. 그리고 [Deploy] 버튼을 누릅니다.

URL https://github.com/roharon/book-hackathon-project/blob/master/Campsite/campsiteSuggest/lambda_function.py

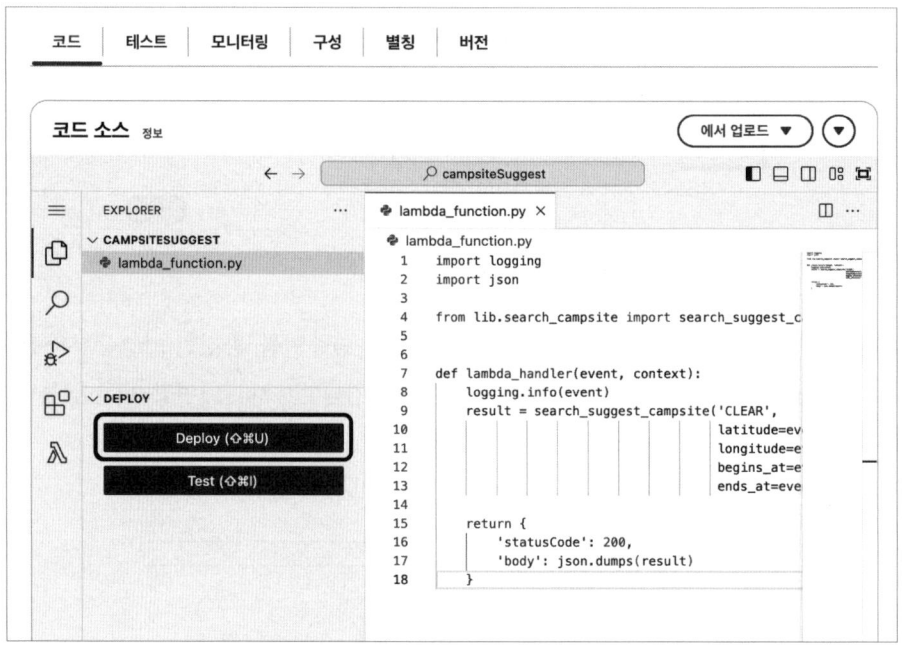

[그림 5-28] campsiteSuggest 람다 함수 구성

② 계층을 추가합니다. 아래 화면에서 [Add a layer] 버튼을 누릅니다.

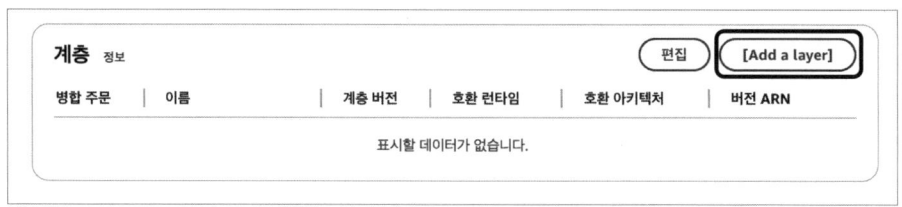

[그림 5-29] 새로운 계층 추가

③ 계층 소스로는 '사용자 지정 계층'을 선택합니다. 사용자 지정 계층으로 campsite를, 버전은 1번을 선택합니다. 버전의 경우 campsiteSearch 람다 함수에서 계층을 설정했던 것과 동일하게, 만일 계층을 여러 번 추가했다면 가장 최신의 버전을 선택해 지정하면 됩니다. 아래와 같이 선택을 완료했다면 [추가] 버튼을 누릅니다.

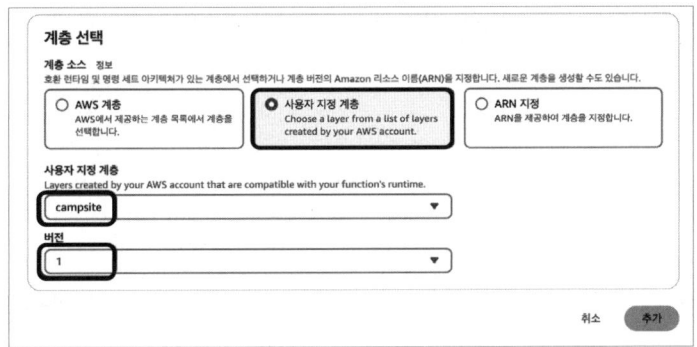

[그림 5-30] 추가할 계층 선택

④ 다음으로 '구성' 〉 '환경변수'에 들어가서 인증키에 대한 환경변수를 추가하겠습니다. 아래 화면에 보이는 환경변수의 [편집] 버튼을 누릅니다.

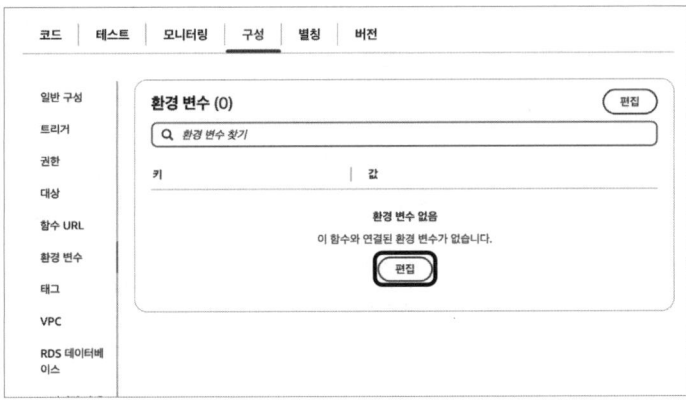

[그림 5-31] 인증키에 대한 환경변수 추가

⑤ 환경변수의 키 값으로는 service_key를, 값으로는 공공데이터포털의 인증키 값을 넣고 [저장] 버튼을 누릅니다.

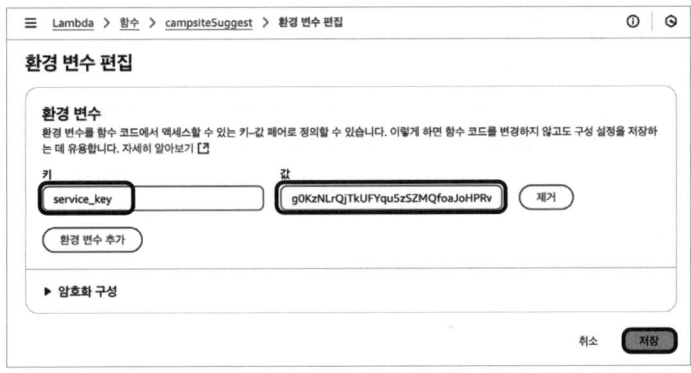

[그림 5-32] 환경변수 편집

두 람다 함수에 대한 작업을 완료했으니, API 게이트웨이에서 HTTP 요청을 해 실제 응답을 받아보겠습니다.

먼저 /campsites/search API입니다.

① 우측 하단의 [테스트] 탭을 누릅니다.

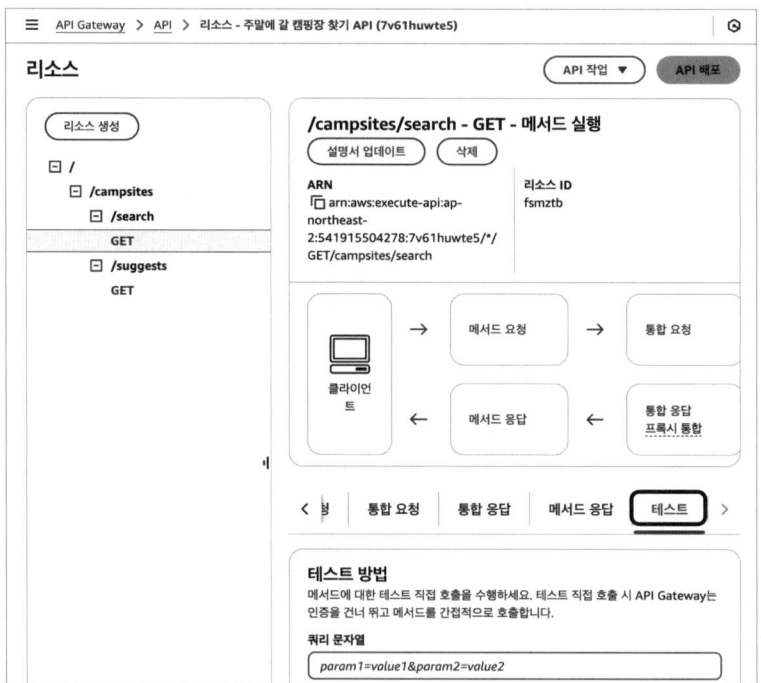

[그림 5-33] 클라이언트 테스트

② 쿼리 문자열로 `begins_at=2023-08-16T09:05:02+09:00&ends_at=2023-08-20T09:05:02+09:00&weather_type=CLEAR`를 두었습니다.

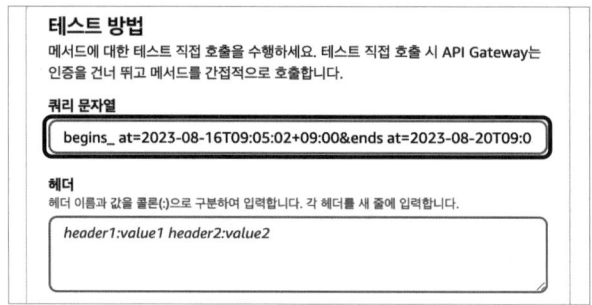

[그림 5-34] 쿼리 문자열 확인

③ 그러면 아래와 같이 응답이 나오는 것을 볼 수 있습니다.

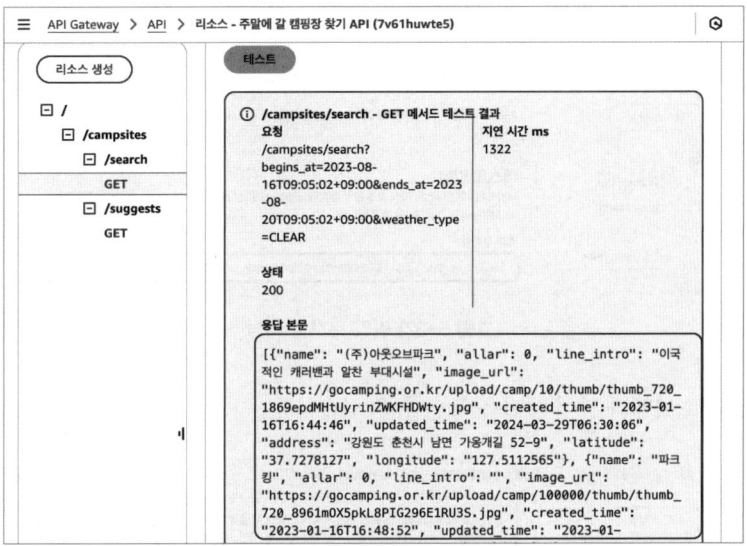

[그림 5-35] 쿼리 응답 결과

다음으로 /campsites/suggests API를 확인해봅니다.

① 우측 하단의 [테스트] 탭을 누릅니다.

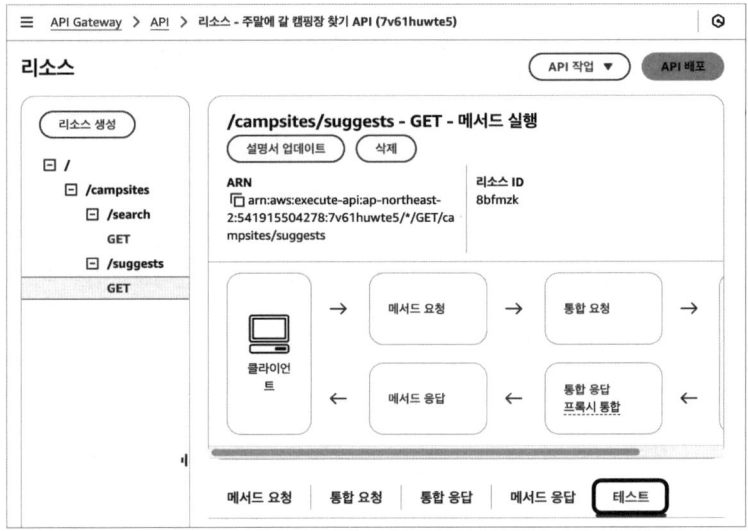

[그림 5-36] 클라이언트 테스트

② 쿼리 문자열로는 begins_at=2023-08-16T09:05:02+09:00 &ends_at=2023-08-20T09:05:02+09:00 &latitude=37.541&longitude=126.986을 두었습니다.

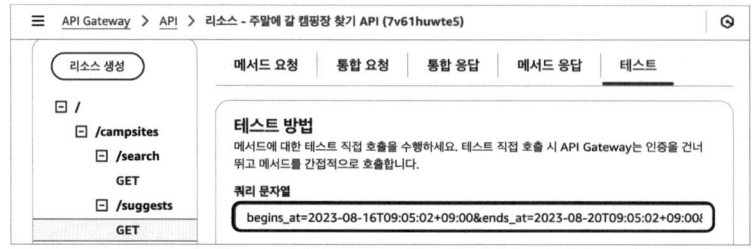

[그림 5-37] 쿼리 문자열 지정

③ 이에 대한 결과로 아래와 같이 응답을 확인할 수 있습니다.

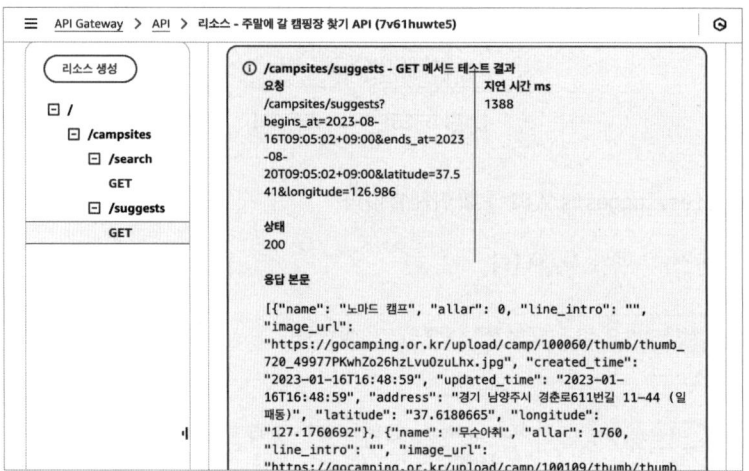

[그림 5-38] 쿼리 응답 결과

이제 API 게이트웨이에서 API를 배포해 실제 API를 호출하듯이 확인해보겠습니다.

① '리소스'의 작업 버튼을 통해 'API 배포' 항목을 누릅니다.

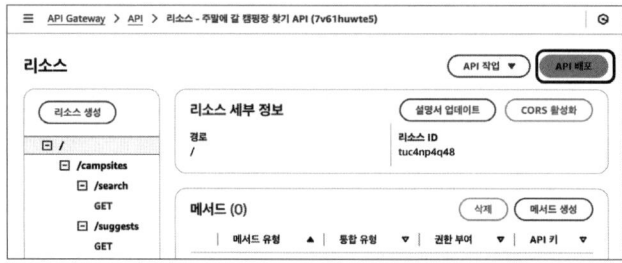

[그림 5-39] API 배포

② 배포 스테이지로는 '새 스테이지'를 선택합니다. 스테이지 이름은 'production'이라고 지었습니다. 이외 스테이지 설명, 배포 설명에는 선택적으로 정보를 기입하면 됩니다.

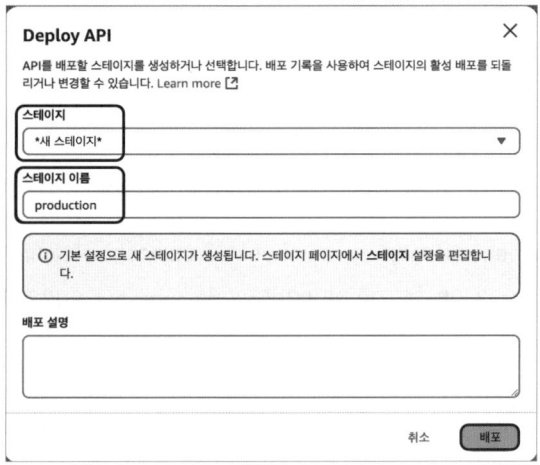

[그림 5-40] 배포 스테이지 설정

③ [배포] 버튼을 눌렀다면, 아래 화면을 확인할 수 있습니다. API를 호출할 수 있도록 URL이 제공되고, 이외 여러 설정이 있는 것을 볼 수 있습니다.

[그림 5-41] API 호출 설정 정보

/campsites/search API의 URL은 다음처럼 사용할 수 있습니다.

> URL https://7v61huwte5.execute-api.ap-northeast-2.amazonaws.com/production/campsites/search

그리고 /campsites/suggests API의 URL은 다음과 같습니다.

URL https://7v61huwte5.execute-api.ap-northeast-2.amazonaws.com/production/campsites/suggest

이 URL은 독자 여러분에게는 다르게 보일 수 있습니다. 따라서 각자의 환경에서 표시되는 URL로 호출하기를 바랍니다.

이제 /campsites/search API에 대해서 먼저 쿼리 파라미터를 함께 구성해 요청을 해보겠습니다.

URL https://7v61huwte5.execute-api.ap-northeast-2.amazonaws.com/production/campsites/search?begins_at=2023-08-16T09:05:02+09:00&ends_at= 2023-08-20T09:05:02+09:00&weather_type=CLEAR

이 요청에 대한 응답은 아래와 같이 나온 것으로 확인했습니다.

```
[
  {
    "name": "(주)아웃오브파크",
    "allar": 0,
    "line_intro": "이국적인 캐러밴과 알찬 부대시설",
    "image_url": "https://gocamping.or.kr/upload/camp/10/thumb/thumb_720_1869epdMHtUyrinZWKFHDWty.jpg",
    "created_time": "2023-01-16T16:44:46",
    "updated_time": "2023-01-16T16:44:46",
    "address": "강원도 춘천시 남면 가옹개길 52-9",
    "latitude": "37.7278127",
    "longitude": "127.5112565"
  },
  {
    "name": "파크킹",
    "allar": 0,
    "line_intro": "",
    "image_url": "https://gocamping.or.kr/upload/camp/100000/thumb/thumb_720_8961mOX5pkL8PIG296E1RU3S.jpg",
    "created_time": "2023-01-16T16:48:52",
    "updated_time": "2023-01-16T16:48:52",
    "address": "경북 김천시 어모면 은림로 62-11",
    "latitude": "36.1795215",
    "longitude": "128.1270051"
  },
  {
```

[그림 5-42] 응답 결과 ①

이어서 /campsites/suggests API 에 대해서도 쿼리 파라미터를 함께 구성해 요청을 해봅니다.

URL https://7v61huwte5.execute-api.ap-northeast-2.amazonaws.com/production/campsites/suggests?begins_at=2023-08-16T09:05:02+09:00&ends_at=2023-08-20T09:05:02+09:00&latitude=37.541&longitude=126.986

이 요청에 대한 응답은 아래와 같이 나옴을 확인할 수 있습니다.

```
[
    {
        "name": "노마드 캠프",
        "allar": 0,
        "line_intro": "",
        "image_url": "https://gocamping.or.kr/upload/camp/100060/thumb/thumb_720_49977PKwhZo26hzLvuOzuLhx.jpg",
        "created_time": "2023-01-16T16:48:59",
        "updated_time": "2023-01-16T16:48:59",
        "address": "경기 남양주시 경춘로611번길 11-44 (일패동)",
        "latitude": "37.6180665",
        "longitude": "127.1760692"
    },
    {
        "name": "무수아취",
        "allar": 1760,
        "line_intro": "",
        "image_url": "https://gocamping.or.kr/upload/camp/100109/thumb/thumb_720_3607gGExlhDKronOTyb8LelG.jpg",
        "created_time": "2023-01-16T16:49:05",
        "updated_time": "2023-01-16T16:49:05",
        "address": "서울 도봉구 도봉로169길 249 (도봉동)",
        "latitude": "37.6764256",
        "longitude": "127.0330822"
    },
    {
```

[그림 5-43] 응답 결과 ②

이것으로 람다 함수, API 게이트웨이를 이용해 '주말에 갈 캠핑장 찾기' API 서버를 구성해봤습니다. 이어서 이번에 구성한 내용에 대해 OpenAPI를 호출하는 방식에 대해 최적화해본다면 어떤 방식을 이용해볼 수 있을지 다룹니다.

5.8 OpenAPI 호출 수 최적화하기

공공데이터포털을 통해 날씨 정보와 캠핑장 정보를 가져오면서 정보 획득에 편리함을 얻었지만, 이 API에는 테스트 계정으로 하루에 1만 건까지 요청할 수 있다는 제약이 있습니다.

공공데이터포털에서 운영 계정으로 신청한다면, 하루 최대 호출량을 늘릴 수는 있을 것입니다. 다만 서비스를 실제로 출시해 사용자들이 많아진다면 어느 날, OpenAPI의 최대 호출량을 넘어서면서 날씨와 캠핑장 정보를 가져오지 못해 서비스를 사용할 수 없는 문제가 충분히 생길 수 있습니다.

매번 API를 요청하지 않고 미리 데이터베이스에 적재하거나 일정 시간 내의 같은 요청이라면 캐싱하는 방식을 이용해서면 API의 호출량을 넘어서는 문제를 일부 해결할 수 있습니다. 특정 시간에 람다가 동작해 필요한 정보를 가져오고 가공해 데이터베이스에 정보를 넣는 작업이 필요하다면 이러한 해결책으론 AWS의 Step Functions를 고려해볼 수 있습니다.

AWS Step Functions는 추출, 변환, 적재와 같은 프로세스를 코드로 관리하지 않고 드래그 방식을 통해 비즈니스 로직을 시각적으로 표현해 제공합니다.

[그림 5-44] AWS Step Functions

이를 이용한다면 이미 데이터를 적재한 정보인 경우 데이터베이스에서 정보를 가져오고, 정보가 없는 경우에는 API를 호출하는 방식으로 사용할 수 있습니다.

이외의 방식으로는, 다른 OpenAPI나 자료를 통해 캠핑장에 대한 정보를 미리 데이터베이스에 구축하는 방식이 있습니다.

데이터베이스에 요청하므로 원하는 정보를 가공하기 쉽고, 속도 면에서도 더 빠르게 가져올 수 있을 것으로 보입니다. 단, 이 방식은 데이터를 관리하기 위한 공수가 추가로 드는 방식입니다. 따라서 이러한 방식을 도입해 개선하는 시점은 해커톤을 마친 뒤의 시기가 되는, 고도화를 진행할 때 적용해보기 좋은 방식이라 생각합니다.

이것으로 5장. 주말에 갈 캠핑장 찾기 프로젝트에 대한 내용을 마칩니다. 이번 내용을 통해 서버리스 방식이 짧은 시간 동안 빠르게 구현할 때 어떤 점에서 유리한지 알 수 있는 시간이 되었기를 바랍니다.

Chapter 6
달리기 측정 앱 간의 기록 연동하기

야외 러닝을 즐기는 사람들에게 러닝 앱 간 기록 연동 기능은 사용자 경험을 한층 더 편리하고 풍부하게 만들어줍니다. 특정 앱에서 쌓은 기록을 다른 앱에서도 쉽게 활용할 수 있다면 이상적이지만, 서로 호환하지 않는 앱 간의 연동 과정은 복잡하고 번거롭습니다.

이 장에서는 이러한 문제를 해결하기 위해 AWS 서비스(S3, 람다, API 게이트웨이 등)를 활용하여 기록 연동 서비스를 설계하고 구현합니다.

러닝 기록 파일이 AWS S3에 업로드될 때 발생하는 이벤트를 트리거로 활용하여, 람다와의 연동을 통해 AWS 서비스 간 쉽게 연동하는 방법을 살펴봅니다. 이를 통해 자동화 기록 연동 서비스를 개발하는 데 필요한 구성과 구현 방법을 익힐 수 있습니다.

6.1 아이디어 도출하기

이 장에서는도 야외 런닝 활동을 하는 사람들을 위해 달리기 앱 간의 기록을 연동하는 프로젝트를 진행하려고 합니다.

마인드맵 기법

이전 장과 마찬가지로 **야외 런닝 활동**이라는 키워드로 시작하는 마인드맵을 구성해서 아이디어를 도출해보겠습니다.

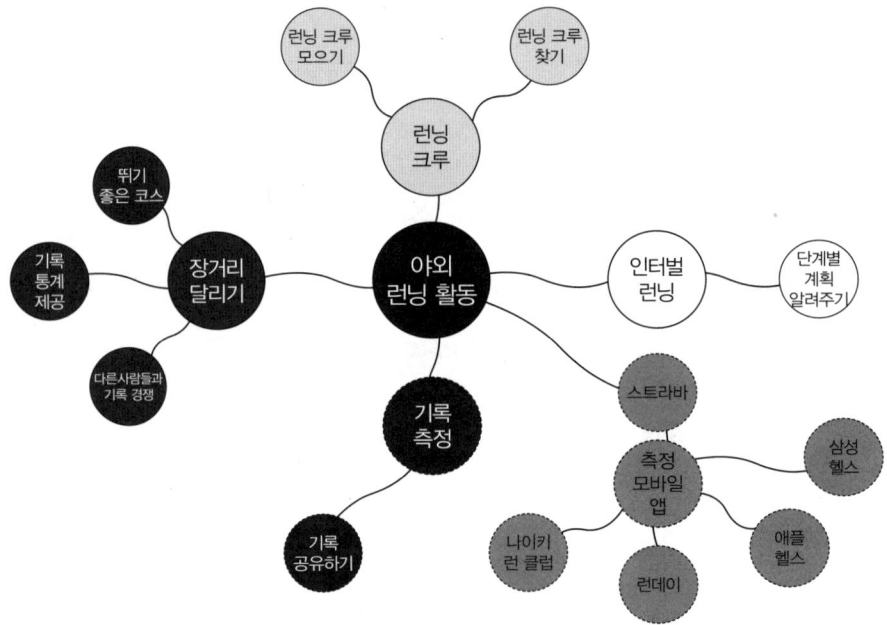

[그림 6-1] 야외 런닝 활동에 필요한 키워드 마인맵

장거리 달리기, 인터벌 러닝, 기록 측정, 런닝 크루라는 키워드를 나열했습니다.

- **장거리 달리기:** 뛰기 좋은 코스, 기록 통계 제공, 다른 사람들과 기록 경쟁하기
- **인터벌 러닝:** 단계별 계획 알려주기
- **기록 측정:** 기록 공유하기, 측정 모바일 앱(스트라바, 삼성 헬스, 애플 헬스, 런데이, 나이키 런 클럽 등)
- **런닝 크루:** 런닝 크루 모으기, 런닝 크루 찾기

스캠퍼 기법

야외 런닝 활동하는 사람들에게 유용하게 쓰일 서비스에 대한 아이디어를 도출하기 위해서 스캠퍼 기법 중 다음 기법을 사용해봅니다.

C Combine

결합하기 방법을 사용하려고 합니다. 야외 런닝을 하는 사람들이 많아지면서 입문자를 위한 친절한 런닝 기록 측정 앱이 출시되었습니다. 그중에 '나이키 런 클럽' '런데이'라는 모바일 앱 서비스는 단순히 기록을 측정하는 데 그치지 않고, 어떻게 뛰어야 하는지를 단계별로 제시해주며, 뛰는 도중에도 음성 가이드를 계속해 제공합니다. 이렇게 가이드를 제공하는 앱을 사용하는 데 익숙해지면, 더 이상 가이드를 원하지 않고 기록에 대한 심층적인 분석을 원해 다른 앱을 사용하기도 합니다. 그런 러너들은 더 이상 런닝 음성 가이드를 듣지 않고도 정해진 거리를 완주할 수 있고, 더욱 더 다양한 사람들과 기록 경쟁을 해보고 싶거나 자신의 기록 추이 변화를 궁금해 할 것입니다.

삼성의 스마트폰을 사용하며 기본 내장된 삼성 헬스 앱을 사용하던 사용자의 경우에는 휴대폰을 애플의 아이폰으로 변경하면서 애플 헬스를 사용하는 경우도 있습니다. 다른 앱으로 이동하면서 새로운 기능을 접하는 좋은 경험도 얻지만, 지금까지 쌓은 기록을 불러오지 못하는 아쉬움이 남습니다.

이러한 아쉬움을 해소하고자 여러 가지 런닝 앱에서 쌓은 기록을 동기화해 볼 수 있게 해봅니다. 이 아이디어의 이름을 '달리기 측정 앱 간의 기록 연동하기'로 정하고 진행하겠습니다.

스마트 기법

스마트 기법을 통해 '달리기 측정 앱 간의 기록 연동하기'는 목표가 무엇인지를 정해보겠습니다.

최초 목표는 '런닝 앱의 기록을 연동해 언제든 원하는 런닝 기록 측정 앱을 선택할 수 있게 한다'로 설정하겠습니다. 이때 설정하는 가설은 '런닝 앱 사용자들은 그동안 쌓은 런닝 기록을 옮기기 어려워 다른 앱을 이용하지 않는다'입니다.

S Substitute

첫 번째 단계로 목표가 구체적인지 확인해 봅니다. 이때 제시한 목표가 무엇을 통해 무엇을 해결하는 것인가에 대해 명확하게 나타나 있는지 검토합니다. 무엇을 통하는지는 '런닝 앱 간의 기록 연동'을, 무엇을 해결하는지로는 '언제든 원하는 런닝 기록 측정 앱 선택하게'가 들어가게 됩니다.

M ^{Modify}

목표를 구체적으로 설정했다고 판단해 다음 단계로, 측정할 수 있는 목표인지 확인해 봅니다. '런닝 앱의 기록을 연동해 언제든지 원하는 런닝 기록 측정 앱을 선택할 수 있게 한다'의 경우, 우리가 만드는 제품이 지향하는 모습이지만, 이것으로 목표를 달성했는지 측정하기에는 어렵습니다.

우리가 만들 제품이 사용자가 런닝 기록 측정 앱을 자유롭게 선택할 수 있도록 돕는 제품인지 정량적으로 측정할 방법을 떠올려 봅니다. 우리 제품에 런닝 기록을 연동한 사용자가 연동 직후에 한 번만 대량의 기록을 특정 런닝 앱으로 이동시킨 뒤에는 제품을 더 이상 사용하지 않는지, 혹은 최초 연동 이후 새로운 런닝 기록도 연동하는지 추적해 측정 지표로 삼을 수 있을 것입니다.

이를 목표에 넣을 수 있게 정리해, '런닝 앱의 기록을 연동해 다른 기록 측정 앱을 사용하고 싶은 사용자의 만족도를 50% 개선한다'로 설정하겠습니다. 이 사용자 만족도는 제품 내의 설문 페이지를 통해서 수집하게 됩니다.

A ^{Achievable}

달성할 수 있는 목표인지 확인해 보는 차례입니다. 이 제품은 사용자의 설문을 통해 얻은 수치를 통해 목표를 측정하게 됩니다. 사용자의 응답은 50%라는 수치는 현실적으로 달성할 수 있는 수치인지 판단하기는 어렵습니다. 그러나 먼저 절반 이상의 사용자들이 우리의 제품을 통해 도움을 얻었는지 확인하기 위해서 50%로 유지하겠습니다.

R ^{Relevan}

현실적이고 관련된 목표인지 점검해 봅니다. 이는 조금 전 세웠던 달성 가능한 목표와 관련이 있습니다. 달성할 수 있는 사용자 만족도 수치의 목표를 과도하게 높게 정했다면, 사용자가 원하는 기능이 무엇인지에 대해 더 많은 시간을 할애할 것입니다. 사용자의 요구사항을 충족시키기 위해 구현할 기능을 더 추가하게 될 수도 있습니다. 기능이 많아진다는 것은 결국 프로젝트의 소요 시간이 늘어나게 되는 원인이 됩니다.

또한 이렇게 추가한 기능이 사용자에게 기능이 너무 많아 사용성에 혼란을 줄 수도 있다는 점도 고려해야 합니다. 더욱이 해커톤과 같은 상황에서는 최소한의 단위로 빠르게 서비스를 만들어 대중들에게 설명하고 공감대를 형성해야 합니다. 짧은 시간 동안 사용자들이 모두 만족할 만한 서비스를 만든다는 것은 다소 현실적이지 않은 목표이므로 이에 대해서 점검하게 됩니다.

가설로 둔 내용을 참고해, 기존 런닝 기록 측정 앱 사용자들이 겪는 불편함인 '그동안 쌓은 기록을 옮기기 어려워서 다른 앱을 이용하지 않는다'를 해결하는 핵심 기능이 들어간다면 50%의 만족도를 얻을 수 있다고 판단해 이를 현실적이고 관련된 목표로 판단했습니다.

Time-bound

목표에 대해 기한을 설정하겠습니다. 기한을 설정하지 않으면 50%의 만족도를 달성하기 위해 여러 기능을 추가로 넣게 되면서 서비스에서 앞세우려는 핵심 기능이 부가 기능에 의해서 가려질 수 있습니다. 또한 목표에 대한 기한이 다소 길다면 서비스를 만드는 팀원들의 동기부여와 사기도 저하할 것입니다. 이러한 점을 함께 고려해 목표에 대한 기한을 한 달로 잡고자 합니다.

스마트 기법의 다섯 단계를 통해서 최종 목표를 '한 달 동안 러닝 앱의 기록을 연동해 다른 기록 측정 앱을 사용하고 싶은 사용자의 만족도를 50% 개선한다'로 설정하겠습니다.

6.2 구현 기능 범위 정하기

이제 우리의 목표인, '한 달 동안 러닝 앱의 기록을 연동해 다른 기록 측정 앱을 사용하고 싶은 사용자의 만족도를 50% 개선한다'를 해결하기 위해서 사용자들이 필요로 하는 기능을 정리해보겠습니다.

러닝 기록 측정 앱을 사용하는 사람이 새로운 러닝 앱을 발견하고 이를 바로 쓸 수 있게 기록을 연동하는 기능을 제공하고자 합니다. 새로운 러닝 앱을 사용해 보고 나니, 기대한 것에 미치지 못해 기존의 러닝 앱으로 돌아갈 수도 있습니다.

예상할 수 있는 다른 상황으로는, 기록 측정에 대해서는 이전에 사용하던 러닝 앱보다 좋았지만, 달린 시간과 주행 거리를 보여주는 기록 공유용 이미지가 자신의 취향과 다른 이유로, 기록 측정과 기록 공유를 다른 러닝 앱에서 이용하는 상황도 있을 것입니다.

이러한 요구를 고려해서 제공할 수 있는 기능을 나열해 봅니다.

첫 번째로 그동안 쌓은 모든 기록을 다른 러닝 기록 앱에도 보이게 기록을 이동하는 '기록 일괄 이동 기능'을 제시합니다. 삼성 헬스를 사용하던 삼성 갤럭시 스마트폰의 사용자가 아이폰으로 기기를 변경할 때 용이하게 사용할 수 있을 것입니다.

두 번째로 쌓이는 러닝 기록이 다른 러닝 앱에 자동으로 동기화되는 '자동 연동 기능'을 고려합니다. 이 기능은 러닝 음성 가이드를 제공하는 '런데이' 앱을 사용하던 사람이 '나이키 런 클럽' 앱도 번갈아 사용할 때 용이할 것입니다. 어떤 앱을 사용하던 자신의 기록을 연이어서 관리할 수 있기 때문입니다.

세 번째로는 연동한 기록 앱을 모두 조회하는 '연동된 기록 앱 조회 기능'과 더 이상 연동하지 않도록 하는 '기록 앱 연동 해지 기능'을 제시합니다.

마지막 네 번째로 런닝 앱에서 쌓은 오늘의 런닝 기록을 우리의 제품에서 여러 이미지로 보여주는 '기록 공유 기능'을 둡니다. 우선 런닝 기록 측정 앱마다 공유 이미지의 형태가 다른 점이 있고, 사용자 자신이 더 마음에 드는 기록 이미지를 SNS에 게시하고 싶어 사용하는 앱을 변경할 수도 있겠다는 생각이 들었습니다.

그럼 이 기능들을 사용자 스토리로 풀어볼 차례입니다. 하지만 이번 사용자 스토리는 여기까지 이 책을 읽으면서 이 프로젝트의 여정을 함께 지켜보고 있는 독자분들에게 작성을 맡겨봅니다. 사용자 스토리의 작성이 어렵다면 이전까지 진행한 다양한 프로젝트에서 나열한 사용자 스토리를 참고해도 됩니다.

> **TIP** 필자가 작성한 사용자 스토리는 '6.10 부록'에 첨부했으니, 작성한 뒤에 확인하기를 바랍니다.

- 기록 일괄 이동 기능
- 자동 기록 연동 기능
- 연동된 기록 앱 조회 기능
- 기록 앱 연동 해지 기능
- 기록 공유 기능

이렇게 사용자들에게 필요해 보인 다섯 가지 기능의 사용자 스토리를 작성합니다.

이제 '한 달 동안 런닝 앱의 기록을 연동해 다른 기록 측정 앱을 사용하고 싶은 사용자의 만족도를 50% 개선한다'라는 목표를 달성할 수 있는 핵심 기능을 정하겠습니다.

이 서비스에서의 핵심 기능은 '자동 기록 연동 기능' 한 가지로 정했습니다. 이 제품은 설정한 목표와 같이 런닝 앱의 기록을 연동해 다른 기록 측정 앱을 사용하고 싶은 사용자의 만족도를 올리는 것에 초점을 맞추었기 때문입니다. 그 동안 한 가지의 앱에서 쌓아온 기록이 다른 앱에서는 보이지 않을 것을 신경 쓰지 않고, 어떠한 기록 앱을 사용해도 다른 앱과 일관된 이전 기록을 보여주어 사용자들이 런닝 활동과 기록 조회에만 몰두할 수 있어야 합니다. 따라서 '자동 기록 연동 기능'을 제품의 핵심 기능으로 두었습니다.

'기록 일괄 이동 기능'도 비슷한 기능이지만 앞으로 쓰지 않을 앱의 기록을 옮기는 용도로써, 우리가 바라는 런닝 기록 앱을 자유롭게 사용하는 것보다 데이터를 마이그레이션하는 도구로 쓰이게 될 것이라고 짐작했습니다. 덧붙여 앞으로 제품이 발전하면 사용자들이 바라는 기능 중 하나로 보이지만, 이

제서야 첫 기능을 선보이는 현 상황에서는 우선순위를 두어 구현해야 하는 기능은 아닌 것으로 판단했습니다.

'연동된 기록 앱 조회 기능'과 '기록 앱 연동 해지 기능'도 필요한 기능입니다. 그러나 이 기능은 제품의 프로토타입을 선보이는 해커톤 단계에서는 꼭 필요한 기능은 아니라고 판단했습니다. 사용자가 기록을 연동한 뒤에야 필요한 기능이라고 생각했습니다.

또한 우리가 만든 서비스를 소개하는 시간에는 여러 개의 기록 앱을 연동한 상황으로 가정해 시연한다면 이 기능들은 생략해도 되기 때문입니다. 만일, 이 기능들이 필요하다면 어떠한 흐름을 담고 있는지 기록 앱을 연동하는 과정에 대해 목업Mock Up으로 대체해 보여주는 방법도 있습니다.

'기록 공유 기능'의 경우 다른 기록 측정 앱을 사용하는 데 돕지 않는 부가적인 기능으로 판단했습니다. 따라서 이는 핵심 기능에서 제외했습니다.

지금까지 구현 기능을 사용자 스토리와 함께 나열해보고, 핵심 기능을 정해봤습니다. 이제 핵심 기능인 '자동 기록 연동 기능'의 설계를 보며 제품을 어떻게 구성할지 다뤄보겠습니다.

6.3 주어진 상황을 고려한 기술 스택 구성하기

달리기와 자전거 라이딩 기록 측정 앱에서는 GPX라는 GPS 데이터 형식의 XML 파일을 통해 이동 경로를 데이터로 표현합니다. GPX 스키마는 공개된 형식인데. 이를 사용하는 데 라이선스 비용을 지불하지 않아도 되고, 위치 데이터가 태그에 저장되며 GPS 장치와 데이터를 교환할 수 있는 특징이 있습니다. 이러한 파일을 서로 다른 앱의 계정에 이동시켜 기록 정보를 연동하는 경험을 제공하는 것이 이 서비스의 특징입니다.

우리가 만드는 서비스에서는 사용자가 GPX 파일을 업로드한 뒤, 다른 앱으로 연동할 수 있도록 할 것입니다. 이때 사용자의 파일을 저장하는 공간으로 AWS의 S3를 사용하겠습니다. AWS의 S3는 Simple Storage Service의 머리글자로 AWS에서 제공하는 파일 서버의 일종입니다.

사용자가 GPX 파일을 우리의 파일 서버로 업로드하면서 파일 서버에서는 트래픽을 감당해야 하며, 시간이 지나면 추가 저장 공간을 확보하는 등 여러 고려 사항이 발생할 수 있습니다. 그러나 S3를 이용하면 파일 저장에 필요한 트래픽이나 디스크 공간에 대한 관리를 맡길 수 있어 시스템 문제를 신경 쓰지 않아도 되며, 파일에 인증 과정을 붙여 접근 권한을 부여할 수 있다는 장점이 있습니다.

그리고 서버리스 환경으로 AWS 람다를 이용합니다. 람다에서는 트리거 기능을 제공합니다. 람다의 트리거는 람다 함수를 실행할 수 있는 이벤트로, AWS 내의 여러 서비스와 유기적으로 연동할 수 있는 환경을 제공하고 있습니다.

HTTP 트리거를 설정한다면 HTTP 요청으로 람다 함수를 실행할 수 있고, S3를 트리거로 설정한다면 S3에 파일을 적재하면 이벤트가 발생해 람다 함수를 실행하도록 구성할 수 있습니다. 이러한 트리거 기능을 이용해 S3를 람다의 트리거로 지정하고 GPX 파일을 S3에 업로드하면 함수가 호출되어 데이터 연동을 하도록 구성합니다. 이렇게 AWS 제품 간의 연동성을 이용하면 추가적인 개발 없이 필요한 내용을 보다 간단히 해결할 수 있습니다.

S3는 사용자의 GPX 파일을 업로드하는 리포지토리 외에 웹사이트를 위한 정적 페이지를 호스팅하는 리포지토리로도 사용하려고 합니다. 그리고 API 게이트웨이를 사용합니다. 사용자는 러닝 기록을 연동하려고 웹 페이지를 통해 API 게이트웨이에 요청하고 람다를 통해 GPX 파일을 S3에 저장합니다.

 결정된 기술 스택

'달리기 측정 앱 간의 기록 연동하기'의 개발 기술 스택으로, AWS S3, 람다, API 게이트웨이, OpenAPI로 정했습니다.

6.4 서비스 아키텍처 구성하기

'달리기 측정 앱 간의 기록 연동하기' 프로젝트의 아키텍처를 다음처럼 구성했습니다.

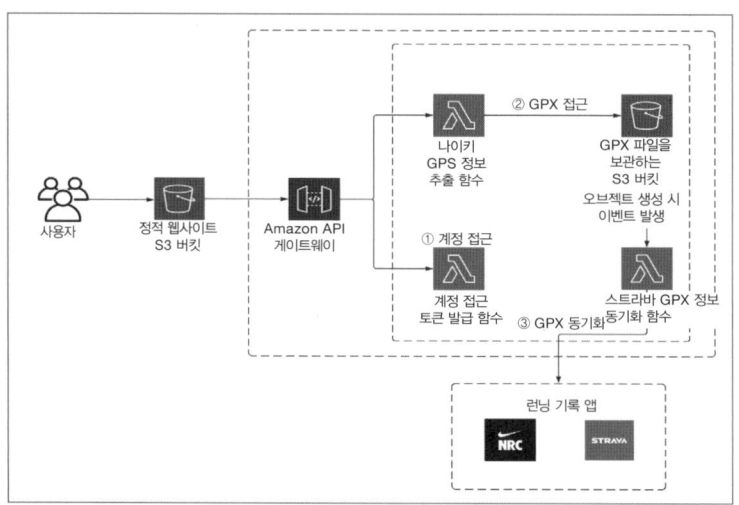

[그림 6-2] 프로젝트의 아키텍처

사용자가 웹사이트를 통해 처음으로 HTTP 요청을 해 호출하는 람다 함수는 '계정 접근 토큰 발급 함수'입니다. 이 람다 함수는 API 게이트웨이를 통해 HTTP를 트리거로 해서 실행합니다. 세 번째 단계에서 '나이키 런 클럽'에 기록한 GPX 정보를 스트라바의 계정에 연동하기 위해서 필요한 접근 토큰을 발급받게 됩니다. '나이키 GPX 정보 추출 함수'에서는 '나이키 런 클럽'에서 기록한 GPX 정보를 불러와 S3에 저장하는 역할을 합니다. GPX 파일은 'gpx-store'라는 이름을 가진 S3 버킷에 저장합니다. 그리고 스트라바에 업로드할 수 있도록 파일의 메타데이터에 스트라바 계정 접근 토큰 값을 함께 기록합니다.

지금까지 프로젝트를 진행하면서 람다 함수를 호출하기 위한 방법으로 HTTP 통신을 이용하는 HTTP 트리거를 사용해왔습니다. 그리고 AWS 서비스 내의 여러 서비스에서 이벤트가 일어날 때 람다 함수를 호출하도록 트리거를 구성할 수 있습니다.

이번 프로젝트에서는 S3에 파일 GPX 파일을 업로드하고, 이를 이용해 스트라바 앱에 기록을 업로드합니다. S3 버킷의 특정 공간에 .gpx 확장자의 파일이 업로드되면 '스트라바 GPX 정보 동기화' 람다 함수를 호출해 스트라바 앱에 기록을 업로드하도록 구현할 것입니다.

이제 S3를 트리거로 설정하고, 기록을 업로드하는 방법을 순서대로 구성해보며 다뤄보겠습니다.

6.5 S3에 파일이 저장된 경우 람다 실행하기

서비스 아키텍처 구성도를 보면서 S3 버킷을 생성하고 S3에 GPX 파일을 업로드하는 경우 람다를 실행하도록 설정해봅니다.

① 우선 AWS의 S3 대시보드에 들어가 GPX 파일을 저장할 S3 버킷을 생성합니다.

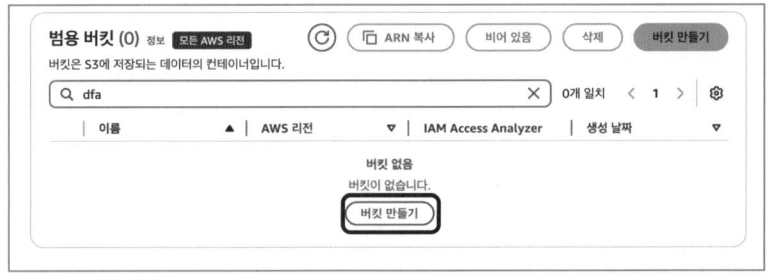

[그림 6-3] S3 버킷 생성

② [버킷 만들기] 버튼을 눌러 필요한 내용을 기재합니다. 여기서 버킷 이름과 AWS 리전을 지정해야 합니다. S3 버킷의 이름은 'gpx-store'로 정하고, AWS 리전은 '아시아 태평양(서울)ap-northeast-2'로 지정합니다. 객체 소유권, 퍼블릭 액세스 차단 설정은 '기본값'으로 저장합니다.

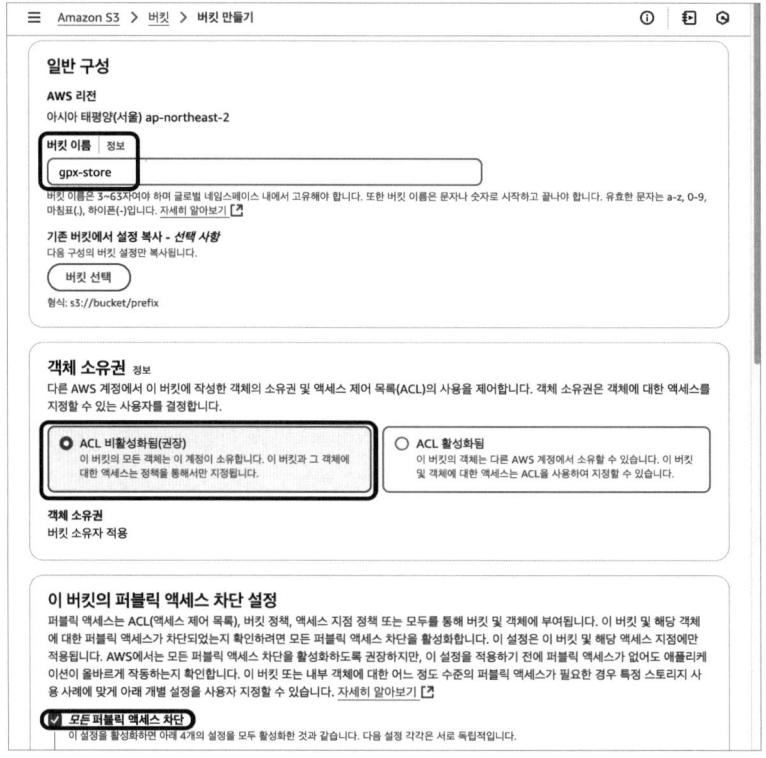

[그림 6-4] 버킷 만들기에 필요한 옵션 설정

③ 이제 gpx-store 이름의 S3 버킷이 생성됨을 확인할 수 있습니다.

[그림 6-5] S3 버킷 생성 확인

이제 S3 버킷에서 GPX 파일이 생성되었을 때 호출할 람다 함수를 생성합니다.

① 람다 함수의 생성에서 '새로 작성'을 선택하고 함수 이름을 적고 자신이 원하는 런타임, 아키텍처를 선택합니다. 람다 함수 이름은 'uploadActivity', 런타임은 'Python 3.11'로 정하고, 아키텍처는 'arm64'로 선택하겠습니다.

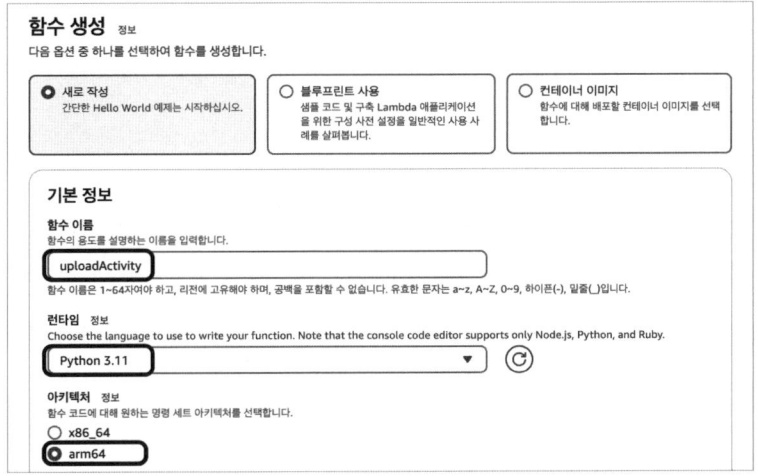

[그림 6-6] GPX 파일을 호출할 람다 함수 생성

② 람다 함수가 생성되었다면 아래처럼 확인할 수 있을 것입니다.

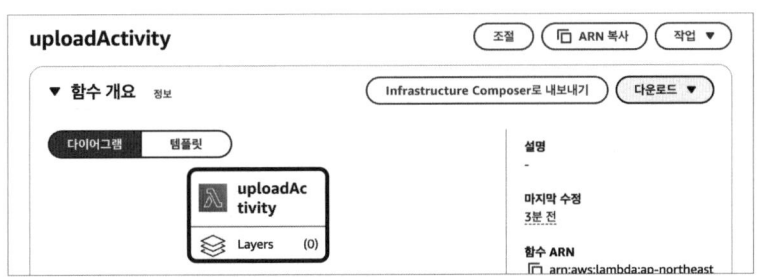

[그림 6-7] 생성된 람다 함수 확인

다음으로 함수 개요에서 왼쪽의 트리거 추가를 눌러 S3를 트리거로 지정해야 할 차례입니다.

① [트리거 추가] 버튼을 누른 뒤 트리거 구성에서 S3를 선택합니다.

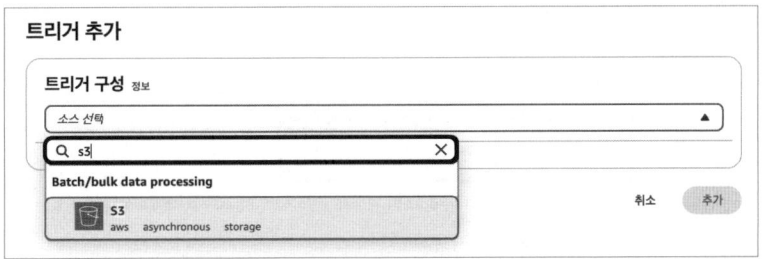

[그림 6-8] S3 선택

② S3의 버킷은 람다 함수를 생성하기 전에 만들었던 버킷인 gpx-store를 입력해 선택합니다. 이벤트 타입은 'All object create events'를 선택합니다. 이 이벤트 타입을 선택하면 S3의 gpx-store 버킷에서 파일 즉, 오브젝트를 생성하면 이벤트가 발생해 람다를 동작하게 합니다. 그리고 prefix(접두사)에는 gpx/를, suffix(접미사)로는 .gpx로 설정했습니다.

이를 조금 더 쉽게 설명해보자면, gpx-store 버킷 안의 gpx 폴더에서 .gpx 확장자 파일이 생성된 경우에만 람다 함수를 호출하겠다는 것입니다.

'Recursive Invocation'에 대해 체크합니다. 이는 재귀적으로 호출하는 것에 대해 인지했다는 것으로, S3의 인풋과 아웃풋이 동일한 버킷일 경우에 아웃풋으로 새로운 파일이 생기며, 이는 곧 인풋으로 동작합니다.

만일 'gpx-store' S3 버킷에서 오브젝트가 생성되었다는 이벤트를 받고 람다 함수에서 관련된 처리를 한 뒤, 동일한 'gpx-store' S3 버킷에 새 데이터를 저장한다면 다시 오브젝트가 생성되었다는 이벤트를 람다 함수가 받게 되므로 재귀적인 호출이 이루어집니다. 사용하는 만큼 비용이 청구되는 람다의 특성에 의하면, 반복적으로 실행됨으로써 비용 부담으로 이어지게 됩니다. 따라서 S3 버킷의 오브젝트 생성, 수정, 삭제 등을 람다 함수의 트리거로 사용하는 경우에서는 만일 람다 함수 내에서 S3 버킷 내의 오브젝트를 조작하는 내용이 있다면 다른 S3 버킷을 사용하는 것을 권장하고 있습니다.

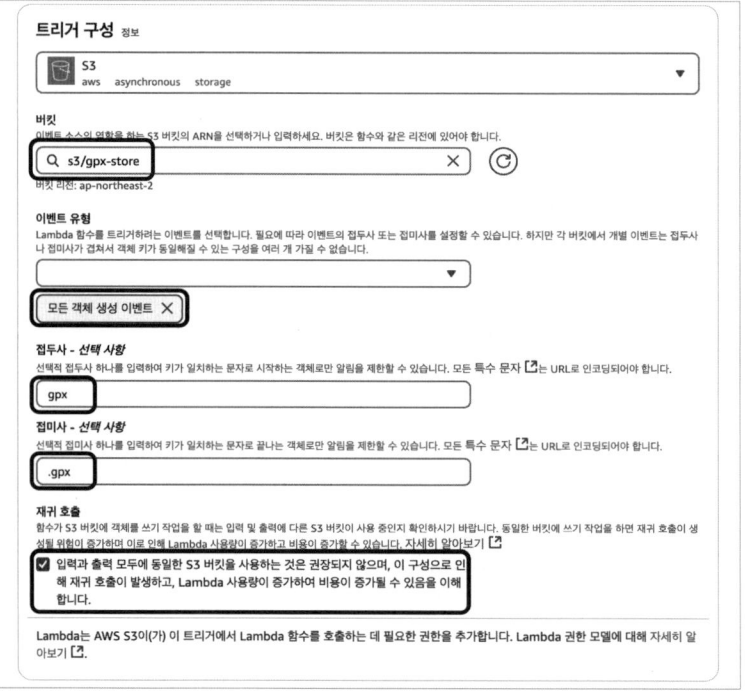

[그림 6-9] 트리거 구성

③ 람다 함수의 트리거로 S3를 추가하면 아래와 같은 트리거를 구성하는 함수 개요가 보입니다. 이것으로 S3 오브젝트가 생성될 때 람다 함수를 호출하는 구성을 마쳤습니다.

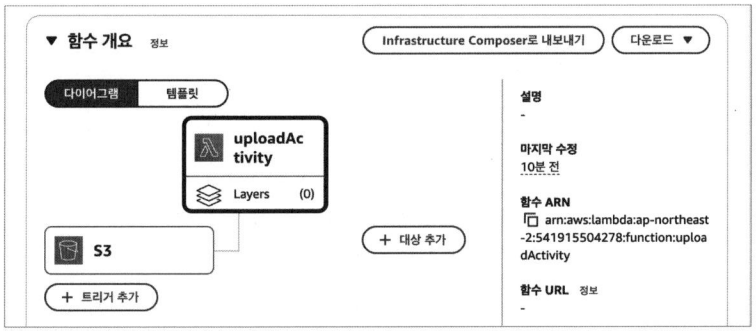

[그림 6-10] 람다 함수의 호출 구성

다음으로 S3 gpx-store 버킷의 gpx 폴더 내에 .gpx 확장자의 파일을 추가하면 람다 함수가 호출되는지 확인해보겠습니다.

S3에서 오브젝트가 생성되어 람다를 호출했다면, 어떤 오브젝트가 생성되었고 오브젝트 이름은 무엇인지 알려줄 것이라고 예상해볼 수 있습니다. 실제로 S3 버킷에서 오브젝트를 생성하면 아래 내용과 비슷한 데이터를 람다 함수에 전달하고 있습니다.

```
01: {
02:     "Records": [
03:         {
04:             "eventVersion": "2.1",
05:             "eventSource": "aws:s3",
06:             "awsRegion": "ap-northeast-2",
07:             "eventTime": "2022-12-06T13: 20: 43.273Z",
08:             "eventName": "ObjectCreated:Put",
09:             "userIdentity": {
10:                 "principalId": "AVORXPJKVVBQ0"
11:             },
12:             "requestParameters": {
13:                 "sourceIPAddress": "113.96.43.125"
14:             },
15:             "responseElements": {
16:                 "x-amz-request-id": "Q1C947F012F6E9S9",
17:                 "x-amz-id-2": "5dKbeuH33kspGf6VXK79pz1j62xbCroOkP0pjMNPnQpCqt6IS //o6j
                     jih+0i2M4r9746+6kLVUY5i7VpnMO0Tv0ktPSxFT9cqlQBLUDJNGQ="
18:             },
19:             "s3": {
20:                 "s3SchemaVersion": "1.0",
21:                 "configurationId": "a9a44605-211a-4f79-a0be-61c11af5756e",
22:                 "bucket": {
```

6장. 달리기 측정 앱 간의 기록 연동하기

```
23:                    "name": "gpx-store",
24:                    "ownerIdentity": {
25:                        "principalId": "AVORXPJKVVBQ0"
26:                    },
27:                    "arn": "arn:aws:s3:::gpx-store"
28:                },
29:                "object": {
30:                    "key": "example.gpx",
31:                    "size": 90892,
32:                    "eTag": "1af688a6802e4e02112a5c7d243c2548",
33:                    "sequencer": "00638F41AB3D4DB11E"
34:                }
35:            }
36:        }
37:    ]
38: }
```

이 이벤트 정보에서 우리가 눈여겨봐야 할 것은 bucket 필드와 key 필드입니다. 간단히 파이썬 코드로 값을 확인해본다면 아래와 같이 람다 함수의 코드를 작성해 볼 수 있습니다.

[그림 6-11] 람다 함수 코드

람다 함수의 코드를 배포하고, S3의 'gpx-store' 버킷에서 오브젝트가 생성된다면 아래의 내용으로 로그 이벤트가 출력되는 것을 확인할 수 있게 됩니다.

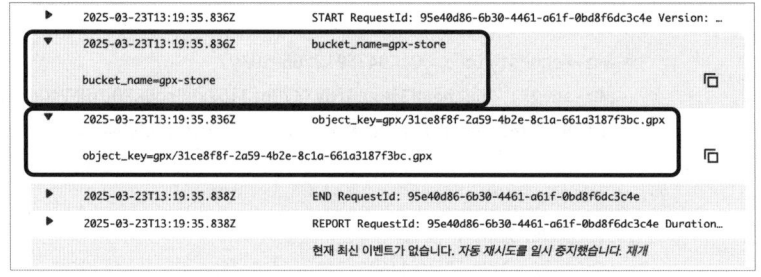

[그림 6-12] 이벤트 출력 확인

이 프로젝트를 진행하면서 업로드할 GPX 파일에 대한 값의 확인은 앞으로 이 프로젝트를 더 진행해 나가며 다뤄보겠습니다.

6.6 API 설계하기

이 프로젝트에서 필요한 API는 다음처럼 두 개로 구성됩니다.

- 접근 토큰 발급 API
- 기록 동기화 API

접근 토큰 발급 API에는 OAuth 인증을 이용합니다. '스트라바' 로그인을 거치면 code 값을 얻을 수 있습니다. 이 code 값을 가지고 우리가 구현한 **접근 토큰 발급 API**에 요청하면 접근 토큰을 얻을 수 있습니다.

이 API의 엔드포인트는 /authorize로 정하고, 메서드는 GET으로 지정합니다. 이를 OpenAPI 스펙에 맞추어 작성했습니다.

```
39: OpenAPI: 3.0.0
40: info:
41:   version: "1.0.0"
42:   title: 러닝 기록 연동하기
43:   description: 러닝 기록 연동 프로젝트
44: paths:
45:   /authorize:
46:     get:
47:       tags:
48:         - 토큰 발급
49:       description: 스트라바 접근 토큰 발급
50:       operationId: authorize
51:       parameters:
52:         - in: query
53:           name: code
54:           schema:
55:             type: string
56:           required: true
57:       responses:
58:         '200':
59:           description: 접근 토큰 발급 성공
60:           content:
```

```
61:          application/json:
62:            schema:
63:              type: object
64:              properties:
65:                access_token:
66:                  type: string
67:                  description: 접근 토큰
68:                refresh_token:
69:                  type: string
70:                  description: refresh 토큰
71:                expires_at:
72:                  type: integer
73:                  description: 만료되는 기한
74:                  example: 1739367686
```

이 내용을 스웨거 문서로 확인하면 아래와 같이 나옵니다.

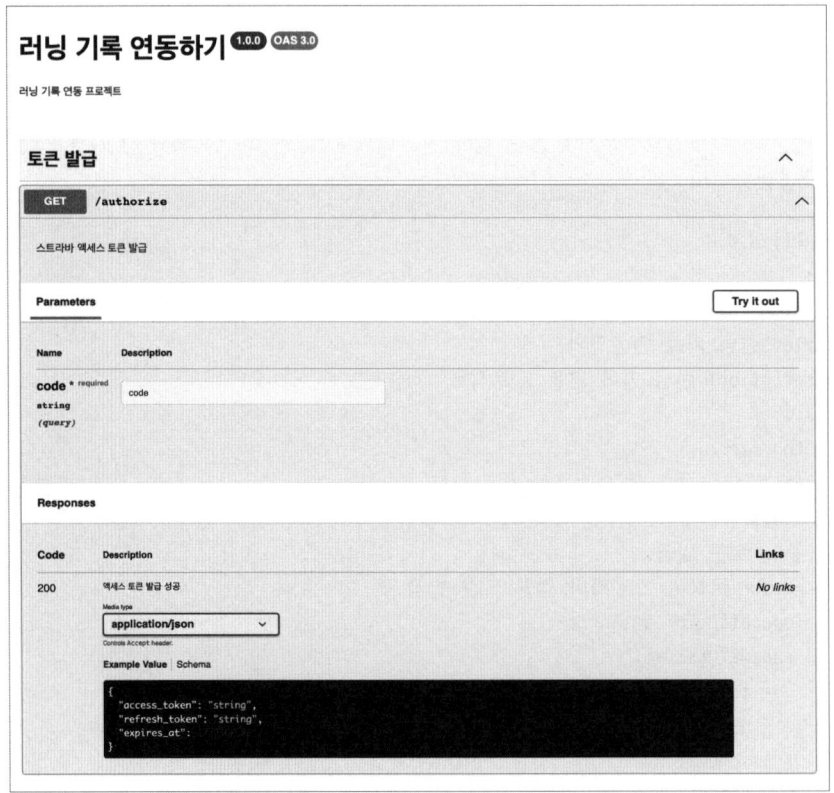

[그림 6-13] 스웨거로 확인한 접근 토큰 발급 API

두 번째로 기록 동기화 API의 스펙을 정의해봅니다. 이 API는 '나이키 러닝 앱'의 기록을 S3의 gpx-store 버킷에 GPX 파일로 저장하는 역할을 합니다. API 엔드포인트는 /sync로 정합니다. 본문 파라

미터로는 strava_access_token, nike_access_token 값을 가집니다. 응답 상태 코드로는 성공적으로 업로드됨을 나타내는 201과 접근 토큰이 올바르지 않다는 400 상태 코드로 정의합니다.

```
75: /sync:
76:   post:
77:     tags:
78:       - 기록 동기화
79:     description: 기록 동기화
80:     operationId: accounts
81:     requestBody:
82:       content:
83:         application/json:
84:           schema:
85:             $ref: '#/components/schemas/Sync'
86:     responses:
87:       '201':
88:         description: 성공적으로 업로드했습니다.
89:       '400':
90:         description: 접근 토큰이 올바르지 않습니다.
91: components:
92:   schemas:
93:     Sync:
94:       type: object
95:       required:
96:         - strava_access_token
97:         - nike_access_token
98:       properties:
99:         strava_access_token:
100:          type: string
101:          example: 3q5h9uyq35y9uq35i93q5y09u3q54u90q34590
102:        nike_access_token:
103:          type: string
104:          example: ahbe508pouja346tq3yuh5497t34
```

이 내용을 스웨거 문서로 확인하면 아래와 같이 나옵니다.

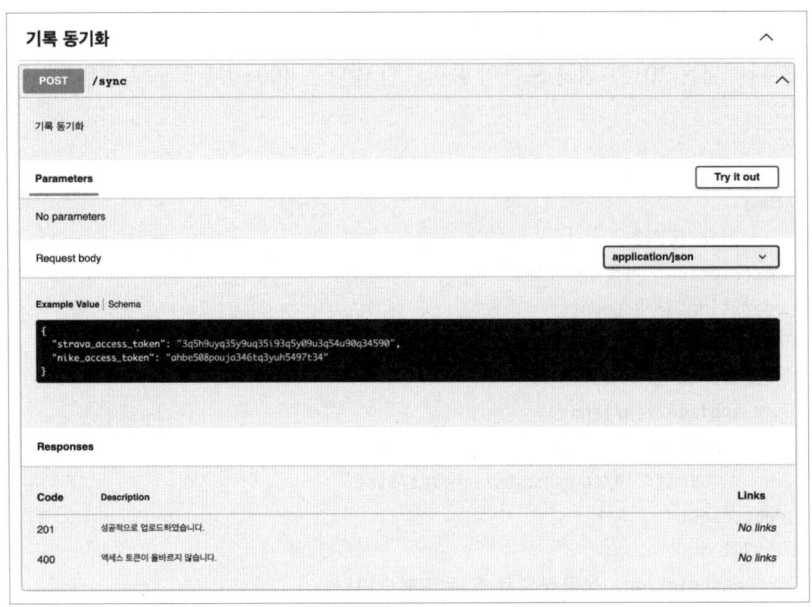

[그림 6-14] 스웨거로 확인한 기록 동기화 API

정의한 API 내용은 이어서 진행하는 6.7 프로젝트 설정 및 진행하기의 API 게이트웨이를 구성하는 과정에서 사용하겠습니다.

6.7 프로젝트 설정 및 실행하기

지금까지 'gpx-store' 이름의 버킷을 만들고, uploadActivity 람다 함수를 만들었습니다. 그리고 gpx-store S3 버킷의 gpx 폴더 내에 .gpx 확장자 형식의 파일을 업로드하면 람다 함수가 동작하도록 설계했습니다.

이제 프로젝트의 설계를 바탕으로 실제 제품을 구현해봅니다. 이번 프로젝트의 소스코드는 다음 사이트에서 확인할 수 있습니다. 그리고 앞서 생성한 S3 gpx-store 버킷과 uploadActivity 람다 함수는 재사용해서 진행하겠습니다.

URL https://github.com/roharon/book-hackathon-project/blob/master/RunnerSyncer

먼저 OpenAPI 스펙을 바탕으로 API 게이트웨이를 구성하겠습니다. API 게이트웨이 유형으로는 REST API를 이용하겠습니다.

① 미리 설계한 OpenAPI 스펙을 가지고 자동으로 구성할 수 있게 [가져오기] 버튼을 누르겠습니다.

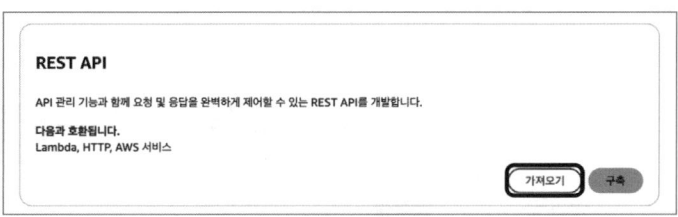

[그림 6-15] API 가져오기

② 'API 가져오기'를 선택하고, API 정의에서 OpenAPI 스펙을 붙여넣습니다. API 엔드포인트 유형은 '지역'을 선택합니다. 현재 서울 리전(ap-northeast-2)에서 API 게이트웨이를 생성하고 있으므로 서울 리전에 배포가 됩니다.

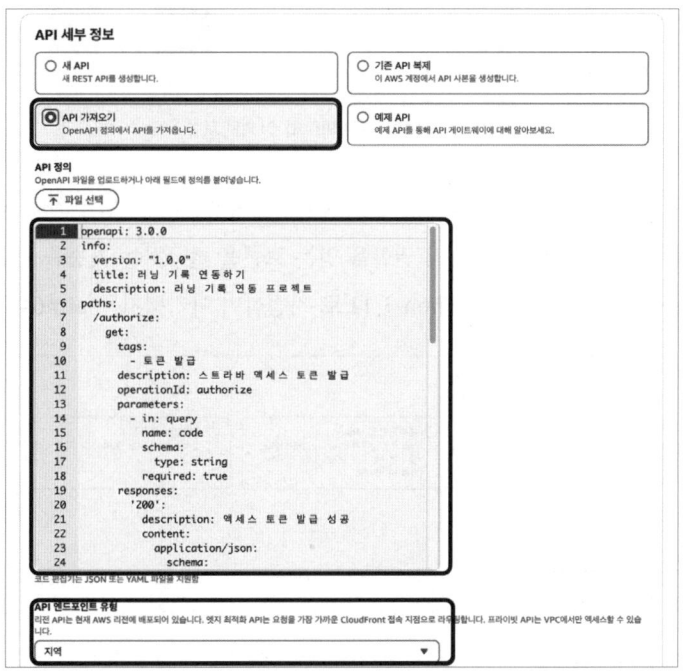

[그림 6-16] API 설정하기

③ [가져오기]를 눌러 생성을 완료했다면 /authorize 리소스에 GET 메서드, /sync 리소스에 POST 메서드가 추가된 것을 확인할 수 있습니다.

[그림 6-17] 메서드 추가 확인

6장. 달리기 측정 앱 간의 기록 연동하기   199

람다 함수의 구현 순서는 실제 동작 순서이면서, 다이어그램에 기입한 번호 순으로 진행하겠습니다.

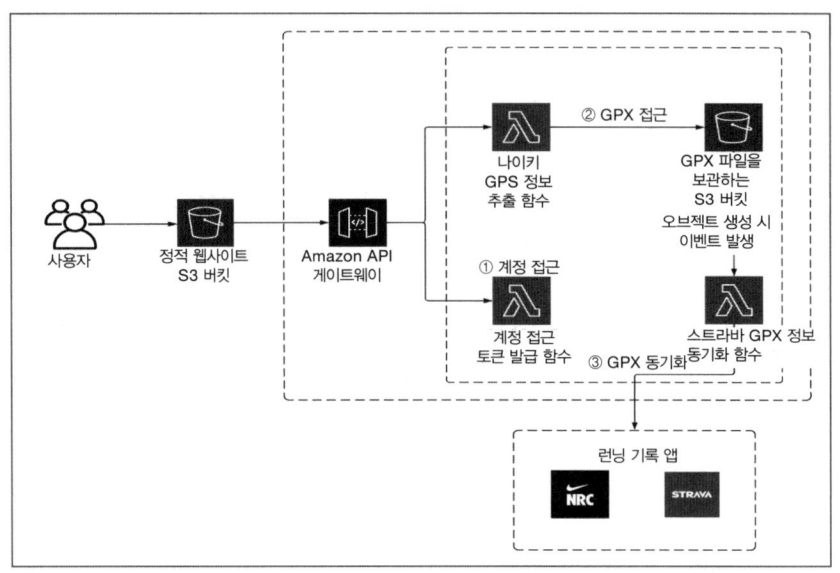

[그림 6-18] 프로젝트의 아키텍처

① 계정 접근 토큰 발급 함수 이름은 authorizeStrava로 정하겠습니다. 함수 이름에서 알 수 있듯이 이 람다 함수에서는 '스트라바' 사용자의 권한을 얻는 토큰을 발급하는 기능을 담당합니다. 함수 이름은 'authorizeStrava', 런타임은 'Python 3.11'로 지정하며 아키텍처는 'arm64'로 지정합니다.

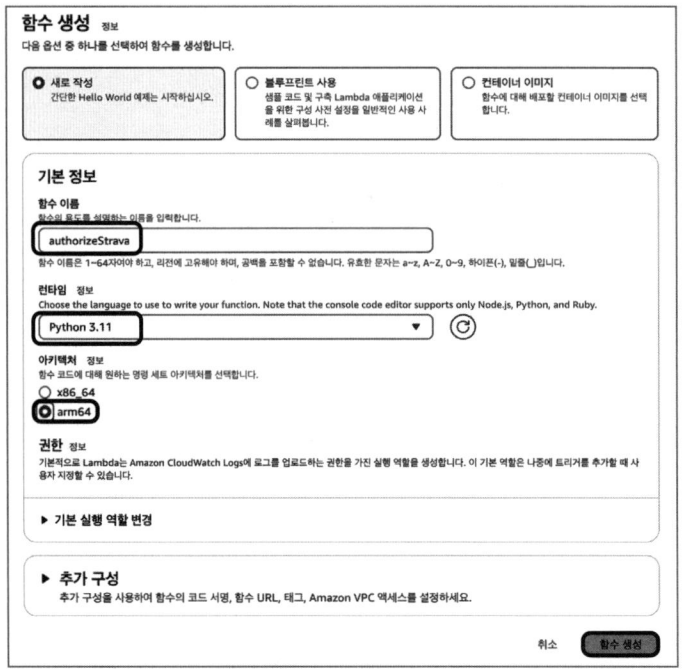

[그림 6-19] 계정 접근 토큰 발급 함수 생성

② 생성이 되었다면 아래와 같은 화면이 나옵니다.

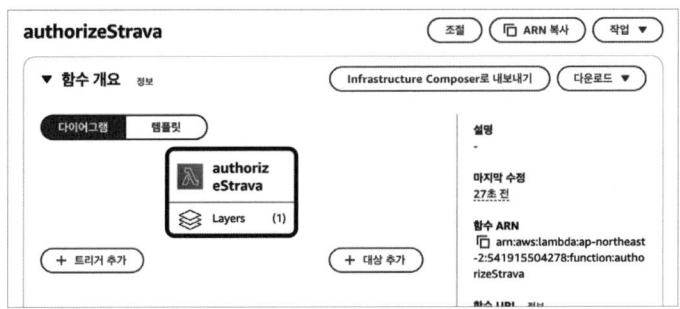

[그림 6-20] 함수 생성 결과

③ 아래 소스코드를 authorizeStrava 람다 함수의 코드로 작성한 뒤, [Deploy] 버튼을 누릅니다.

> URL https://github.com/roharon/book-hackathon-project/blob/master/RunnerSyncer/fetch Activity/lambda_function.py

[그림 6-21] 함수 함수 코드 작성

이 함수에서는 stravalib 라이브러리에 종속성이 있습니다. 따라서 이 라이브러리를 사용하기 위해 람다 계층을 생성해야 합니다. 람다 계층을 위한 파일은 실습 리포지토리의 아래 파일을 이용합니다.

> URL https://github.com/roharon/book-hackathon-project/blob/master/RunnerSyncer/lambda_layer.zip

④ 람다의 추가 '리소스' 〉 '계층' 화면으로 이동해서 [계층 생성] 버튼을 누릅니다.

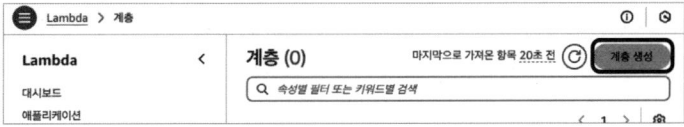

[그림 6-22] 계층 생성

6장. 달리기 측정 앱 간의 기록 연동하기 201

⑤ lambda_layer.zip 파일을 업로드 한 뒤, 호환 아키텍처로 'arm64', 호환 런타임으로 'Python 3.11'
을 지정합니다. 그리고 [생성] 버튼을 누릅니다.

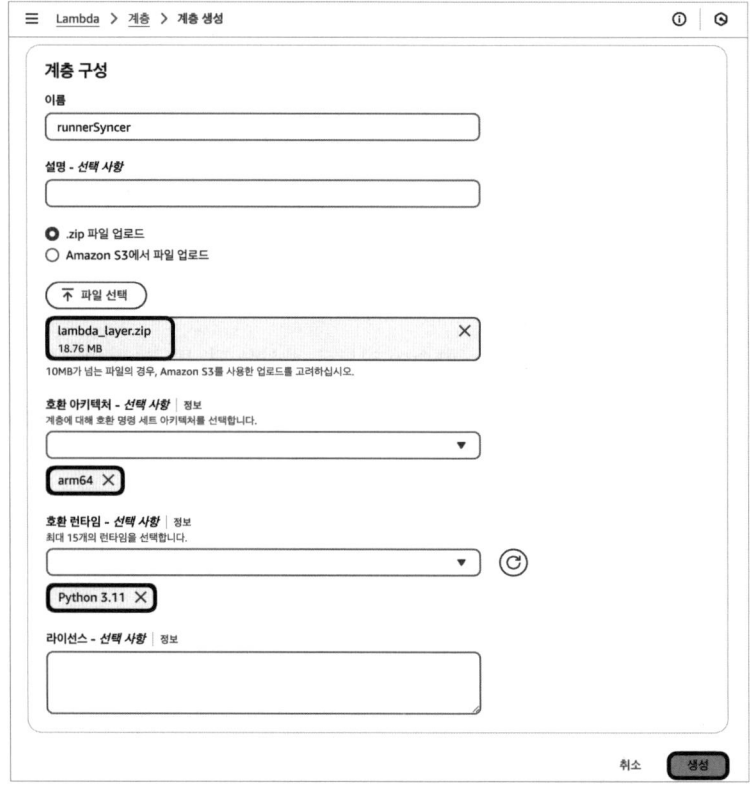

[그림 6-23] 계층 구성

⑥ runnerSyncer 이름의 람다 계층이 생성되었다면, 람다 함수의 '코드' > '계층' 영역에서 [Add a Layer] 버튼을 누릅니다.

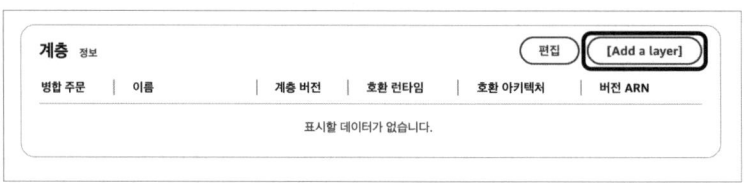

[그림 6-24] 계층 추가

⑦ 계층으로 '사용자 지정' 계층을 선택하고, 'runnerSyncer' 계층을 지정합니다. 버전은 가장 최신 버전을 선택합니다. 지금 진행하는 내용과 동일하게 만들었다면 버전 1이 나오는 것으로 확인할 수 있습니다. 그리고 하단의 [추가] 버튼을 눌러 마무리합니다.

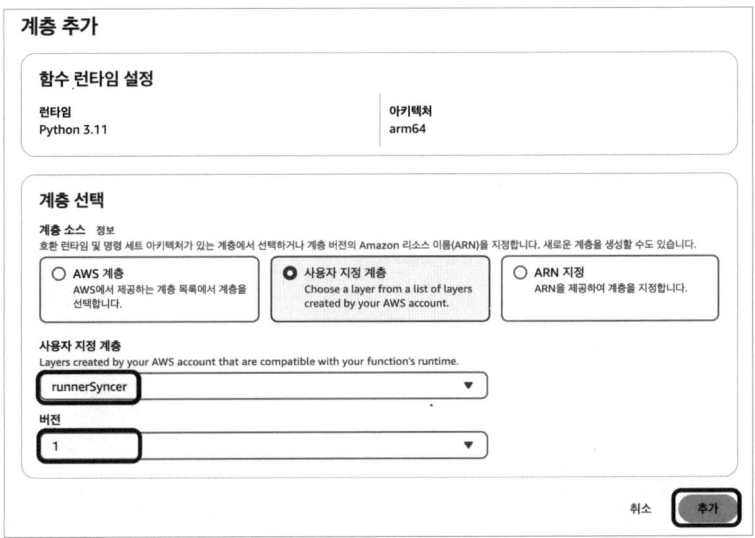

[그림 6-25] 계층 선택

이제 스트라바 사용자를 대신해 사용자의 활동 기록을 자동으로 올릴 수 있게 하는 접근 토큰이 필요한데, 이 접근 토큰은 스트라바에서 제공하는 API 애플리케이션을 통해 얻을 수 있습니다. 스트라바에서 제공하는 API 애플리케이션은 OAuth 프로토콜을 사용합니다.

하지만 OAuth 프로토콜에 대해서는 생소할 것입니다. 간단하게 예를 들어보겠습니다. 사용자의 스트라바 기록을 우리의 프로젝트에서 대신 동기화하려면 스트라바의 이메일과 비밀번호를 직접 저장하고 동기화가 필요할 것입니다. 이때 이 정보를 어떻게 가져와서 사용해야 하는 지에 대해서 고민할 것입니다.

그러나 OAtuh 프로토콜을 사용하면 '스트라바'에서 로그인을 하는 과정에서 우리가 만드는 서버에 스트라바의 이메일과 비밀번호를 제공하지 않아도 됩니다. '스트라바'에 로그인을 성공하면 code를 획득합니다. code를 우리의 서버에 넘겨 API 애플리케이션에서 제공하는 정보를 함께 담아 '스트라바'에 요청하면 사용자가 허용한 권한을 가진 접근 토큰을 발급할 수 있습니다. 이로써 이 접근 토큰을 가지고 사용자의 활동 기록 업로드와 같은 동작을 수행할 수 있게 됩니다.

> **TIP** 추가적인 OAuth 프로토콜에 대한 내용은 OAuth 2.0 https://oauth.net/2 을 참고하기 바랍니다.

그럼 본격적으로 스트라바의 API 애플리케이션을 생성하고 우리가 진행하는 프로젝트에서 접근 토큰을 얻어보는 작업을 진행하겠습니다.

우선 스트라바 API 애플리케이션을 생성하기 위해서는 '스트라바' 계정이 필요합니다.

① 다음 사이트에서 계정을 생성하고 로그인합니다.

URL https://www.strava.com/

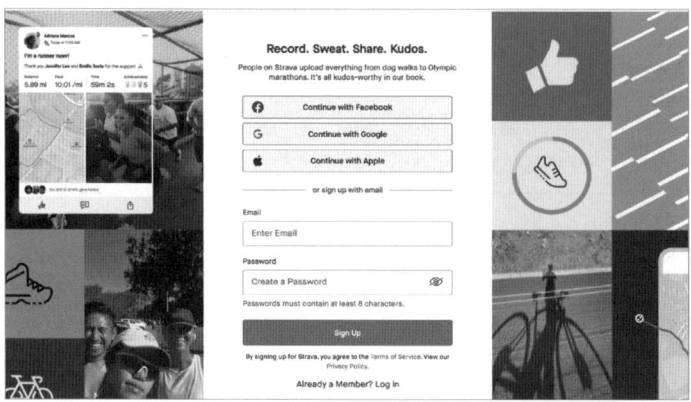

[그림 6-26] 스트라바 웹사이트

② 로그인되었다면 Settings 〉 My API Appliaction에 들어갑니다. 그리고 스트라바 API 애플리케이션에서 사용할 아이콘을 선택합니다. 자신이 원하는 아이콘을 만들거나 찾아서 업로드합니다.

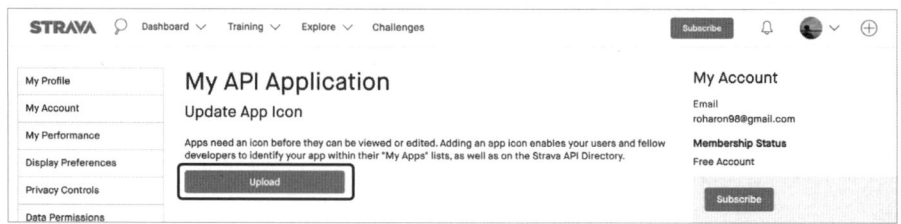

[그림 6-27] 본인을 알릴 아이콘 선택

③ API 애플리케이션의 정보를 자유롭게 입력합니다. 다만, Authorization Callback Domain은 'localhost'로 입력해주세요. 웹사이트 만들기를 진행하고 나서 이 값을 다시 변경하겠습니다.

[그림 6-28] 애플리케이션 정보 입력

④ [Save] 버튼을 누르면 아래와 같이 Client ID, Client Secret 값을 얻을 수 있습니다. Client Secret 값은 외부에 노출되면 안 되는 값이니 주의해서 다루어야 합니다.

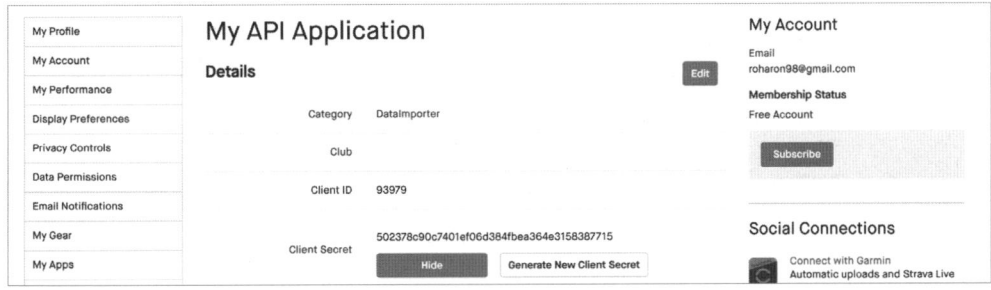

[그림 6-29] Client ID, Client Secret 값 획득

⑤ 나이키 액세스 토큰 값은 https://www.nike.com/에 로그인한 뒤, 개발자 도구 > 콘솔에서 아래 명령을 입력해 얻을 수 있습니다.

```
JSON.parse(window.localStorage.getItem('oidc.user:https://accounts.nike.com:4fd2d5e7db76e0f85a6bb56721bd51df')).access_token
```

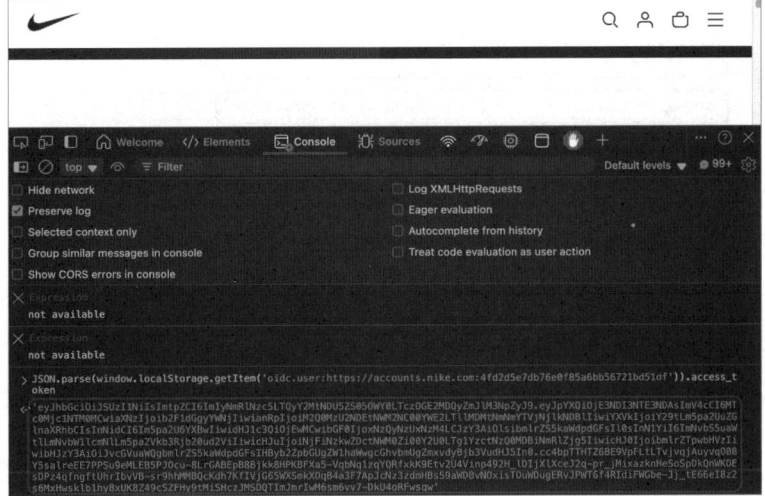

[그림 6-30] 명령어 입력

6장. 달리기 측정 앱 간의 기록 연동하기　205

⑥ 이제 다시 AWS 웹 콘솔로 넘어와서 환경변수를 지정합니다. '구성' 〉 '환경변수'에 들어와 [편집] 버튼을 누릅니다.

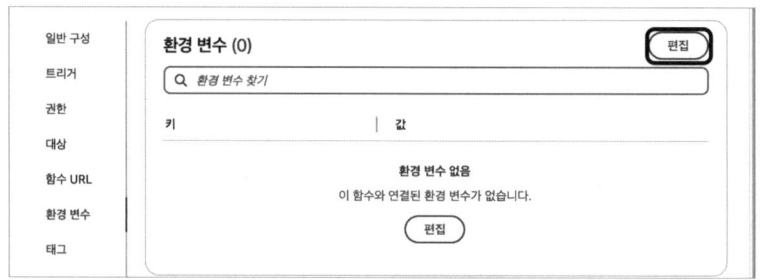

[그림 6-31] 환경변수 지정

⑦ 람다 함수에 들어가는 authorizeStrava 소스코드에서는 STRAVA_CLIENT_ID, STRAVA_CLIENT_SECRET 환경변수 값을 입력합니다. STRAVA_CLIENT_ID로는 스트라바 API 애플리케이션의 Client ID, STRAVA_CLIENT_SECRET로는 스트라바 API 애플리케이션의 Client Secret 값을 입력합니다.

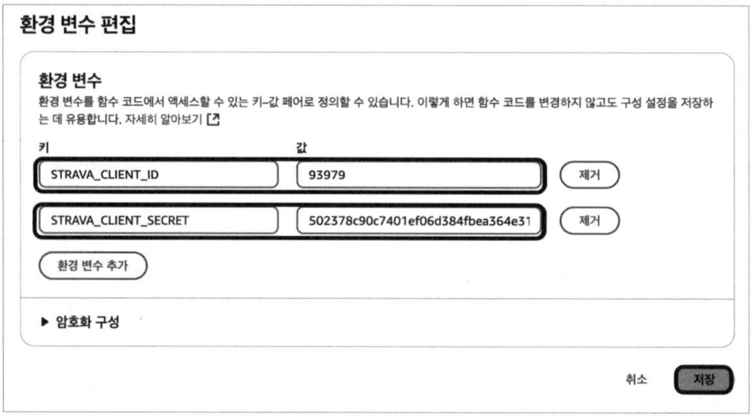

[그림 6-32] 키 값 입력

그럼 이제 구성이 잘되었는지 람다 함수를 호출해 결과를 보겠습니다.

아래에 URL을 두었습니다. client_id에 대한 값을 여러분의 스트라바 클라이언트 ID로 변경하고 인터넷 브라우저를 통해 접속합니다. 그러면 아래와 페이지가 나오게 됩니다.

URL https://www.strava.com/oauth/authorize?client_id={스트라바_클라이언트_ID}&redirect_uri=https://localhost&response_type=code&scope=activity:read_all,activity:write

① [Authorize] 버튼을 누릅니다.

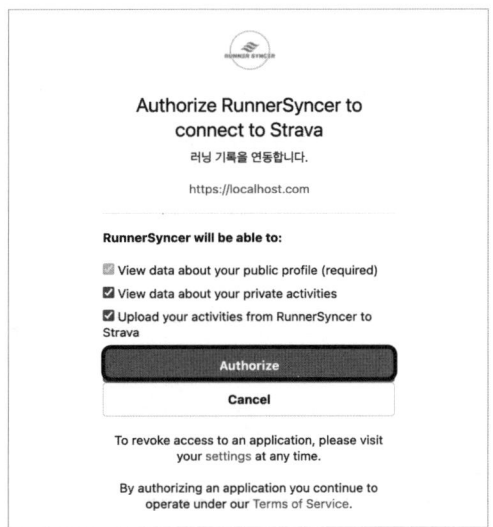

[그림 6-33] 승인

[Authorize] 버튼을 누르니 다른 페이지로 이동했습니다. 페이지의 URL을 보면 아래와 같은 형태로 구성된 것을 확인할 수 있습니다.

> URL https://localhost/?state=&code=03de6c5fe584b8ab4d4adcc0b19d5186c5c0089a&scope=read,activity:write,activity:read_all

여기서 code 파라미터에 대한 값인 `03de6c5fe584b8ab4d4adcc0b19d5186c5c0089a`를 람다 함수 호출할 때 전달하겠습니다.

② 람다 함수 페이지로 돌아와 [테스트] 탭을 누릅니다.

[그림 6-34] 코드 입력

6장. 달리기 측정 앱 간의 기록 연동하기　207

③ 이벤트 JSON에는 아래와 같은 형태로 입력합니다. code에 대한 값만 여러분의 code 값으로 변경하면 됩니다. 입력했다면 [간접 호출] 버튼을 누릅니다.

```
105: {
106:     "queryStringParameters": {
107:         "code": "03de6c5fe584b8ab4d4adcc0b19d5186c5c0089a"
108:     }
109: }
```

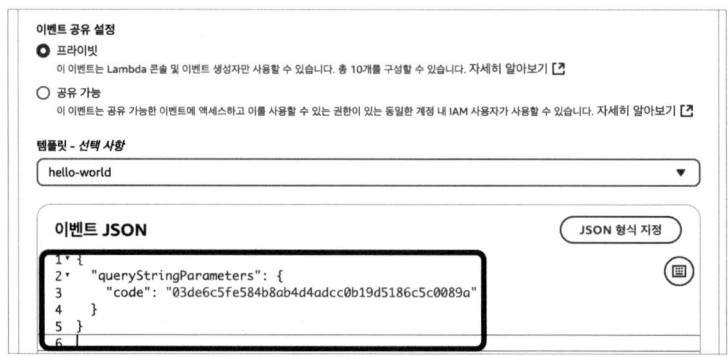

[그림 6-35] code 값 입력

④ 간접 호출을 통해 람다 함수를 실행했다면, 아래처럼 응답 내용을 볼 수 있습니다.

```
110: {
111:     "statusCode": 200,
112:     "body": "{\"access_token\": \"207986ff96e25b3418f29b88b96a005c5cfd4c50\",
         \"refresh_token\": \"4bd32e24e4d8998213d1bc7602761a4c5baf9a7c\", \"expires_at\":
         1694881170}"
113: }
```

⑤ 응답에 우리가 얻으려는 정보인 access_token 값이 있는 것을 확인했습니다. 이 값을 이용해 사용자의 스트라바에서 기록을 업로드하게 됩니다.

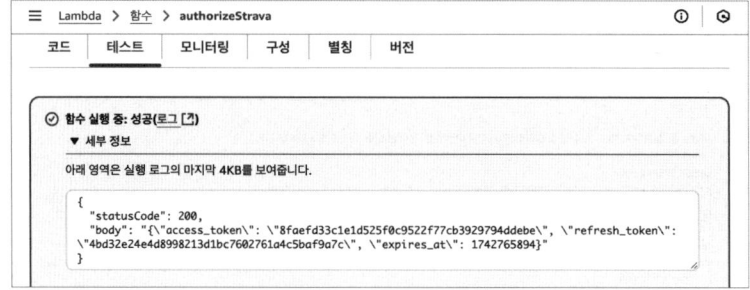

[그림 6-36] access_token 값 확인

이제 '나이키 러닝 앱'에서 정보를 가져와 S3에 업로드하는 fetchActivity 람다 함수를 만들겠습니다.

① 우리가 람다 함수를 만들었던 오던 목록 페이지로 다시 이동합니다. 그리고 [함수 생성] 버튼을 누릅니다.

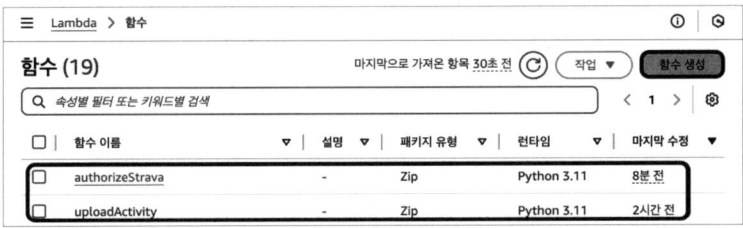

[그림 6-37] 함수 선택

② 함수 이름은 'fetchActivity', 런타임은 'Python 3.11', 아키텍처는 'arm64'로 정하고 [함수 생성] 버튼을 누릅니다.

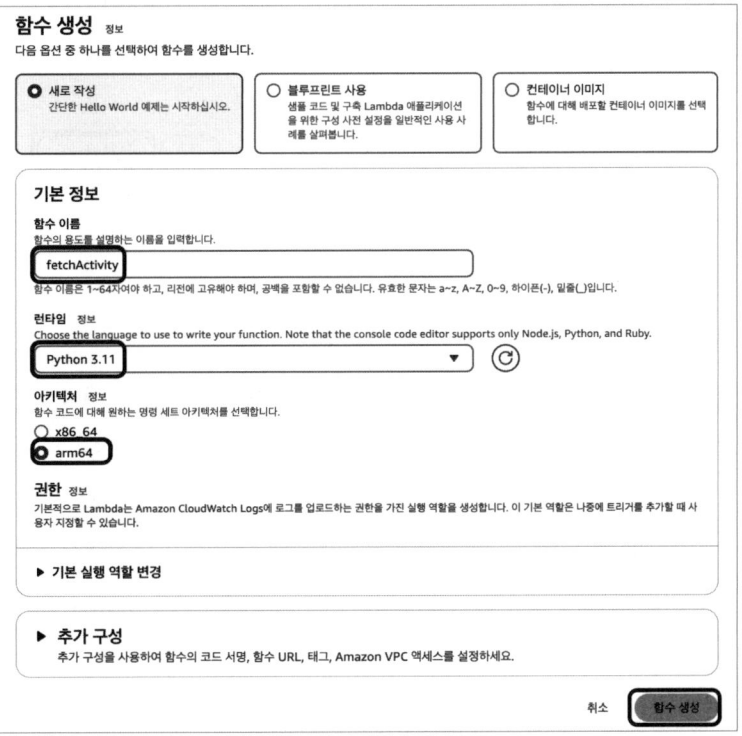

[그림 6-38] 함수 생성

③ fetchActivity 람다 함수의 소스코드는 아래 사이트에서 확인할 수 있습니다. 이 소스코드를 붙여 넣은 뒤, [Deploy] 버튼을 누릅니다.

URL https://github.com/roharon/book-hackathon-project/blob/master/RunnerSyncer/fetchActivity/lambda_function.py

[그림 6-39] 소스코드 작성

④ 그리고 람다 함수의 의존성을 위한 계층을 추가합니다. 코드 소스 영역의 하단에 있는 '계층' 정보에서 [Add a layer] 버튼을 누릅니다.

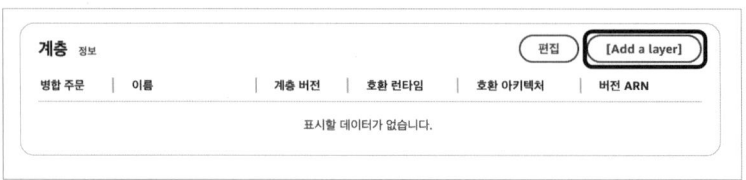

[그림 6-40] 계층 추가

⑤ 계층 소스는 '사용자 지정 계층'으로 선택하고, 사용자 지정 계층은 'runerSyncer'를, 버전은 가장 최신 버전인 1을 선택합니다. 선택한 뒤 [추가] 버튼을 누릅니다.

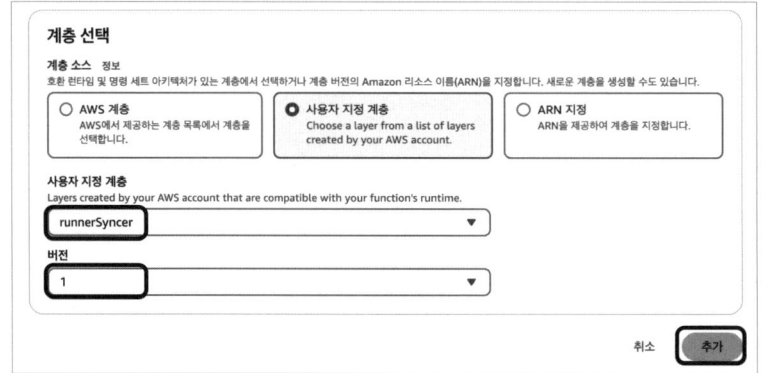

[그림 6-41] 계층 선택

이제 환경변수를 지정하고, 람다 함수의 제한 시간을 조정하고 람다 함수의 권한에 S3에 저장할 수 있게 수정하는 작업이 남았습니다.

① 먼저 환경변수를 지정하러 '구성' 〉 '환경변수'로 들어갑니다.

[그림 6-42] 환경변수 선택

② [편집] 버튼을 눌러 환경변수인 S3_BUCKET_NAME 값에 대해 설정하겠습니다. 이 프로젝트를 진행하면서 GPX 파일을 저장하는 S3의 버킷 이름으로 gpx-store를 두었습니다.

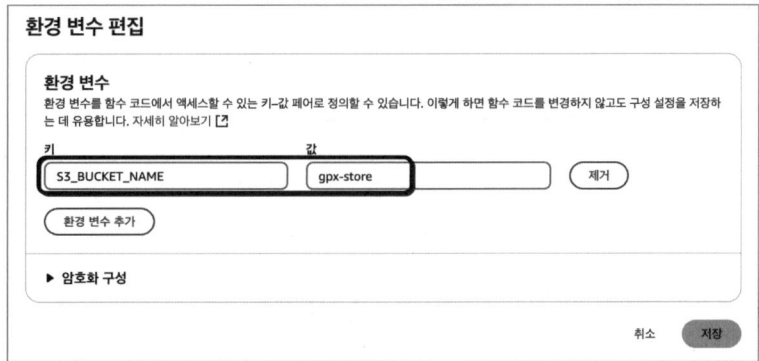

[그림 6-43] 환경변수 편집

③ 일반 '구성'에 들어가 제한 시간을 수정합니다.

[그림 6-44] 시간 제한 수정

④ 제한 시간에 대해 10초로 지정하겠습니다.

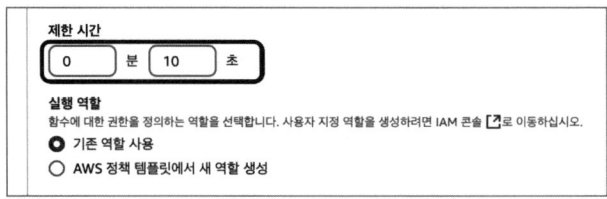

[그림 6-45] 제한 시간을 10초로 수정

이제 람다 함수의 실행 권한에 S3의 gpx-store 버킷에 오브젝트, 즉 GPX 파일을 업로드할 수 있게 권한을 추가하겠습니다.

① fetchActivity 람다 함수의 '구성' > '권한'에서 역할 이름을 클릭합니다.

[그림 6-46] 역할 편집

② 그러면 람다 함수의 역할인 fetchActivity-role-2yr4fr3k에 대한 내용을 볼 수 있습니다. 여기서 [권한 추가] 버튼을 눌러 '인라인 정책 생성'을 누릅니다.

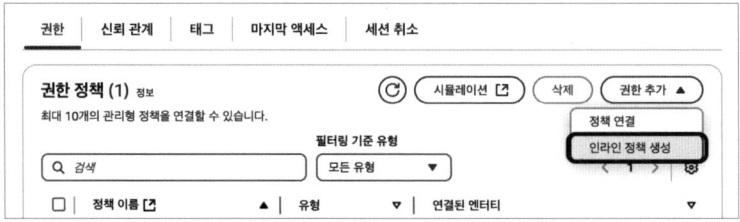

[그림 6-47] 인라인 정책 생성

③ 정책 편집기를 JSON 편집기로 선택하고, 아래 내용을 그대로 작성합니다.

```
114: {
115:   "Version": "2012-10-17",
116:   "Statement": [
117:     {
118:       "Sid": "VisualEditor0",
119:       "Effect": "Allow",
120:       "Action": "s3:PutObject",
121:       "Resource": "arn:aws:s3:::gpx-store/*"
122:     }
123:   ]
124: }
```

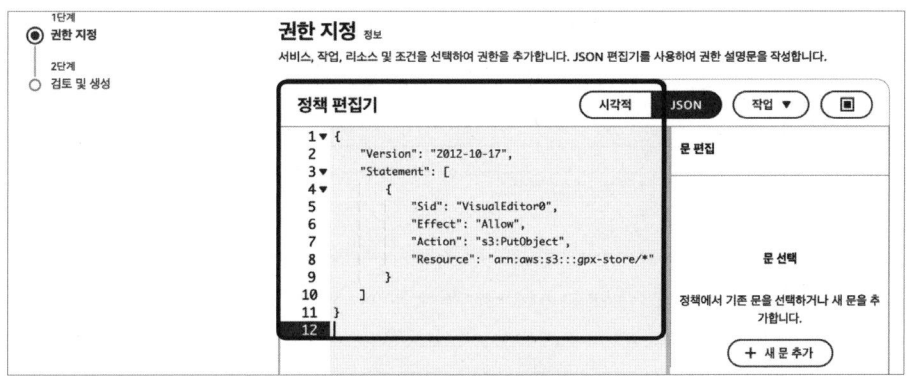

[그림 6-48] JSON 파일 작성

④ 작성했다면 [다음] 버튼을 눌러 아래 정책 이름을 지정합니다. 'S3-put-object-gpx-store'라고 이름을 정한 뒤, [정책 생성] 버튼을 누릅니다.

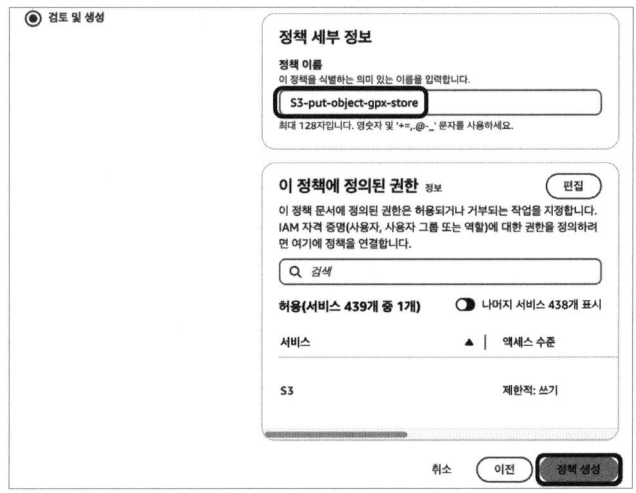

[그림 6-49] 정책 생성

6장. 달리기 측정 앱 간의 기록 연동하기   213

다시 fetchActivity 람다 함수로 돌아와 람다 함수를 실행하겠습니다.

① [테스트] 탭에서 이벤트 JSON에 아래 내용을 넣고 [테스트] 버튼을 누릅니다.

```
125: {
126:   "body": {
127:     "nike_access_token": "나이키 접근 토큰",
128:     "strava_access_token": "스트라바 접근 토큰"
129:   }
130: }
```

[그림 6-50] JSON 파일 구성

② 함수가 성공적으로 실행되었습니다.

[그림 6-51] 함수 실행

③ 이어서 S3 gpx-store 버킷의 gpx 경로 안에 gpx 확장자의 파일 하나가 생긴 것도 확인할 수 있습니다.

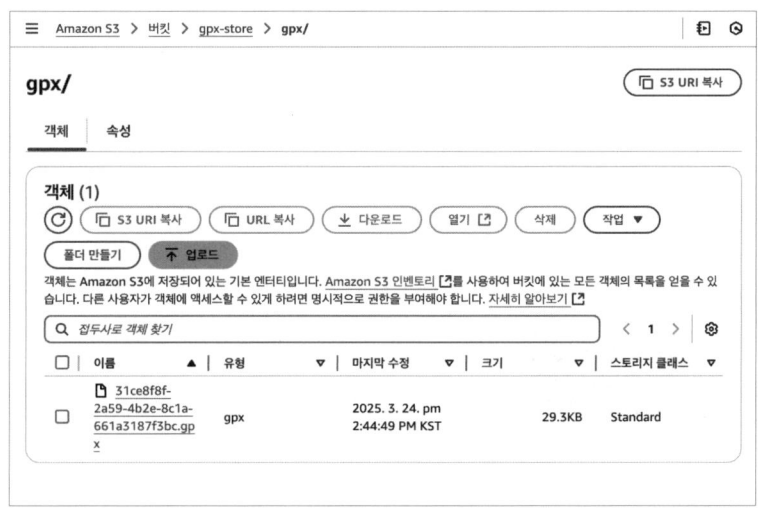

[그림 6-52] 파일 생성

6장. 달리기 측정 앱 간의 기록 연동하기   215

이 오브젝트를 클릭해 메타데이터 속성을 확인해보면 다음과 같이 사용자 정의 유형의 x-amz-meta-strava-access-token 키가 추가되어 있고, 값으로는 우리가 strava_access_token 필드로 넘긴 접근 토큰이 들어 있는 것을 확인할 수 있습니다. 여기서 메타데이터로 strava-access-token이 아닌, x-amz-meta-strava-access-token 키가 등록된 이유가 궁금할 것 같습니다.

AWS S3에서는 Content-Type처럼 S3에서 필요한 메타데이터와 분리해서 우리가 사용하기 위한 메타데이터임을 명시적으로 구분하기 위해서 이러한 접두사를 붙이게 됩니다.

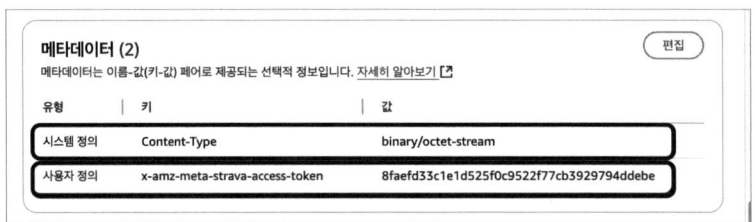

[그림 6-53] 메타데이터 속성 확인

그럼 fetchActivity 람다 함수 설정은 여기서 마치고, S3에 업로드한 GPX 파일을 스트라바에 동기화하는 uploadActivity 람다 함수 설정을 진행하겠습니다.

앞서 uploadActivity 람다 함수를 생성하고 S3 트리거를 설정했습니다. 이어서 코드를 작성하겠습니다.

① uploadActivity 람다함수의 소스코드를 붙여넣고, [Deploy] 버튼을 누릅니다.

URL https://github.com/roharon/book-hackathon-project/blob/master/RunnerSyncer/uploadActivity/lambda_function.py

[그림 6-54] uploadActivity 람다 함수 작성

② stravalib 라이브러리에 의존성이 있으므로 람다 함수의 계층을 추가해야 합니다. '계층'에서 [Add a Layer] 버튼을 누릅니다.

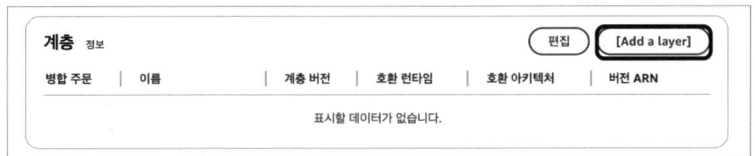

[그림 6-55] 계층 추가

③ 계층 소스로 '사용자 지정 계층'을 선택하고, 'runnerSyncer' 계층을 선택하며 버전은 최신 버전인 '1'을 선택합니다. 그리고 [추가] 버튼을 누릅니다.

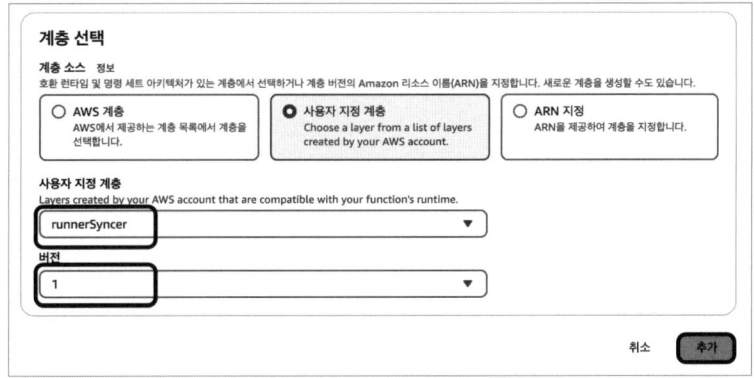

[그림 6-56] 계층 선택

④ uploadActivity 람다 함수가 S3 gpx-store 버킷에서 오브젝트인 GPX 파일을 읽을 수 있도록 IAM 권한을 추가합니다. '구성' > '권한'으로 이동해 실행의 [역할 이름]을 클릭합니다.

[그림 6-57] 실행 역할 지정

⑤ 페이지를 이동했다면 아래와 같은 화면이 보입니다. 여기서 '권한 추가' > '인라인 정책 생성'을 누릅니다.

[그림 6-58] 인라인 정책 생성

⑥ 권한 지정 페이지가 나옵니다. 정책 편집기에서 아래 내용을 입력합니다.

```
131: {
132:     "Version": "2012-10-17",
133:     "Statement": [
134:         {
135:             "Sid": "VisualEditor0",
136:             "Effect": "Allow",
137:             "Action": "s3:GetObject",
138:             "Resource": "arn:aws:s3:::gpx-store/*"
139:         }
140:     ]
141: }
```

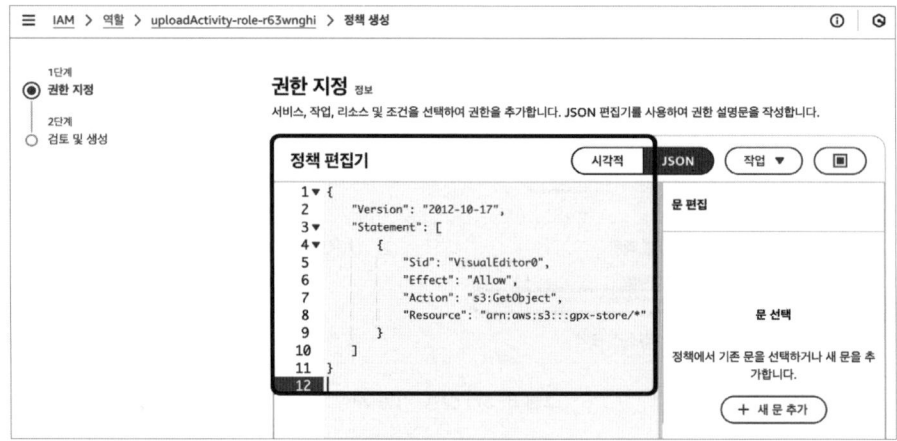

[그림 6-59] 권한 지정

⑦ [다음] 버튼을 누르고 정책 이름을 지정합니다. 정책 이름은 S3-get-object-gpx-store로 입력합니다. 그리고 [정책 생성] 버튼을 누릅니다.

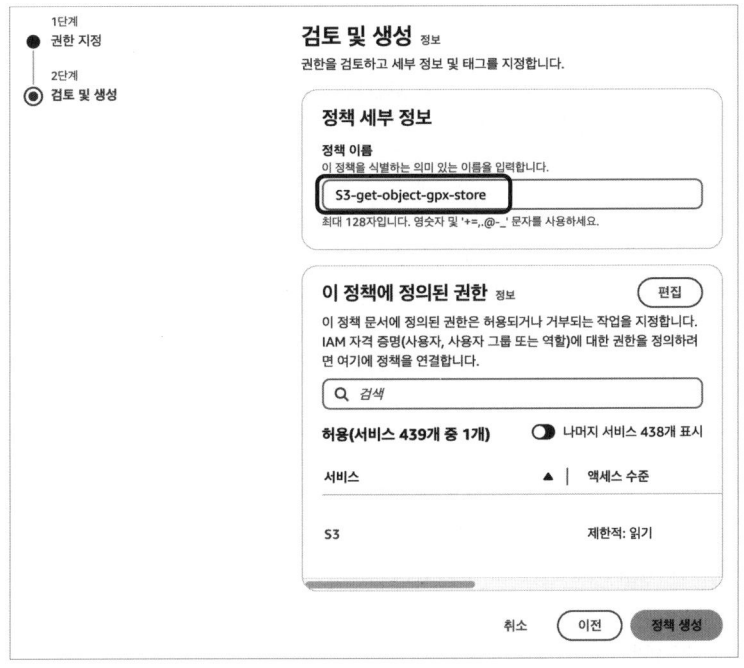

[그림 6-60] 정책 생성

이제 동작을 확인하겠습니다.

S3 gpx-store 버킷에 GPX 파일이 업로드되면 uploadActivity 람다 함수를 호출합니다. fetchActivity 람다 함수를 호출하면 S3에 GPX 파일을 업로드합니다. 따라서 fetchActivity 람다 함수를 호출해 uploadActivity의 동작을 확인하겠습니다.

① fetchActivity 람다 함수로 이동합니다.

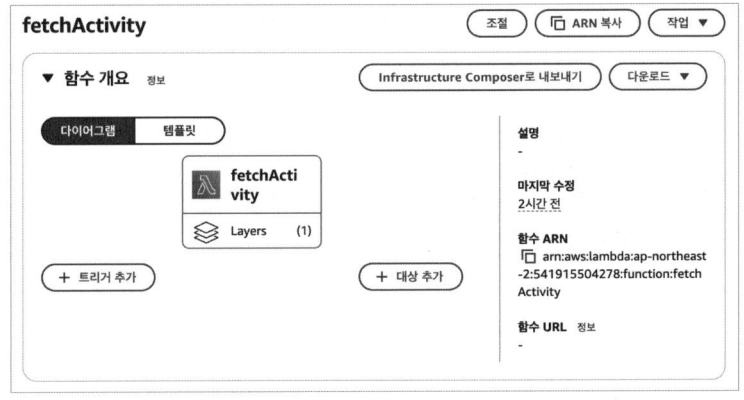

[그림 6-61] fetchActivity 람다 함수로 이동

② 아래 내용을 이벤트 JSON에 입력합니다. nike_access_token, strava_access_token 값으로는 여러분의 토큰 값을 입력합니다.

```
142: {
143:   "body": {
144:     "nike_access_token": "나이키 접근 토큰",
145:     "strava_access_token": "스트라바 접근 토큰"
146:   }
147: }
```

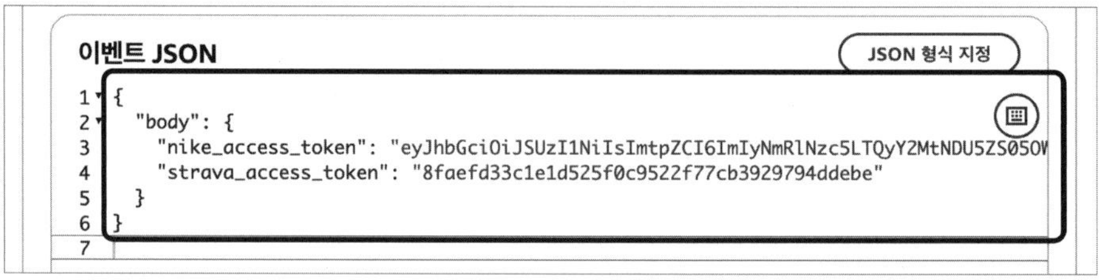

[그림 6-62] 이벤트 JSON 입력

③ 호출에 성공했다면 아래와 같은 응답이 나옵니다.

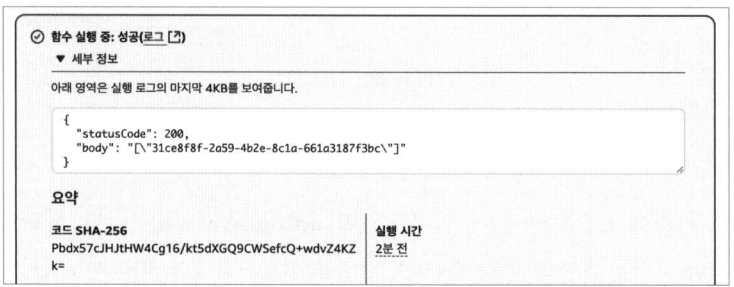

[그림 6-63] 응답 결과 확인

④ S3 gpx-store 버킷에 들어갑니다. gpx 폴더 내에 GPX 파일이 업로드된 것을 볼 수 있습니다. 우리의 예상대로라면 GPX 파일이 업로드되었으니 uploadActivity 람다 함수가 동작해야 합니다.

[그림 6-64] uploadActivity 람다 함수 동작 확인

이제 uploadActivity 람다 함수의 페이지로 이동합니다. 람다 함수에는 모니터링 기능을 제공해 실행 로그를 확인할 수 있습니다.

① 모니터링 > 로그를 통해 아래처럼 최근 호출된 로그를 확인할 수 있습니다.

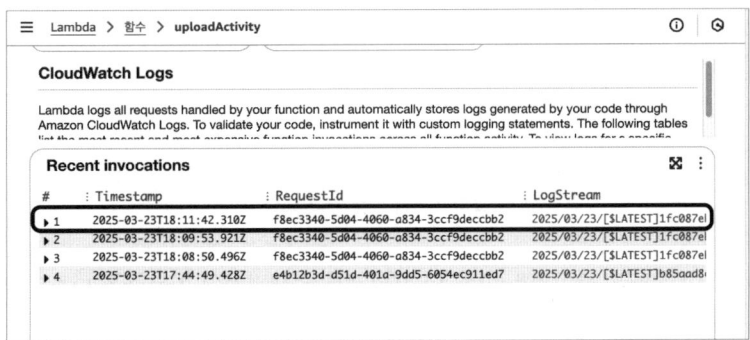

[그림 6-65] 호출된 로그 확인

② 람다 함수의 호출에 대해 자세한 로그를 보고 싶다면, LogStream을 눌러 확인할 수 있습니다. 아래처럼 람다 함수가 실행되면서 생성된 로그를 확인할 수 있습니다. 추가적인 로그를 확인하고 싶다면 람다 함수를 수정해 로그를 생성할 수도 있습니다.

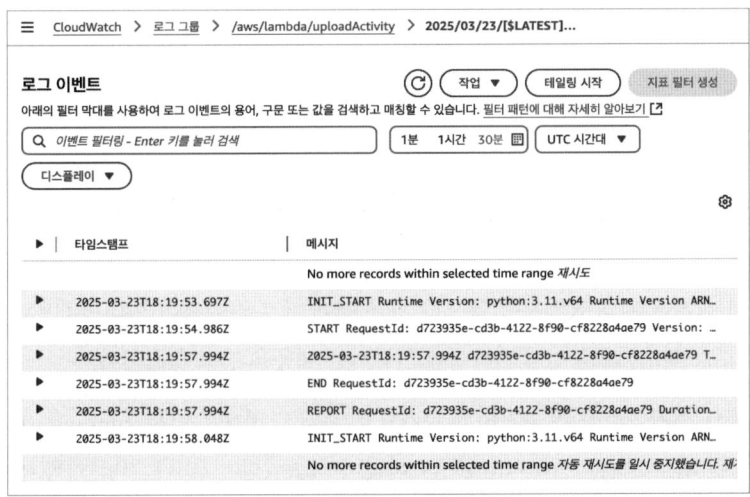

[그림 6-66] 생성된 로그 확인

그럼 전체적인 동작을 확인했으니, 스트라바에 들어가 성공적으로 연동되었는지 확인해봅니다. 아래 내용처럼 우리가 만든 RunnerSyncer 프로젝트를 통해서 나이키 런 클럽에서 기록한 내용이 스트라바에서 보여지는 것을 확인할 수 있습니다.

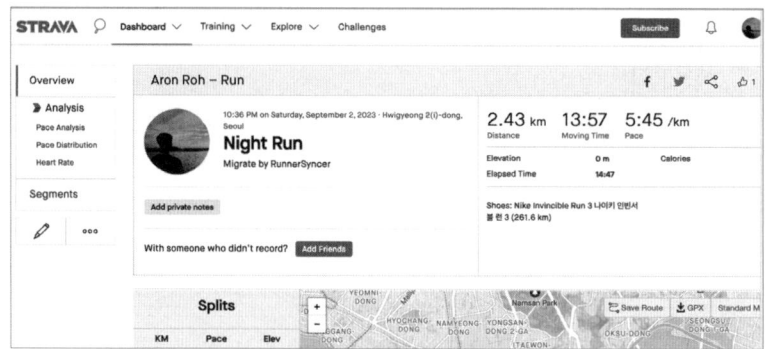

[그림 6-67] 실행 결과 확인

이것으로 프로젝트의 실행을 살펴봤습니다. 이 프로젝트는 핵심적인 기능만을 다루고 있습니다. 해커톤이 끝나고 이 프로젝트를 시중에 출시한다면 사용자가 지금보다 더 많아지고, 더 세부적인 기능이 필요할 수 있습니다.

연동 진행 상태를 확인하고 싶을 수도 있고, 사용자가 많아져 uploadActivity 람다 함수의 동작에서 오류가 발생할 수 있습니다. 이런 상황이 펼쳐진다면 사용자는 불만을 표출해 서비스를 이탈할 것입니다.

이러한 상황을 해결해볼 수 있는 내용을 이어서 다뤄보겠습니다.

6.8 연동 진행 상태를 확인하는 기능 추가하기

지금까지 진행한 설계에는 계정 정보를 등록한 기록 앱에 새로운 기록이 있다면 GPX 파일을 업로드한 S3 버킷에 업로드하고, 다른 러닝 기록앱에 연동하는 내용을 담고 있습니다.

연동하는 과정에서 생긴 데이터를 저장하는 공간으로는 계정 정보를 담는 'running-accounts' S3 버킷과 GPX 파일을 업로드하는 'gpx-store' S3 버킷이 있습니다. 그러나 러닝 기록 앱에 정상적으로 연동이 되었는지, 연동 과정에서 문제가 있는 것은 아닌지 알긴 어렵습니다. 따라서 GPX 파일을 업로드하고 러닝 기록 앱에 연동이 완료되는 상황까지 진행 상태를 알 수 있도록 DocumentDB를 사용해 데이터를 저장해봅니다.

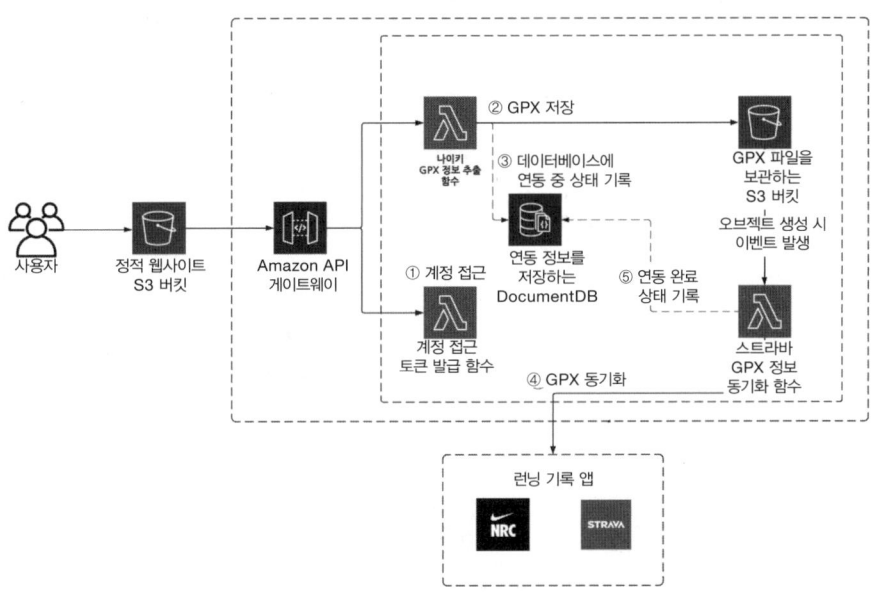

[그림 6-68] DocumentDB가 추가된 아키텍처

위 그림은 연동 정보 데이터를 저장하는 데이터베이스로 DocumentDB가 추가된 아키텍처입니다. 여기서는 계정 정보 입력 함수와 GPX 정보 전달 함수에서 DocumentDB를 연결하게 됩니다. 그리고 연동 정보에 들어갈 데이터의 유형으로는 '연동 완료' '연동 실패' '연동 대기'의 값을 둘 수 있습니다.

다이어그램 2번 과정을 수행한 뒤에는 '연동 대기' 상태를, 만일 2번 과정에서 실패한 경우에는 '연동 실패' 상태로 둘 수 있습니다. 4번 과정을 마치고 나면 '연동 완료' 상태로 업데이트할 수 있습니다. 어떤 과정으로 진행 상황을 보여줄지에 대해서는 어느 정도된 이해가 된 것 같습니다.

그렇다면 수 많은 데이터베이스 중에 DocumentDB를 고른 이유는 무엇일까요?

DocumentDB는 MongoDB를 호환하는 AWS의 완전 관리형 데이터베이스이기 때문입니다. MongoDB에는 집계Aggregate 기능을 제공하고 있습니다. 이는 MySQL과 같은 관계형 데이터베이스에서 제공하는 GROUP BY와 비슷한 결과를 제공하지만 더 복잡한 가공이 필요할 때에 더 쉽게 사용할 수 있습니다. 저장된 데이터를 그룹으로 묶거나, 특정 조건에 일치하는 값만 반환하고, 정렬 기능을 함께 제공합니다.

또한 처음부터 테이블 스키마를 정의하고 나서 시작하지 않아도 된다는 점은 해커톤 개발 과정에서 계획보다 시간의 여유가 생겨 추가적인 기능을 구현하게 될 때 빠르게 시도하기 좋은 점으로 이어집니다.

이런 장점 등으로 인해 DocumentDB를 선택했습니다.

6.9 여러 사용자를 대상으로 하는 프로젝트로 고도화하기

이번에는 기존 설계에서 러닝 기록 앱 간의 연동에 대해 많은 요청이 들어와도 안정적으로 연동을 처리할 수 있도록 고도화하는 작업을 다뤄보려 합니다.

먼저, 아키텍처를 어떻게 변경할 것인지부터 소개하겠습니다.

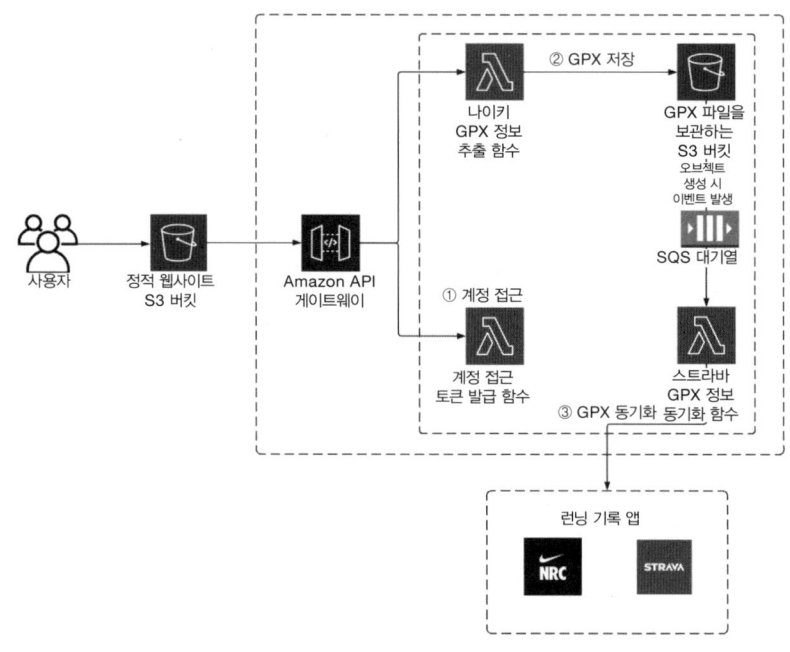

[그림 6-69] 프로젝트를 고도화하기 위해 변경한 아키텍처

GPX 정보 전달 함수를 트리거하는 곳은 S3가 아닌 중간에 SQS 대기열이 자리 잡고 있습니다. GPX 파일을 S3 버킷에 업로드하면 이벤트가 발생합니다. 이는 SQS 대기열에 쌓이게 됩니다. 그리고 SQS는 GPX 정보 전달 함수를 트리거해 연동 정보를 처리하게 됩니다.

기존 S3에서 람다를 트리거할 때에는 다음 특징이 있었습니다.

S3에서 람다를 트리거할 때 이벤트를 한 번 이상 전달하도록 설계되었지만 이를 보장하진 않습니다. 그리고 S3에 오브젝트를 생성할 때 낮은 확률로 이벤트가 발생하지 않는 경우가 있습니다. 또한 S3의 이벤트는 수 초에서 수 분 이후에 전달될 수 있습니다. 이런 지연 시간은 사용자가 늘어날수록 우려되는 지점으로 다가올 것입니다.

따라서 SQS 대기열을 이용해 S3의 이벤트를 SQS에 담아두고 SQS는 람다를 트리거하는 구조로 변경했습니다. 이렇게 변경하는 경우의 특징은 다음과 같습니다.

- SQS 대기열은 FIFO 성격을 지닌 큐^{Queue}로, 먼저 들어온 데이터가 먼저 처리되는 성격을 지닙니다.
- 모든 이벤트가 성공해야 하는 경우에 전송을 보장하고 복구하는 것이 비교적 용이합니다.
- 한 번에 많은 요청이 들어오는 경우 SQS에서 람다를 호출하는 트래픽을 조절할 수 있습니다.
- 여러 번 시도해도 연동에 실패하면 메시지가 유실되지 않고 데드 레터 큐(DLQ)에 쌓입니다.

이런 특징을 통해 S3에서 람다를 직접 트리거할 때보다 트래픽이 많은 상황에서 연동에 실패하더라도 재시도를 할 수 있고 람다에 들어오는 요청 트래픽을 관리할 수 있다는 장점을 얻게 됩니다.

해커톤 과정에서, 혹은 사이드 프로젝트에서 이러한 프로젝트를 진행하며 기술적인 고도화를 진행해 본다면 SQS를 이용해 보는 것을 추천합니다.

6.10 부록 - 필자가 작성한 사용자 스토리

사용자 스토리 6-1

기록 일괄 이동 기능

1. 그동안 기록을 쌓은 앱을 선택한다.
2. 해당 앱의 계정 정보를 등록하지 않은 경우
    a. 계정 정보를 입력한다.
3. 앞으로 사용할 앱을 선택한다.
4. 기록 이동의 진행 상황을 보여준다.
5. 기록 이동이 종료되면 사용자에게 완료되었음을 알리는 페이지를 보여준다.

자동 연동 기능

1. 자동 연동할 기록 앱을 선택한다.
2. 하루 동안 몇 시간을 주기로 해 연동을 진행할지 선택한다.
3. 나의 연동 정보에서 최근에 진행한 연동 시각을 제공한다.

연동된 기록 앱 조회 기능

1. 나의 연동 정보를 조회한다.
2. 연동된 앱의 계정 정보를 확인한다.

기록 앱 연동 해지 기능

1. 나의 연동 정보를 조회한다.
2. 기록 앱의 연동을 해지한다.

기록 공유 기능

1. 계정이 연동된 앱의 러닝 기록을 불러온다.
2. 특정 기록을 선택한다.
3. 제공하는 이미지의 형식을 선택하고 러닝 기록 이미지를 저장한다.

Chapter 7

구글 드라이브의 공유 문서함 초대 자동화하기

이 장에서는 여러 사람과 함께 하는 프로젝트나 업무를 하면서 일에 집중하고자 쓰는 협업 도구의 사용 과정에서 발생하는 또 다른 번거로움을 해결해 봅니다.

7.1 아이디어 도출하기

이번 프로젝트에서도 세 가지 기법을 이용해서 아이디어를 도출해보기로 합니다. 먼저 마인드맵입니다.

마인드맵

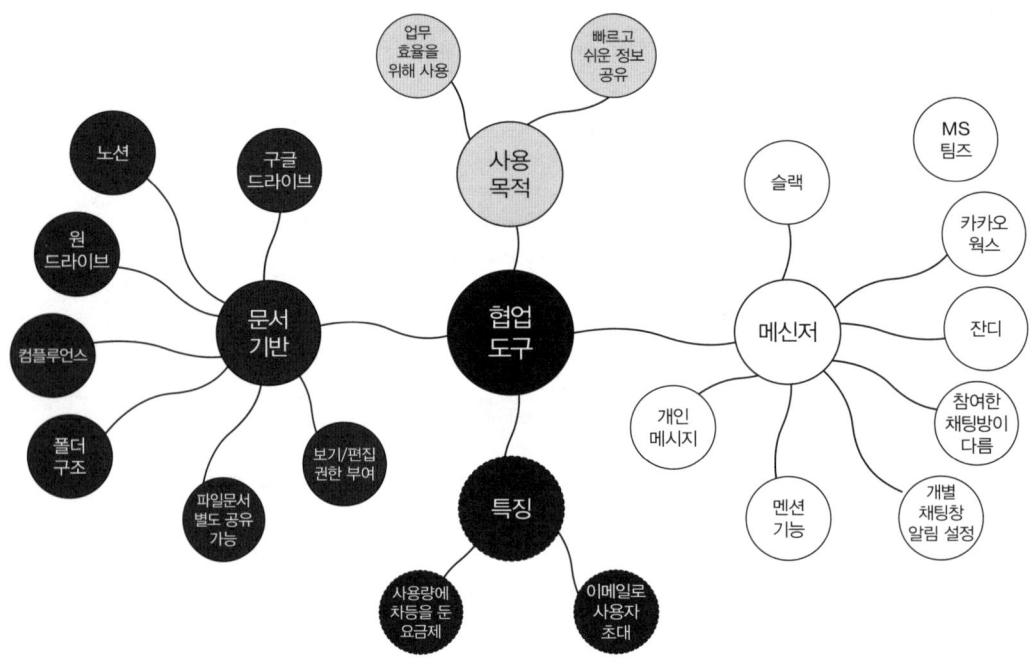

[그림 7-1] 프로젝트 마인드맵

이 장에서는 협업 도구의 사용 과정에서 발생하는 번거로움에 대해서 아이디어를 내봅니다. 그러므로 마인드맵의 첫 키워드도 **협업 도구**를 중심으로 해서 구성했습니다. 그리고 **문서 기반, 메신저, 사용 목적**과 **특징**에 대한 가지를 떠올렸습니다.

- **문서 기반:** 구글 드라이브, 노션, 원드라이브, 컨플루언스를 적어봤습니다. 문서 기반의 특징은 폴더 구조인 점, 파일 문서만 별도로 공유할 수 있고 보기와 편집 권한을 사용자에게 부여할 수 있다는 점입니다.
- **메신저:** 주요 서비스로 슬랙, MS 팀즈, 카카오 웍스와 잔디를 적었습니다. 메신저 특징으로는 사람마다 참여한 채팅방이 다를 수 있고, 채팅방별로 알림을 설정할 수 있으며, 멘션 기능을 제공한다는 점입니다. 그리고 개인 메시지 기능이 있다는 특징도 있습니다.
- **사용 목적:** 업무 효율을 위해 사용하고, 빠르고 쉬운 정보를 공유하기 위한 점이 있습니다.

- **특징**: 사용량에 차등을 두고 요금제를 제공하고, 이메일 주소로 사용자를 초대한다는 공통점이 있습니다.

스캠퍼 기법

협업 도구를 지금보다 더욱 잘 쓸 수 있는 방법을 생각하기 위해 여기서도 스캠퍼 기법을 이용해서 아이디어를 내봅니다. 그중에서 P 기법을 활용합니다.

P Put to other uses

용도 변경하기입니다. 필자의 경우에는 원활한 협업을 위해 구글 드라이브를 사용하는데, 여러모로 불편한 점이 있습니다. 새롭게 구성원이 추가되면 이메일 주소를 받고, 직접 구글 드라이브에 들어가서 권한을 추가한 시점부터 새 구성원들이 구글 드라이브에서 파일에 접근할 수 있습니다.

구글 드라이브의 공유 문서함을 전체 공개로 둔다면 이 과정을 하지 않아도 되지만, 모두에게 보여줘도 되는 문서는 절대 아니었기에 고민되는 점이 있었습니다. 기존 구성원들과 문서를 공유하는 과정에서는 협업 도구로의 역할을 잘 수행했지만, 구성원들과 협업을 위해 처음 거쳐야 하는 과정에 많은 번거로움이 있다고 생각했습니다. 새로운 구성원들이 직접 권한을 인증한다면 공유 문서함에 접근하기 위해 기다리는 시간이 줄어들고, 관리자도 권한을 추가하는 번거로움이 줄어들지 않을까 생각해 봤습니다.

그래서 웹사이트 로그인을 할 때 신원을 확인하기 위한 목적으로 사용하는 인증코드 방식을 구글 드라이브에 적용하기로 해봅니다. 웹사이트 로그인 시 필요한 인증코드는 특정 시간 동안만 유효하고 일정 시간이 지나면 만료됩니다. 이러한 방식을 구글 드라이브의 공유 문서함 초대 방식에 사용해 본다면, 새로운 구성원이 인증코드를 직접 입력해 공유 문서함에 바로 접근하면서도 코드가 외부에 공유된다고 해도 일정 시간 뒤에는 만료되므로 더 이상 사용할 수 없다는 이점을 기대해 볼 수 있습니다.

이 아이디어의 명칭을 '구글 드라이브의 공유 문서함 초대 자동화하기'로 정해서 진행하기로 합니다.

스마트 기법

이제 스마트 기법을 통해 '구글 드라이브의 공유 문서함 초대 자동화하기'의 목표가 무엇인지를 정하겠습니다. 최초 목표는 '공유 문서함 초대의 자동화를 통해 업무에 몰입하는 환경을 제공한다'로 설정하겠습니다.

S Specific

목표가 구체적인지 확인해 봅니다. 스캠퍼 기법으로 아이디어를 도출하는 과정에서 이 아이디어가 기대되는 점은 새로운 구성원과 권한 관리자에게 있습니다. 이를 구체적으로 해서 '공유 문서함 초대의 자동화를 통해 새로운 구성원이 첫 문서를 열람하는 데 소요되는 시간을 줄이고, 권한 관리자가 업무에 몰입할 수 있는 환경을 제공한다'라고 설정하겠습니다.

M Measurable

목표를 측정할 수 있어야 합니다. 구체적인 목표를 세우는 과정에서 '첫 문서를 열람하는 데 소요되는 시간을 줄이고, 권한 관리자가 업무에 몰입할 수 있는 환경을 제공한다'라고 정했습니다.

그러므로 소요되는 시간이 얼마나 줄어드는지와 권한 관리자의 업무 몰입도가 얼마만큼 개선되어야 하는지 측정할 수 있어야 합니다. 측정할 수 있는 목표를 두고자, '공유 문서함 초대의 자동화를 통해 새로운 구성원이 첫 문서를 열람하는데 소요되는 시간을 10분으로 줄이고, 권한 관리자가 구성원을 추가하는 작업에 관여하는 시간을 10%로 줄인다'라고 설정하겠습니다.

A Achievable

달성할 수 있는 목표인지 확인하겠습니다. 최종적으로 새로운 구성원은 첫 문서를 열람하는 데 소요되는 시간을 줄이면서, 권한 관리자가 관여하는 시간을 줄이게 됩니다. 그러나 이를 한 번에 달성하긴 어려워 보입니다. 이 목표를 달성하기 위해 많은 기능을 자동화하며 준비하는 것이 실제 몇 달 동안 권한 관리자가 직접 관여하는 시간보다 크다면 무의미하기 때문입니다.

따라서 단계적으로 목표를 설정해 새로운 구성원이 첫 문서를 열람하는 데 소요되는 시간을 줄이는 것을 달성한 뒤에 권한 관리자가 관여하는 시간을 줄이는 것이 현실적인 목표로 보입니다.

R Realistic

현실적인 목표를 설정합니다. 새로운 구성원이 문서를 빠르게 열람하기 위해서 공유 문서함의 초대를 자동화한다면, 제3자도 자신을 직접 초대해 자료에 접근할 수 있는 위험이 있을텐데 과연 이 방식이 맞을지 고려해야 합니다.

이러한 상황을 방지하기 위해서 문서함에 자신을 초대하는 과정에서 만료 시간이 있는 인증코드를 입력합니다. 이를 통해 제3자의 접근으로 발생하는 위험 부담을 줄이게 됩니다.

Time-bound

목표를 달성하는 기한을 정합니다. 점진적으로 자동화를 갖춰나가며 새로운 구성원이 문서를 열람하는 데 소요되는 시간을 줄이고, 최종적으로 권한 관리자가 관여하는 빈도를 줄이는 것을 목표로 합니다. 이를 확인하는 기간을 5개월로 설정하겠습니다.

스마트 기법을 통해 목표를 점검하면서 최종적으로 목표를 '5개월 동안 공유 문서함 초대의 자동화를 통해 새로운 구성원이 첫 문서를 열람하는 데 소요되는 시간을 10분으로 줄이고, 권한 관리자가 구성원 추가 작업에 관여하는 시간을 10%로 줄인다'로 설정하겠습니다.

7.2 구현 범위 설정하기

설정한 목표를 달성하기 위해 어떠한 기능을 둘 것이며, 우선순위를 어떻게 설정하면 좋을지 다뤄봅니다.

첫 번째로는 새로운 구성원이 첫 문서를 열람하는 데 소요되는 시간을 줄일 수 있어야 합니다. 이를 위해 이메일을 입력하면 공유 문서함에 자동으로 초대되는 기능이 필요합니다. 그리고 제3자가 마음대로 접근할 수 없도록 인증번호를 발급받아 인증번호와 일치하는 경우에만 초대할 수 있도록 하는 기능이 필요합니다. 이 과정에서 발급된 인증번호가 영구적으로 쓰이지 않도록 만료 시간을 두는 기능도 필요합니다.

새 구성원이 첫 문서를 열람하는 데 소요되는 시간을 줄이는 목표를 달성했다면, 권한 관리자가 이에 관여하는 시간을 줄이는 데 도움이 되는 기능도 필요해 보입니다. 하루 동안 어떤 구성원이 새로 추가되었는지 알 수 있게끔 권한 부여 현황을 기록한 리포트를 권한 관리자에게 발송하는 기능을 추가하려고 합니다. 이를 통해 권한 관리자는 공유 문서함에 초대하는 작업을 하지 않으면서도 부여 현황을 쉽게 파악할 수 있어서 목표 달성에 도움이 될 것으로 기대됩니다.

나열한 기능을 다시 정리해 보면 다음과 같습니다.

- 이메일 입력 시 자동으로 초대하는 기능
- 인증번호 확인 기능
- 인증번호 만료 시간 설정 기능
- 권한 부여 현황 리포트 발송 기능

이 기능들을 사용자 스토리로 풀어보려고 합니다. 그렇지만 앞선 6장과 같이 이 기능들을 어떻게 구성할지는 독자분들에게 맡겨보겠습니다.

> **TIP** 필자가 작성한 사용자 스토리는 '6.10 부록'에 첨부했습니다. 사용자 스토리를 작성한 후 확인하기 바랍니다.

이제 이 기능들에 대해서 핵심 기능을 정하고 우선순위를 나열해 보려고 합니다. 핵심 기능에 대해서는 아래와 같이 정했습니다.

- 이메일 입력 시 자동으로 초대하는 기능
- 권한 부여 현황 리포트 발송 기능

이 두 가지 기능을 핵심 기능으로 정한 이유는 다음과 같습니다.

이 프로젝트의 핵심은 초대를 자동화하는 것입니다. 따라서 이메일 입력 시 자동으로 초대하는 기능은 꼭 필요한, 먼저 구현되어야 하는 기본적인 기능으로 판단했습니다.

그리고 권한 부여 현황 리포트 발송 기능입니다. '구글 드라이브의 공유 문서함 초대 자동화하기'를 통해서 이룰 목표에는 새 구성원이 공유 문서함에 초대받는 시간을 줄여 문서에 빠르게 접근하게 하는 것과 권한 관리자가 관여해 작업하는 시간을 줄이는 것입니다. 따라서 권한 관리자가 관여하는 시간을 줄일 수 있도록 매일 현황 리포트를 발송하는 기능을 두 번째 핵심 기능으로 정했습니다.

그렇다면, '인증번호 확인 기능'과 '인증번호 만료 시간 설정 기능'이 핵심 기능에 들어가지 않은 이유는 뭘까요?

이 기능들은 자동화를 통해서 벌어질 수 있는 제3자가 접근하는 위험을 덜고, 만료 시간을 설정해 만일 인증번호가 외부에서 공유되더라도 일정 시간 이후에는 사용할 수 없도록 처리하는 기능입니다. 안정성을 위해서 필요한 내용이지만, 이들은 포털 서비스 등에서 쓰이는 로그인 방식에서 많은 사람이 경험해 본 기능입니다. 빠르게 제품을 만들어 선보이는 해커톤 현장이라는 점을 감안한다면 이 구현을 먼저 하는 것은 크게 영향력이 없다고 생각했습니다. 다시 구현해 본 정도에 그치게 됩니다. 따라서 '인증번호 확인 기능'과 '인증번호 만료 시간 설정 기능'은 핵심 기능에 두지 않았습니다.

지금까지 '구글 드라이브의 공유 문서함 초대 자동화하기' 프로젝트를 진행하기 위해 구현할 기능을 사용자 스토리로 나열해 보고, 핵심 기능 선정을 통해 우선순위를 정했습니다.

7.3 구글 드라이브 공유를 위한 권한 편집 API 사용하기

이번 프로젝트에서는 구글에서 제공하는 API 중 구글 드라이브의 API를 사용합니다. API를 사용하려면 구글 클라우드에서 프로젝트를 만들어야 합니다. 따라서 아래 대시보드로 이동해 프로젝트를 만들고 API를 사용할 준비를 먼저 하겠습니다.

URL https://console.cloud.google.com/apis/library

① 좌측 상단의 [프로젝트 선택]을 누릅니다. 그러면 아래 화면이 뜰 것입니다. 여기서 우측 상단의 [새 프로젝트]를 눌러 프로젝트를 만듭니다.

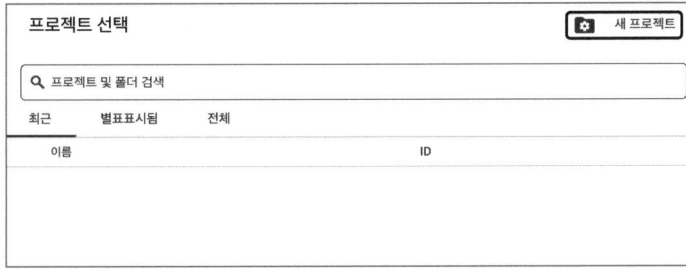

[그림 7-2] 새 프로젝트 시작

② 프로젝트 이름 칸에 프로젝트 이름을 적습니다. 이 프로젝트의 이름은 google-drive-invitation으로 했습니다. 프로젝트 이름을 입력한 후 [만들기] 버튼을 눌러 프로젝트를 생성합니다.

> **TIP** 프로젝트 이름은 다른 것으로 설정해도 무방합니다. 다만 쉽게 따라하려면 google-drive-invitation 이름으로 정하는 것을 권장합니다.

[그림 7-3] 새 프로젝트 생성

③ 상단의 프로젝트 선택 창에서 우리가 만든 프로젝트인 'google-drive-invitation'을 선택합니다.

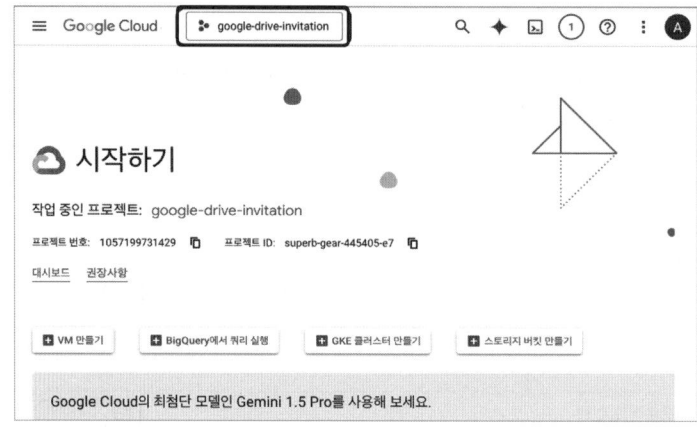

[그림 7-4] 생성한 프로젝트 선택

④ 이제 구글 드라이브 관련 API를 사용할 수 있게 활성화하겠습니다. 검색 창에 'google drive'를 입력합니다.

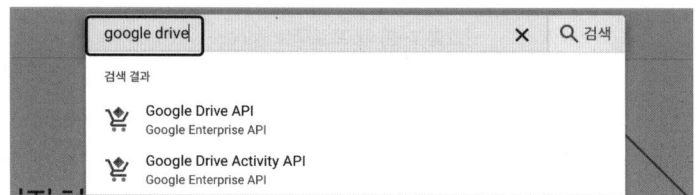

[그림 7-5] 프로젝트 검색

⑤ Google Drive API가 검색 결과로 나왔습니다.

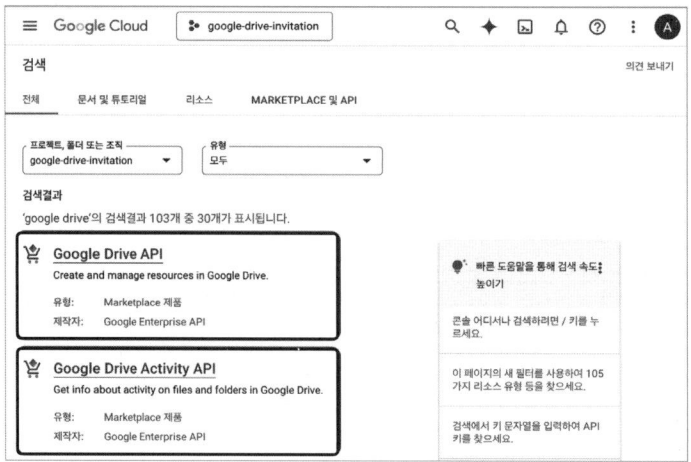

[그림 7-6] 프로젝트 선택

⑥ Google Drive API와 Google Drive Activity API 둘 모두 [사용] 버튼을 눌러 활성화합니다.

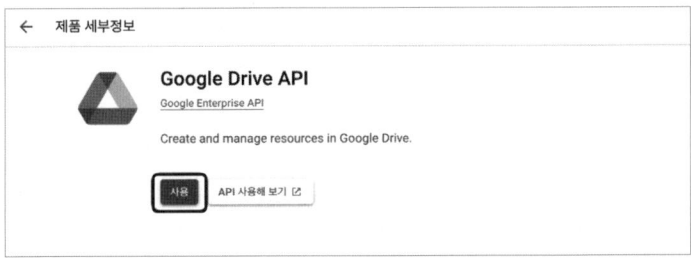

[그림 7-7] 프로젝트 활성화

⑦ [사용] 버튼을 누르면 아래 페이지로 이동합니다. 우측 상단의 [사용자 인증 정보 만들기] 버튼을 누릅니다.

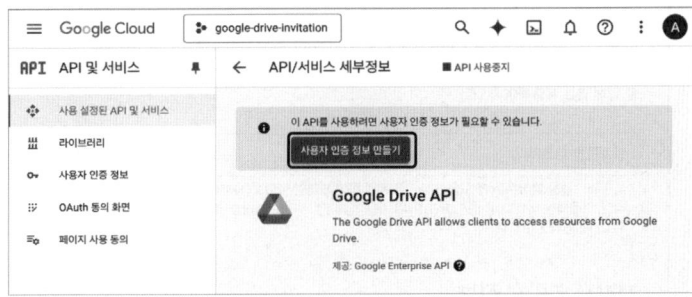

[그림 7-8] 증명 생성

⑧ 사용자 인증 정보 유형을 선택해야 합니다. 우리는 사용자의 폴더에 접근 권한을 대신 부여하는 동작이 필요하므로 OAuth 클라이언트를 발급받을 수 있게 '사용자 데이터'를 선택하고 [다음] 버튼을 누릅니다.

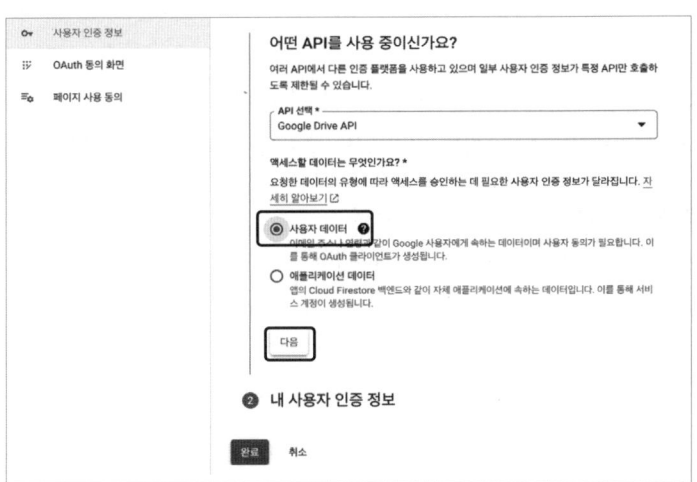

[그림 7-9] 증명 타입 선택

⑨ OAuth 동의 화면에서 나타낼 OAuth 앱 이름과 개발자 연락 정보를 작성합니다. OAuth 앱 이름과 이메일을 작성합니다. 모두 작성했다면 [저장 후 계속] 버튼을 누릅니다.

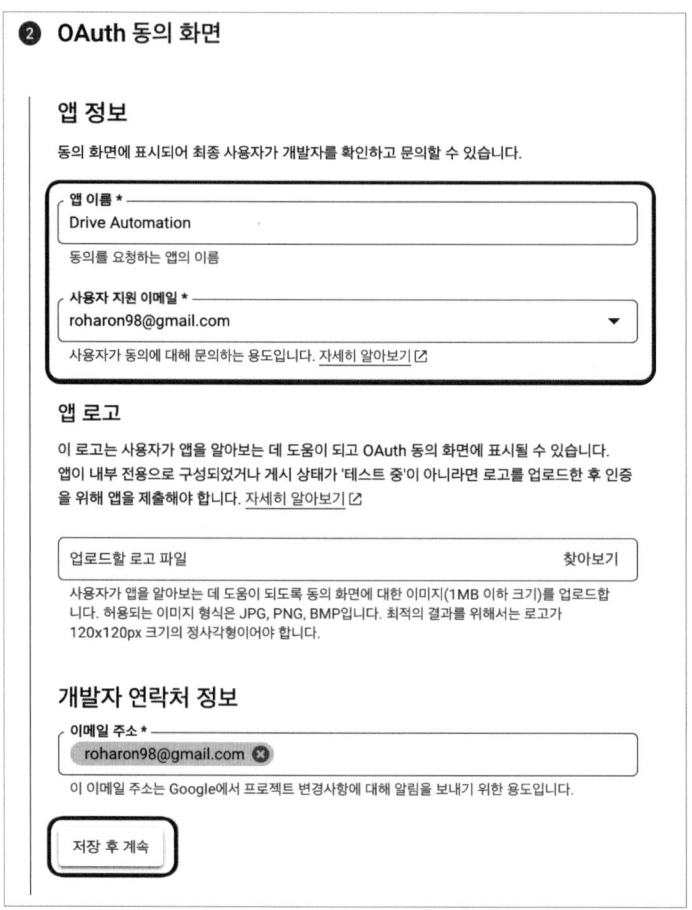

[그림 7-10] 개발자 정보 작성

⑩ OAuth 앱을 통해 접근 토큰을 얻었을 때 접근 허용할 범위 설정이 필요합니다. 범위에서 [범위 추가 또는 삭제] 버튼을 누릅니다. 그리고 직접 범위 추가 항목에서 아래 범위를 입력해 추가합니다.

URL https://www.googleapis.com/auth/drive
　　　https://www.googleapis.com/auth/drive.file
　　　https://www.googleapis.com/auth/drive.metadata.readonly

입력했다면, [테이블에 추가] 버튼을 누릅니다. 그리고 [업데이트] 버튼을 눌러 최종 적용합니다.

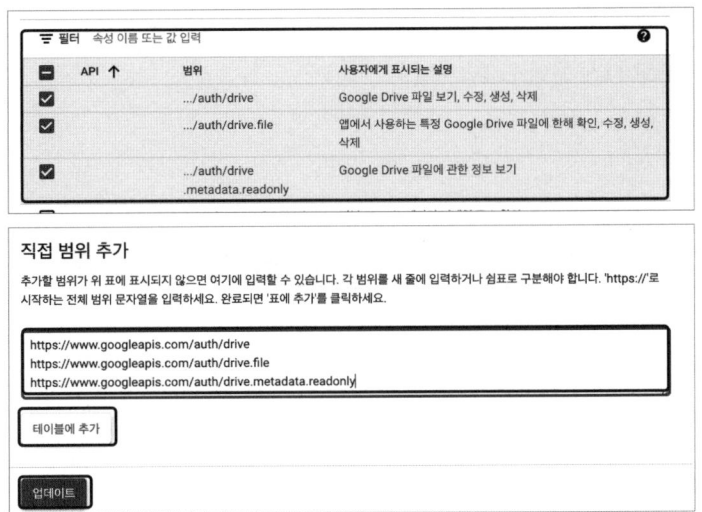

[그림 7-11] 접근 허용 범위 설정

⑪ OAuth 클라이언트 ID에서는 애플리케이션 유형을 '웹 애플리케이션'으로, 이름은 'Drive Automation'으로 지정합니다.

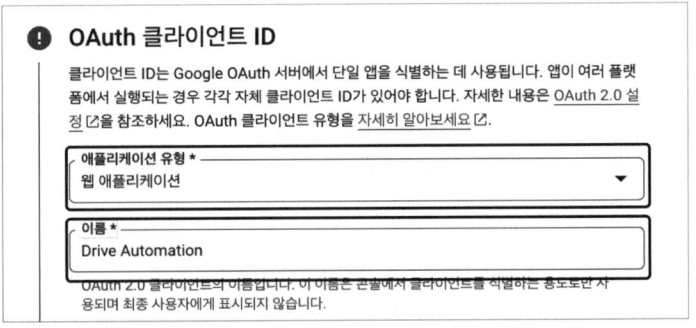

[그림 7-12] 애플리케이션 유형 및 이름 설정

⑫ [완료] 버튼을 눌러 OAuth 클라이언트 생성을 마치면 OAuth 2.0 클라이언트 ID가 추가된 것을 볼 수 있습니다.

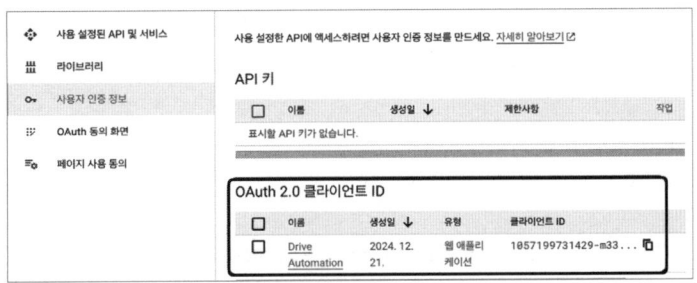

[그림 7-13] OAuth 2.0 클라이언트 ID 추가

이제 여기서 필요한 내용은 모두 완료했습니다. 7.10절에서 프로젝트를 설정하며 실제 동작을 확인할 때 이 설정 화면으로 다시 돌아오겠습니다.

7.4 주어진 상황을 고려한 기술 스택 구성하기

구글 드라이브 공유 폴더에 초대하는 제품은 요청량이 빈번하지 않으며, 주어진 시간 내에 구현해야 하므로 AWS의 람다를 이용해 서버리스 환경으로 개발하려고 합니다.

'구글 드라이브 공유 문서함 초대 프로젝트'의 핵심 기능은 두 가지입니다.

1. 이메일 입력 시 구글 드라이브 폴더에 초대하는 기능을 제공하는 람다를 구현하기 위해서 구글 드라이브의 권한 만들기 API를 사용합니다.
2. API 게이트웨이를 사용해 이메일을 입력받고 람다로 넘기는 기능을 제공합니다.

권한 부여 현황 리포트 발송 기능을 만들려면 이메일을 전송할 수 있는 프로토콜인 SMTP^{Simple Mail Transfer Protocol}를 이용해 직접 연동을 하거나 외부 서비스를 이용해 손쉽게 연동할 방법이 있습니다. 이 중에서 AWS의 AWS SES^{Simple Email Service}를 이용하고자 합니다. 즉, 서버리스 환경으로 AWS 람다를 선택해 개발을 진행하므로 같은 AWS 제품군의 SES를 이용하면 연동성이 뛰어나 적은 시간을 할애해 리포트 발송 기능을 구현할 수 있게 됩니다.

그리고 매주 정해진 시간에 리포트를 자동 발송할 수 있도록 해야 합니다. 이를 구현하기 위해서는 AWS의 이벤트 브리지를 사용합니다. 이벤트 브리지를 이용하면 코드를 작성하지 않고 AWS 서비스 및 SaaS 대상으로 라우팅을 할 수 있습니다. 이를 이용하면 추가적인 코드 작성 없이 '권한 부여 현황 리포트 발송' 람다 함수를 정해진 시간에 실행할 수 있습니다.

다음으로 구글 드라이브 공유 문서에 초대받기를 원하는 사용자가 이메일을 입력할 수 있도록 웹사이트의 구성이 필요합니다. 이는 S3를 이용해 정적 호스팅 기능을 이용해 제공할 것입니다. 이 웹사이트는 API 게이트웨이의 엔드포인트에 요청하고 람다를 호출하게 됩니다.

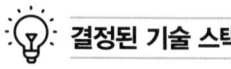
결정된 기술 스택

'구글 드라이브의 공유 문서함 초대 자동화하기'의 개발 기술 스택으로, AWS SES, S3, 이벤트 브리지로 정했습니다.

7.5 서비스 아키텍처 구성하기

앞선 절에서 기술 스택으로 정한 기술들을 아키텍처로 구성하면 아래와 같은 구조가 나옵니다.

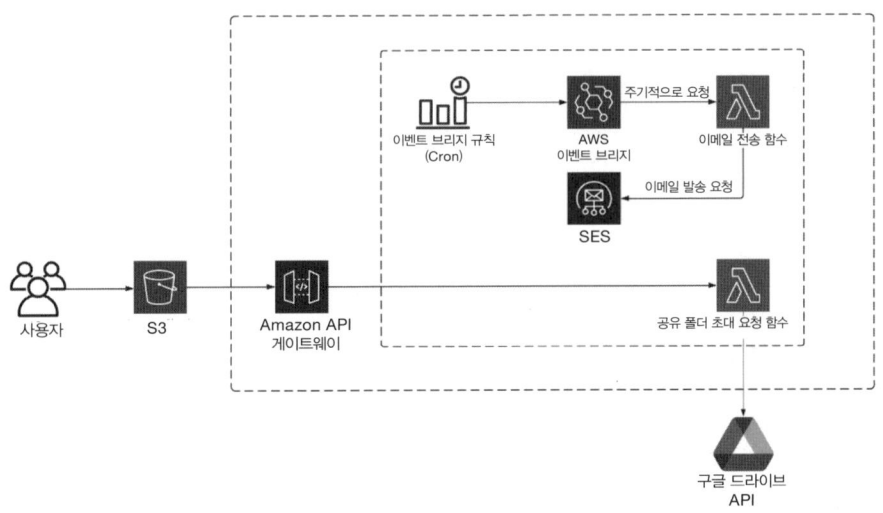

[그림 7-14] 프로젝트 아키텍처 구성

사용자가 호출하는 람다 함수는 '공유 폴더 초대 요청 함수' 하나로 구성되어 있으며 API 게이트웨이를 통해 실행할 수 있습니다. 람다 내부에서는 구글 드라이브 API를 호출해 S3 정적 호스팅을 통해 제공하는 웹사이트에서 입력한 이메일을 공유 폴더에 초대하게 됩니다.

'이메일 전송 함수'는 AWS 이벤트 브리지에서 Cron 표현식으로 설정한 규칙에 따라 정해진 시각에 이메일을 보내도록 SES에 요청합니다.

7.6 API 설계하기

다음은 공유 폴더 초대 요청 API에 대한 설계 내용입니다. 엔드포인트를 /share로 두었으며, 요청 본문에는 {"email": "email@email.com", "verify_code": "123456"}과 같이 이메일 주소가 담깁니다.

이를 OpenAPI 스펙에 맞게 작성하면 아래와 같이 구성할 수 있습니다.

```
03: OpenAPI: 3.0.0
04: info:
05:   version: "1.0.0"
```

```
06:     title: Share-Google-Drive-folder
07:     description: 구글 드라이브 공유 폴더 초대를 자동화하는 프로젝트
08: paths:
09:   /share:
10:     post:
11:       tags:
12:         - invite
13:       description: 이메일 주소
14:       operationId: email
15:       requestBody:
16:         content:
17:           application/json:
18:             schema:
19:               $ref: '#/components/schemas/Share'
20:       responses:
21:         '201':
22:           description: 이메일 초대 성공
23:         '400':
24:           description: 이메일 형식이 올바르지 않습니다.
25: components:
26:   schemas:
27:     Share:
28:       type: object
29:       required:
30:         - email
31:       properties:
32:         email:
33:           type: string
34:           example: email@email.com
35:         verify_code:
36:           type: string
37:           example: 123456
```

조금 더 편하게 보기 위해서 스웨거 도구를 이용해 웹 페이지로 변환하면 아래 내용으로 확인할 수 있습니다.

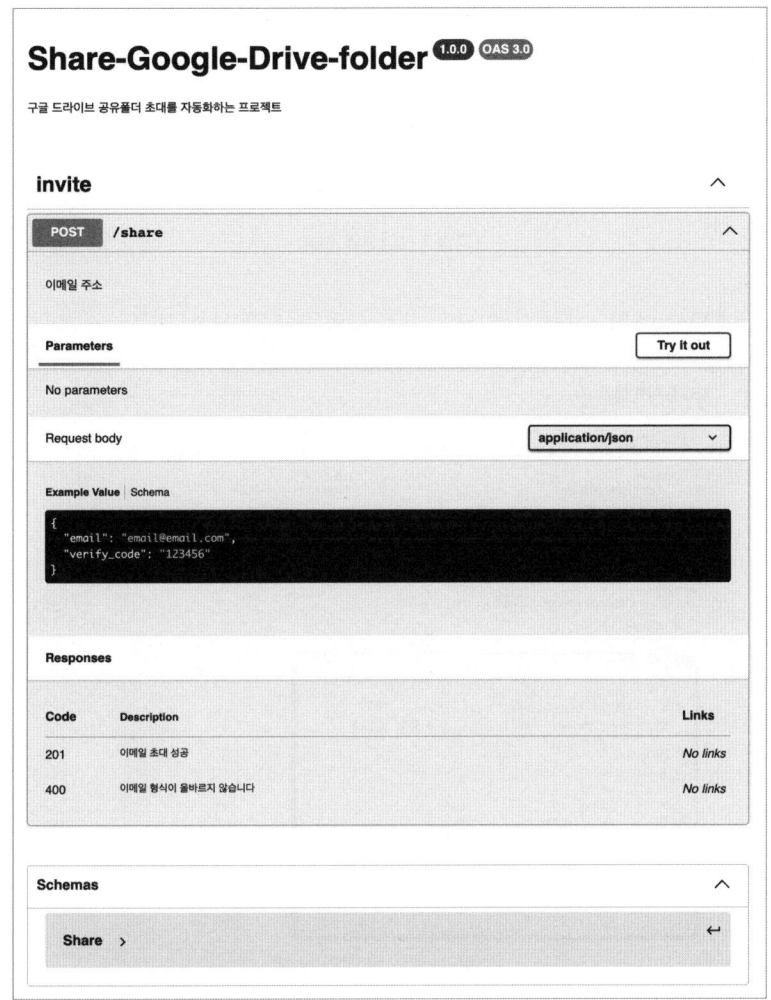

[그림 7-15] 스웨거로 확인한 웹 페이지 변환 내용

7.7 API 게이트웨이 구성하기

다음으로 API 게이트웨이를 구성하려고 합니다. 아래 순서에 맞춰 진행하면 됩니다.

① REST API의 '가져오기'를 선택합니다.

② 앞서 작성한 OpenAPI 스펙을 입력하고자 [가져오기] 버튼을 누릅니다.

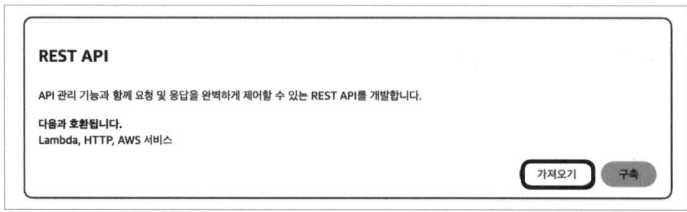

[그림 7-16] API 선택

③ 'API 정의' 칸에 OpenAPI 스펙을 붙여넣습니다. 그리고 [API 생성] 버튼을 누릅니다.

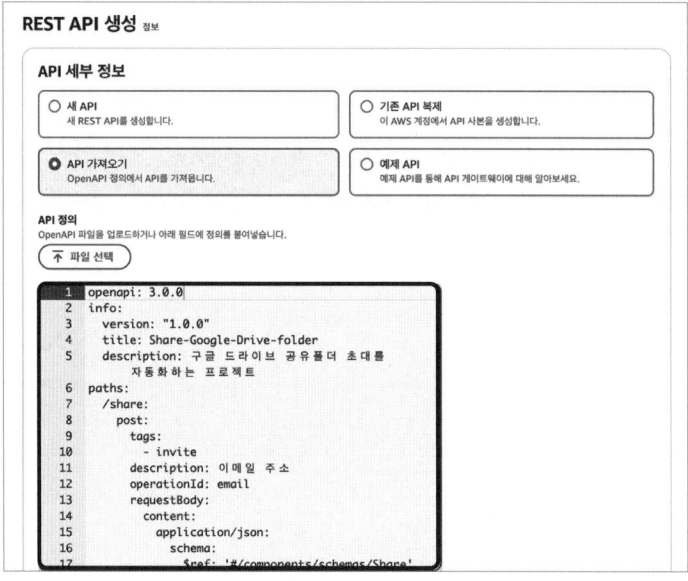

[그림 7-17] API 정의 작성

④ /share 리소스에 POST 메서드가 있는 것을 확인할 수 있습니다(API 게이트웨이와 람다 함수를 연결하는 작업은 7.10 프로젝트 설정 및 실행하기에서 다루겠습니다).

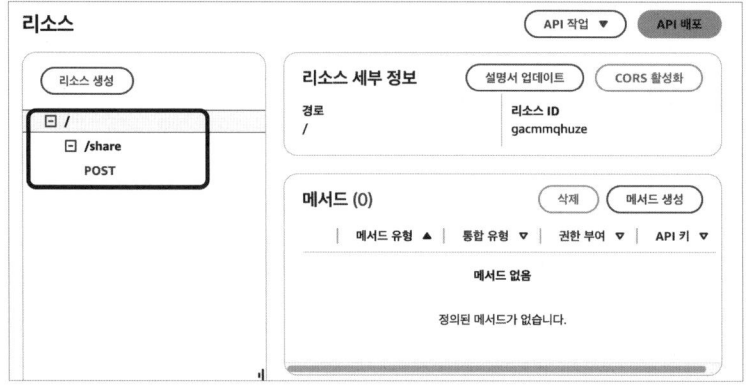

[그림 7-18] POST 메서드 확인

7.8 권한 부여 현황 리포트 발송 구현하기

리포트는 매주 월요일 오전 10시에 이메일로 발송할 때 이를 구현하는 방법을 소개해봅니다.

① 이를 구현하기 위해 Amazon SES에서 '자격 증명'으로 이동합니다. 그리고 [자격 증명] 생성 버튼을 누릅니다. 그런 후 이메일 주소를 선택해 자신이 사용할 이메일을 입력합니다. [자격 증명 생성] 버튼을 누릅니다.

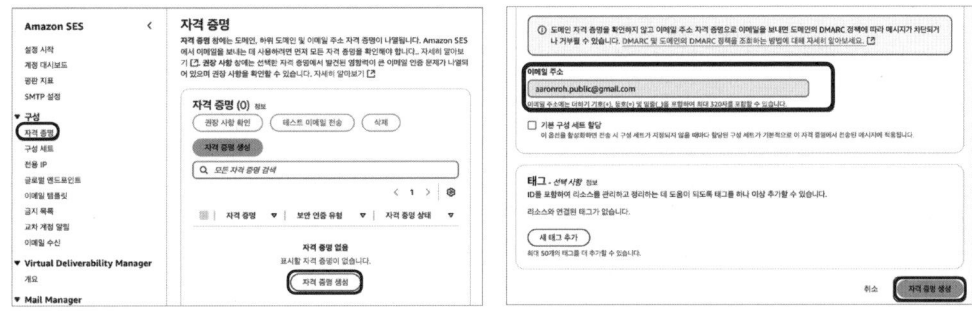

[그림 7-19] 자격 증명을 위한 이메일 입력

② 입력한 이메일의 인증을 위해 확인 이메일을 받게 됩니다. 인증이 완료되었다면 아래 화면과 같이 나오는 것을 볼 수 있습니다.

[그림 7-20] 이메일 인증

이어서 람다 함수를 생성해봅니다. SES를 이용해 이메일을 보내기 위한 람다 함수의 코드입니다. send-report 이름으로 람다 함수를 생성합니다. 람다 함수의 런타임은 Python 3.11로 설정합니다.

```
01: import json
02: import logging
03: import os
04: import boto3
05: from botocore.exceptions import ClientError
06:
07: def lambda_handler(event, context):
```

```
08:     aws_region = os.environ.get('AWS_REGION')
09:     subject = "구글 드라이브 초대 주간 리포트"
10:     admin_email = os.environ.get('admin_email')
11:     body_html = "<h1>이메일 리포트 내용입니다</h1>"
12:     CHARSET = "UTF-8"
13:     client = boto3.client('ses', region_name=aws_region)
14:     try:
15:         response = client.send_email(
16:             Destination={
17:                 'ToAddresses': [
18:                     admin_email
19:                 ]
20:             },
21:             Message={
22:                 'Body': {
23:                     'Html': {
24:                         'Charset': 'UTF-8',
25:                         'Data': body_html,
26:                     },
27:                 },
28:                 'Subject': {
29:                     'Charset': 'UTF-8',
30:                     'Data': subject,
31:                 },
32:             },
33:             Source=admin_email,
34:         )
35:         logging.info("Email sent! Message ID: {}".format(response['MessageId']))
36:         return {
37:             'statusCode': 200,
38:             'body': json.dumps(response)
39:         }
40:     except ClientError as e:
41:         logging.error(e.response['Error']['Message'])
```

③ 람다 함수에서 SES를 통해 이메일을 발송하려면 IAM 권한의 추가가 필요합니다. 람다의 '구성' 〉 '권한'에서 '실행 역할'에 있는 '역할 이름'을 클릭합니다.

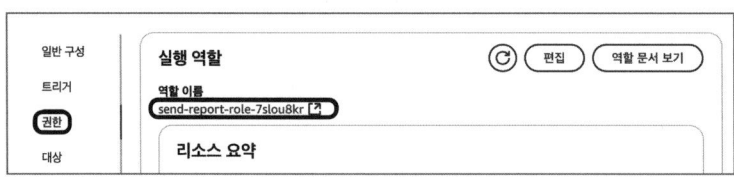

[그림 7-21] 실행 역할 선택

④ '권한 추가' > '인라인 정책 생성'을 눌러 다음 페이지로 이동합니다. 작업으로 SendEmail을 선택합니다. 리소스는 특정을 누른 뒤 각 리소스마다 이 계정의 모든 항목을 체크합니다. 그리고 [다음] 버튼을 누릅니다.

[그림 7-22] 정책 생성

⑤ 이후 정책 검토를 확인한 후 [정책 생성] 버튼을 눌러 추가를 완료합니다.

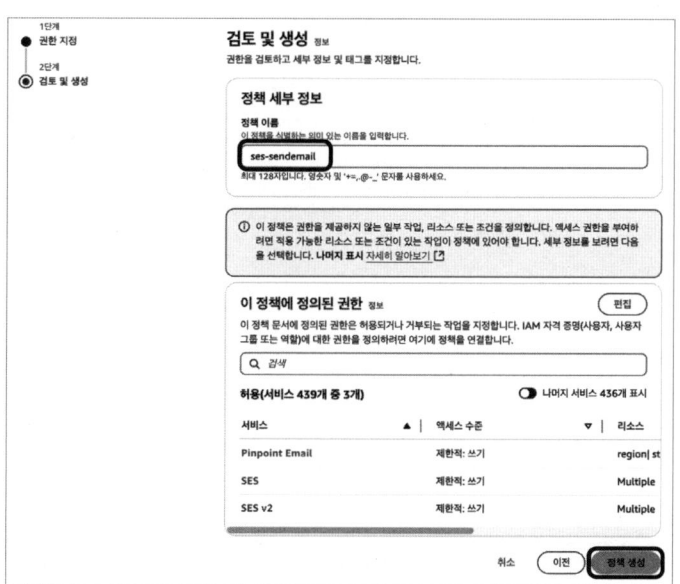

[그림 7-23] 정책 검토 확인

⑥ 이벤트 브리지를 트리거로 추가해 월요일 오전 10시까지 기다리지 않아도, 람다 함수에서 [Test] 버튼을 통해 결과를 즉각적으로 확인할 수 있습니다.

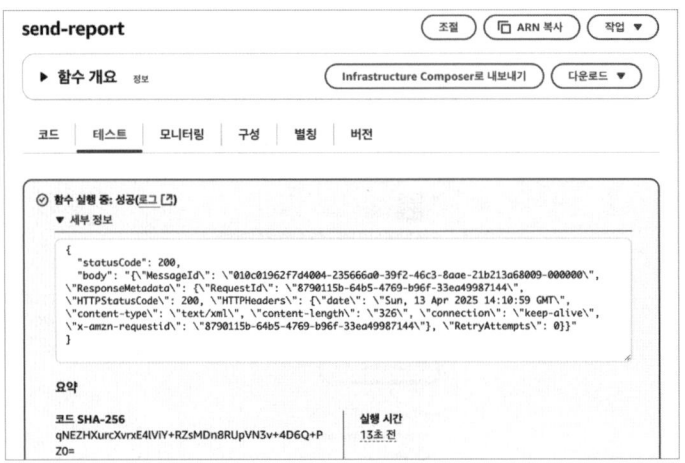

[그림 7-24] 함수 확인

⑦ 이후 설정까지 모두 완료하고 예제 코드를 실행하면 아래처럼 이메일이 오는 것을 확인할 수 있습니다.

[그림 7-25] 실행 결과 확인

7.9 이벤트 브리지로 일정 시각마다 이메일 발송하기

그러면 이제 이벤트 브리지를 람다 함수의 트리거로 사용해 매주 월요일 오전 10시에 이메일을 발송하도록 구성하겠습니다.

① 람다 함수에서 [트리거 추가] 버튼을 누릅니다.

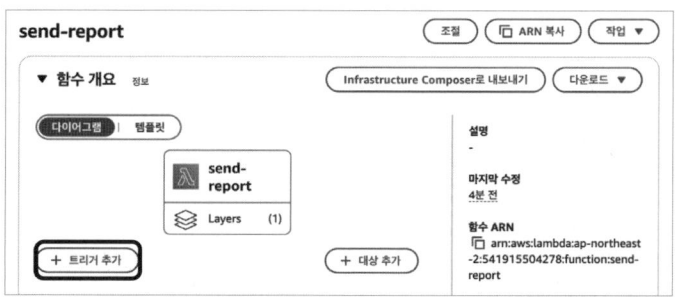

[그림 7-26] 트리거 추가

② 트리거 구성으로 EventBridge(CloudWatch Events)를 선택합니다. 이전까지 생성한 규칙이 없으므로 '새 규칙 생성'을 선택합니다. 규칙 이름은 매주 월요일 오전 10시에 동작하는 이름을 담아 'every-monday-10am'으로 정했습니다.

> **TIP** 이 부분은 각자가 원하는 규칙 이름으로 작성하면 됩니다. 다만 개발하며 여러 규칙이 생겨날 것을 고려해 규칙 이름만으로 어떤 동작을 하게 되는지 명시적으로 작성하는 것을 권합니다.

'규칙 유형'은 '예약 표현식'으로 진행할 것입니다. '예약 표현식'에는 Cron 스케줄러 표현식을 작성할 수 있으며 cron(0 10 ? * MON *)을 입력합니다. 이는 월요일 10시 0분마다 동작함을 나타내는 표현입니다. cron(분 시간 일 월 요일 연도)로 구성됩니다. 만일 cron(0 20 ? 7 MON *)로 지정한다면 매년 7월의 월요일 20시 0분에 동작함을 나타냅니다. 작성을 완료했다면 [추가] 버튼을 눌러 트리거를 연결합니다.

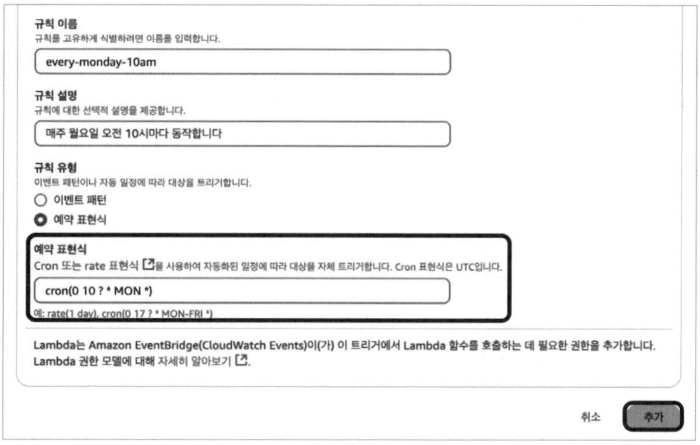

[그림 7-27] 트리거 구성

③ 'every-monday-10am' 이름의 이벤트 브리지가 람다의 트리거로 연결되었음을 확인할 수 있습니다.

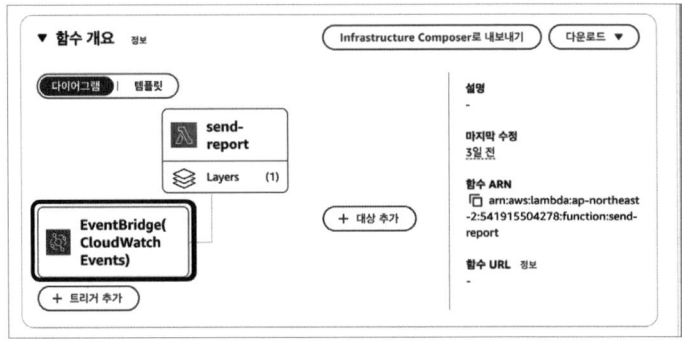

[그림 7-28] 트리거 연결 확인

이렇게 이벤트 브리지를 이용하면 직접 Cron 스케줄러를 동작할 서버를 구성하지 않고도, 만들어 둔 람다 함수를 통해서 정해진 시간에 수행하도록 구성할 수 있습니다.

7.10 프로젝트 설정 및 실행하기

이번 프로젝트 설정을 진행하며 사용하는 소스코드는 아래 URL에서 확인할 수 있습니다.

URL https://github.com/roharon/book-hackathon-project/tree/master/GoogleDriveInvitation

그럼 이제 공유 폴더 초대 함수를 생성하겠습니다.

① 람다 함수 생성에서 함수 이름은 'shareGoogleDriveFolder', 런타임은 'Python 3.11', 아키텍처는 'arm64'를 선택합니다. 이렇게 입력한 뒤 [함수 생성] 버튼을 누릅니다.

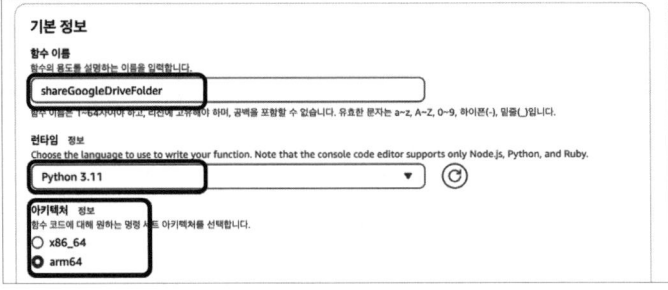

[그림 7-29] 함수 생성

② 이렇게 생성한 shareGoogleDriveFolder 람다 함수에 소스코드를 작성합니다. 소스코드는 실습 리포지토리인 아래 URL의 내용을 참고해서 작성할 수 있습니다.

> URL https://github.com/roharon/book-hackathon-project/blob/master/GoogleDrive Invitation/shareGoogleDriveFolder/lambda_handler.py

[그림 7-30] 함수 코드 작성

③ 이 람다 함수에서 사용하는 라이브러리의 의존성을 위해서 계층을 추가합니다. 람다의 '추가 리소스' 〉 '계층'에 들어간 뒤 [계층 생성] 버튼을 누릅니다.

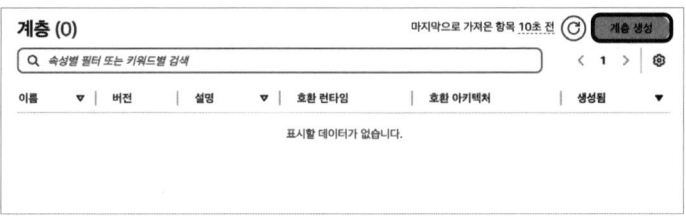

[그림 7-31] 계층 생성

④ 계층의 이름은 'shareGoogleDriveFolder', 호환 아키텍처는 'arm64', 호환 런타임은 'Python 3.11'로 지정하겠습니다. 파일은 실습 리포지토리의 lambda_layer.zip을 업로드합니다. 아래 URL을 통해 계층 파일을 다운로드할 수 있습니다. 업로드했다면 [생성] 버튼을 누릅니다.

> URL https://github.com/roharon/book-hackathon-project/blob/master/GoogleDrive Invitation/lambda_layer.zip

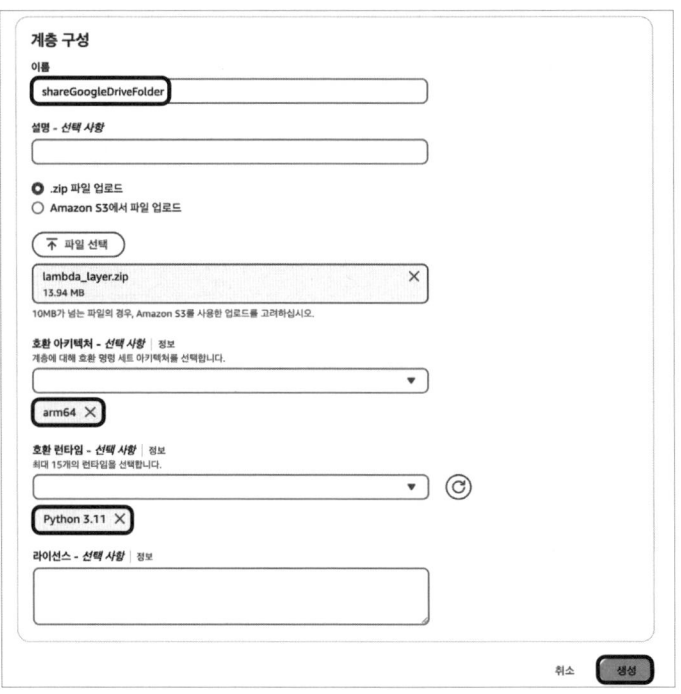

[그림 7-32] 계층 구성

⑤ 람다 함수에서 방금 추가한 shareGoogleDriveFolder 계층을 지정하고 [추가] 버튼을 누릅니다.

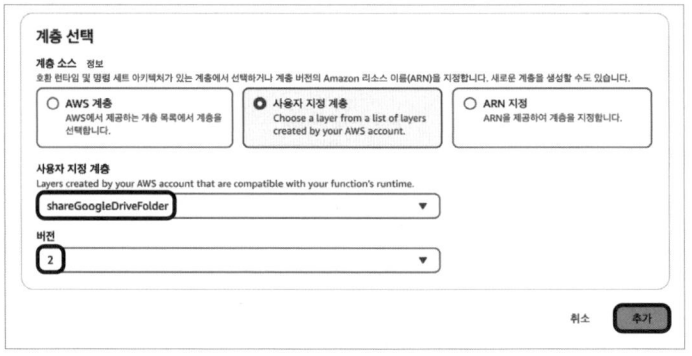

[그림 7-33] 계층 선택

이제 람다 함수에서 필요한 총 다섯 개의 환경변수인 VERIFY_CODE, FILE_ID, CLIENT_ID, CLIENT_SECRET, REFRESH_TOKEN 값을 지정해야 합니다.

- **VERIFY_CODE**: 구글 드라이브 공유 문서함에 초대받기 위해 입력해야 하는 인증코드입니다. 이 값과 일치해야 초대받을 수 있습니다.
- **FILE_ID**: 구글 드라이브의 폴더 및 파일의 고유 ID입니다.

- **CLIENT_ID**: 구글 드라이브 API를 사용하기 위한 구글 OAuth 앱의 클라이언트 ID입니다. 개발 계정마다 고유한 값을 부여 받습니다.
- **CLIENT_SECRET**: 구글 드라이브 API를 사용하기 위한 구글 OAuth 앱의 클라이언트 비밀키입니다. 이 값은 외부에 노출되어서는 안 됩니다.
- **REFRESH_TOKEN**:
  - 구글 드라이브 API를 이용해 공유 문서함을 초대할 수 있도록, 공유 문서함 소유자의 refresh 토큰을 이용합니다.
  - OAuth 로그인을 통해 refresh 토큰을 얻으며, 유효 시간이 60분 밖에 되지 않는 접근 토큰을 필요한 경우에 새로 발급받기 위해 refresh 토큰을 사용합니다.

⑥ VERIFY_CODE로는 'hackathon'으로 설정하겠습니다. FILE_ID는 구글 드라이브에서 관리하는 고유 ID입니다. 공유문서의 URL이 https://docs.google.com/document/d/1bgDzANYmRFM52lPG03mnhiXRbBdqiXsmL_8gd2L_3Lc라고 한다면, 1bgDzANYmRFM52lPG03mnhiXRbBdqiXsmL_8gd2L_3Lc가 FILE_ID가 됩니다.

이번 프로젝트 실행을 확인하고자 공유할 파일의 ID로 '1bgDzANYmRFM52lPG03mnhiXRbBdqiXsmL_8gd2L_3Lc'로 지정하겠습니다.

[그림 7-34] 공유할 파일의 ID로 접근

이제 CLIENT_ID, CLIENT_SECRET, REFRESH_TOKEN에 대해서 살펴 보겠습니다. 7.3절에서 구글 드라이브 API를 사용하기 위한 설정을 진행했습니다.

① 구글 클라우드 대시보드로 돌아와 만들어 두었던 'OAuth 2.0 클라이언트 ID'를 선택합니다.

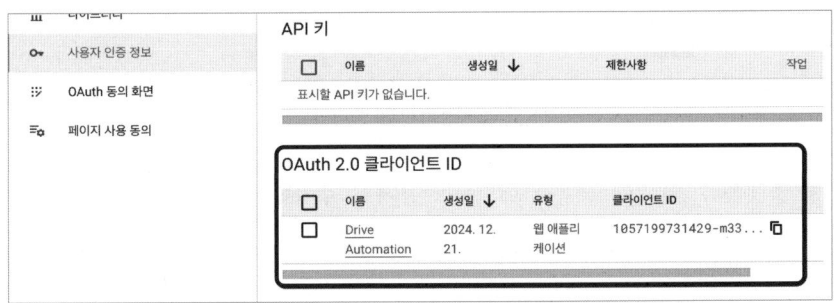

[그림 7-35] OAuth 2.0 클라이언트 ID 선택

7장. 구글 드라이브의 공유 문서함 초대 자동화하기 251

② 다음과 같이 우측의 'Additional information'에서 '클라이언트 ID'와 '클라이언트 보안 비밀번호'
를 확인할 수 있습니다.

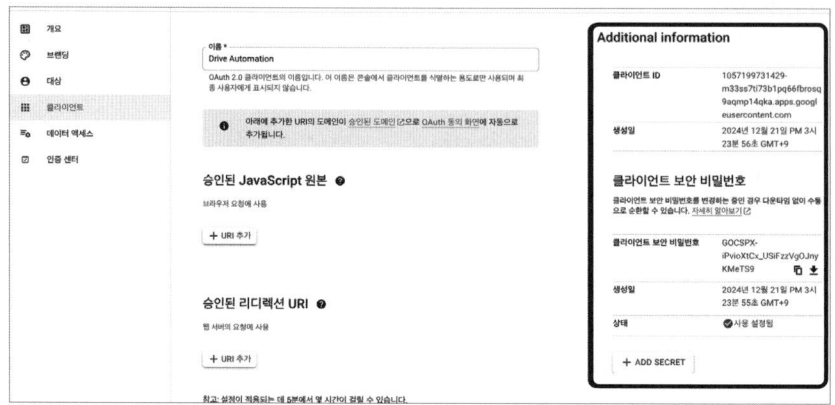

[그림 7-36] Client Secret 값 확인

REFRESH_TOKEN 값을 구해야 합니다. 이 값은 구글 드라이브의 파일을 소유하고 있는 사용자의
refresh 토큰 값이 됩니다. 구글 클라우드에서는 개발자들이 구글의 여러 API를 쉽게 사용해볼 수 있
도록 OAuth 2.0 플레이 그라운드라는 API 테스트 공간을 제공하고 있습니다. 우리도 OAuth 2.0 플
레이 그라운드를 통해서 refresh 토큰을 얻겠습니다. 그러려면 먼저 OAuth 앱에서 설정해야 하는 내
용이 있습니다.

① 승인된 리디렉션 URI에서 https://developers.google.com/oauthplayground를 추가합니다.

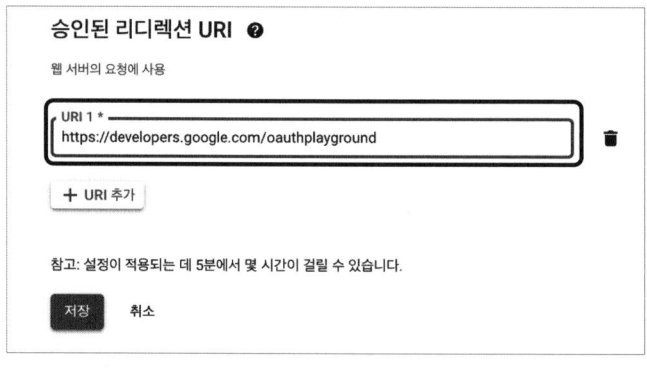

[그림 7-37] URI 추가

② '구글 인증 플랫폼' 〉 '대상'에 들어가 '테스트 사용자'를 추가합니다. 구글 드라이브의 공유 폴더를
소유한 계정의 이메일 주소를 등록합니다.

[그림 7-38] 이메일 주소 등록

③ 이제 플레이 그라운드에 접속합니다. 그러면 아래 화면을 확인할 수 있습니다.

URL https://developers.google.com/oauthplayground/

[그림 7-39] 플레이 그라운드 화면

④ 여기서 우측 상단의 톱니 바퀴를 눌러 우리의 OAuth 클라이언트 정보를 이용하면 됩니다. 'Use your own OAuth credentials'에 체크하고, OAuth Client ID에는 우리가 만든 OAuth 2.0 클라이언트의 ID를, OAuth Client secret에는 우리가 만든 OAuth 2.0클라이언트의 secret 값을 채워 넣습니다.

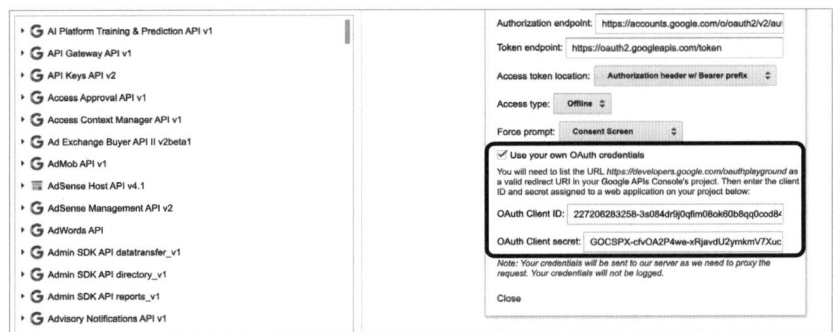

[그림 7-40] OAuth 클라이언트 정보 활용

⑤ 'Step 1'에서 scope(범위)를 지정해야 합니다. Drive API v3에서는 아래 URL을 선택합니다.

> **URL** https://www.googleapis.com/auth/drive, https://www.googleapis.com/auth/drive.file

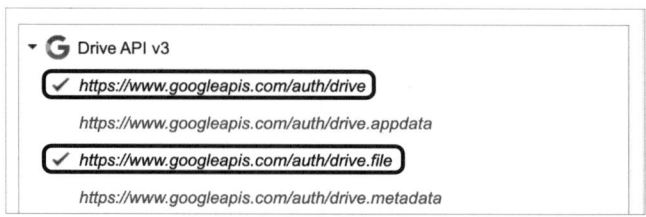

[그림 7-41] scope 지정 ①

⑥ Drive Activity API v2에서는 아래 URL을 선택합니다. 그리고 [Authorize APIs] 버튼을 누릅니다.

> **URL** https://www.googleapis.com/auth/drive.activity.readonly

[그림 7-42] scope 지정 ②

⑦ 아래 화면이 뜨면 접근 요청에 대해 '모두 선택'을 합니다. 그리고 [계속] 버튼을 누릅니다.

[그림 7-43] 접근 요청 선택

⑧ OAuth 로그인을 마쳐 Authorization code를 발급받았습니다.

이제 Authorization code를 접근 토큰과 refresh 토큰으로 변환하는 과정이 필요합니다.

① [Exchange authorization code for tokens] 버튼을 누르면 쉽게 변환됩니다.

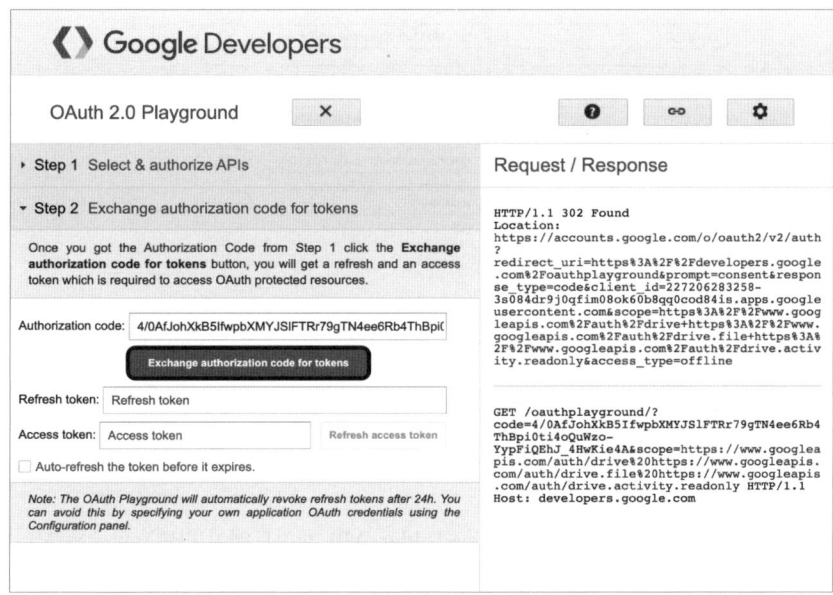

[그림 7-44] 토큰 변환

② Refresh token을 발급받았습니다. 이 값을 환경변수에 등록합니다.

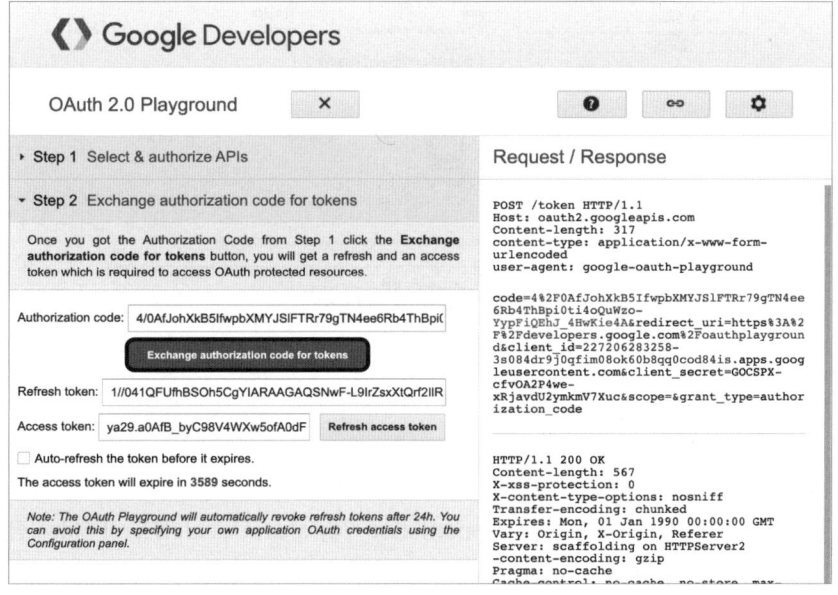

[그림 7-45] 환경변수 등록

③ 최종적으로 shareGoogleDriveFolder 람다 함수의 환경변수로는 다음과 같이 구성하게 됩니다.

[그림 7-46] 환경변수 편집

이제 API 게이트웨이와 연결하겠습니다.

① 7.7절에서 만들었던 Share-Google-Drive-folder API 게이트웨이 화면으로 이동합니다. /share 리소스의 POST 메서드를 선택합니다. 아직 메서드 실행이 정의되어있지 않은 상태이므로, 통합 편집 버튼을 누릅니다.

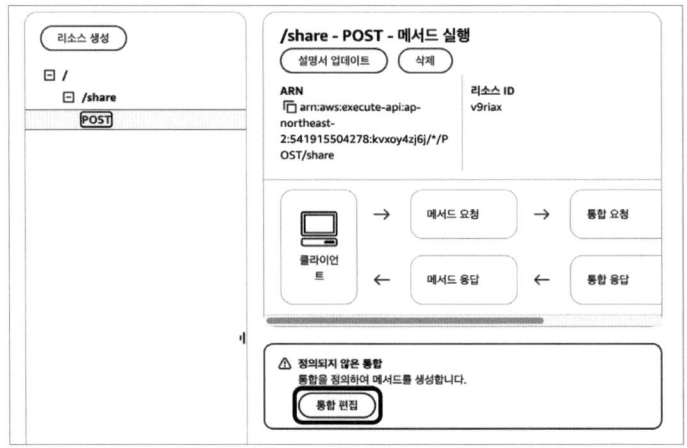

[그림 7-47] 메서드 선택

② 통합 요청 편집에서는 통합 유형으로 'Lambda 함수'를 선택합니다. 그리고 'Lambda 프록시 통합'에 체크합니다. Lambda 함수에는 ap-northeast-2와 shareGoogleDriveFolder 람다 함수의 ARN인 arn:aws:lambda:ap-northeast-2:541915504278:function:shareGoogleDriveFolder 값을 지정했습니다. 그리고 [저장] 버튼을 누릅니다.

> **TIP** 독자분들의 람다 함수에 대한 ARN을 넣으면 됩니다.

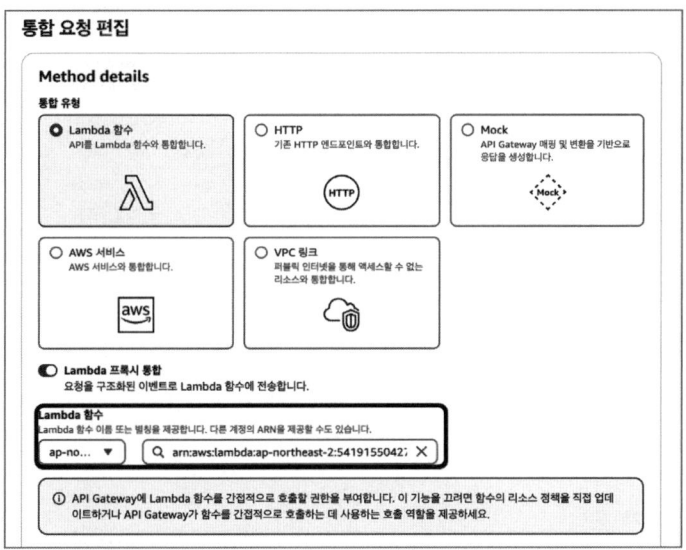

[그림 7-48] 통합 요청 편집

③ 성공적으로 저장했다면 아래와 같이 연결된 것을 볼 수 있습니다.

[그림 7-49] 리소스 확인

④ 이제 /share 리소스에 대해서 [CORS 활성화] 버튼을 누릅니다.

[그림 7-50] CORS 활성화

⑤ Access-Control-Allow-Methods에서 'POST'에 체크하고, Access-Control-Allow-Origin 에서 '*(와일드카드)'로 입력되어있는지 확인한 뒤에 [저장] 버튼을 누릅니다.

[그림 7-51] CORS 설정

다음으로 API를 배포합니다. 우측 상단의 [API 배포] 버튼을 클릭해서 API를 배포하겠습니다. API 게이트웨이에서 API를 배포하려면 먼저 스테이지를 생성해야 합니다. 실제 제품을 운영하면서 추가 개발을 하려면 개발환경의 서버, 테스트 환경의 서버, 프로덕션 환경의 서버가 분리되어서 구성되는 환경이 필요해질 것입니다. 이를 위해서 API 게이트웨이에서는 스테이지를 제공하고 있습니다.

① 'dev'라는 이름의 개발환경 서버를 의미하는 스테이지를 생성하겠습니다. 스테이지 이름을 적었다면 [배포] 버튼을 누릅니다.

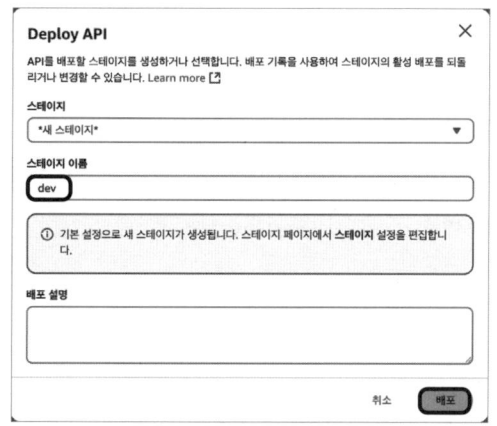

[그림 7-52] 스테이지 이름 작성

② 이렇게 dev 스테이지를 생성했습니다. 스테이지 세부 정보를 확인해보면 호출 영역에 적힌 URL의 마지막 부분에 우리가 정한 스테이지 이름 그대로 /dev가 기재된 것을 볼 수 있을 것입니다.

[그림 7-53] 스테이지 생성 확인

우리가 만든 shareGoogleDriveFolder 람다 함수를 API 게이트웨이를 통해 호출한다면, URL은 다음처럼 구성됩니다.

`URL` https://API게이트웨이-주소.com/dev/share

이 API를 호출하면 구글 드라이브 공유 문서함 초대가 가능합니다. 그러나 우리 제품을 이용하는 사람에게 "직접 API를 호출해 사용하세요"라고 요구하는 것은 적절하지 않습니다. 따라서 사용자 친화적인 인터페이스가 필요합니다. 이를 위해 S3 정적 호스팅을 통해 웹사이트 형태로 서비스를 제공해 보겠습니다.

① S3 대시보드에 들어와서 [버킷 만들기] 버튼을 누릅니다.

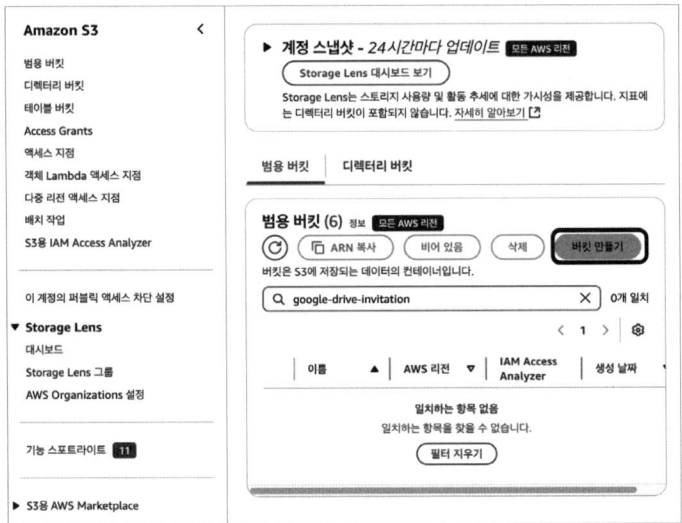

[그림 7-54] 버킷 만들기

② 버킷 이름은 'google-drive-invitation'으로 작성합니다. 객체 소유권에서는 'ACL 활성화됨'을 체크하고, 객체 소유권은 '객체 라이터'로 체크합니다.

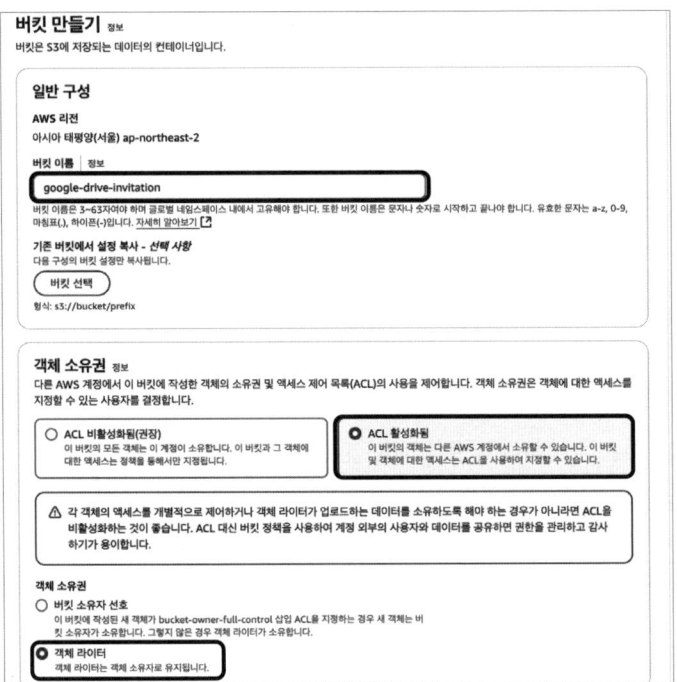

[그림 7-55] 버킷 구성

③ '이 버킷의 퍼블릭 액세스 차단 설정'에서도 변경이 필요합니다. S3 버킷을 정적 웹사이트 호스팅을 하려면, 외부에서 접속하는 사람도 버킷 내의 객체에 접근할 수 있어야 합니다. 따라서 '모든 퍼블릭 접근 차단'을 해제합니다. 이제 필요한 설정을 마쳤으니 [버킷 만들기] 버튼을 만듭니다.

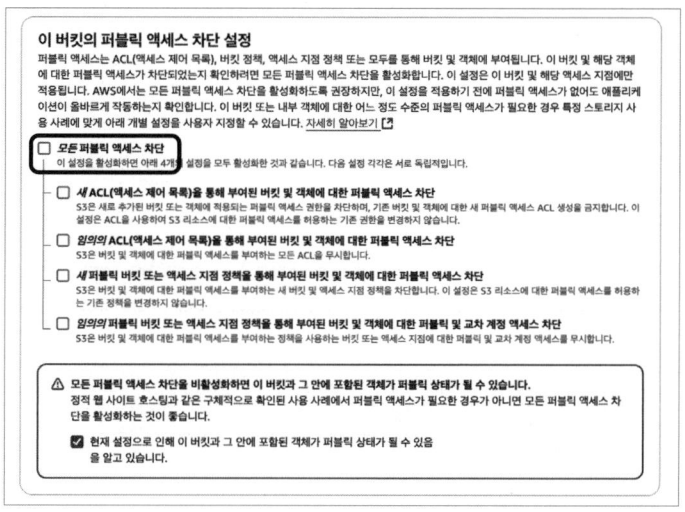

[그림 7-56] 퍼블릭 액세스 차단 설정

④ 아래와 같이 google-drive-invitation 버킷이 생성된 것을 확인할 수 있습니다.

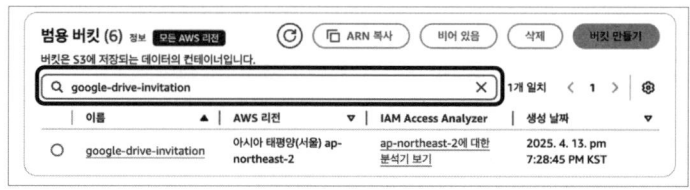

[그림 7-57] 버킷 생성

다음으로 방금 생성한 S3 버킷에 파일을 업로드한 후 정적 웹사이트 호스팅을 진행하겠습니다.

① 현재 아래 페이지를 보고 있을 것입니다. [업로드] 버튼을 눌러 index.html 파일을 업로드하기 위한 준비를 합니다.

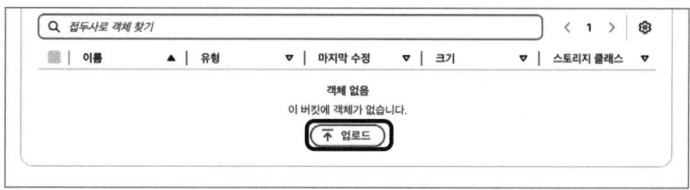

[그림 7-58] 파일 업로드 준비

② 아래의 index.html 파일을 S3버킷에 업로드합니다. 그리고 [업로드] 버튼을 누릅니다.

> URL https://github.com/roharon/book-hackathon-project/blob/master/GoogleDrive Invitation/index.html

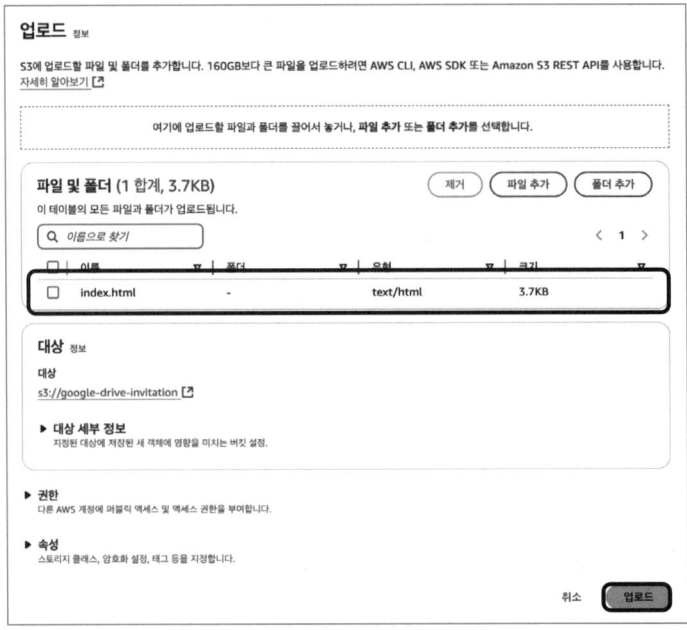

[그림 7-59] 파일 업로드

③ 다음과 같이 index.html 파일이 성공적으로 업로드된 것을 볼 수 있습니다.

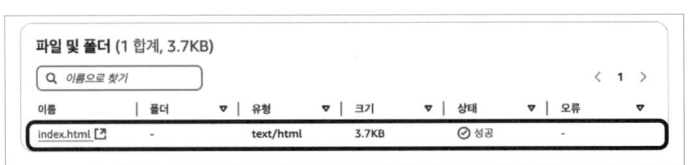

[그림 7-60] 파일 업로드 완료

④ '속성' 〉 '정적 웹사이트 호스팅'으로 이동해 [편집] 버튼을 누릅니다.

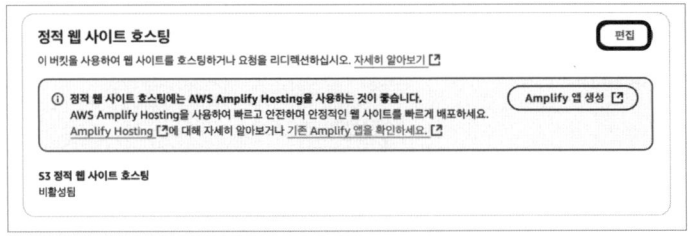

[그림 7-61] 웹사이트 호스팅 선택

⑤ '정적 웹사이트 호스팅'을 활성화하고, 호스팅 유형은 '정적 웹사이트 호스팅'을 선택합니다. 인덱스 문서에는 우리가 업로드한 파일 이름인 'index.html'을 작성합니다.

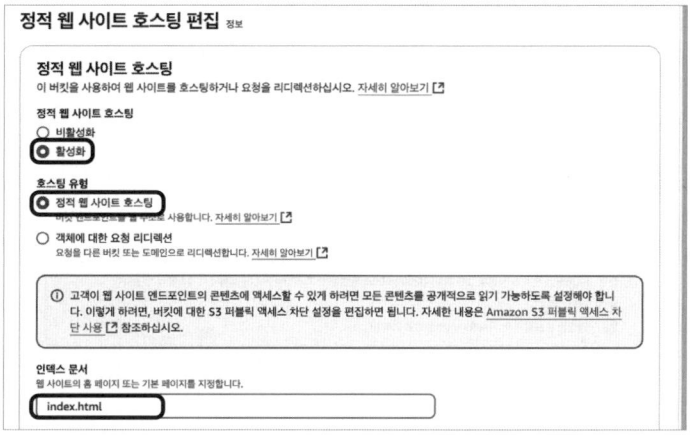

[그림 7-62] 웹사이트 호스팅 설정

⑥ index.html의 객체로 이동해 [권한] 탭으로 이동합니다. ACL에서 객체 소유자, 즉 독자 여러분은 index.html 객체에 접근할 수 있습니다. 그러나 공유 문서함에 초대받기 위해 웹 페이지에 접속하려는 사용자들은 접근하지 못하게 됩니다. 따라서 ACL의 편집을 통해 모든 사람이 객체를 읽을 수 있게 변경하겠습니다.

[그림 7-63] ACL의 편집

⑦ 'ACL(액세스 제어 목록)'에서 '모든 사람(퍼블릭 액세스)'에 대해 객체의 '읽기'를 허용하도록 편집합니다. 그러면 아래에 "모든 사용자 또는 인증된 사용자 그룹 피부여자에게 접근 권한을 부여하면 누구나 이 객체에 액세스할 수 있습니다."라는 내용의 경고 버튼이 나오게 됩니다. 여기서는 index.html 객체에 모든 사람이 접근하는 것을 원하는 것이기에, 이해했다는 체크 박스를 클릭합니다. 그리고 [변경 사항 저장] 버튼을 클릭합니다.

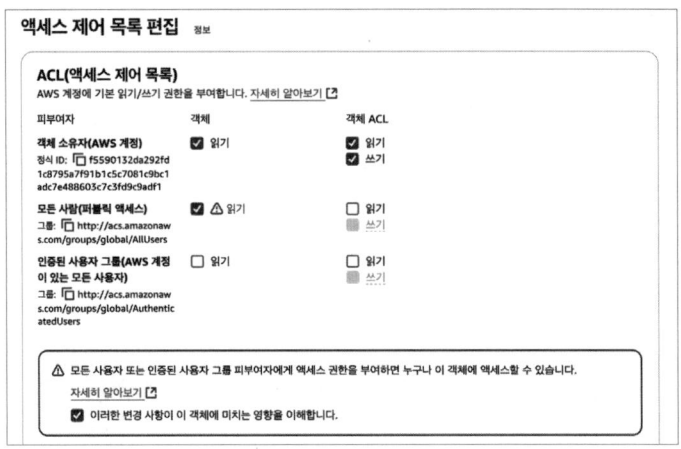

[그림 7-64] 접근 제어 목록 편집

그러면 이제 정적 웹사이트 호스팅이 정상적으로 설정되었는지 확인해보겠습니다.

① 버킷 내의 index.html 객체를 보면, 객체 URL을 확인할 수 있습니다. 필자가 생성한 객체 URL은 다음과 같습니다.

> URL https://google-drive-invitation.s3.ap-northeast-2.amazonaws.com/index.html

[그림 7-65] 객체 URL 확인

② 이 URL에 접속하면 아래의 화면을 확인할 수 있습니다. 이 화면을 마주했다면 성공적으로 정적 웹사이트 호스팅을 진행한 것입니다.

[그림 7-66] 웹사이트 호스팅 성공

이어서 이메일 전송 함수를 생성하겠습니다.

① reportGoogleDriveFolderHistory 이름의 람다 함수를 생성합니다. 런타임과 아키텍처는 이전에 만든 shareGoogleDriveFolder 람다 함수와 동일하게 'Python 3.11'과 'arm64'를 선택합니다. 그리고 [함수 생성] 버튼을 클릭하겠습니다.

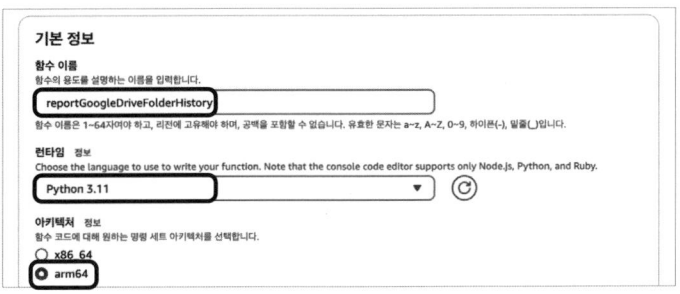

[그림 7-67] 함수 생성

② 소스코드를 작성합니다. reportGoogleDriveFolderHistory 람다 함수의 소스코드는 아래 URL에서 확인할 수 있습니다. 소스코드를 작성한 뒤에는 [Deploy] 버튼을 눌러 변경된 소스코드로 배포합니다.

> URL https://github.com/roharon/book-hackathon-project/blob/master/GoogleDrive Invitation/reportGoogleDriveFolderHistory/lambda_handler.py

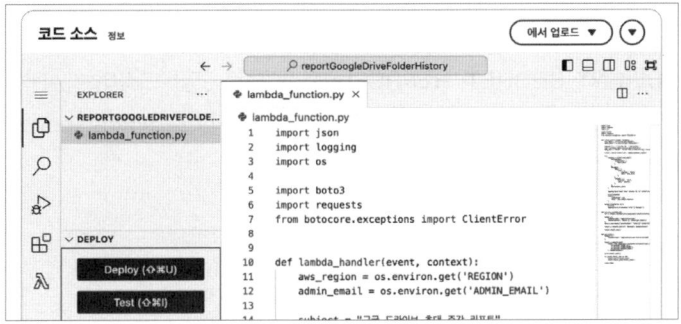

[그림 7-68] 소스코드 작성

③ 그리고 람다 함수의 계층을 추가합니다. '코드' 〉 '계층'에서 [Add a layer] 버튼을 누릅니다.

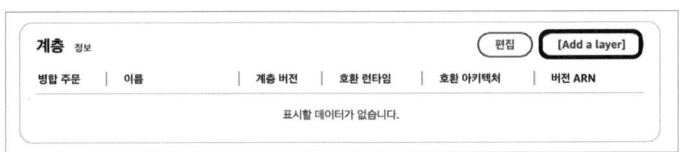

[그림 7-69] 계층 추가

④ 사용자 지정 계층으로, shareGoogleDriveFolder 계층을 이용합니다. shareGoogleDriveFolder 람다 함수와 같은 계층을 사용하는 것으로, 필요한 의존성을 가지고 있어 이 계층을 재사용합니다.

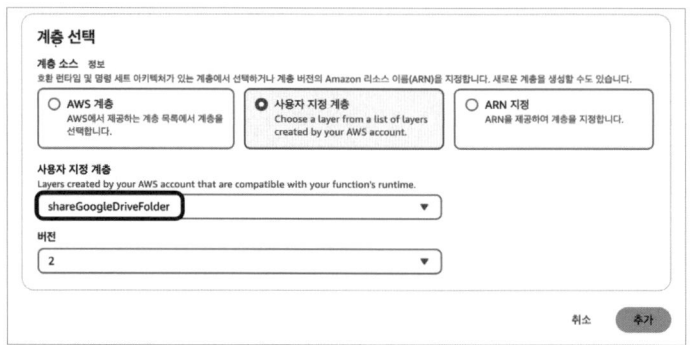

[그림 7-70] 계층 선택

⑤ 람다 함수의 환경변수인 REGION, ADMIN_EMAIL, FILE_ID, CLIENT_ID, CLIENT_SECRET, REFRESH_TOKEN 지정이 필요합니다.

- **REGION**: AWS 서울 리전을 의미하는 ap-northeast-2로 지정합니다.
- **ADMIN_EMAIL**: 리포트를 받아볼 관리자 이메일을 지정합니다. 본인이 소유하고 있는 이메일로 작성합니다.
- **FILE_ID**: 구글 드라이브의 파일 고유 ID로, shareGoogleDriveFolder 람다 함수에서 설정한 값과 동일합니다.
- **CLIENT_ID, CLIENT_SECRET, REFRESH_TOKEN**: 구글 드라이브 API를 사용하기 위해서 만들었던 구글 OAuth2 클라이언트의 값으로 지정하면 되므로 shareGoogleDriveFolder 람다 함수에서 설정한 값과 동일하게 지정합니다.

여기서는 다음과 같이 환경변수 지정을 마쳤습니다.

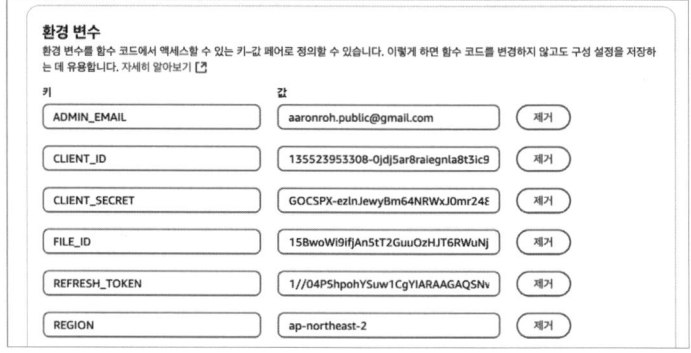

[그림 7-71] 환경변수 지정

⑥ AWS SES를 통해 이메일을 발송하기 위해서는 추가적인 권한이 필요합니다. 람다 함수의 '구성' 〉 '권한'에 들어가 '역할 이름'의 링크를 클릭합니다.

[그림 7-72] 추가 권한 설정

⑦ IAM 역할의 관리 페이지에 들어왔다면 권한 정책의 '권한 추가'에서 [인라인 정책 생성] 버튼을 클릭합니다.

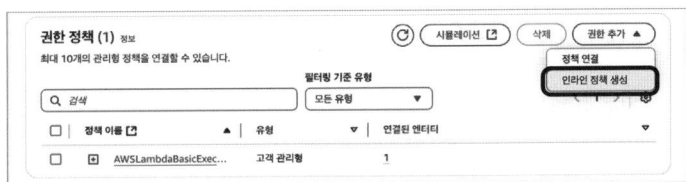

[그림 7-73] 권한 정책 설정

⑧ 그럼 다음과 같이 정책 편집기를 확인할 수 있습니다. 여기서는 JSON 편집기를 통해서 이메일을 발송할 수 있는 ses:SendEmail 권한을 추가하겠습니다.

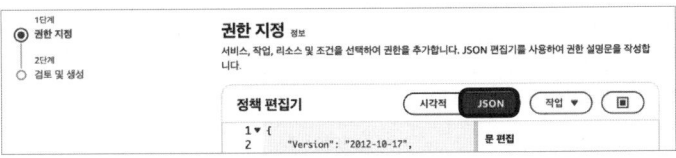

[그림 7-74] 권한 지정

⑨ JSON 편집기로 아래 내용을 입력합니다. 그리고 [다음] 버튼을 누릅니다.

```
42: {
43:     "Version": "2012-10-17",
44:     "Statement": [
45:         {
46:             "Sid": "VisualEditor0",
47:             "Effect": "Allow",
48:             "Action": "ses:SendEmail",
49:             "Resource": "*"
50:         }
51:     ]
52: }
```

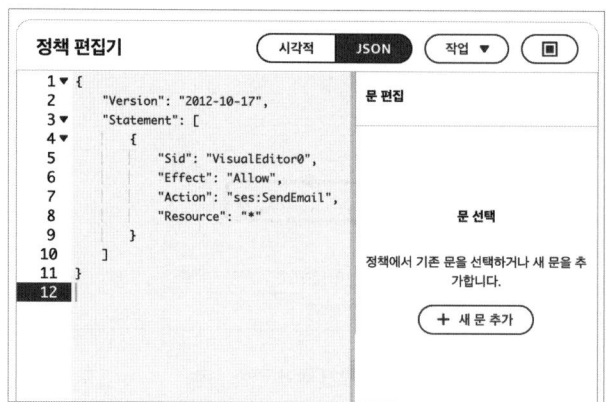

[그림 7-75] 새로운 정책 편집

⑩ 새로운 정책에 대한 이름으로 다른 정책과 구별할 수 있게 'reportGoogleDriveFolderHistory-lambda-role'로 정합니다. 그리고 [정책 생성] 버튼을 누르겠습니다.

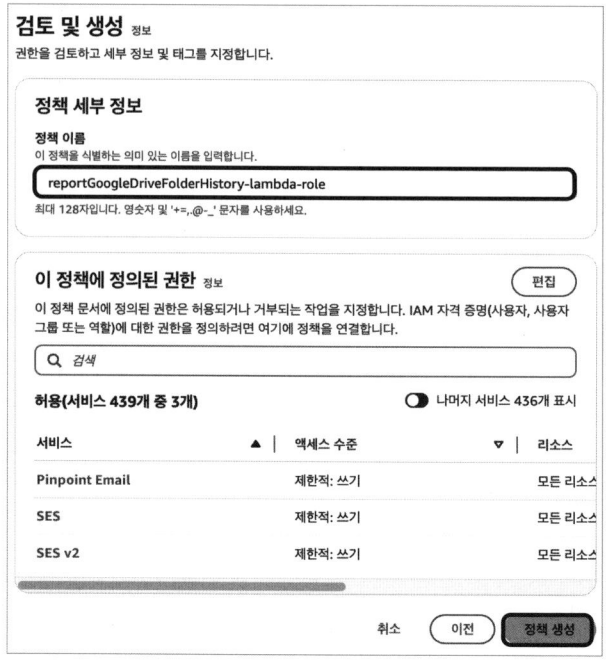

[그림 7-76] 정책 세부 정보 작성

이어서 AWS SES$^{Simple Email Service}$ 설정이 필요합니다.

① AWS SES로 이동해 자격 증명 생성을 진행하겠습니다. 이 페이지에 들어왔다면 [자격 증명 생성] 버튼을 누릅니다.

[그림 7-77] 자격 증명 생성

② '보안 인증 유형'으로는 '이메일 주소'를 선택합니다. 이메일 주소 칸에는 자신이 소유하고 있는 이메일을 작성합니다. 그리고 [자격 증명 생성] 버튼을 클릭합니다.

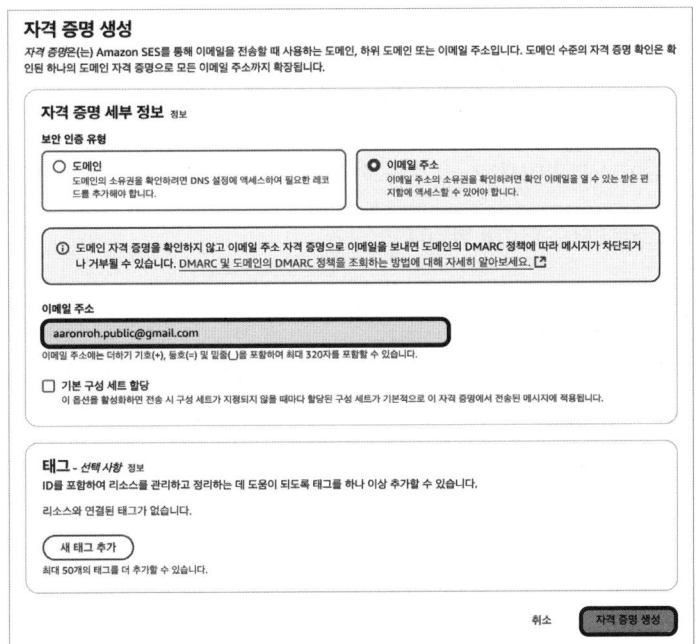

[그림 7-78] 자격 증명 진행

7장. 구글 드라이브의 공유 문서함 초대 자동화하기　269

③ 자격 증명을 생성한 뒤에는 이메일에 대한 보안 인증 상태가 '확인 보류 중' 상태인 것을 확인할 수 있습니다. 본인이 입력한 이메일로 인증 내역을 확인한 후 인증을 마무리합니다.

[그림 7-79] 이메일 인증 대기

④ 이메일 인증이 완료되었다면, 다음과 같이 확인할 수 있습니다.

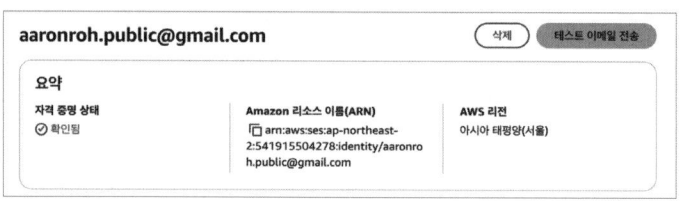

[그림 7-80] 이메일 인증 완료

이어서 reportGoogleDriveFolderHistory 람다 함수로 이동해 동작 테스트를 진행하겠습니다.

① 람다 함수에서 [테스트] 탭으로 이동합니다.

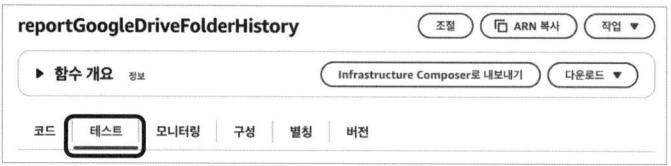

[그림 7-81] 동작 테스트 진행

② 별도로 다른 내용은 수정하지 않은 채로 [테스트] 버튼을 눌러 람다 함수를 호출합니다.

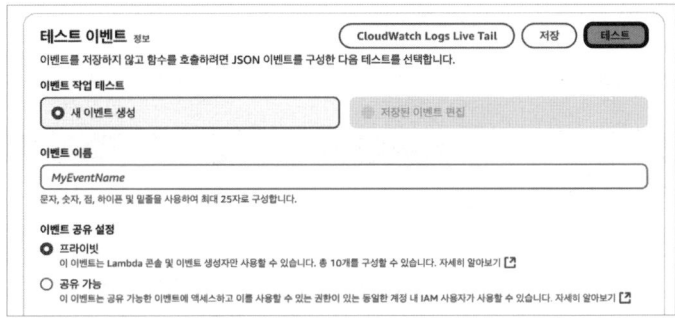

[그림 7-82] 람다 함수 호출

③ 다음 결과와 함께 이메일을 받게 됩니다.

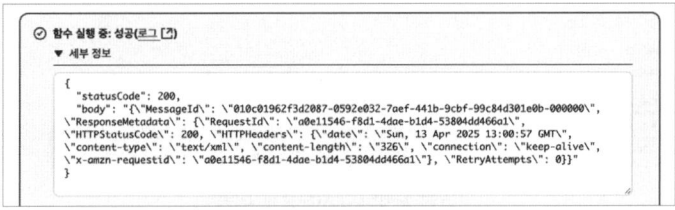

[그림 7-83] 결과 내용

[그림 7-84] 결과 이메일

마지막으로, 매주 특정 날짜에 이메일을 받아볼 수 있도록 이벤트 브리지와 연결하겠습니다.

① AWS 이벤트 브리지 대시보드인 아래 경로로 이동합니다.

URL https://ap-northeast-2.console.aws.amazon.com/events/home

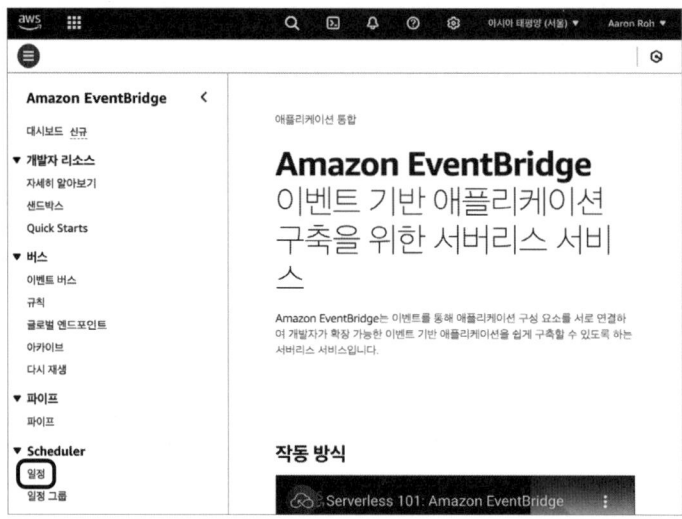

[그림 7-85] 대시보드로 이동

② 좌측의 네비게이션 바에서 'Scheduler' > '일정'을 클릭합니다. 그럼 다음 화면이 보일 것입니다. 여기서 [일정 생성] 버튼을 클릭합니다.

[그림 7-86] 일정 생성

③ 일정 세부 정보 지정에서 일정 이름을 작성합니다. 여기서는 이벤트 브리지 일정과 구분할 수 있도록 send-email-every-monday로 작성했습니다. 일정 패턴에서는 반복 일정을 선택합니다. 그리고 시간대는 UTC+09:00 Asia/Seoul 로 선택합니다. 유형은 Cron 기반 일정을 선택해 특정 시간에 동작할 수 있게 합니다. Cron 표현식은 0 9 ? 1 2 *으로 지정했습니다. 이는 매 월요일 오전 9시마다 동작한다는 것을 의미합니다.

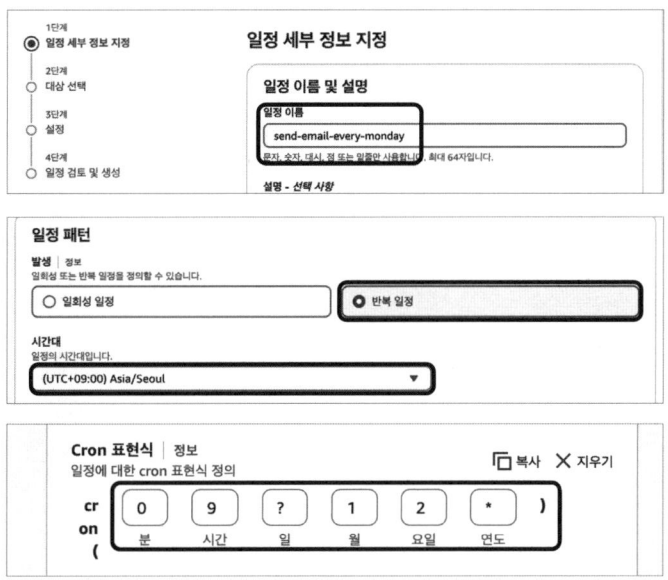

[그림 7-87] 일정 세부 정보 지정

> **TIP** Cron 표현식에 대한 내용은 이 책에서는 자세히 다루지 않습니다. 보다 더 자세한 내용을 알고싶다면 IBM에서 정리한 Cron 표현식 문서를 읽어보기 바랍니다.
> · https://www.ibm.com/docs/ko/urbancode-release/6.1.0?topic=interval-cron-expressions-defining-frequency

④ 우리가 설정한 시간대에 이벤트 브리지가 동작하면 어떤 행동을 할지도 정의해야 합니다. 이는 대상 선택에서 정할 수 있으며, AWS Lambda Invoke를 선택해 람다 함수를 호출할 수 있도록 합니다.

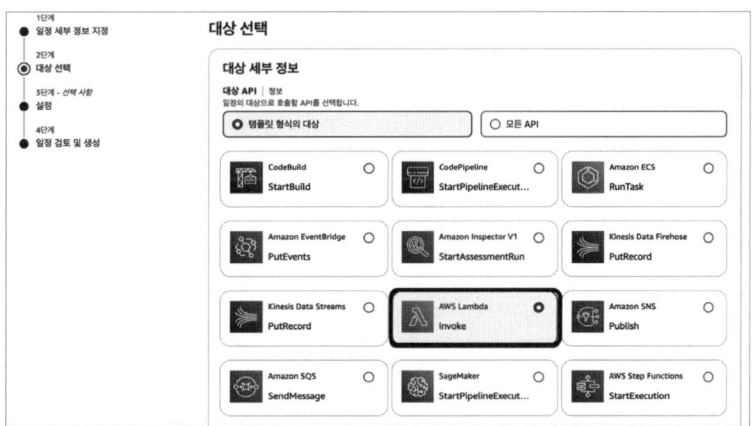

[그림 7-88] 대상 선택

7장. 구글 드라이브의 공유 문서함 초대 자동화하기 **273**

⑤ 호출할 Lambda 함수로 'reportGoogleDriveFolderHistory'를 선택합니다. '페이로드'는 별다른 값 없이 빈칸으로 두겠습니다. 이제 [일정 검토 및 생성단계로 건너뛰기] 버튼을 클릭합니다.

[그림 7-89] 호출 함수 선택

⑥ 본인이 올바르게 입력했는지 재확인하고 [일정 생성] 버튼을 클릭합니다.

[그림 7-90] 일정 검토

[그림 7-91] 일정 생성

⑦ 이벤트 브리지의 일정을 생성하는 것을 마쳤습니다. 이제 매주 월요일 오전 9시에 공유 문서함에 대한 이메일을 받을 수 있게 되었습니다.

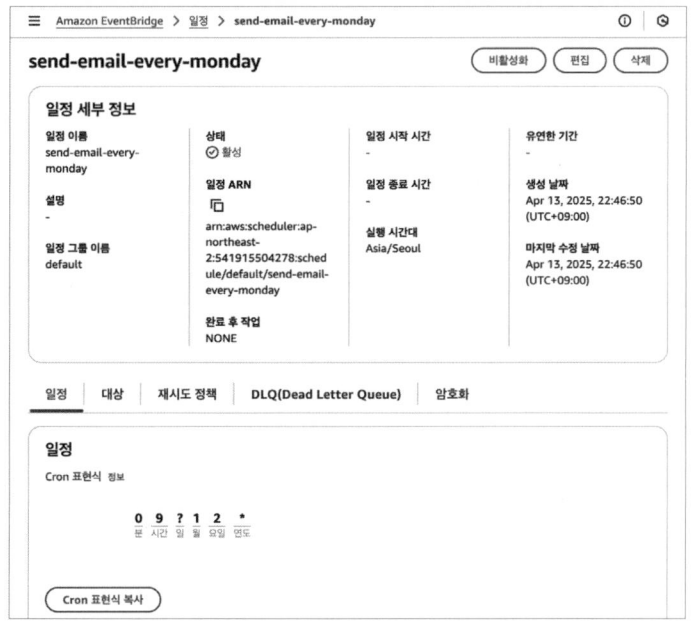

[그림 7-92] 일정 생성 완료

7장. 구글 드라이브의 공유 문서함 초대 자동화하기 275

지금까지 구글 드라이브의 공유 문서함에 대한 초대를 자동화하는 프로젝트를 진행했습니다. AWS 람다, API 게이트웨이, S3, 이벤트 브리지를 다뤄보면서 이전의 프로젝트보다 더 다양한 AWS 내의 서비스를 응용해 프로젝트를 진행했습니다.

이 프로젝트의 진행을 완전히 마친 뒤에는 반드시 AWS에서 생성했던 리소스를 제거해서 더 이상 이메일을 받지 않길 바랍니다.

앞으로 남은 네 가지 프로젝트는 AWS의 클라우드 서비스가 아닌 마이크로소프트 애저^{Azure} 클라우드 서비스를 사용해 진행하게 됩니다. 지금까지 따라해보며 배운 AWS의 지식을 다시 다듬고 직접 새로운 프로젝트도 만들어 볼 수 있기를 바랍니다.

7.11 부록 - 필자가 작성한 사용자 스토리

> **사용자 스토리 7-1**

이메일 입력 시 자동으로 초대하는 기능

1. 이메일을 입력한다.
2. 존재하는 이메일을 입력한 경우
    a. 공유 문서함에 입력한 이메일을 초대한다.
3. 존재하지 않는 이메일을 입력한 경우
    a. "존재하지 않는 이메일입니다." 문구를 제공한다.

인증번호 확인 기능

1. 사전에 인증번호를 발급받는다.
2. 인증번호와 이메일을 입력한다.
3. 인증번호가 올바른 경우
    a. 공유 문서함에 입력한 이메일을 초대한다.
4. 인증번호가 올바르지 않은 경우
    a. "올바르지 않은 인증번호입니다." 문구를 제공한다.

인증번호 만료 시간 설정 기능

1. 인증번호를 발급받는 페이지에 접속한다.
2. 만료되는 시각을 설정하고 발급 버튼을 누른다.
3. 만료되는 시각과 함께 인증번호를 받는다.

권한 부여 현황 리포트 발송 기능

1. 이메일 입력 시 자동으로 초대하는 과정에서 시각과 추가되는 이메일을 기록한다.
2. 매일 정해진 시간에 기록된 내용을 업무 메신저를 통해 권한 관리자에게 전달한다.

"해커톤, 지금 당장 도전해보세요!"

Chapter 8

1인 가구의
장 함께 보기

1인 가구의 비율이 점차 늘어나며 이들을 위한 맞춤형 서비스가 다양해지고 있습니다.

이 장에서는 1인 가구의 일상 속 불편함을 해결하는 아이디어를 도출하고, 필요한 기능을 구체화하고 만들어봅니다.

8.1 아이디어 도출하기

8장에서는 '1인 가구의 장 함께 보기'를 진행하려고 합니다. 이번에도 제일 먼저 마인드맵으로 아이디어를 도출해보겠습니다.

마인드맵 기법

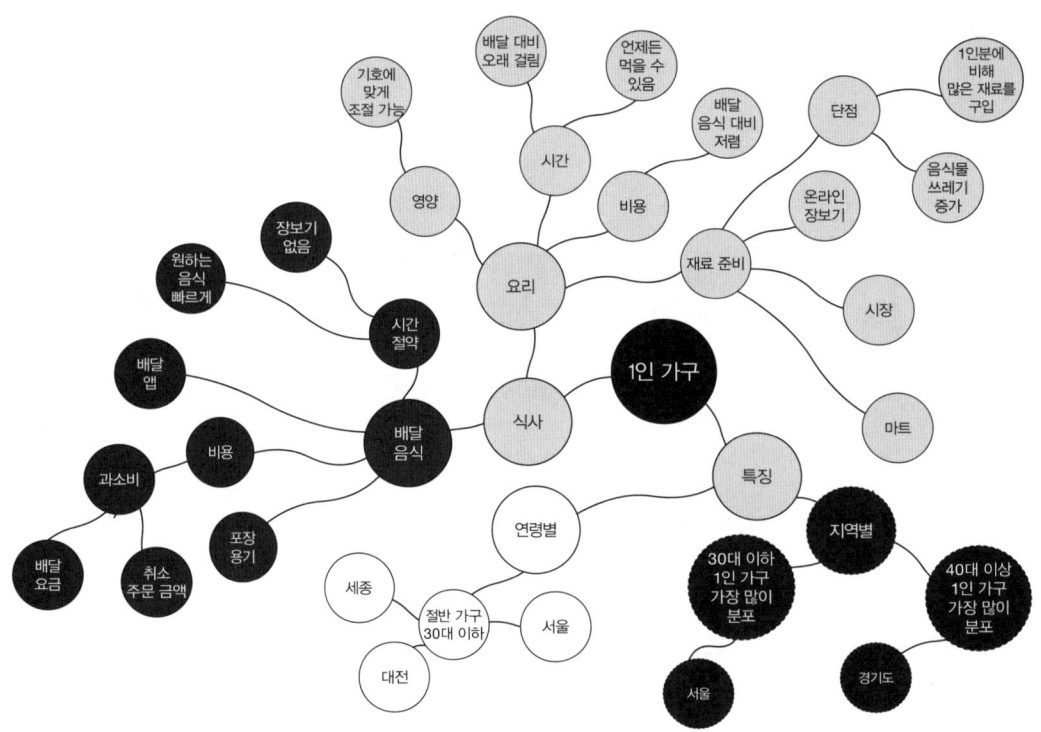

[그림 8-1] 1인 가구의 장 함께 보기 마인드맵

중심 키워드를 1인 가구로 정해 마인드맵을 구성했습니다. 가장 먼저 1인 가구의 **식사**와 **특징** 키워드로 구성했습니다.

식사 키워드로 작성한 내용으로는 **배달 음식**, 요리가 있습니다. 배달 음식 키워드에서는 요리하는 시간이 없으므로 **시간**을 **절약**할 수 있으나, 비용적인 면에서는 **배달 요금**과 **최소 주문 금액**으로 인해 과소비할 수 있는 특징이 있고 포장 용기가 생긴다는 점이 있습니다.

그렇지만 장을 보지 않고 원하는 음식을 편하게 먹을 수 있다는 장점이 있지만, **배달 요금**과 **최소 주문 금액**으로 인해서 1인 가구에게 과소비를 부추길 수 있는 단점이 있습니다. 또한 영양적인 부분에서는 배달 음식의 종류에는 치킨과 피자같이 자극적인 음식이 많다는 점이 있습니다.

요리 키워드에는 **영양**, **시간**, **비용**에 대해 구성했습니다. 직접 요리하면 기호에 맞게 재료를 조절할 수 있어 알맞은 영양분으로 구성할 수 있고, 시간 면에서는 **배달 음식**에 비해 준비하는 시간이 오래 걸리지만 언제든 해 먹을 수 있다는 점이 있습니다. 비용 키워드에서는 배달 음식에 대비해 요리하는 것이 **저렴하다는** 점이 있습니다. 그리고 **재료 준비** 키워드가 있습니다. 재료 준비 방법으로 **온라인 장보기**, **시장**, **마트**가 있고 단점 키워드로 뻗어가니 1인분에 비해 **많은 재료를 구입하게 되는** 점이 있었고, 이에 따라 **음식물 쓰레기가 많아진다는** 점이 있습니다.

1인 가구의 특징에 대해서도 구성했습니다. 연령을 기준으로, 1인 가구의 절반이 30대 이하인 지역과, 30대 이하 1인 가구가 가장 많이 거주하는 지역, 40대 이상 1인 가구가 가장 많이 거주하는 지역에 대해서 나열했습니다.

1인 가구 주제로 마인드맵을 그려보면서 식사에 대한 정보를 정리하고, 1인 가구의 식사 방법으로 크게 요리와 **배달 음식** 간의 차이를 짚어볼 수 있었습니다.

스캠퍼 기법

1인 가구의 식생활에 대한 아이디어를 도출하기 위해 스캠퍼 기법을 사용해 보기로 합니다.

S Substitute

대체하기 방법을 이용해보겠습니다. 음식점에서 배달, 포장할 때 겪은 불편한 점을 다뤄보겠습니다. 배달 음식을 주문하거나 배달 비용을 아끼려고 포장하는 경우에도 1인 가구에는 음식물 쓰레기만큼이나 골치 아픈 것이 남아 있습니다. 바로 포장 용기입니다. 배달 음식은 장을 보거나 집 안에 음식 냄새가 퍼지지 않아서 좋지만 음식을 먹은 다음에 남는 포장 용기는 부피도 커서 분리수거를 하기 전까지 집 안에 보관해야 합니다. 이러한 점을 토대로, 음식 포장 용기를 일회용기가 아닌 다회용기로 바꾸어 제공하기로 해봅니다.

음식점에서 다회용기를 지급한다면 포장할 때 개인 용기를 챙겨가야 하는 번거로움을 덜 수 있고, 배달할 때에도 이용할 수 있습니다. 음식점에 다회용기를 반납하면 마일리지를 적립하는 정책을 도입한다면, 다회용기를 반납하는 순환이 이뤄지고 음식점에는 일회용기 구입에 대한 비용 절감을, 1인 가구 소비자에게는 일회용기가 발생하면서 늘어나는 재활용 쓰레기를 줄이는 데 도움을 줄 수 있을 것으로 기대됩니다.

C Combine

결합하기 방법을 이용해보겠습니다. 요리해서 끼니를 해결하는 1인 가구가 겪는 문제를 해결해 보려고 합니다. 식재료를 사용할 만큼만 덜고 나머지는 중고 거래를 통해 해결하는 방법을 떠올렸습니다. 그러나 음식은 소분해서 중고 거래를 할 수 없습니다.

식품위생법 시행규칙 제100조 및 별표 27호에 따라 '제조 가공해 최소 판매 단위로 포장된 식품 또는 식품첨가물을 영업허가 또는 신고하지 않고 판매의 목적으로 포장을 뜯어 분할해 판매한 경우 과태료가 부과된다'는 내용이 있습니다.

따라서 마트나 시장에서 장을 보는 과정과 식재료를 구매한 뒤 먹을 만큼만 덜어가는 과정을 한 가지로 결합해 봅니다. 음식을 개별적으로 산 후 소분해서 파는 것이 아니라 함께 장을 볼 사람을 구하고 필요한 만큼만 가져갈 수 있도록 사람을 모으는 것입니다. 그러면 1인 가구가 장을 보면서 생기는 식재료 구입 단위에 대한 부담과 이로 인한 과소비와 음식물 쓰레기 양 증가 문제에 대해 해결할 수 있을 것입니다.

더불어 마트나 시장에서 식재료를 바로 사고 각자 가져갈 양을 나누니, 신선식품의 위생 상태도 믿을 수 있다는 장점까지 얻게 됩니다. 편의점에서 판매하는 1인 가구를 위한 소포장 식재료보다 저렴한 가격에 신선한 식재료를 구매할 수 있습니다.

1인 가구의 식생활에 대한 내용으로 두 가지의 아이디어를 도출해 봤습니다. 이 중에서 결합하기 방법으로 도출한 아이디어를 선택하고, 앞으로 이 아이디어에 대해 부르기 쉽도록 명칭을 '1인 가구 장 함께 보기'로 정하겠습니다.

스마트 기법

이번 스마트 기법을 통해서 '1인 가구 장 함께 보기' 제품은 목표가 무엇이고 무엇을 해결할 것인지를 정합니다. 이 제품의 최초 목표는 '1인 가구 장보기의 만족도 높이기'로 정하겠습니다. 그럼, 스마트 기법을 사용해 이 목표를 점검해보겠습니다.

S Specific

목표가 구체적인지 확인해보겠습니다. '1인 가구 장보기의 만족도 높이기'에는 소포장 제품부터 1인 가구를 위한 정보 제공, 시장이나 마트의 고객 친절도가 포함될 수 있습니다. 목표 설정 전에 만들고자 하는 제품의 대상은 집에서 요리해 끼니를 해결하는 1인 가구이므로 좀 더 범위를 구체화해서 '1인 가구 장보기의 식재료 구입 만족도 높이기'로 설정하겠습니다.

M Measurable

측정 가능한 목표인지 보겠습니다. '1인 가구 장보기의 식재료 구입 만족도 높이기' 목표에서는 얼마만큼 만족도를 높일 것인가에 대해서는 알기 어렵습니다. 따라서 여럿이 방향성을 정할 때 각기 생각하는 수치가 다르게 되므로, 이를 측정 가능하도록 수치화해야 합니다.

식재료 구입에 대한 만족도는 어떻게 평가해야 할지 기준을 세우는 것도 중요합니다. 만족도는 제품을 한 번 이상 사용해 본 사용자를 대상으로 설문을 통해 사용 이전 대비 비용 절감 체감 수치와 음식물 쓰레기 증가로 인한 번거로움에 대한 개선 체감 수치를 매기기로 합니다. 측정 가능한 목표를 위해 만족도를 수치로 두어 '1인 가구 장보기의 식재료 구입 만족도를 10% 높이기'로 정했습니다.

A Attainable

달성 가능한 목표인지 확인해보겠습니다. 다가구 기준으로 판매하고 있는 식재료에 대해서 1인 가구가 여럿이 모여 함께 구입하는 경우, 저렴한 가격으로 신선한 제품을 정량만 구매할 수 있게 하는 것이 제품의 특징입니다. 이 상황에서는 만족도에 대해 달성 가능 여부 수치를 정하기가 어려우므로 목표치인 10%로 설정하도록 합니다. 따라서 '1인 가구 장보기의 식재료 구입 만족도를 기존 대비 10% 높이기'로 정합니다.

R Relevant

현실적이고 관련된 목표인지 점검해 보는 차례입니다. 우리가 만들고자 하는 제품이 이 목표와 관련되었는지 점검해 봅니다. 1인 가구가 모여 마트나 시장에서 식재료를 구입하고 나누도록 공간을 마련하는 것입니다. 이를 통해 구입 만족도가 높아지는 것이 기대되므로 목표를 유지하기로 합니다.

T Time-bound

기한을 설정해야 합니다. 기한을 설정하지 않는다면 '1인 가구 장보기의 식재료 구입 만족도를 기존 대비 10% 높이기'라는 목표가 제품의 방향에 도움을 주기 어렵습니다. 제품의 출시 후 1분기 이내에 만족도를 10% 높이는 것으로 목표를 설정합니다.

이로써 목표를 '1분기 이내에 1인 가구 장보기의 식재료 구입 만족도를 기존 대비 10% 높이기'로 설정했습니다.

8.2 구현 기능 범위 정하기

가까운 위치에 있는 사용자들이 함께 모여서 장을 보고 식재료를 나눠 가져갈 수 있는 서비스를 만들려고 합니다.

장을 보길 원하는 사용자들이 서로 쉽게 모일 수 있게 하려면 현재 위치 정보를 통해 함께 장을 볼 수 있는 그룹을 구성해야 합니다. 그리고 각자 구매하고 싶은 식재료가 다를 수 있으므로, 그룹을 만든 사람은 장을 보러 가는 그룹의 정보에 어떤 물건을 살 건지 적을 수 있게 제공해야 합니다. 그리고 낯선 사람인 경우 함께 장을 보는 것에 부담을 느끼는 사용자도 있을 것을 고려해 이를 최소화하고자 비슷한 연령대와 같은 성별끼리 장을 볼 수 있도록 참여 필터링을 설정하는 기능을 제공하려고 합니다.

함께 장을 본 뒤, 다음에 이 앱을 이용할 때도 함께 장을 보러가도 괜찮은지 그룹원 평점을 매기는 리뷰 기능과 장을 모두 본 뒤 정산하기 기능을 제공하도록 합니다. 이 기능들을 사용자 스토리로 풀어보겠습니다. [사용자 스토리 8-1]

정리한 기능으로는 '장을 보러 가는 그룹 만들기' '장을 보러 가는 그룹 찾기' '그룹 참여자의 조건 추가하기' '그룹원 평점 달기 기능' 그리고 '정산하기' 기능이 있습니다. '1분기 이내에 1인 가구 장보기의 식재료 구입 만족도를 기존 대비 10% 높이기'를 달성할 수 있는 기능인지 살펴보면서 핵심 기능 세 가지를 정하겠습니다.

사용자들이 이 제품을 통해서 식재료를 정량만 구입할 수 있게 해결할 수 있는지에 대해서 우선순위를 두어 나열했습니다.

1. 장을 보러 가는 그룹 만들기
2. 장을 보러 가는 그룹 찾기
3. 그룹 참여자의 조건 추가하기

이렇게 세 가지를 핵심 기능으로 정한 이유에 관해서 설명하겠습니다. 이 제품은 마트나 시장에서 장을 보려고 하는 1인 가구에 자신과 비슷한 요구사항을 가진 사람들을 쉽게 찾아주는 역할을 합니다. 그러므로 그룹원 평점 달기와 같은 세세한 기능보다 요구사항을 완전히 충족시키는 것을 우선으로 두었습니다.

따라서 '그룹 만들기'와 '그룹 참여하기' 기능을 먼저 핵심 기능에 두었습니다. 그룹이 만들어져 실제로 대면해 다 함께 장을 보러 가며 느끼는 경험은 곧 제품이 주는 경험입니다. 모르는 사람과 장을 보러 가는 것에 부담을 느끼면서 제품을 다시 이용하지 않는 경우에 대한 완충제의 역할로 그룹 참여자의 조건 추가를 핵심 기능에 넣었습니다.

사용자 스토리 8-1

장을 보러 가는 그룹 만들기

1. 장 보러 가는 그룹 만들기를 누른다.
2. 장을 보러 가는 날짜, 시간, 마트를 정한다.
3. 구매하려는 품목을 입력한다.

장을 보러 가는 그룹 찾기

1. 홈의 지도 화면에서 자신 주변에 표시된 그룹을 선택한다.
2. 참여를 누른다.

그룹 참여자의 조건 추가하기

1. 장 보러 가는 그룹 만들기를 누른다.
2. 장을 보러 가는 그룹 만들기에 필요한 내용을 입력한다.
3. 그룹 연령대 설정을 활성화한 경우
    a. 20대~90대 사이에서 범위를 선택한다.
        i. 연령대를 단일 선택한다.
        ii. 20~30대 선택과 같이 연속적으로 다중 선택한다.
4. 그룹 연령대 설정을 비활성화한 경우
    a. 모든 연령대가 참여할 수 있다.
5. 성별 설정을 활성화한 경우
    a. 동성만 참여할 수 있다.
    b. 모두 참여할 수 있다.
6. 성별 설정을 활성화하지 않은 경우
    a. 모두 참여할 수 있다.

그룹원 평점 달기

1. 장을 보러 가는 시간이 지나면 기능이 활성화된다.
2. 리뷰할 그룹원을 선택한다.
3. 친절도, 약속 시간 준수 항목에 대해 별점을 매긴다.
4. 다음에 함께 장을 보러가도 괜찮은지 선택한다.

정산하기

1. 장을 본 뒤, 정산하기 버튼을 누른다.
2. 총 금액을 입력한다.
3. 그룹장의 계좌번호와 정산 금액을 그룹원들에게 보낸다.

그렇다면 '그룹원 평점 달기' '정산하기'에 대해 핵심 기능으로 두지 않은 이유도 함께 덧붙여 보려고 합니다. 그룹원 평점 달기 기능과 정산하기 기능은 장을 본 뒤 사용자에게 제공하는 기능입니다. 평점 달기를 통해서 다음에도 편한 장보기를 하러 갈 수 있고, 정산하기 기능을 통해서 그룹장이 결제한 명세를 쉽게 송금할 수 있습니다. 하지만 새롭게 제품을 만드는 시기인 만큼 사용자들이 기대하는 기본적인 기능을 먼저 충실하게 제공한 뒤, 세세한 기능을 추가하는 것을 고려했습니다.

이렇게 목표 달성을 위해서 어떤 기능을 핵심 기능으로 내세워 진행해야 하는지 정리해 봤습니다.

8.3 주어진 상황을 고려한 기술 스택 정의하기

이번에는 '1인 가구의 장 함께 보기' 프로젝트의 기술적인 설계를 진행합니다. 이 프로젝트에는 세 가지의 핵심 기능이 있습니다.

1. 장을 보러 가는 그룹 만들기
2. 장을 보러 가는 그룹 찾기
3. 그룹 참여자의 조건 추가하기

그룹을 생성하고 그 안에 그룹원, 즉 구별이 가능한 사용자 개념이 들어갑니다. 사용자 개념을 두기 위해서 기본적인 로그인 기능을 고려합니다. 사용자는 장을 함께 보려고 할 때 이 제품을 사용할 것입니다. 따라서 마트나 시장 영업 시간이 아닌 새벽 시간에는 사용 빈도가 낮고, 퇴근 이후 저녁 시간대에는 사용량이 증가할 것으로 예상합니다.

4장. 일주일 치 구내식당 식단표, 하루 단위로 확인하기 프로젝트에서 언급한 서버리스의 특징처럼, 짧은 기간 동안 제품을 선보이는 해커톤에서 인프라 구성의 고민 없이 기능을 빠르게 구현하고 선보일 수 있다는 점은 매우 큰 장점으로 다가옵니다.

이번 프로젝트에서는 AWS 클라우드를 이용한 서버리스 환경을 이용하려고 합니다. AWS의 서버리스 제품인 람다를 이용합니다. 5장. 주말에 갈 캠핑장 찾기 프로젝트에서는 람다 함수를 실행하기 위해 HTTP 요청을 이용하고자 API 게이트웨이를 트리거로 구성했습니다.

그리고 이와 함께 이벤트 소스 타입을 사용합니다. 이벤트 소스 타입을 이용하면 람다 함수는 HTTP 트리거 대신, 이벤트를 통해 동작하게 됩니다. 이러한 이벤트를 발행하고 람다가 이를 처리하기 위해서는 AWS SNS^{Simple Notification Service}를 사용합니다.

AWS SNS는 애플리케이션에서 애플리케이션으로 알림을 보내거나 애플리케이션에서 고객에게 SMS 문자, 이메일을 보낼 수 있는 관리형 서비스입니다. AWS 람다는 사용한 시간에 비례해 비용을 청구합니다. 따라서 람다 함수가 다른 람다 함수를 호출하는 구조라면, HTTP 요청 대신 비동기적으로 처리하기 위해 이벤트 소스를 사용하는 게 좋습니다. HTTP 요청을 하지 않고 SNS를 사용하는 이유와 이렇게 구성할 때 가지는 차이점에 대해서는 '람다 함수 간 데이터 전달하기'에서 다루겠습니다.

그리고 AWS의 API 게이트웨이 기능을 사용합니다. API 게이트웨이를 통하면, 람다 함수를 구현한 뒤 변경 사항을 안전하게 배포하기 위한 기능을 제공하고 다른 AWS 서비스와 유연하게 연동을 할 수 있기 때문입니다.

또한 사용자의 회원 가입과 로그인을 위해 AWS의 Cognito를 이용할 것입니다. Cognito는 웹과 모바일에 대한 인증, 권한 부여와 사용자 관리를 제공합니다. 이를 통해서 사용자는 직접 로그인하거나 구글, 애플, 네이버, 카카오의 로그인하기 기능을 이용할 수 있습니다. Cognito는 API 게이트웨이와 연동이 가능해 특정 람다 함수는 로그인해야 사용할 수 있는 등의 인증 로직을 유연하게 변경할 수 있습니다.

사용자들이 생성하는 장을 보러 가는 그룹, 그룹의 참여자와 조건을 저장하는 데이터베이스로는 DocumentDB를 사용합니다. DocumentDB는 MongoDB와 호환되는 AWS의 관리형 NoSQL 데이터베이스입니다. AWS의 관리형 NoSQL 데이터베이스라는 점이 DynamoDB와 동일해 보이지만, DynamoDB는 키-값으로 이루어지는 데이터베이스이며, 이번에 사용하는 DocumentDB는 JSON 형식의 문서로 저장되는 데이터베이스입니다.

 결정된 기술 스택

'1인 가구의 장 함께 보기'의 개발 기술 스택으로, AWS SNS, 람다, API 게이트웨이, Cognito, DocumentDB로 정했습니다.

8.4 서비스 아키텍처 구성하기

위에서 정의한 기술 스택, 즉 AWS 람다, API 게이트웨이, DocumentDB를 이용해서 이제 서비스 아키텍처를 구성하겠습니다.

람다가 어떻게 서로 통신하고, 장을 보러 가는 그룹과 그룹원 그리고 참여자들의 희망 그룹 조건을 담은 데이터베이스인 DocumentDB에는 어디에서 접근하는지를 볼 수 있는 아키텍처를 설계합니다.

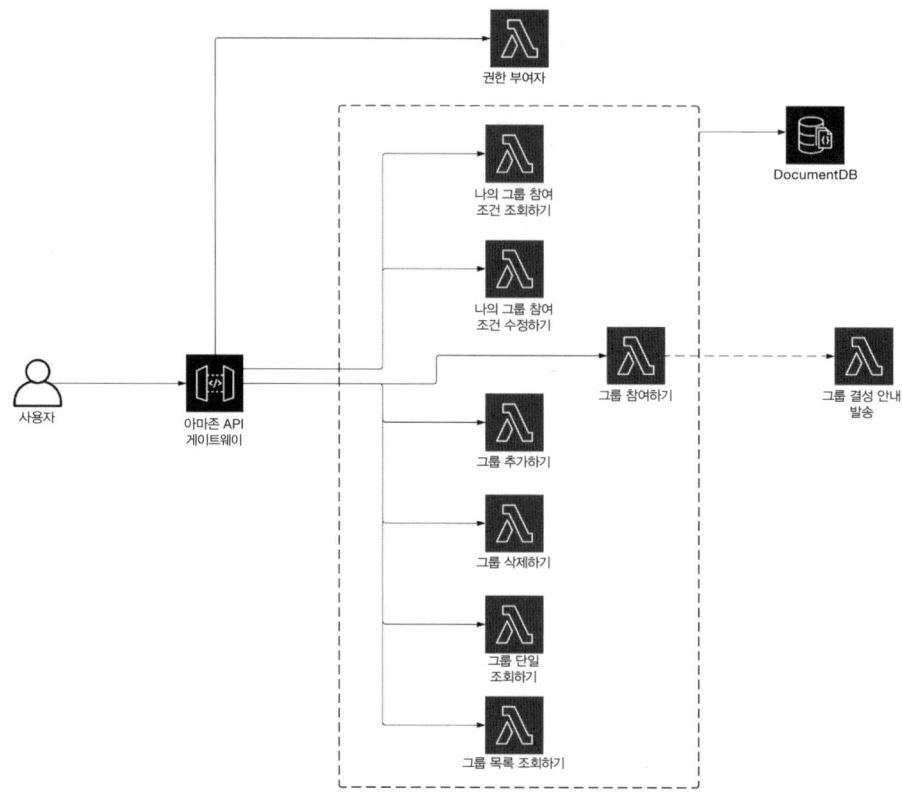

[그림 8-2] 전체 아키텍처

전체 아키텍처를 설계했습니다. 사용자의 앞단에는 API 게이트웨이가 있습니다. 사용자의 브라우저 환경에서 API 게이트웨이를 통해 람다 함수를 호출합니다. 로그인한 경우에만 사용할 수 있는 기능에 대해서는 API 게이트웨이의 권한 부여자 기능을 통해 사용자를 인증합니다.

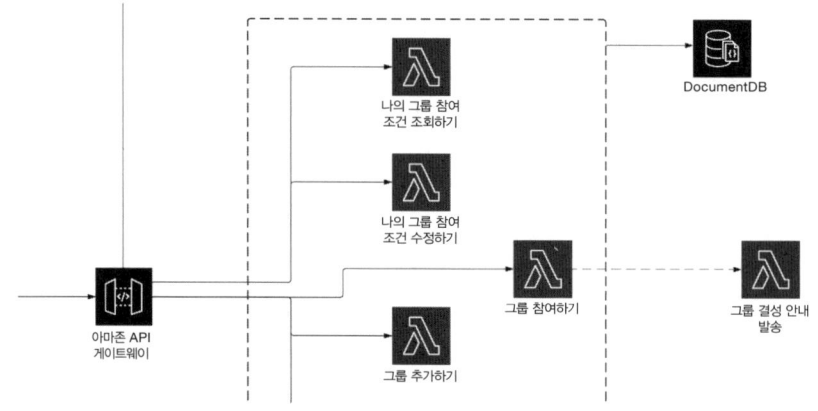

[그림 8-3] 사용자 인증

API 게이트웨이를 통해 호출하는 람다 함수에는 사용자의 그룹 참여 조건을 수정하고 조회하기 기능, 그룹을 추가하거나 삭제하고 조회하는 기능, 그룹에 참여하는 기능이 있습니다. 이 함수는 DocumentDB에 연결해 필요한 데이터를 가져오고 저장합니다.

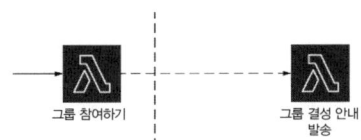

[그림 8-4] 그룹 결성 안내 SMS 발송

그룹 참여하기 람다 함수는 '그룹 결성 안내 SMS 발송' 기능을 담당하는 람다 함수를 비동기 호출해 그룹 참여자에게 SMS를 보내는 동작을 수행하게 됩니다. 동기 호출을 진행하지 않고, 비동기 호출을 하도록 설계한 이유는 사용한 만큼만 요금을 지불하는 AWS 람다의 요금 정책과 밀접한 관련이 있습니다. 이에 대해서는 다음 절에서 이어서 다루겠습니다.

8.5 람다 함수 간 데이터 전달하기

이 절에서는 람다 함수 간의 데이터를 전달하는 방법에 대해 다룹니다. 람다 함수를 실행하는 방법으로는 크게 세 가지가 있습니다.

1. 동기식 호출
2. 비동기식 호출
3. 이벤트 소스 매핑

동기식 호출을 하는 경우에는 람다 함수를 실행하고 다른 동작은 수행하지 않으며 응답을 기다립니다.

비동기식 호출은 S3, SNS와 같은 여러 AWS 서비스에서 사용하는 방법으로 함수를 비동기적으로 호출해 이벤트를 처리합니다. 람다 함수에서 비동기식으로 함수를 호출하는 경우에는 응답을 기다리지 않습니다. 특정 데이터를 담은 응답이 오지 않더라도 이벤트를 전달받은 람다 내에서는 동작을 처리하므로 SMS 메시지를 발송하는 작업의 수행이 가능합니다.

이벤트 소스 매핑은 이벤트 소스에서 읽어서 람다 함수를 호출하는 방법입니다. DynamoDB, 키네시스Kinesis, MQ, 완전관리형 아파치 카프카Apache Kafka, 자체 관리형 아파치 카프카, SQS의 서비스에서 이벤트 소스 매핑을 제공합니다. 이를 이용하면 람다 함수를 바로 호출하지 않고 처리할 수 있습니다.

이 중에서 동기식 호출과 비동기식 호출에 대해 더 언급해보고자 합니다. 이 프로젝트의 기능에서는 그룹에 참여하면 그룹 결성을 안내하는 SMS를 발송하는 동작이 있습니다. 우리가 설계한 아키텍처에서 이용한 방식은 비동기식 호출을 이용한 설계입니다. 그렇다면 람다의 특성과 함께 동기식 호출을 할 때와 비동기식 호출을 할 때는 과금 방식에서 다른 점이 생깁니다.

AWS 람다 함수는 사용만 만큼만 비용을 지불합니다. 즉, 람다 함수의 코드가 실행을 시작한 시간부터 함수가 종료될 때까지의 시간을 계산해 요금을 청구하게 됩니다. 동기식 호출을 이용해 그룹 참여 시 SMS를 발송하는 순서를 나타내고자 순서도를 준비했습니다.

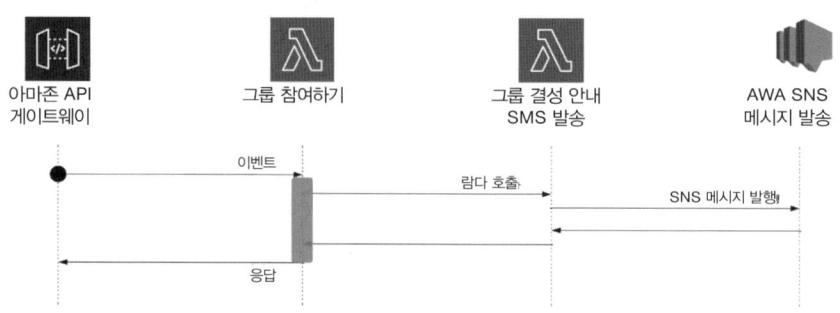

[그림 8-5] 동기식 호출의 순서도

먼저 API 게이트웨이에서 '그룹 참여하기' 람다 함수를 호출합니다. 그리고 이 람다에서는 '그룹 결성 안내 SMS 발송' 람다 함수를 동기식으로 호출합니다.

다음은 비동기식 호출 이용해 그룹 참여 시 SMS를 발송하는 설계입니다. API 게이트웨이에서 '그룹 참여하기' 람다 함수를 호출합니다. '그룹 참여하기' 람다 함수에서는 SNS 토픽에 메시지를 발행하게 됩니다. 이 이벤트는 '그룹 결성 안내 SMS 발송' 람다 함수에 전달되어서 람다 함수 내에서는 사용자에게 SMS를 발송하는 AWS SNS 메시지를 발행합니다.

AWS 문서에서는 람다 함수에서 람다 함수를 호출하는 경우, 비동기식 호출을 권장하고 있습니다.

동기식 호출의 시퀀스 다이어그램을 보겠습니다. '그룹 참여하기' 함수는 '그룹 결성 안내 SMS 발송' 함수를 호출하고 응답을 받는 과정을 포함합니다. 함수를 실행한 시간만큼만 비용을 지불하는 람다에서는 이러한 패턴은 비용의 증가로 이어집니다. '그룹 결성 안내 SMS 발송'의 시간만큼 '그룹 참여하기' 함수의 실행 시간이 길어지기 때문입니다. 또한 오류 핸들링, 높은 결합도, 확장성에도 영향을 미칩니다.

람다 함수에서 람다 함수를 호출하게 되면 오류 핸들링이 복잡해집니다. '그룹 결성 안내 SMS 발송'에서 발생한 오류로 인해 '그룹 참여하기' 함수부터 다시 실행해야 하는 상황이 발생할 수 있습니다.

높은 결합도 측면에서는 전체적인 가용성이 가장 느린 람다 함수에 의해 결정됩니다.

확장성으로는 '그룹 참여하기'와 '그룹 결성 안내 SMS 발송' 람다 함수의 동시성 수를 모두 같게 설정해야 하는 점이 있습니다. 내부에서 람다 함수를 호출하고 응답을 기다리는 '그룹 참여하기' 함수의 수행 시간이 지연되므로 호출량이 빈번한 상황에서는 더 많은 동시성 수가 필요하게 됩니다.

비동기식 호출 방법으로는 람다 함수 내에서 다른 람다 함수를 비동기식으로 호출하는 방법, AWS SNS에 메시지를 전송해 람다 함수를 실행하는 방법이 있습니다.

이 중에서는 AWS SNS를 이용한 방법을 사용했습니다. SNS를 이용하면 람다 함수에 코드 오류가 있는 등의 이유로 람다에 도달할 수 없거나 메시지가 거부되는 경우에 몇 시간 동안의 간격을 늘리면서 재시도를 처리할 수 있습니다. 이를 통해서 발송한 메시지가 유실되는 위험을 덜 수 있는 장점이 있습니다.

8.6 REST API 스펙 설계하기

API 게이트웨이를 통해 호출하는 람다 함수에 대해서 REST API 스펙을 설계합니다. API는 람다별로 역할을 하나씩 합니다. 다음은 제공해야 하는 API 목록입니다.

1. 그룹 추가하기
2. 그룹 삭제하기
3. 그룹 단일 조회하기
4. 그룹 목록 조회하기
5. 그룹 참여하기
6. 나의 그룹 참여 조건 조회하기
7. 나의 그룹 참여 조건 수정하기

그룹 추가하기

그룹 추가하기 API를 먼저 설계하겠습니다. 우선 '그룹'이라는 리소스에 대해 다루므로 API 경로는 /groups로 지정합니다. '그룹'이라는 리소스를 생성하는 행동을 하므로 HTTP 메서드는 POST로 정했습니다. 그룹을 생성할 때, 그룹 이름과 참여 조건이 필요합니다.

이를 종합해 다음과 같이 구성합니다.

```
POST /groups
```

요청 헤더
```
Authorization
```

요청 Body
```
{
  "name": "그룹 이름",
  "participation_conditions": [
    {
      "place": "∞마트 시청점"
    }
  ]
}
```

요청 Body에서는 name 필드에 '그룹 이름'을, participation_conditions 필드에는 배열 형태로 참여 조건을 추가할 수 있도록 했습니다. 응답으로는 그룹의 ID, 이름, 참여 조건을 제공하기로 합니다.

따라서 다음과 같이 구성했습니다.

응답 상태 코드
```
201 Created
```

응답 Body
```
{
  "id": "1",
  "name": "그룹 이름",
  "participation_conditions": [
    {
      "place": "∞마트 시청점"
    }
  ]
}
```

응답 상태 코드
```
400 Bad Request
응답 Body
{
  "message": "그룹 이름이 올바르지 않습니다."
}
```

그룹 삭제하기

다음으로는 그룹 삭제하기 API를 설계하겠습니다. 경로는 /groups/:id로 두었습니다. 어떤 그룹을 삭제할지 알아야 하므로, 그룹 ID를 경로 파라미터로 전달합니다. 이 API에서는 리소스를 삭제하는 행위를 하므로 HTTP 메서드는 DELETE를 사용합니다.

따라서 다음과 같이 구성했습니다.

```
DELETE /groups/:id
요청 헤더
  Authorization
요청 파라미터
  id : 그룹 ID
응답 상태 코드
  204 No Content
  403 Forbidden
  404 Not Found
```

응답 Body는 제공하지 않으려고 합니다. 따라서 정상적인 응답임을 표시하기 위해서 204 상태 코드를 제공합니다. 204 상태 코드는 요청에 따른 행동을 했으면서 추가 정보가 제공되지 않는 즉, 응답 결과가 비어 있는 경우에 대한 상태 코드입니다. 따라서 Response Body의 값이 오지 않습니다. 403 상태 코드는 인가에 대해 실패한 경우 나타내는 상태 코드입니다. 내가 소유하지 않은 그룹을 삭제하려고 할 때 제공합니다. 404 상태 코드는 그룹을 찾을 수 없는 경우에 제공합니다.

그룹 단일 조회하기

다음으로는 '그룹 단일 조회 API'를 설계합니다. API 경로는 /groups/:id로 정합니다. 리소스를 조회하는 API이므로 HTTP 메서드는 GET으로 지정합니다. 그리고 경로 파라미터로 그룹의 ID를 전달합니다. 응답 Body에는 그룹의 ID, 이름, 참여 조건을 받게 됩니다.

따라서 다음과 같이 구성하고자 합니다.

```
요청 파라미터
  id : 그룹 ID

응답 상태 코드
  200 OK

응답 Body
  {
    "id": "1",
    "name": "그룹 이름",
    "participation_conditions": [
      {
        "place": "∞마트 시청점"
      }
    ]
  }

응답 상태 코드
  404 Not Found
```

그룹 목록 조회하기

다음으로는 '그룹 목록 조회하기 API'를 설계합니다. '그룹 단일 조회 API'와 비슷하게 그룹을 조회하지만, 여러 그룹 정보를 한번에 목록으로 제공한다는 점에서 차이가 있습니다. API 경로는 /groups으로 정합니다. 그리고 '그룹'이라는 리소스를 조회하므로 HTTP 메서드는 GET을 사용합니다.

```
GET /groups
```

요청 헤더

```
Authorization
```

요청 쿼리 파라미터

응답으로는 아래와 같이 각 그룹의 ID, 이름, 참여 조건을 제공하며 이 정보를 배열에 담아 제공합니다.

응답 상태 코드

```
200 OK
```

응답 Body

```
[
  {
    "id": "1",
    "name": "그룹 이름",
    "participation_conditions": [
      {
        "place": "∞마트 시청점"
      }
    ]
  }
]
```

그룹 참여하기

다음으로는 '그룹 참여하기 API'를 설계합니다. '그룹 참여하기 API'는 지금까지 설계한 그룹 조회하기 API를 통해 그룹의 ID를 얻은 뒤, 그룹에 참여할 때 사용하는 API입니다. 따라서 어떤 그룹에 참여할 것인지 그룹 ID를 알고 있어야 하므로 API 경로는 /groups/:id/participate로 정하고자 합니다. 리소스를 생성하는 행위를 하므로 HTTP 메서드는 POST로 지정했습니다.

응답으로는 그룹 ID와 그룹 이름, 참여 여부를 반환합니다.

```
POST /groups/:id/participate
```

요청 헤더
```
Authorization
```

```
    요청 경로 파라미터
    id: 그룹 ID

    응답 상태 코드
    201 Created
    응답 Body
    {
      "participation_conditions": [
        {
          "place": "○○마트 시청점"
        }
      ]
    }
```

이번에 설계하는 API는 사용자 자신의 그룹 참여 조건을 조회하는 API입니다. 이 API를 호출해 그룹에 참여하기 위해 설정한 참여 조건을 확인할 수 있습니다.

나의 그룹 참여 조건 조회하기

그럼 '나의 그룹 참여 조건 조회하기 API'를 설계해보겠습니다. API 경로는 /participation_conditions/me로 정하며, 리소스를 조회하는 행위를 하므로 HTTP 메서드는 GET으로 정합니다. 응답으로는 참여 조건을 반환합니다.

```
    GET /participation_conditions/me

요청 헤더
    Authorization

요청 경로 파라미터
    없음

응답 Body
    {
      "participation_conditions": [
        {
          "place": "○○마트 시청점"
```

```
      }
    ]
  }
```

나의 그룹 참여 조건 수정하기

마지막으로, '나의 그룹 참여 조건 수정하기 API'를 설계합니다. 이 API 경로는 참여 조건 조회하기 API와 동일하게 '/participation_conditions/me'입니다. 다만, 리소스를 수정하는 행위를 하므로 HTTP 메서드는 PUT으로 지정합니다. 응답은 제공하지 않고 상태 코드는 201 No Content를 반환합니다.

```
PUT /participation_conditions/me
```

요청 헤더
```
Authorization
```

요청 Body
```
{
  "participation_conditions": [
    {"place": "○○마트 시청점"}
  ]
}
```

응답 상태 코드
```
201 Created
```

응답 Body
```
{
  "participation_conditions": [
    {
      "place": "○○마트 시청점"
    }
  ]
}
```

8.7 API 게이트웨이 구성하기

프로젝트 구축에 앞서 API 게이트웨이를 구성하는 방법에 대해 알아보겠습니다.

아마존 API 게이트웨이는 개발자가 API를 손쉽게 생성하고 게시, 유지 관리하며 모니터링을 할 수 있는 관리형 서비스입니다.

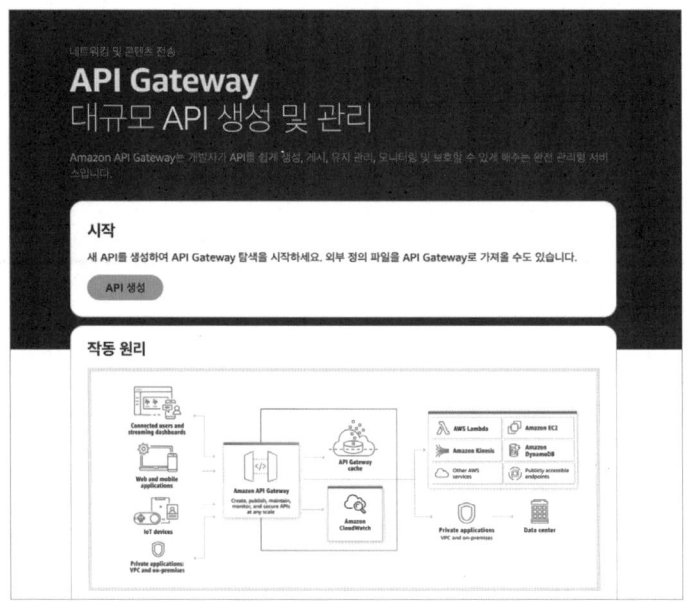

[그림 8-6] API 게이트웨이 유형

제공되는 API 유형으로는 'HTTP API', 'WebSocket API', 'REST API'가 있습니다.

HTTP API는 기본적인 API 프록시 기능을 지원합니다. WebSocket API는 웹소켓 용도의 API가 필요할 때 사용하게 됩니다. REST API는 HTTP API와 유사하게 RESTful API를 생성할 수 있는 제품입니다. 그러나 HTTP API는 최소한의 기능으로 설계되어 낮은 가격에 제공하고 있습니다.

REST API는 HTTP API가 지원하는 기능 외에도 동일한 VPC 내에서만 요청할 수 있도록 프라이빗 엔드포인트를 지원하고, 클라이언트별 속도와 사용제한, 캐싱, 요청 검증 등의 부가 기능을 제공하고 있습니다. 우리는 REST API를 사용해보겠습니다.

① [구축] 버튼을 누릅니다. REST API 생성 화면에서 '새 API'를 선택, API 이름은 '1인가구 장 함께 보기'로 입력합니다. API 엔드포인트 유형은 지역으로 선택, IP 주소 유형은 IPv4를 선택합니다. 그리고 [API 생성] 버튼을 누릅니다.

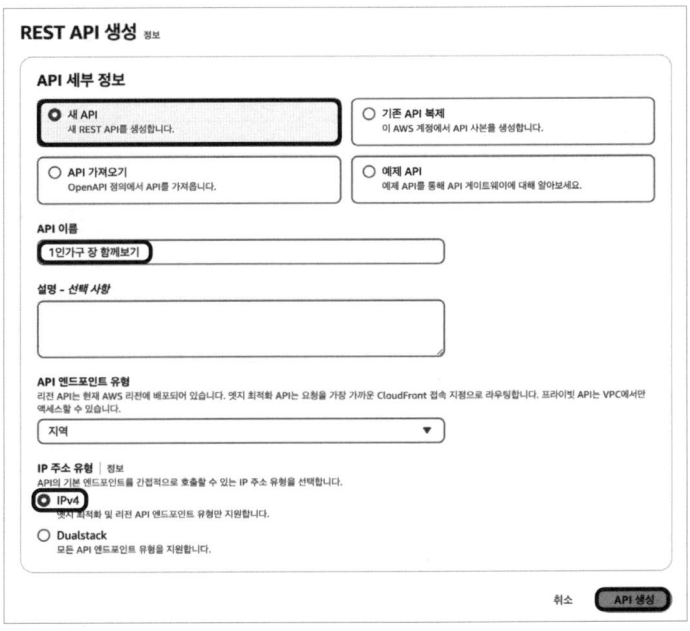

[그림 8-7] REST API 선택

② API 엔드포인트를 정의하기 위해 [리소스 생성] 버튼을 누릅니다.

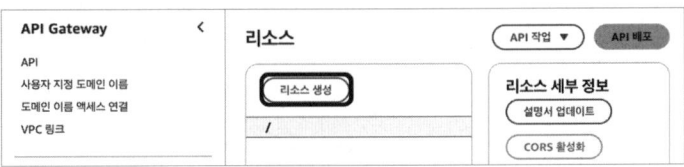

[그림 8-8] 리소스 생성 선택

이전 단계에서 설계한 API 엔드포인트는 다음과 같습니다.

1. POST /groups

2. GET /groups

3. POST /groups/:id/participate

4. GET /participation_conditions/me

5. PUT /participation_conditions/me

③ 리소스 이름으로 'groups'를 입력합니다. 그리고 '오리진 간 리소스 공유'에 체크한 후 [리소스 생성] 버튼을 누릅니다.

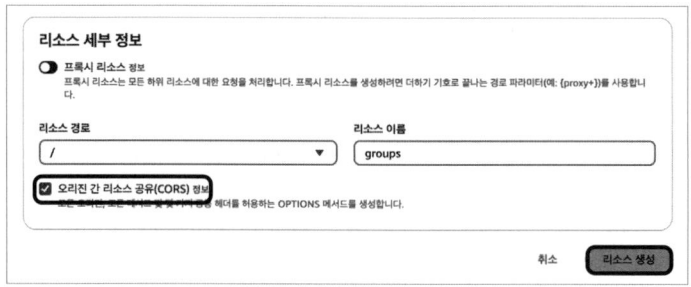

[그림 8-9] 리소스 이름 설정

④ groups 리소스 내에 GET, POST 메서드를 생성합니다. 메서드 유형을 고르고, 통합 유형은 Lambda 함수를 선택합니다. 그리고 [메서드 생성] 버튼을 누르면 아래와 같은 화면을 마주할 수 있습니다.

1. POST /groups
2. GET /groups

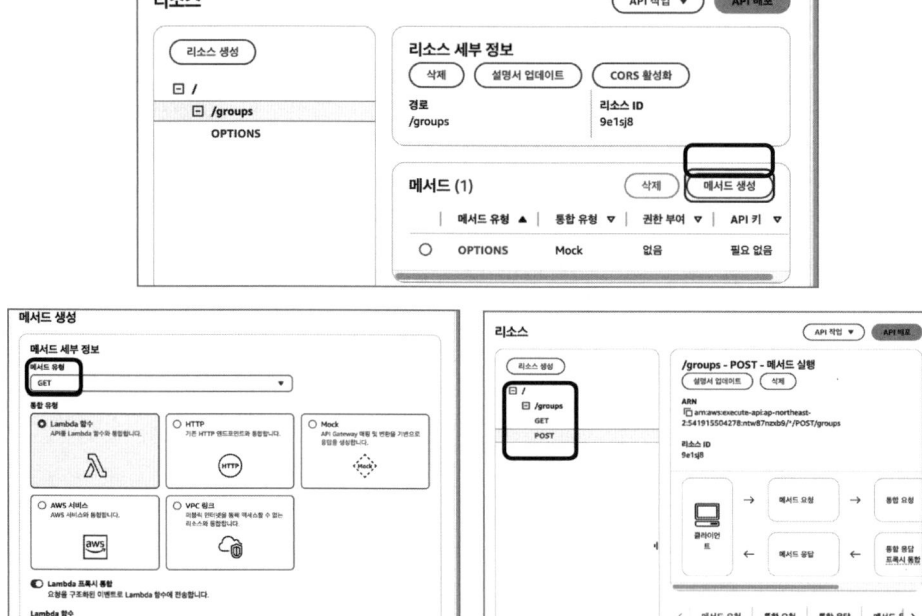

[그림 8-10] GET, POST 메서드 생성

⑤ /groups/:id/participate 엔드포인트도 정의해봅니다.

3. POST /groups/:id/participate

그룹 참여 API를 구현할 때는 경로에 그룹 ID를 포함해야 합니다. 예를 들어, 그룹 ID 1번에 참여하려면 /groups/1/participate, 그룹 ID 2번에 참여하려면 /groups/2/participate로 요청합니다. 이를 위해 /groups의 하위 리소스로 경로 파라미터를 포함한 리소스를 생성해야 합니다. 이때 중요한 점은 경로 파라미터를 정의할 때 /groups/id처럼 문자열로 작성하면 안 되고, 중괄호를 사용하여 /groups/{id}로 지정해야 한다는 것입니다. 중괄호로 감싸야 API 게이트웨이가 이를 경로 파라미터로 인식합니다.

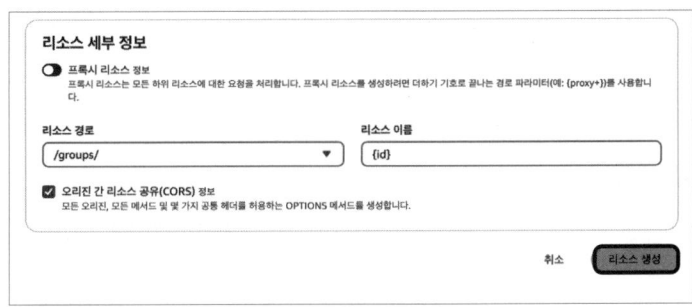

[그림 8-11] 리소스 경로 지정

⑥ 아래의 화면과 같이 리소스 구조를 확인할 수 있습니다.

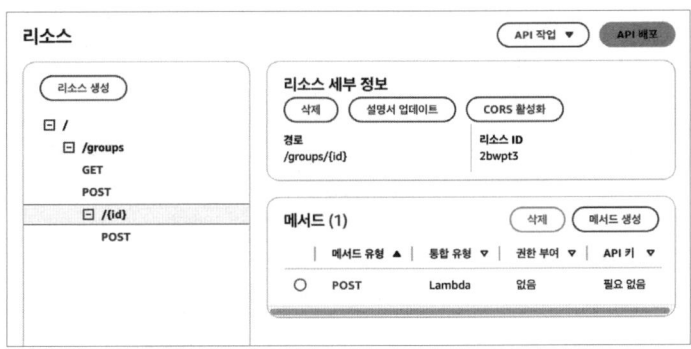

[그림 8-12] 리소스 구조 확인

아래 두 엔드포인트에 대해서도 리소스와 메서드를 생성해 봅니다.

1. GET /participation_conditions/me
2. PUT /participation_conditions/me

① 아래와 같이 리소스 경로는 /participation_conditions로 지정해 리소스를 생성합니다.

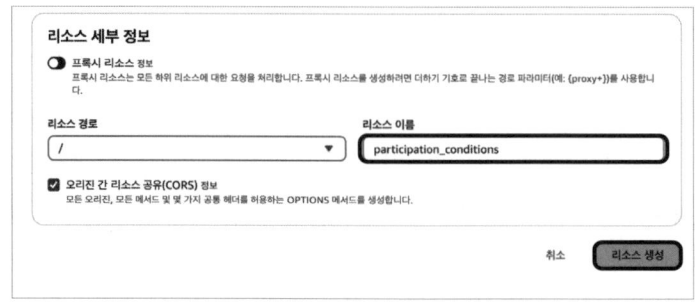

[그림 8-13] 새로운 하위 리소스 생성

② 이제 participation_conditions 리소스 하위에 me 리소스를 생성합니다.

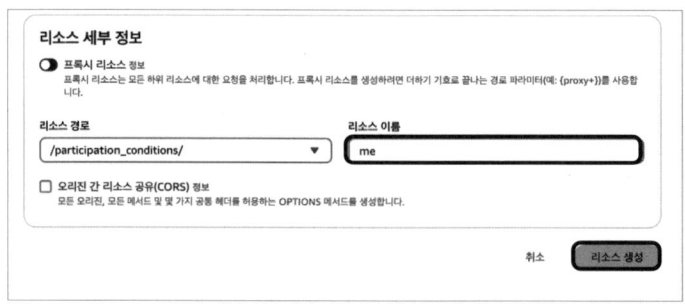

[그림 8-14] me 리소스 생성

③ 리소스를 생성하면서 자동으로 생성된 OPTIONS 메서드는 사용하지 않으므로 메서드 삭제를 통해서 필요한 메서드만 남겨두겠습니다.

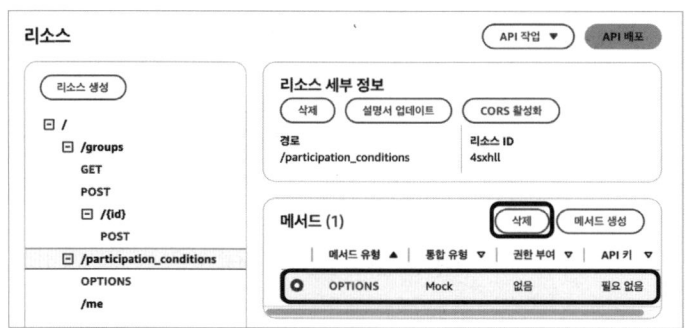

[그림 8-15] 불필요한 메서드 삭제

여기까지 필요한 리소스와 메서드 생성을 완료했습니다.

8.8 프로젝트 설정 및 실행하기

이제 '1인 가구의 장 함께 보기' 프로젝트를 설정하고 실행해보겠습니다.

이 프로젝트는 AWS의 람다, DocumentDB, API 게이트웨이를 사용합니다. 람다 함수 및 API 스펙 문서에 대한 코드는 아래의 리포지토리에서 확인할 수 있습니다.

URL https://github.com/roharon/book-hackathon-project/tree/master/GroceryStore

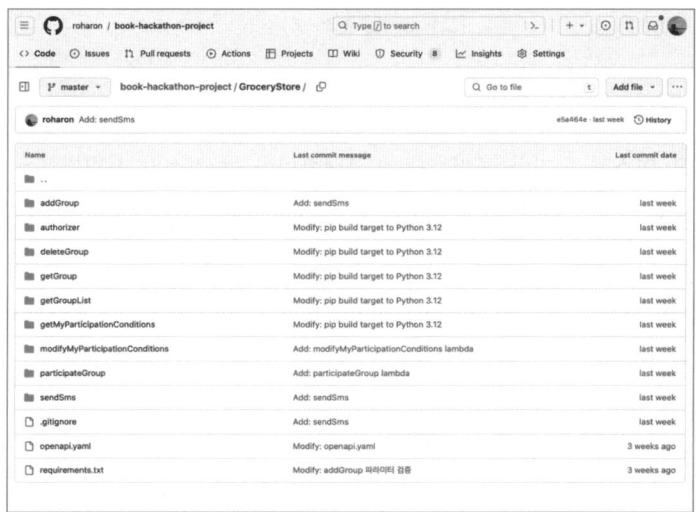

[그림 8-16] API 스펙 문서에 대한 코드가 있는 리포지토리

프로젝트 설정의 첫 번째 작업으로, AWS DocumentDB를 생성하겠습니다.

① 먼저 AWS 웹 콘솔에 접속합니다. 검색 창에서 'DocumentDB'를 검색해서 검색 결과에 나오는 'Amazon DocumentDB'를 클릭합니다.

[그림 8-17] Amazon DocumentDB 선택

② 그러면 다음과 같이 클러스터를 만드는 화면이 나옵니다. 여기서 [생성] 버튼을 클릭하겠습니다.

[그림 8-18] 클러스터 생성

③ DocumentDB 클러스터 생성 화면에서 구성을 입력합니다.

클러스터 유형은 인스턴스 기반 클러스터를 선택합니다. 클러스터 식별자로는 'grocery-store'를 입력하고, 엔진 버전은 5.0.0을 선택합니다. Instance configuration에서 DB instance class는 Memory optimized classes를 선택합니다. 인스턴스 클래스는 db.t3.medium을 선택하고 개수는 1개로 설정합니다. 그리고 Cluster storage configuration에서는 Amazon DocumentDB Standard를 선택합니다.

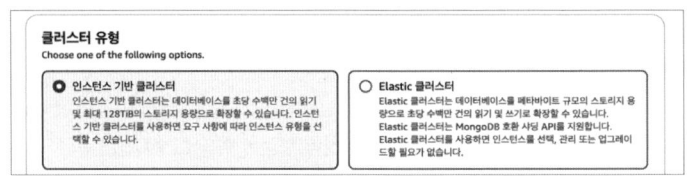

[그림 8-19] 클러스터 생성 옵션 선택

DocumentDB Standard와 I/O-Optimized는 I/O에 대해 비용을 지불하는 방식이 다릅니다. 여기서 I/O란 DocumentDB 엔진이 클러스터 스토리지 볼륨을 읽고 쓸 때 수행하는 입력Input/출력Output 작업을 말합니다. 데이터를 검색을 하거나, 삽입, 업데이트, 삭제와 같은 동작을 수행할 때 모두 스토리지 볼륨에서 읽고 쓰게 되어서 I/O를 사용합니다.

DocumentDB Standard는 I/O 소비량이 낮거나 중간 정도인 사용 사례를 고려해서 설계되었습니다. I/O 비용이 사용량에 따라 지불하는 I/O 구성입니다. 이에 반해 I/O-Optimized는 I/O 비용이 DocumentDB 클러스터의 비용에서 25%를 초과하는 경우에 권장하는 구성입니다.

우리는 사용량이 크지 않을 것으로 예상되므로 DocumentDB Standard를 사용합니다.

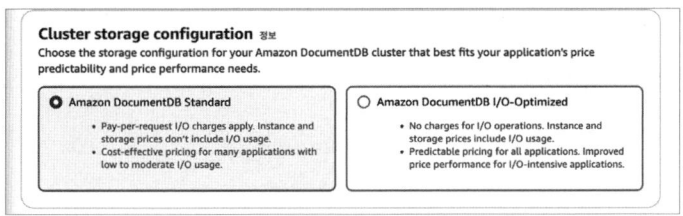

[그림 8-20] 데이터베이스 생성 옵션 선택

④ Connectivity 설정에서는 'Don't connect to an EC2 compute resource'를 선택합니다. 인증 설정에서는 Self managed를 선택한 뒤 DocumentDB 연결에 사용할 '사용자 이름'과 '암호'를 입력합니다.

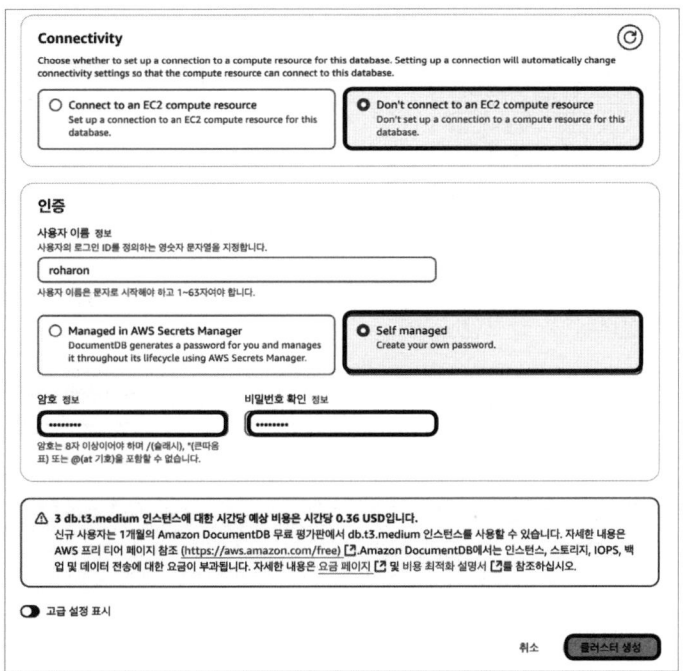

[그림 8-21] 인증 내용 설정

⑤ DocumentDB를 생성하는 데는 약 7분 정도 소요됩니다. 그동안 잠시 휴식을 취하면서 기다려보겠습니다. DocumentDB가 생성이 완료되었다면 아래와 같이 표시됩니다.

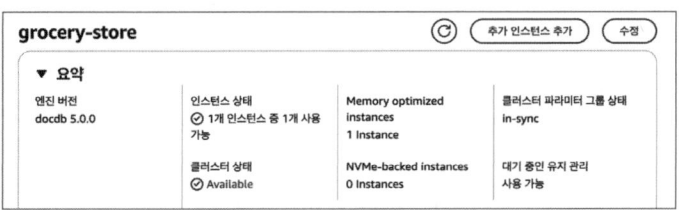

[그림 8-22] 데이터베이스 생성

앞으로 생성할 람다 함수가 DocumentDB에 연결될 수 있도록 보안 그룹을 수정하겠습니다.

① 보안 그룹은 기본값인 'default'를 클릭합니다.

[그림 8-23] 보안 그룹 설정

② 이 화면에서 Security group ID를 클릭합니다.

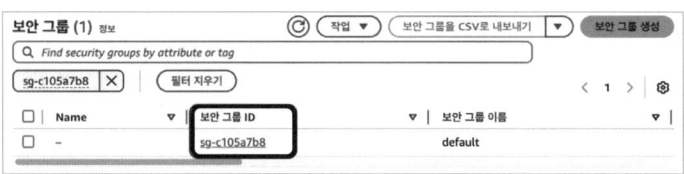

[그림 8-24] 보안 그룹 ID 선택

③ [인바운드 규칙 편집] 버튼을 클릭합니다.

[그림 8-25] 인바운드 규칙 편집

④ 유형은 '사용자 지정 TCP', 포트 범위는 DocumentDB의 포트인 '27017', 소스는 '사용자 지정'으로 default 보안 그룹을 선택합니다. 그리고 [규칙 저장] 버튼을 클릭합니다.

[그림 8-26] 인바운드 규칙 저장

이어서 IAM 역할을 생성합니다.

① IAM 페이지에서 [역할 생성] 버튼을 클릭합니다.

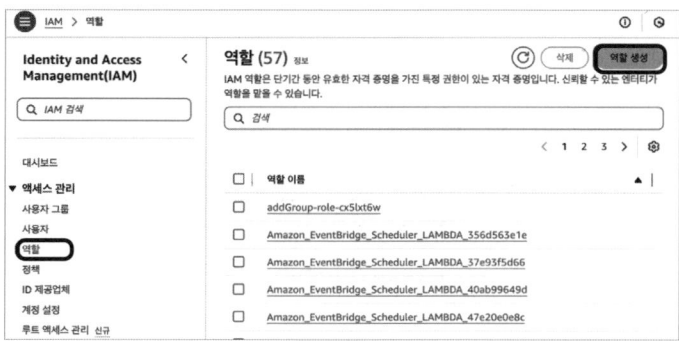

[그림 8-27] 역할 생성

② 신뢰할 수 있는 엔터티 유형으로 'AWS 서비스'를 선택합니다. 사용 사례로는 'Lambda'를 선택합니다. 그리고 [다음] 버튼을 클릭합니다.

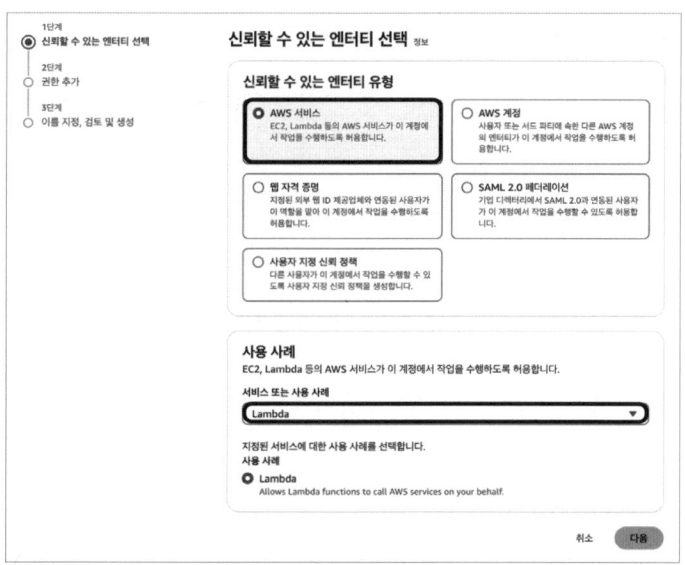

[그림 8-28] 엔터티 선택

③ 권한 추가에서는 'CloudWatchLogsFullAccess'를 선택합니다.

[그림 8-29] 권한 추가 ①

④ 람다 함수에서 DocumentDB를 연결할 수 있게 'AmazonVPCCrossAccountNetworkInterface Operations'도 선택합니다.

[그림 8-30] 권한 추가 ②

⑤ 역할 이름은 'grocery-store-lambda-role'이라고 정합니다. 마지막으로, [역할 생성] 버튼을 클릭합니다.

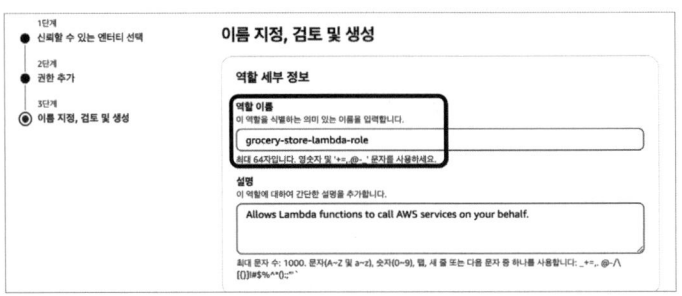

[그림 8-31] 역할 이름 지정

그럼 이제부터 본격적으로 람다 함수를 생성하겠습니다. 이번 프로젝트에서는 총 8개의 람다 함수를 구성합니다.

1. addGroup(그룹 추가하기)

2. getGroup(그룹 조회하기)

3. deleteGroup(그룹 삭제하기)

4. getGroupList(그룹 목록 조회하기)

5. getMyParticipationConditions(사용자의 그룹 참여 조건 조회하기)

6. modifyMyParticipationConditions(사용자의 그룹 참여 조건 수정하기)

7. participateGroup(그룹 참여하기)

8. authorizer(사용자의 인증/인가 권한을 담당하는 함수)

람다 함수는 아래의 네 가지 단계를 거치면서 생성됩니다.

1. 소스코드 업로드
2. 환경변수 설정
3. VPC 설정
4. 동작 테스트

그리고 람다 함수를 생성한 후 API 게이트웨이를 생성하고 연동합니다.

addGroup(그룹 추가하기) 함수 생성하기

첫 번째로 생성할 함수인 'addGroup(그룹 추가하기)' 람다 함수를 만들어 보겠습니다.

① [함수 생성] 버튼을 클릭합니다.

[그림 8-32] 함수 생성 ①

② '새로 작성'을 선택합니다. 함수 이름은 'addGroup', 런타임은 'Python 3.12' 버전을 선택합니다. 아키텍처는 'arm64'를 사용합니다.

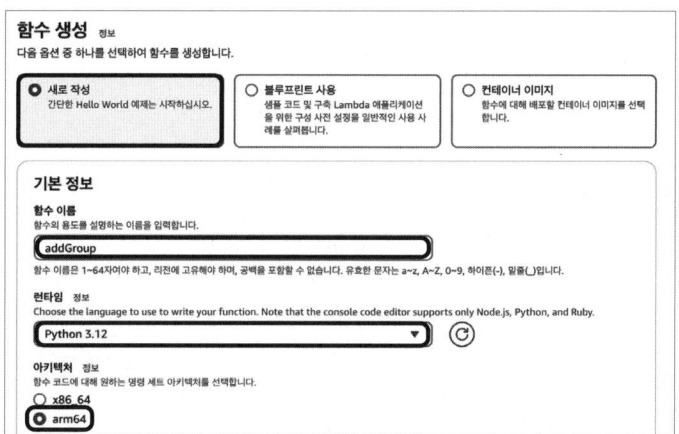

[그림 8-33] 함수 생성 ②

③ 권한의 실행 역할로는 '기존 역할 사용'을 사용합니다. 기존 역할 람다 함수를 생성하기 전에 앞서 만들어둔 'grocery-store-lambda-role'을 선택합니다. 그리고 [함수 생성] 버튼을 클릭합니다.

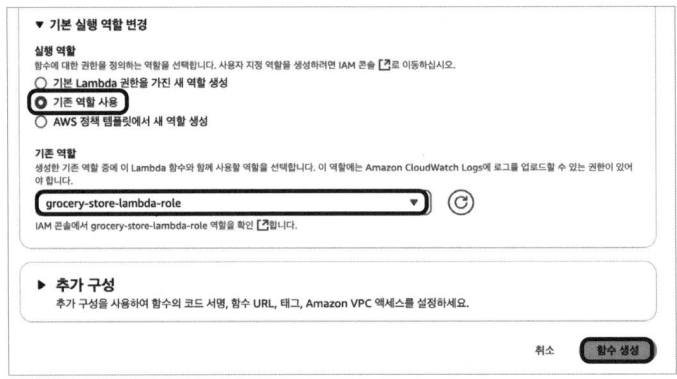

[그림 8-34] 함수 생성 ③

④ 그러면 아래 화면과 같이 addGroup 람다 함수가 생성된 것을 확인할 수 있습니다.

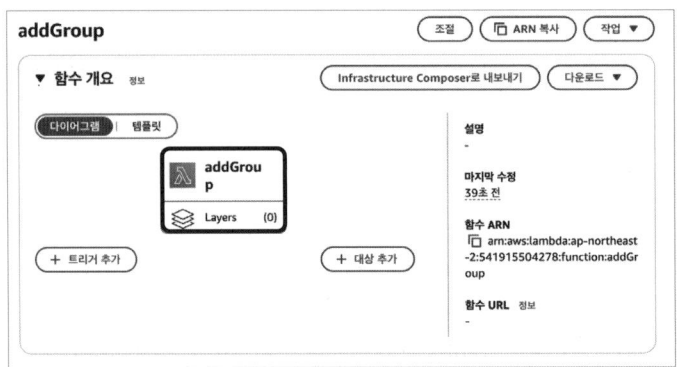

[그림 8-35] addGroup 람다 함수 생성

소스코드 업로드

이제 소스코드를 업로드해야 합니다.

① 화면 우측의 [에서 업로드] 버튼을 클릭해 '.zip 파일'을 클릭합니다.

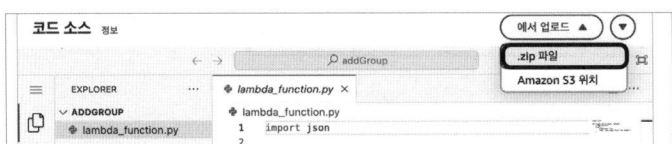

[그림 8-36] ZIP 파일 선택

② [업로드] 버튼을 클릭합니다.

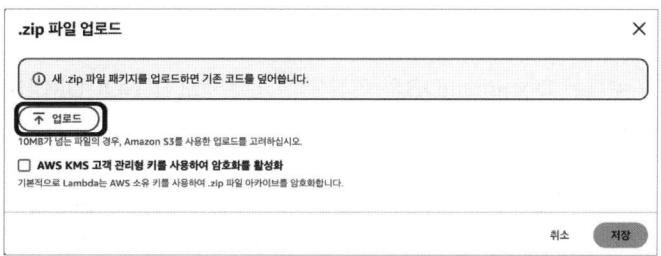

[그림 8-37] 파일 업로드 ①

③ 아래 리포지토리에 있는 addGroup.zip 파일을 업로드하고 [저장] 버튼을 클릭합니다.

URL https://github.com/roharon/book-hackathon-project/blob/master/GroceryStore/addGroup/addGroup.zip

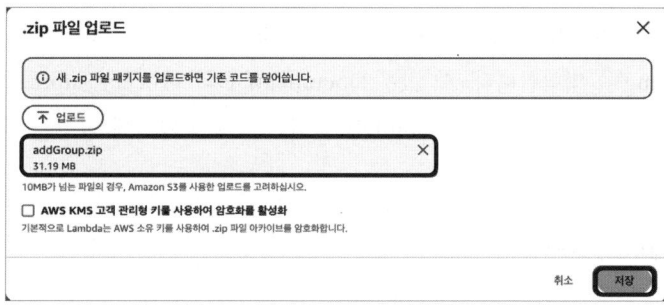

[그림 8-38] 파일 업로드 ②

④ 다음과 같이 addGroup 함수가 업데이트된 것을 볼 수 있습니다.

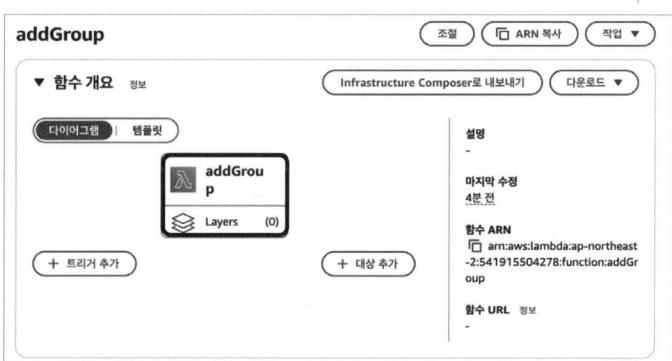

[그림 8-39] addGroup 함수 업데이트

환경변수 설정

이제 환경변수를 추가합니다.

① addGroup 람다 함수에는 DocumentDB의 연결에 필요한 정보인 'DOCUMENT_DB_CONNECTION_STRING' 환경변수를 정의해 사용하고 있습니다.

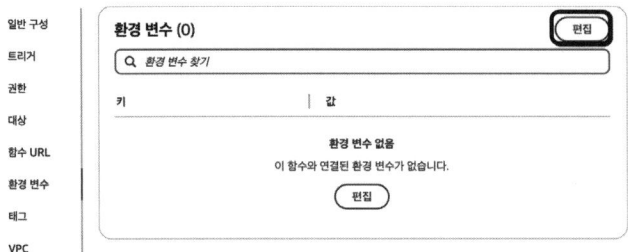

[그림 8-40] 환경변수 확인

② 환경변수의 키로는 'DOCUMENT_DB_CONNECTION_STRING', 값으로는 'DocumentDB의 Connection String'을 입력합니다. 이 값은 DocumentDB의 'grocery-store' 클러스터에서 정보를 확인할 수 있습니다. 암호는 DocumentDB 클러스터 생성 당시에 설정한 암호를 기입해야 합니다.

[그림 8-41] 환경변수 확인

③ 다음과 같이 구성하고해 [저장] 버튼을 클릭합니다.

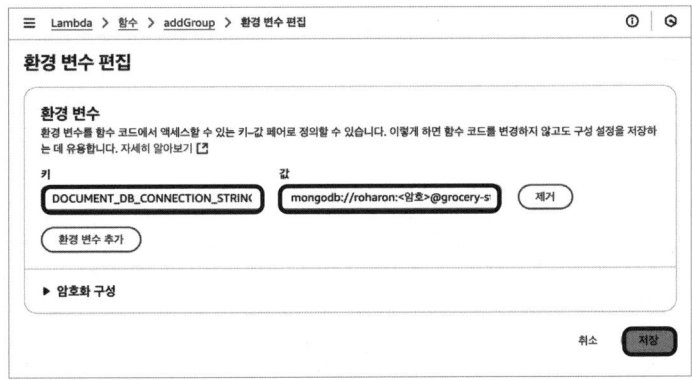

[그림 8-42] 환경변수 저장

④ 환경변수가 추가된 것을 확인할 수 있습니다.

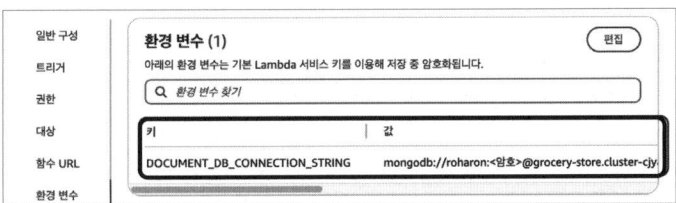

[그림 8-43] 환경변수 추가 완료

VPC 설정

다음으로 DocumentDB에 연결하기 위한 VPC 설정이 필요합니다. DocumentDB는 외부 네트워크에서 직접 연결할 수 없고 VPC 네트워크 내에서만 연결할 수 있기 때문입니다.

> **REF** 외부 네트워크에서 연결하는 경우에는 SSH 터널링이라는 방법을 거칩니다. 이 책에서는 이 내용을 별도로 다루지 않습니다.

① 구성 > VPC에 들어가 [편집] 버튼을 클릭합니다.

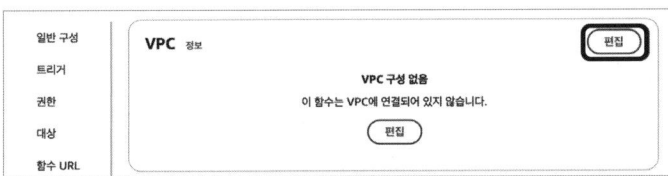

[그림 8-44] VPC 설정

② VPC 정보는 기본값을 선택합니다. 여기서는 'vpc-988d3ef3' 이름으로 생성되어 있습니다. 여러분들에게는 다른 이름으로 생성되어 있으니 이를 참고해 진행하면 됩니다. 서브넷으로는 'ap-northeast-2a' 'ap-northeast-2b' 'ap-northeast-2c' 'ap-northeast-2d'를 모두 선택합니다. 보안 그룹은 기본값으로 VPC에 연결된 보안 그룹을 선택합니다. 여기서는 sg-c105a7b8 이름으로 보안 그룹이 생성되어 있습니다.

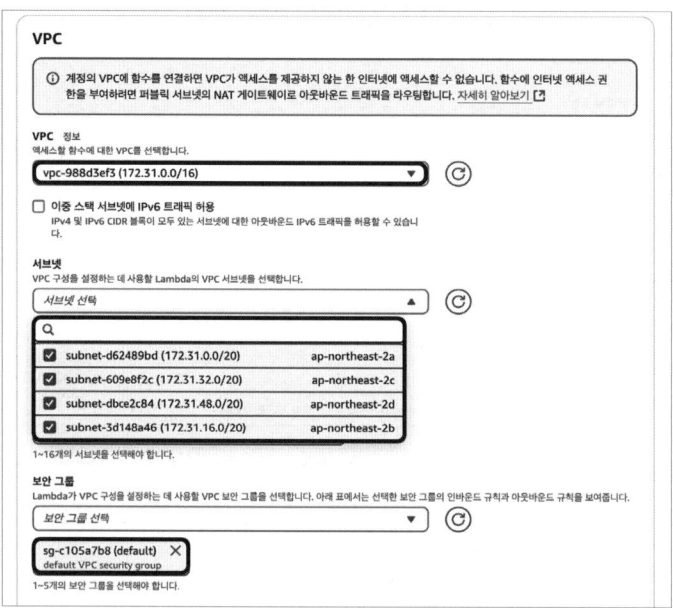

[그림 8-45] VPC 선택

③ 저장되었다면 아래 화면과 같이 VPC가 설정되었음을 확인할 수 있습니다.

[그림 8-46] VPC 설정 완료

이것으로 람다 함수를 실행하는 데 필요한 구성을 마쳤습니다.

동작 테스트

이제 람다 함수가 정상적으로 구성되었는지 테스트를 진행해보겠습니다.

① [테스트] 탭에서 이벤트 JSON을 작성해 [테스트] 버튼을 클릭합니다. 이벤트 JSON의 내용은 아래의 event.json 파일을 그대로 붙여넣기해서 이용할 수 있습니다.

URL https://github.com/roharon/book-hackathon-project/blob/master/GroceryStore/getGroup/events/event.json

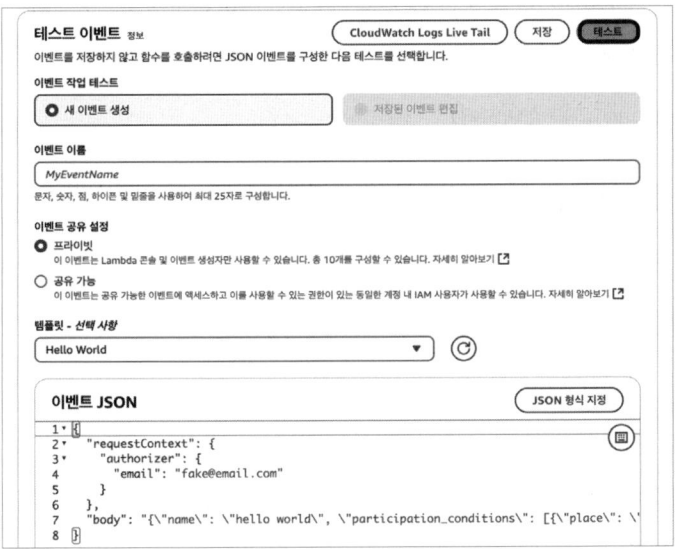

[그림 8-47] 람다 함수 테스트

② 그러면 아래 화면과 같이 성공적으로 함수가 실행되었음을 확인할 수 있습니다.

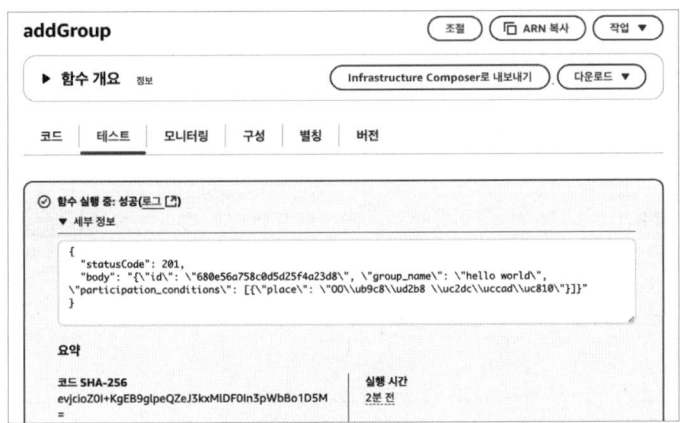

[그림 8-48] 함수 실행 확인

잔여 람다 함수 생성하기

이제 남은 여섯 개의 람다 함수도 앞서와 동일하게 생성합니다.

1. getGroup(그룹 조회하기)
2. deleteGroup(그룹 삭제하기)
3. getGroupList(그룹 목록 조회하기)
4. getMyParticipationConditions(사용자의 그룹 참여 조건 조회하기)
5. modifyMyParticipationConditions(사용자의 그룹 참여 조건 수정하기)
6. participateGroup(그룹 참여하기)

각각의 람다 함수에 addGroup 람다 함수를 생성할 때 진행했던 내용과 같이 아래 과정을 수행합니다.

1. 소스코드 업로드
2. 환경변수 설정
3. VPC 설정
4. 동작 테스트

남은 여섯 개의 람다 함수 생성을 마쳤다면, 사용자의 인증/인가 권한을 담당하는 함수인 authorizer를 만들어 봅니다.

authorizer 함수 생성하기

① 람다 함수 페이지에서 [함수 생성] 버튼을 클릭합니다.

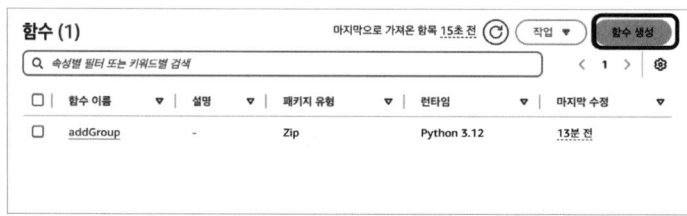

[그림 8-49] 함수 생성

② '새로 작성'을 선택한 뒤 함수 이름은 'authorizer', 런타임은 'Python 3.12', 아키텍처는 'arm64'를 선택합니다. 실행 역할은 기존 역할을 사용해 'grocery-store-lambda-role'을 사용합니다. addGroup 람다 함수와 구성이 동일합니다.

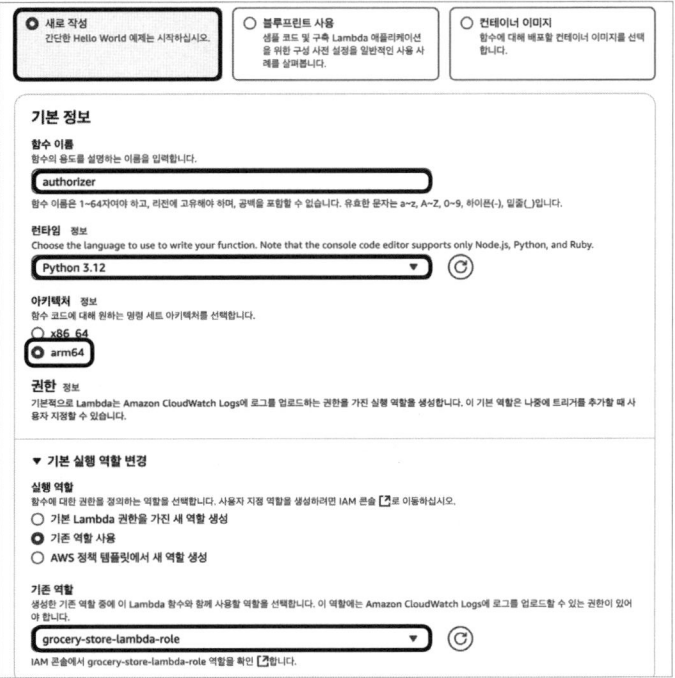

[그림 8-50] 함수 구성

③ 함수가 생성되었다면, 지금까지 해 온 것처럼 authorizer.zip 파일을 업로드합니다. authorizer 압축 파일은 아래 URL에서 확인할 수 있습니다.

URL https://github.com/roharon/book-hackathon-project/blob/master/GroceryStore/authorizer/authorizer.zip

authorizer 람다 함수는 테스트를 위한 목적으로 코드 내에서 사용자의 토큰을 하드 코딩해 관리하고 있습니다. 따라서 VPC, 환경변수 지정이 별도로 필요하지 않습니다.

그럼 코드가 정상적으로 동작하는지 확인해보겠습니다.

① '테스트'에 들어가서 이벤트 JSON를 입력합니다. JSON 내용은 아래 URL에 있는 내용을 사용할 수 있습니다.

URL https://github.com/roharon/book-hackathon-project/blob/master/GroceryStore/authorizer/events/event.json

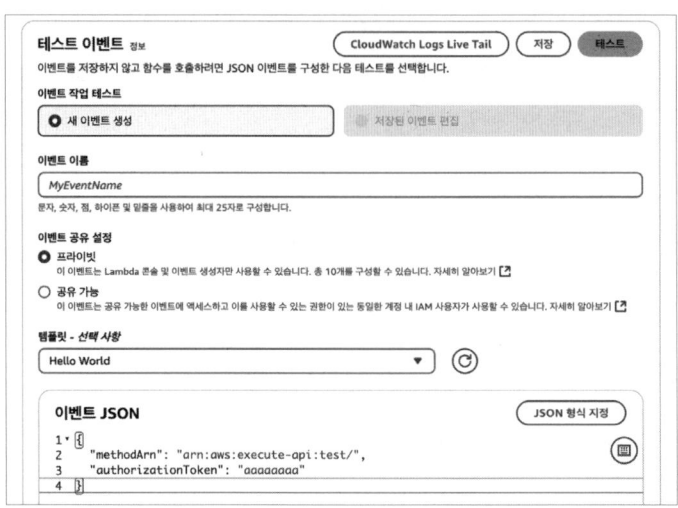

[그림 8-51] 이벤트 응답 확인

② 성공적으로 응답을 받은 것을 확인할 수 있습니다.

③ 이것으로 authorizer 람다 함수의 설정은 모두 마무리되었습니다.

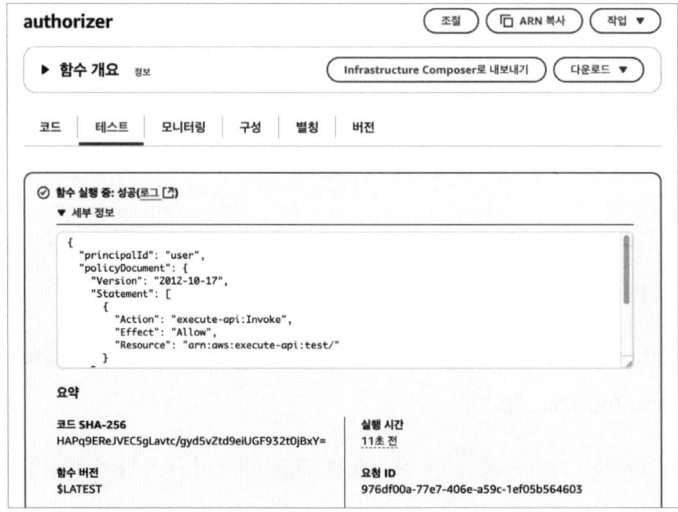

[그림 8-52] authorizer 람다 함수의 설정 마무리

이제 grocery-store를 위한 API 게이트웨이를 생성합니다. OpenAPI 정의 문서는 아래 링크의 OpenAPI.yaml 파일을 참고할 수 있습니다.

URL https://github.com/roharon/book-hackathon-project/blob/master/GroceryStore/OpenAPI.yaml

① API Gateway 페이지로 이동해 [API 생성] 버튼을 클릭합니다.

[그림 8-53] API 생성

② 'REST API'를 선택합니다. 그리고 [가져오기] 버튼을 클릭합니다.

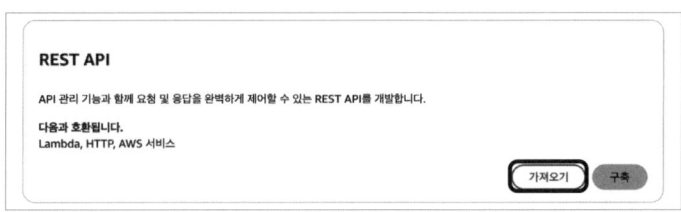

[그림 8-54] REST API 선택

③ openapi.yaml 파일의 내용을 붙여넣습니다. 그리고 [API 생성] 버튼을 클릭합니다.

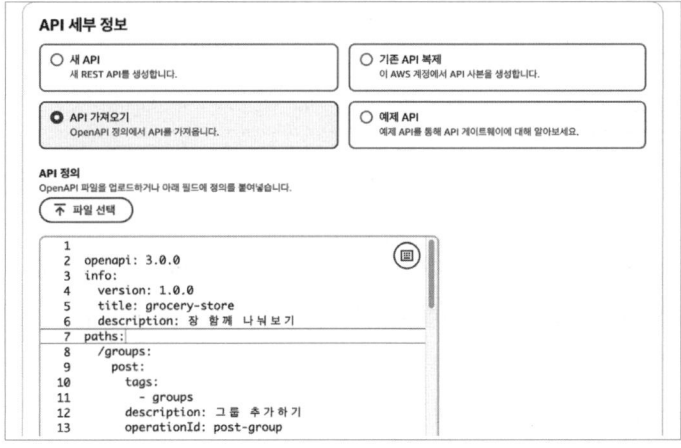

[그림 8-55] REST API 생성

④ 그러면 우리가 정의한 API 스펙대로 API Gateway 내의 리소스가 생성됩니다.

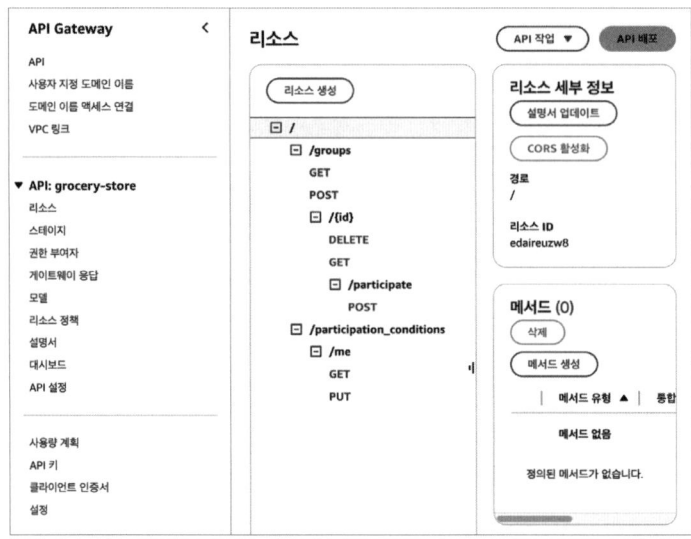

[그림 8-56] API 리소스 생성

다음으로 권한 부여자를 생성하겠습니다.

① 화면 좌측의 '권한 부여자'를 클릭한 뒤, [권한 부여자 생성] 버튼을 클릭합니다.

[그림 8-57] 권한 부여자 생성

② 권한 부여자 이름으로 'authorizer'를 기입하고, 유형은 'Lambda'로 체크합니다. Lambda 함수는 우리가 생성한 'authorizer'를 지정합니다. 이벤트 페이로드는 '토큰'을 선택합니다. 그리고 토큰 소스는 'Authorization'으로 두겠습니다. 요청 헤더의 이름으로 'Authorization', 값으로는 'aaaaaaaa' 'bbbbbbbb'와 같은 값을 지정하게 됩니다. 그런 후 [권한 부여자 생성] 버튼을 클릭합니다.

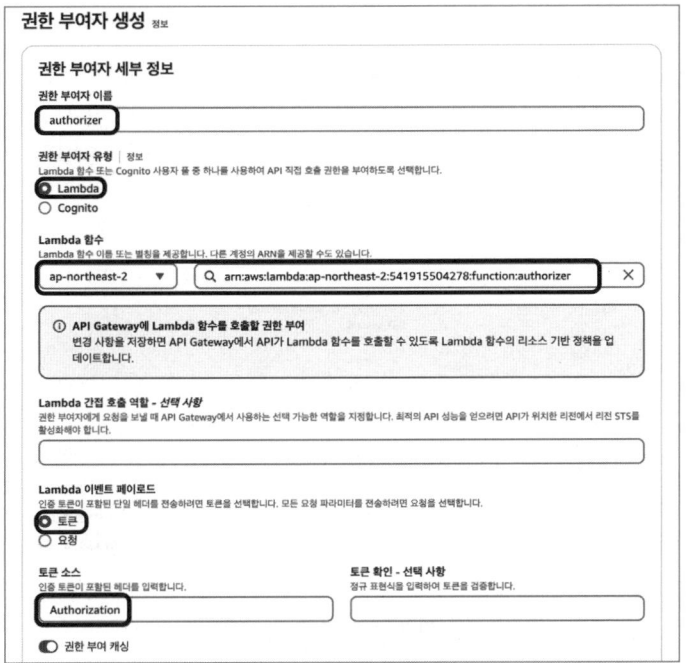

[그림 8-58] 권한 부여자 정보 입력

③ 권한 부여자가 생성된 것을 확인했습니다.

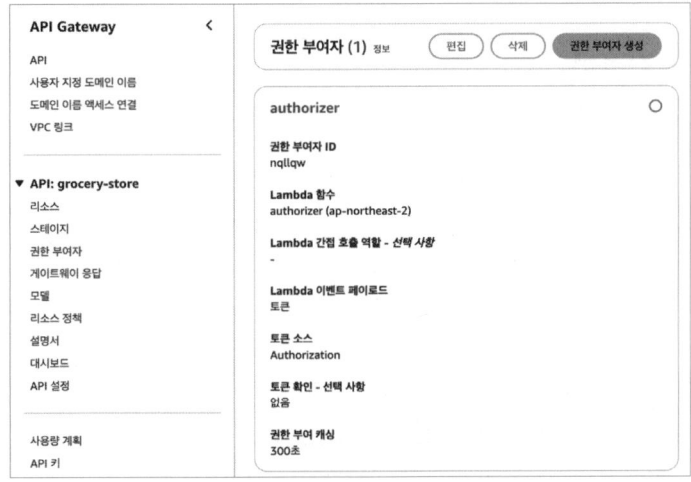

[그림 8-59] 권한 부여자 생성

그럼 이제 메서드에 대해 람다 함수와 연결되도록 편집을 진행하겠습니다.

① /groups의 GET 메서드를 선택합니다. [통합 편집] 버튼을 클릭합니다.

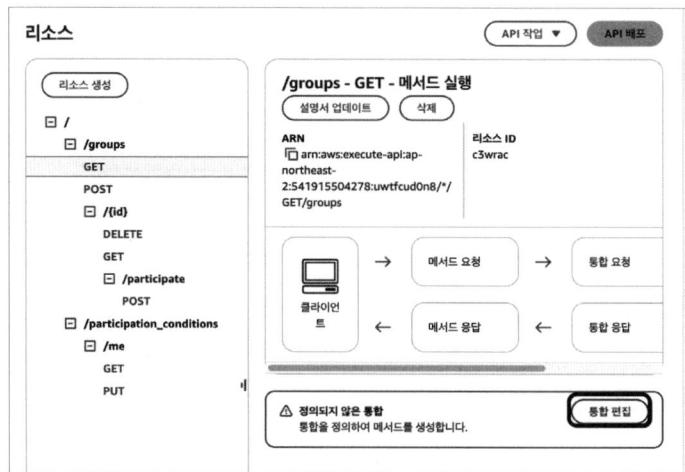

[그림 8-60] 통합 편집 선택

② 통합 유형에서 'Lambda 함수'를 선택합니다. Lambda 함수는 우리가 생성한 그룹 조회하기 함수인 'getGroupList'를 선택합니다. 그리고 Lambda 프록시 통합을 '활성화'하고 기본 제한 시간을 '사용'합니다. [저장] 버튼을 클릭하면 메서드가 생성됩니다.

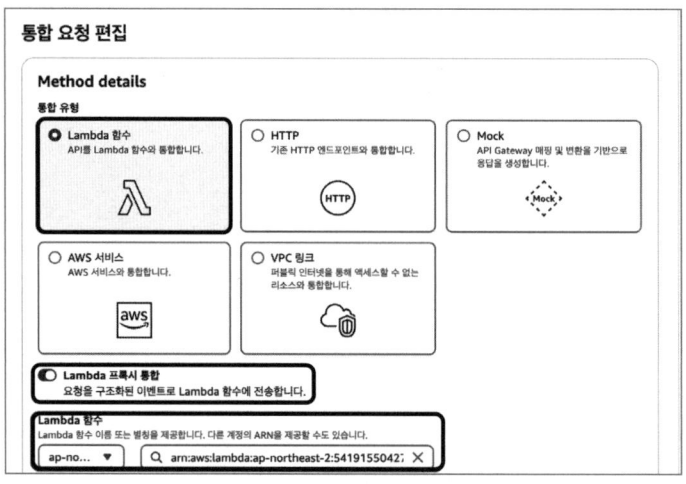

[그림 8-61] 통합 요청 편집

③ 메서드가 생성되었다면, 메서드의 세부 사항에 대해 확인할 수 있습니다. 그런데 아직 '권한 부여' 항목에는 NONE이 되어있는 것을 볼 수 있습니다. 인증된 사용자만 그룹 목록을 조회할 수 있도록 안전한 접근을 보장해야 합니다. 이를 위해 편집 버튼을 클릭해 권한 부여자를 지정하겠습니다.

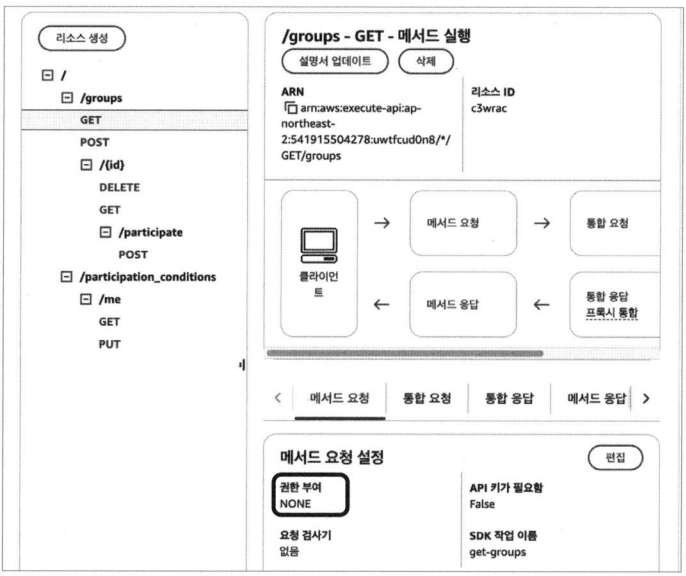

[그림 8-62] 리소스 생성

④ 권한 부여로는 'authorizer'를 선택합니다. 그리고 [저장] 버튼을 클릭합니다.

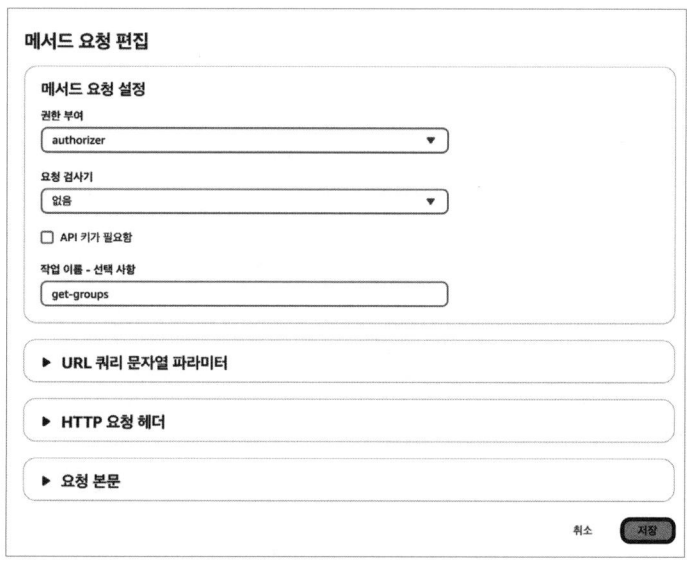

[그림 8-63] 메서드 요청 설정

⑤ 이로써 '권한 부여' 항목에 NONE이 아닌 'authorizer'가 지정된 것을 확인할 수 있습니다.

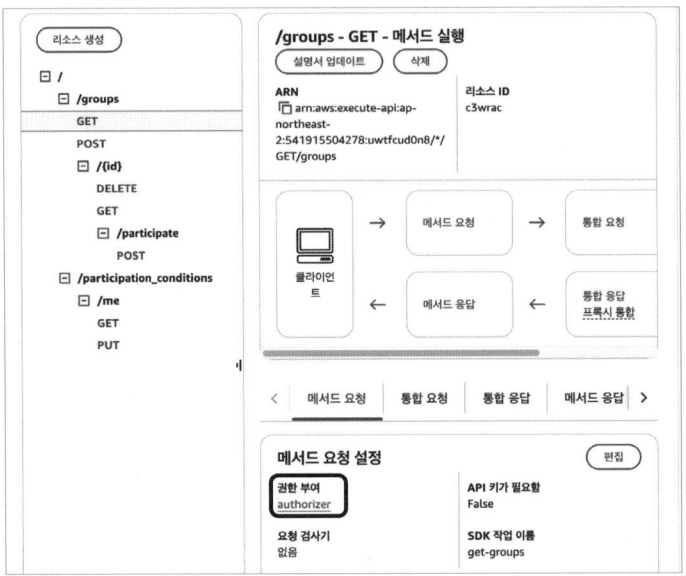

[그림 8-64] 메서드 요청 실행

다음으로 /groups POST 메서드에 대해 편집을 진행하겠습니다.

① [통합 편집] 버튼을 클릭합니다.

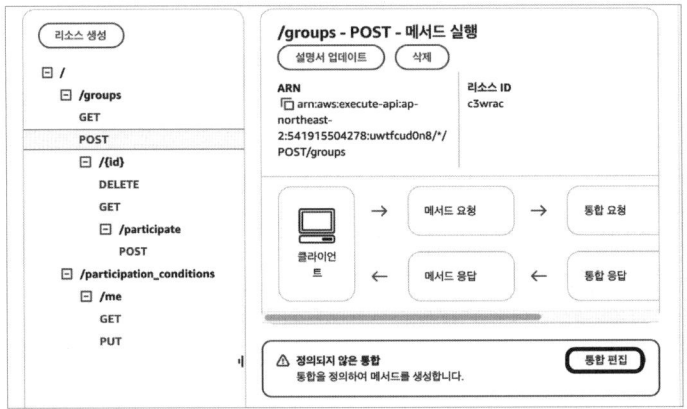

[그림 8-65] POST 메서드 편집

② 통합 유형에서 'Lambda 함수'를 선택합니다. Lambda 함수로는 우리가 생성한 그룹 조회하기 함수인 'addGroup'을 선택합니다. 그리고 getGroupList Lambda 함수의 설정과 동일하게, 'Lambda 프록시 통합'과 기본 제한 시간을 '활성화'합니다. [저장] 버튼을 클릭하면 메서드가 생성됩니다.

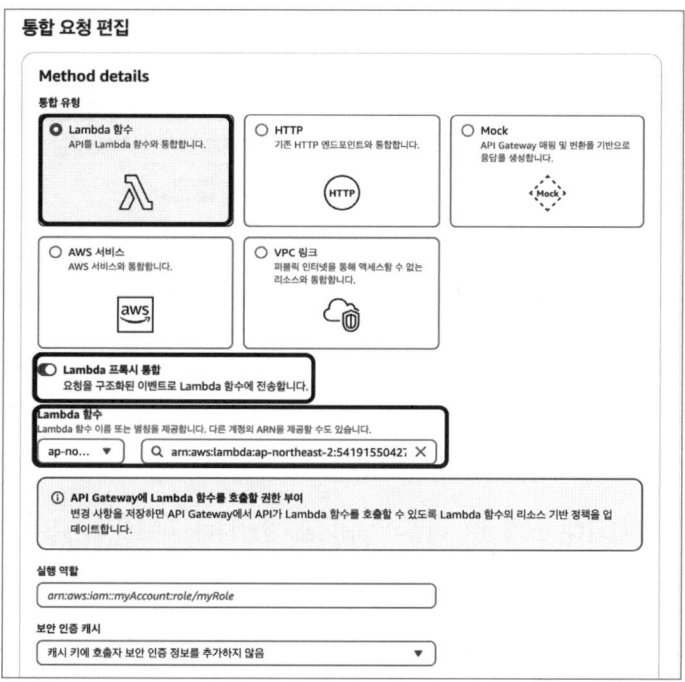

[그림 8-66] 통합 요청 편집

③ /groups의 GET 메서드의 ④번 과정처럼 [편집] 버튼을 클릭하여 권한 부여자를 지정합니다.

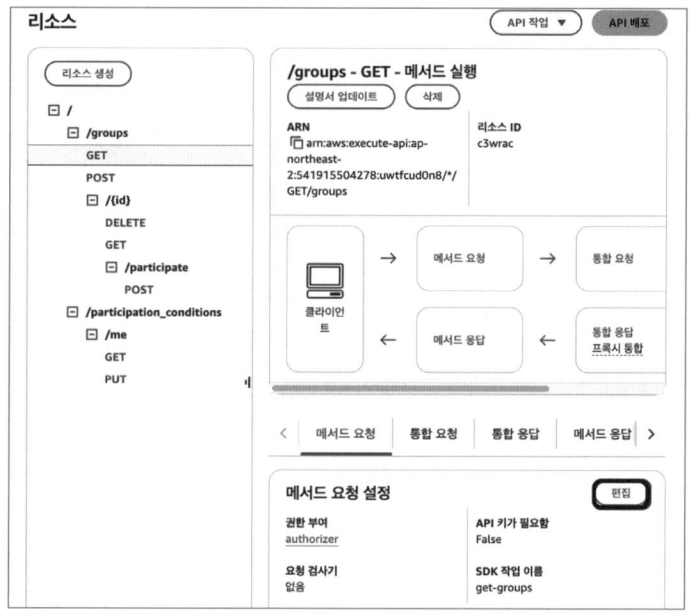

[그림 8-67] 리소스 편집

④ 이 과정을 남은 모든 리소스도 반복합니다. 모두 마친 뒤, [API 배포] 버튼을 클릭합니다.

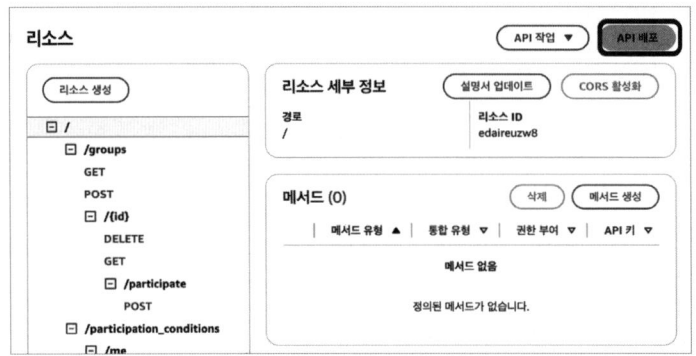

[그림 8-68] API 배포

⑤ 새 스테이지를 선택합니다. 스테이지 이름은 'prod'로 정합니다. [배포] 버튼을 클릭합니다.

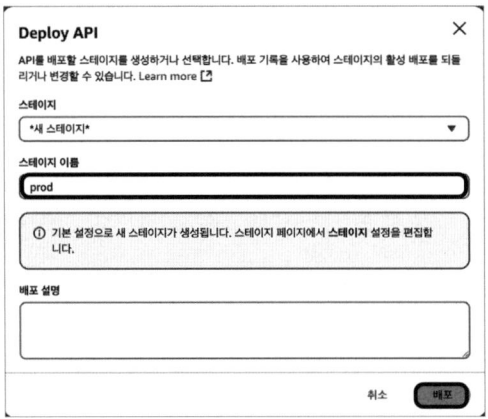

[그림 8-69] 스테이지 배포

⑥ 배포된 것을 확인할 수 있습니다.

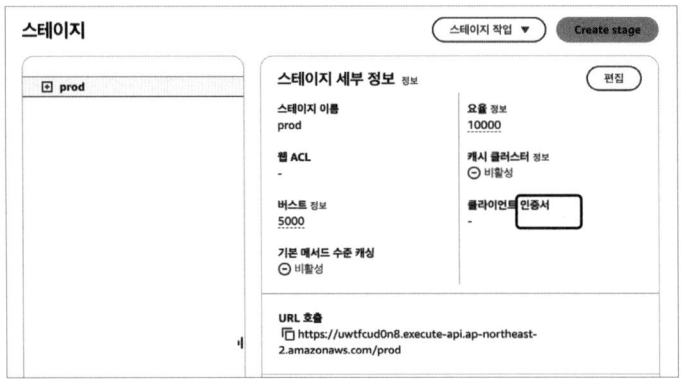

[그림 8-70] 배포 확인

⑦ 그리고 '그룹 생성하기 API'를 호출했을 때, 정상적으로 응답이 오는 것을 확인할 수 있습니다.

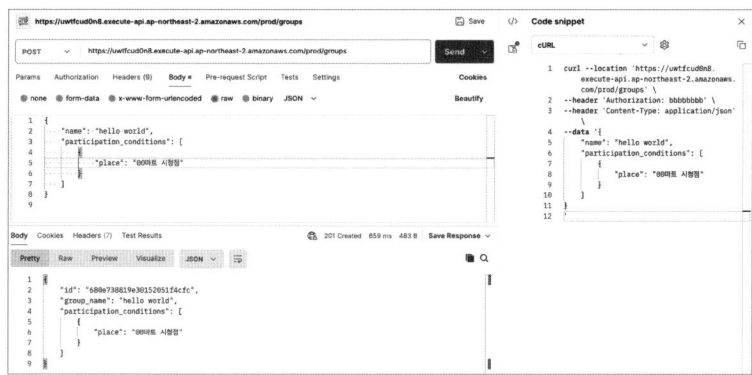

[그림 8-71] 응답 확인

이 장에서는 AWS 기반 서버리스 애플리케이션의 설계와 구현 과정을 학습하며, 아마존 Document DB, AWS 람다, API 게이트웨이의 활용법을 실질적으로 이해할 수 있었습니다. 그리고 이를 통해 해커톤이나 실전 프로젝트에서 AWS 기반으로 설계를 진행하고 작업하는 데 필요한 기초를 다질 수 있었습니다.

앞으로 여러분도 이러한 기반을 활용해 더 고도화된 기능을 구현하거나 유사한 프로젝트를 보다 수월하게 진행하길 기대합니다.

"해커톤, 지금 당장 도전해보세요!"

Chapter 9
즐겨보는 블로그 글 모아보기

이 장에서는 바쁜 생활 속에서 자기 계발을 위해 틈틈이 여러 블로그에서 자신이 관심을 두고 있는 글을 챙겨보는 사람에게 도움이 되는 아이디어를 내보고자 합니다.

9.1 아이디어 도출하기

9장에서는 '즐겨보는 블로그 글을 모아보는 프로젝트'를 진행하려고 합니다. 그러므로 '블로그 구독' 키워드를 중심으로 마인드맵부터 구성했습니다.

마인드맵 기법

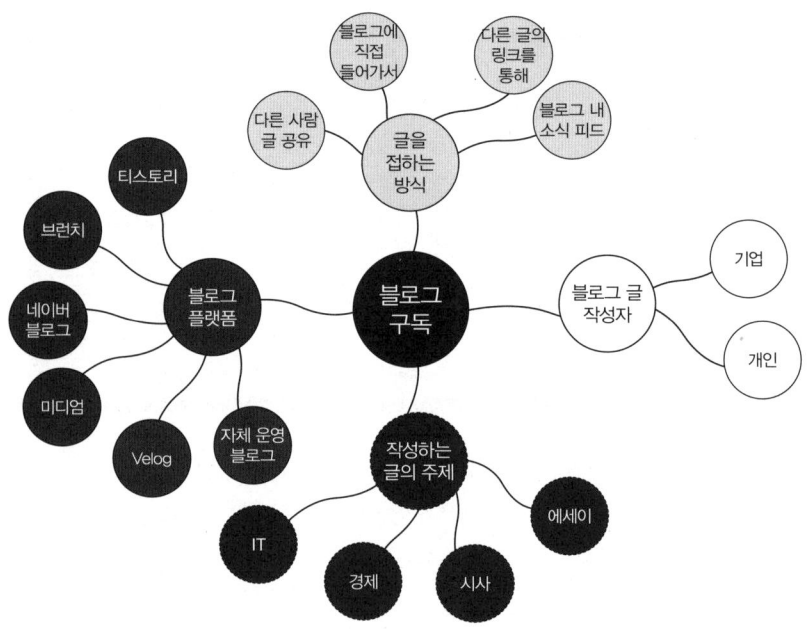

[그림 9-1] 프로젝트 마인드맵

블로그 구독에 대한 가지로는 블로그 플랫폼, 작성하는 글의 주제, 블로그 글 작성자, 글을 접하는 방식에 대해서 떠올렸습니다.

- **블로그 플랫폼:** 국내에서 제공하는 블로그 플랫폼인 카카오의 **티스토리**와 **브런치**, 네이버의 **블로그** 서비스, **Velog**가 있으며 **자체적으로 운영하는 블로그**가 있습니다. 자체적으로 운영하는 블로그의 경우에는 대부분 기업 블로그에 해당했습니다. 그리고 **자신이 팔로우하는 블로그**의 소식을 피드에서 볼 수 있도록 제공하고 있습니다. 그 예로, 네이버 블로그에서 구독하는 블로그에 새 글이 올라오면 **알림을 주는 기능**이 있습니다.
- **작성하는 글의 주제:** 개발 지식을 포함한 IT, 경제, 시사, 에세이가 있습니다.
- **블로그 글 작성자:** 스스로 블로그를 운영하거나 기업에 속해 글을 발행하는 경우가 있습니다.

- **글을 접하는 방식**: 다른 사람이 글을 공유해 읽게 되거나, 기존에 관심 있던 **블로그에 직접 들어가서 읽는 방법**, 글을 읽다가 해당 글에서 기재한 **인용 링크를 통해 읽는 경우**가 있습니다.

스캠퍼 기법

여러 블로그에서 글을 챙겨보는 사람들을 위해 글을 찾는 시간을 절약해 주고 더 간편하게 글을 읽을 수 있도록 돕는 아이디어를, 스캠퍼 기법을 통해 도출해보겠습니다.

A Adapt

적용하기를 이용합니다. 필자의 경우에는 출퇴근을 하는 동안 여러 글을 보면서 필요한 지식을 얻고 있습니다. 글을 접하는 경로는 서비스형 블로그인 티스토리에서 소식 글을 보거나, 해외 블로그 플랫폼인 미디엄의 앱 푸시를 통해 추천해 읽는 경우가 있습니다.

새로운 글이 올라왔는지 확인하기 위해서는 수시로 블로그 페이지에 들어가서 확인하게 됩니다. 이러한 상황이 반복된다면 글을 읽는 시간보다도 글을 찾기 위해 소비하는 시간이 더 많아질 것이라고 생각합니다.

그러므로 SNS에서 제공하는 방식인 피드를 블로그 글에 적용해, 내가 구독하는 블로그나 주제의 글이 메인 화면에 먼저 뜨도록 하면 좋을 것입니다. 그러면 여러 블로그 사이트를 들어가면서 일일이 확인하는 수고로움을 겪지 않아도 되므로, 시간을 절약하면서 글을 읽는 과정에 집중하도록 도움을 줄 것입니다.

또한 하루 동안 올라온 글을 하나로 모아서 원하는 시간에 이메일이나 메신저 채팅으로 받을 수 있다면, 생활 속 루틴으로 사용할 수 있어 블로그 글을 빈번히 읽는 독자에게 유용한 도움을 줄 것이라고도 기대할 수 있습니다.

이 아이디어 명칭을 '즐겨보는 블로그 글 모아보기'로 정해 목표 설정과 구현 범위를 설정하겠습니다.

스마트 기법

스마트 기법을 통해 '즐겨보는 블로그 글 모아보기'의 목표가 무엇인지를 정해보려 합니다. 최초 목표로 '즐겨보는 블로그 글을 한 공간에서 보여주어 독자가 글을 찾는 과정에서 좋은 경험을 제공한다'로 정하겠습니다.

이 목표를 스마트 기법을 통해 구체적으로 확인해보겠습니다.

S Specific

앞서 세운 최초 목표가 구체적인지 확인해보겠습니다. 앞서 아이디어를 도출하는 과정에서 '시간을 절약하면서 글을 읽는 과정에 집중하도록 도움을 준다'가 있습니다. 따라서 더 구체적으로 '즐겨보는 블로그 글을 한 공간에서 보여주어 독자가 새로 올라온 글을 찾는 과정에서 소비하는 시간과 피로도를 줄인다'로 목표를 정해보겠습니다.

M Measurable

측정할 수 있는 목표인지 확인해 봅니다. 목표를 구체적으로 두면서 소비하는 시간과 피로도를 줄인다고 했습니다. 이 목표를 봤을 때 이전과 대비해서 수치가 감소하면 되는지, 일정 수준으로 소비 시간과 피로도를 줄여야 하는 것인지에 대해 모호해 보입니다. 새로 올라온 글을 얻는 과정에서 느끼는 만족도는 서비스 사용 대비 50% 개선되었다는 것으로 두며, 이 지표는 사용자 대상 설문조사를 통해서 얻기로 합니다.

A Achievable

달성할 수 있는 목표인지 점검해야 합니다. '즐겨보는 블로그 글을 한 공간에서 보여주기'를 통해 사용자에게 자신이 원하는 주제의 블로그 글을 찾는 과정에서 소비하는 시간과 피로도를 줄여야 합니다. 이는 곧 제공하는 기능이 사용자를 위한 것인지와 맞닿아 있습니다. 목표의 달성 가능 여부는 현재 단계에서 바로 확인하기 어렵다고 판단해 다음 단계로 넘어가겠습니다.

R Realistic

현실적인 목표인지 확인합니다. 사용자에게 도움이 될 만한 기능을 한 번에 제공한다면, 공급자의 생각과 달리 사용자는 모든 기능에 대해서는 이해하기 어려울 것입니다. 또한 여러 기능을 한 번에 제공한다면 사용자들이 이용해 볼 수 있는 날도 더 지연될 것입니다. 단계별로 나누어 기능을 추가하고, 기능이 적용된 시점 이후로 사용자들의 서비스 사용 지표와 설문조사 결과를 확인할 필요가 있다고 생각합니다.

Time-bound

목표 달성 기한을 정합니다. 첫 번째 기능을 담고 사용자의 설문조사를 받은 뒤, 추가 기능을 제공하는 단계로 진행해 봅니다. 이를 6개월로 두어서 스마트 기법을 통해 완성한 서비스의 목표로, '즐겨보는 블로그 글을 한 공간에서 보여주어 독자가 새로 올라온 글을 찾는 과정에서 체감하는 소비하는 시간과 피로도를 6개월 동안 서비스 사용 이전 대비 50%로 줄인다'로 설정하겠습니다.

9.2 구현 범위 설정하기

이제 도출한 아이디어인 '즐겨보는 블로그 글을 한 공간에서 보여주기'와 설정한 목표에 맞는 기능을 담은 서비스를 제공하기 위해서 어떠한 기능을 둘지, 그리고 이 기능들의 우선순위를 어떻게 둘지 정해보겠습니다.

사용자가 읽고 싶어 하는 블로그의 글을 한 공간에서 보여주기 위해서는 피드 기능이 필요합니다. 그리고 어떤 블로그의 글을 모아서 보여줄지 정보를 얻기 위해서는 블로그를 추가하고 제거하는 관리 기능이 함께 필요합니다. 사용자마다 블로그 글을 읽는 시간이 모두 다르므로 오늘 동안 올라온 블로그의 글 목록을 출근 시간, 퇴근 시간, 취침 전 시간 등에 알림을 발송하는 기능이 필요합니다. 이때 정보를 수신하는 매체가 사용자의 이메일, 메신저 등으로 다양하다면 사용자는 자신에게 개인화된 설정을 할 수 있어 더 긍정적인 인상을 줄 것으로 기대됩니다.

또한 사용자가 블로그를 추가하기 전이나 모든 글을 읽었을 경우, 사용자에게 팔로우하기 좋은 블로그를 먼저 알려준다면 새로운 블로그를 찾지 않아도 서비스 내에서 정보를 해결할 수 있으므로 사용자를 위한 기능으로 기대됩니다.

이런 기능을 정리해 보면, '내가 추가한 블로그의 글 모아보기' '내가 구독하는 블로그 관리하기' '하루 동안 올라온 글의 알림 시간대 설정하기' '하루 동안 올라온 글에 대해 알림 받을 공간 설정하기' '새로운 블로그 추천하기' 기능이 있습니다.

이 기능들을 사용자 스토리로 풀어보고 핵심 기능을 정해보려고 합니다.

앞선 장에서와 같이 이 기능들을 어떻게 구성하고 우선순위를 정하면 좋을지 여러분에게 맡겨보겠습니다. 필자가 작성한 사용자 스토리와 핵심 기능 내용은 **9.8 부록**에 첨부했습니다. 사용자 스토리와 핵심 기능에 대해 작성한 뒤, 부록을 읽어보기를 바랍니다.

- 내가 추가한 블로그의 글 모아보기
- 내가 구독하는 블로그 관리하기
- 하루 동안 올라온 글의 알림 시간대 설정하기
- 하루 동안 올라온 글에 대해 알림 받을 공간 설정하기
- 새로운 블로그 추천하기

9.3 XML로 글을 제공하는 방식 알아보기

기획을 마친 뒤, 기술적인 구현을 위해서는 각 블로그에 올라오는 새로운 글들의 정보를 어떻게 가져올지 구상해야 합니다.

블로그 서비스에서는 RSS^{Really Simple Syndication}라는 서비스를 제공하고 있습니다. 이는 내부 콘텐츠의 업데이트가 빈번하게 일어나는 뉴스 페이지, 블로그의 정보를 사용자에게 제공하기 위한 서비스입니다. RSS 서비스는 XML 형식으로 정보를 제공합니다. 이를 이용한다면 블로그 글을 모아보는 기능을 구현할 때 블로그의 글 정보를 읽기 위해서 크롤러를 만들지 않아도 된다는 장점이 있습니다.

RSS의 예시를 가져왔습니다. 본 데이터는 RSS 2.0 명세를 따르는 데이터입니다.

```
01: <?xml version="1.0" encoding="UTF-8" ?>
02: <rss version="2.0">
03: <channel>
04:    <title>블로그 RSS</title>
05:      <description>RSS 피드의 예시입니다</description>
06:      <link>http://www.example.com/main.html</link>
07:      <pubDate>Fri, 06 Jan 2023 00:51:39 +0900</pubDate>
08:      <ttl>100</ttl>
09:    <item>
10:      <title>글의 제목입니다</title>
11:      <description>글에 대한 설명입니다</description>
12:      <link>http://www.example.com/blog/post/1</link>
13:      <guid isPermaLink="false">7bd204c6-1655-4c27-aeee-53f933c5395f</guid>
14:      <pubDate>Sun, 22 May 2022 22:34:21 +0900</pubDate>
15:    </item>
16: </channel>
17: </rss>
```

XML 형태의 데이터에서 블로그의 주소와 제목, 설명에 대한 정보, 글 게시일, 글의 제목과 설명 정보를 얻을 수 있습니다. 게시물은 하나의 아이템으로 표현되며 여러 글을 가져올 수 있습니다. RSS는 포맷이 표준화되어 있어 여러 사이트에서 RSS 데이터를 가져와 사용하더라도 일관된 내용을 구현할 수 있습니다.

위의 RSS XML 데이터 예시에서 볼 수 있듯이 rss 요소Element 내부에는 한 개의 channel 요소와 여러 개의 item 요소를 가지고 있습니다.

RSS 2.0에서 channel 요소는 다음을 필수 요소로 두고 있습니다.

- **title**: 채널의 이름입니다. 이 요소 값으로 사람들은 서비스 이름을 칭하게 될 것입니다.
- **link**: 채널에 대한 웹사이트 URL입니다.
- **description**: 채널을 설명하는 내용을 담습니다.

제공 여부를 정할 수 있는 요소로는 language, copyright, pubDate, category, rating 등이 있습니다.

9.4 주어진 상황을 고려한 기술 스택 정의하기

이번 프로젝트에서는 사용자가 추가한 블로그 주소에 대해서 새로운 글을 보여주고, 특정 시간에는 알림을 통해 어떤 글이 새롭게 올라왔는지 제공하는 기능이 있습니다.

지금까지 진행하면서 사용한 클라우드 서비스인 AWS를 이용해 제품을 구현할 수 있지만 여러분들의 또 다른 학습 경험을 위해 이번 프로젝트에서는 새로운 클라우드 서비스인 마이크로소프트 애저를 사용하려고 합니다.

API 서버는 서버리스 구조로 구성하며 마이크로소프트 애저의 함수와 API Management를 이용하겠습니다. 애저 함수는 AWS에서 제공하는 람다와 비교할 수 있는 마이크로소프트의 애저에서 제공하는 서비스입니다. 애저는 서버리스 컴퓨팅 플랫폼으로 개발자가 인프라에 대한 관리 없이 코드만 구성해 애플리케이션을 개발하고 운영할 수 있도록 도와줍니다. 또한 AWS에서 사용하는 방식인, 람다와 이벤트 브리지를 조합해 스케줄 트리거, S3에 오브젝트 업로드 시 동작하는 함수를 만드는 것처럼 애저 함수에서도 이와 같은 기능을 제공합니다.

애저 함수에서는 트리거의 종류로 HTTP 트리거, 애저 코스모스 DB 트리거, 블롭 스토리지 트리거, 큐 스토리지 트리거, 타이머 트리거를 제공합니다. 이들을 이용해, AWS에서 S3에 오브젝트를 업로드 시 동작하는 함수를 구성하던 방식과 유사한 동작을 만들 수 있습니다.

이 프로젝트에서는 HTTP 트리거와 타이머 트리거를 이용해 필요한 함수를 구현할 것입니다. API 매니지먼트 서비스는 AWS의 API 게이트웨이와 비교할 수 있는 서비스입니다. 여러 곳으로 분산된 API를 한 곳에서 관리할 수 있게 하며 인증, 모니터링과 같은 기능을 제공합니다.

화면을 구성하기 위해서는 웹사이트를 제공하고자 합니다. 누군가 접근할 수 있는 정적 웹사이트를 만들기 위해서 애저 블롭 스토리지Azure Blob Storage를 이용하려고 합니다. 애저의 블롭 스토리지는 AWS의 S3처럼 비정형 데이터를 저장할 수 있는 오브젝트 스토리지 솔루션입니다. 여기서 비정형 데이터란 식별 가능한 구조나 아키텍처가 없는 데이터로, 사전에 정의한 규칙이 없어 값의 의미를 쉽게 파악하기 힘든 정보를 의미합니다. 비디오와 오디오, 문서 파일이 비정형 데이터에 속합니다.

사용자들이 웹사이트에 접근하기 위해서는 블롭 스토리지에서 제공하는 정적 웹사이트 호스팅 기능을 이용해서 구성합니다.

데이터베이스로는 애저의 NoSQL 데이터베이스이자 MongoDB를 호환하는 Azure Cosmos DB for MongoDB를 사용합니다.

 결정된 기술 스택

'즐겨보는 블로그 글 모아보기'의 개발 기술 스택으로, 애저 함수 트리커(HTTP 트리거, 애저 코스모스 DB 트리거, 블롭 스토리지 트리거, 큐 스토리지 트리거, 타이머 트리거), Azure Cosmos DB for MongoDB로 정했습니다.

9.5 서비스 아키텍처 구성하기

9.4절에서 언급한 기술들로 제품을 구성하면 아래와 같은 아키텍처를 가지게 됩니다.

사용자는 블롭 스토리지를 통한 정적 웹사이트에 접속하게 됩니다. 정적 웹사이트에서는 각 동작에 따른 애저 함수에 요청을 보내게 됩니다. 이때 API 요청은 API 매니지먼트 서비스를 통해 구성된 API 엔드포인트로 요청을 보냅니다.

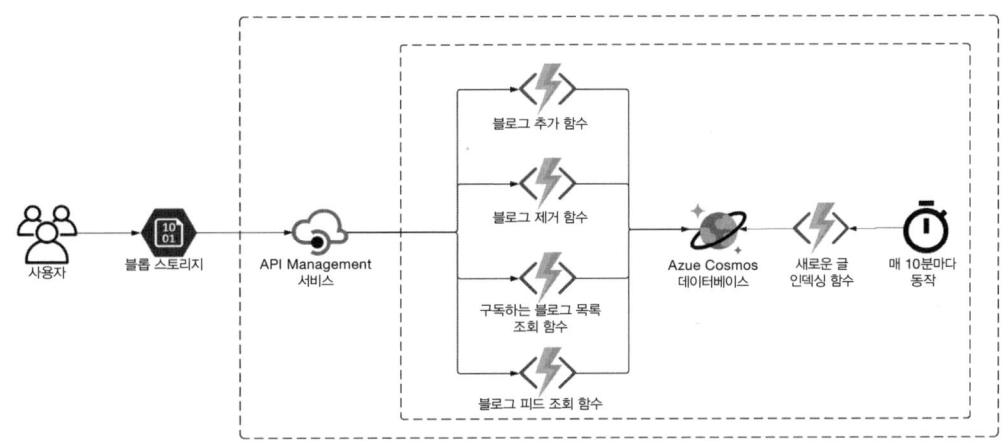

[그림 9-2] 프로젝트 아키텍처

정해진 시간에 새로운 글을 제공하는 기능과 새로 게시되는 글 정보를 저장하기 위해서 타이머 트리거 함수를 사용했습니다.

새로운 글 인덱싱 함수인 타이머 트리거는 10분마다 동작하고 사용자들이 등록한 블로그에 새로운 글이 게시되었는지 확인하고 데이터베이스에 넣는 작업을 진행합니다.

9.6 API 설계하기

이번에는 필요한 API에 대해 클라이언트와 서버, 서로 간의 스펙을 설계하고자 합니다. 새 블로그를 구독하는 API, 그리고 추가한 블로그의 구독을 해제하는 API, 등록한 블로그 목록을 조회하는 API, 그리고 등록한 블로그의 여러 게시물을 조회하는 피드 API를 차례대로 설계합니다.

블로그 추가 API

블로그 추가 API의 엔드포인트는 /rss로 두었습니다. 블로그 추가 API는 리소스를 생성하는 행위로 볼 수 있기에 HTTP 메서드는 POST로 정했습니다. 요청 시에는 새로 추가할 블로그 주소가 필요합니다. 따라서 요청 본문에는 {"blog_url": "https://blog.aaronroh.org"}와 같이 블로그 주소를 담도록 정합니다.

블로그를 추가했다면 리소스가 생성된 것이므로 상태 코드로는 생성됨을 의미하는 201을 반환합니다. 만약, 추가할 블로그의 주소에 정상적이지 않은 값을 두어 요청한다면, 이는 잘못된 요청이므로 상태 코드로 400을 반환합니다.

이제 이러한 API 스펙의 내용을 OpenAPI 스펙에 맞추어 작성해 봅니다.

```
18: OpenAPI: 3.0.0
19: info:
20:   version: "1.0.0"
21:   title: subscribe-blog-article
22:   description: 즐겨보는 블로그 글을 모아보기
23: paths:
24:   /rss:
25:     post:
26:       tags:
27:         - rss
28:       description: 구독할 블로그를 추가합니다.
29:       operationId: add-rss
30:       requestBody:
31:         content:
32:           application/json:
33:             schema:
34:               $ref: '#/components/schemas/AddRss'
35:       responses:
36:         '201':
37:           description: 구독할 블로그를 추가했습니다.
38:           content:
39:             application/json:
40:               schema:
41:                 $ref: '#/components/schemas/Rss'
42:         '400':
43:           description: 올바르지 않은 블로그 URL입니다.
44: components:
45:   schemas:
46:     Rss:
47:       type: object
48:       properties:
49:         _id:
50:           type: string
51:           description: 블로그 ID
52:           example: 307f1f77
53:         title:
54:           type: string
55:           description: 블로그 제목
```

```
56:        example: 노아론 블로그
57:      description:
58:        type: string
59:        description: 블로그 설명
60:        example: 백엔드 지식에 대한 내용을 정리합니다.
61:      link:
62:        type: string
63:        nullable: true
64:        description: 블로그 URL
```

스웨거를 통해 확인하면 아래와 같이 표시되는 것을 볼 수 있습니다.

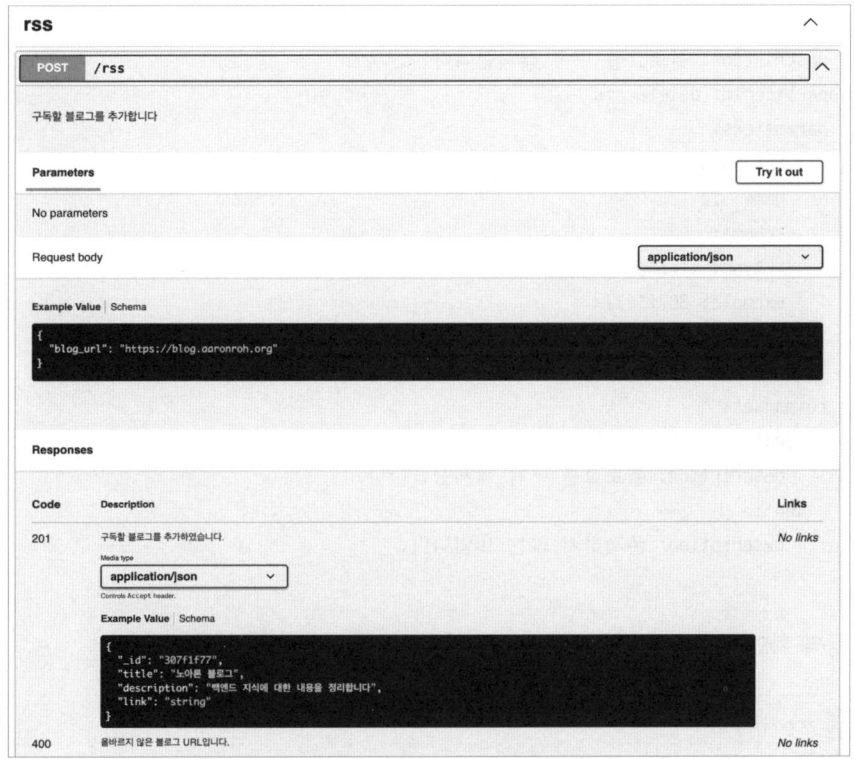

[그림 9-3] 블로그 추가 API 작성

블로그 구독 해제 API

블로그 구독 해제 API의 엔드포인트는 /rss로 둡니다. 블로그를 추가하는 API와 엔드포인트가 동일합니다. 이 API는 리소스를 제거하는 행위를 하므로 HTTP 메서드는 DELETE로 정합니다. 경로 파라미터에는 /rss/307f1f77처럼 사용자의 RSS에 대해 관리하는 리소스의 ID 값을 담습니다. ID 값인 307f1f77은 구독하는 블로그 목록 조회 API에서 얻을 수 있습니다.

이전에 추가했던 블로그 ID를 블로그 구독 해제 API에 요청해 사용합니다. 구독 해제를 한 후 응답의 본문을 제공하지 않고자 합니다. 만약, 서버 응답으로 본문에 추가적인 정보를 제공한다면 OK를 의미하는 상태 코드 200을 반환합니다. 그러나 이 API에서는 본문 없이 응답을 제공하므로 상태 코드로는 204 No Content를 주도록 했습니다. 존재하지 않은 ID인 경우에는 응답 상태 코드로 400 Bad Request를 제공합니다.

이렇게 정한 내용을 OpenAPI 스펙에 맞게 작성했습니다.

```
65: /rss/{id}:
66:   delete:
67:     tags:
68:       - rss
69:     description: 블로그를 구독 해제합니다.
70:     operationId: delete-rss
71:     parameters:
72:       - in: path
73:         name: id
74:         schema:
75:           type: string
76:         example: 307f1f77
77:         required: true
78:         description: rss의 ID
79:     responses:
80:       '204':
81:         description: 블로그를 구독 해제했습니다.
82:       '404':
83:         description: 존재하지 않는 ID입니다.
```

스웨거를 통해 확인하면 아래와 같이 표시되는 것을 확인할 수 있습니다.

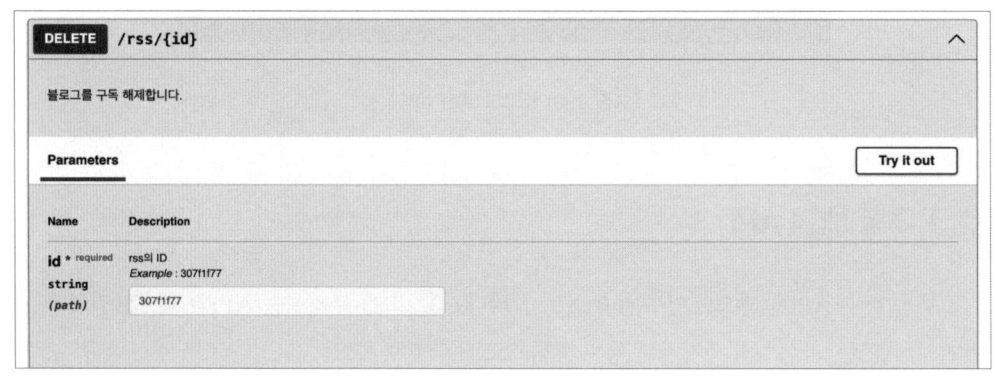

[그림 9-4] 블로그 구독 API 작성

블로그 목록 조회 API

엔드포인트는 /rss이며 리소스를 조회하는 행위이므로 HTTP 메서드는 GET으로 정했습니다. 요청에 대해 성공하면 상태 코드로 200과 함께 본문에는 ArrayOfRss로 정의한 스키마 형태로 응답받습니다.

OpenAPI 스펙에 따라 다음과 같이 작성합니다.

```
84:    get:
85:      tags:
86:        - rss
87:      description: 구독하는 블로그 목록을 조회합니다.
88:      operationId: list-rss
89:      responses:
90:        '200':
91:          description: 조회 성공
92:          content:
93:            application/json:
94:              schema:
95:                $ref: '#/components/schemas/ArrayOfRss'
```

components에는 아래 스키마를 추가했습니다.

```
96: ArrayOfRss:
97:   type: array
98:   items:
99:     $ref: '#/components/schemas/Rss'
```

이를 스웨거에서 확인하면 아래와 같은 내용을 확인할 수 있습니다.

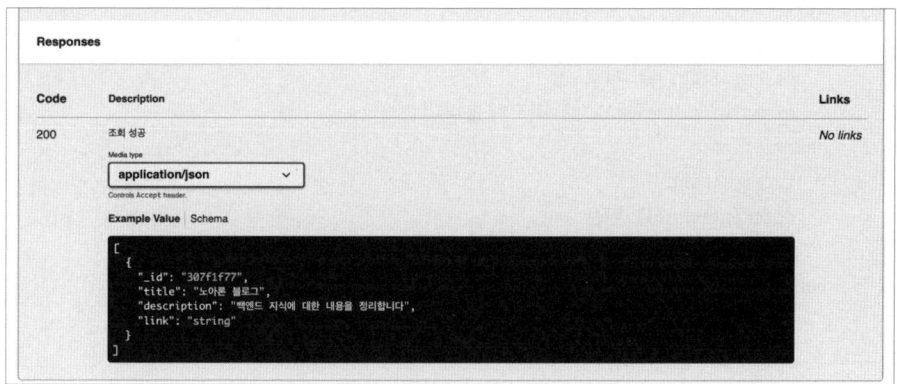

[그림 9-5] 블로그 목록 조회 AP

블로그 피드 조회 API

블로그 피드 조회 API의 엔드포인트는 /rss/feed로 두었습니다. 리소스를 조회하는 행위를 하므로 HTTP 메서드는 GET으로 지정합니다. 응답으로는 상태 코드 200과 함께 글 제목, 본문, 글을 게시한 시간, 블로그 제목, 블로그 설명이 담긴 배열로 구성된 RssFeed 스키마 형태로 반환합니다.

이 API에 대해서 OpenAPI 스펙에 맞게 작성합니다.

```
100: /rss/feed:
101:   get:
102:     tags:
103:       - feed
104:     description: 구독한 블로그의 새로운 글 목록을 조회합니다.
105:     operationId: list-rss-feeds
106:     responses:
107:       '200':
108:         description: 조회 성공
109:         content:
110:           application/json:
111:             schema:
112:               $ref: '#/components/schemas/RssFeed'
```

블로그 피드 조회 API를 설계하는 과정에서 RssFeed 스키마를 정의했습니다. components에는 RssFeed라는 이름의 스키마로 다음과 같이 구성했습니다.

```
113: RssFeed:
114:   type: array
115:   items:
116:     type: object
117:     properties:
118:       title:
119:         type: string
120:         description: 글 제목
121:         example: Azure와 AWS를 비교해봅니다.
122:       description:
123:         type: string
124:         description: 글 본문
125:         example: Azure는 마이크로소프트에서...
126:       pub_date:
127:         type: string
128:         description: 글을 게시한 시간
129:         example: 2025-01-01T11:37:07+00:00
130:       blog_title:
131:         type: string
```

```
132:          description: 블로그 제목
133:          example: 노아론 블로그
134:       blog_description:
135:          type: string
136:          description: 블로그 설명
137:          example: 백엔드 지식에 대한 내용을 정리합니다.
```

이를 스웨거에서 확인하면 다음 내용으로 구성됩니다.

[그림 9-6] 블로그 피드 조회 API

지금까지 작성한 OpenAPI 내용과 스웨거 화면을 전체적으로 확인해보겠습니다.

```
138: OpenAPI: 3.0.0
139: info:
140:    version: "1.0.0"
141:    title: subscribe-blog-article
142:    description: 즐겨보는 블로그 글을 모아보기
143: paths:
144:    /rss:
145:       post:
146:          tags:
147:             - rss
148:          description: 구독할 블로그를 추가합니다.
149:          operationId: add-rss
150:          requestBody:
```

```yaml
151:        content:
152:          application/json:
153:            schema:
154:              $ref: '#/components/schemas/AddRss'
155:      responses:
156:        '201':
157:          description: 구독할 블로그를 추가했습니다.
158:          content:
159:            application/json:
160:              schema:
161:                $ref: '#/components/schemas/Rss'
162:        '400':
163:          description: 올바르지 않은 블로그 URL입니다.
164:    get:
165:      tags:
166:        - rss
167:      description: 구독하는 블로그 목록을 조회합니다.
168:      operationId: list-rss
169:      responses:
170:        '200':
171:          description: 조회 성공
172:          content:
173:            application/json:
174:              schema:
175:                $ref: '#/components/schemas/ArrayOfRss'
176:  /rss/{id}:
177:    delete:
178:      tags:
179:        - rss
180:      description: 블로그를 구독 해제합니다.
181:      operationId: delete-rss
182:      parameters:
183:        - in: path
184:          name: id
185:          schema:
186:            type: string
187:          example: 307f1f77
188:          required: true
189:          description: rss의 ID
190:      responses:
191:        '204':
192:          description: 블로그를 구독 해제했습니다.
193:        '404':
194:          description: 존재하지 않는 ID입니다.
195:  /rss/feed:
196:    get:
```

```
197:      tags:
198:        - feed
199:      description: 구독한 블로그의 새로운 글 목록을 조회합니다.
200:      operationId: list-rss-feeds
201:      responses:
202:        '200':
203:          description: 조회 성공
204:          content:
205:            application/json:
206:              schema:
207:                $ref: '#/components/schemas/RssFeed'
208: components:
209:   schemas:
210:     Rss:
211:       type: object
212:       properties:
213:         _id:
214:           type: string
215:           description: 블로그 ID
216:           example: 307f1f77
217:         title:
218:           type: string
219:           description: 블로그 제목
220:           example: 노아론 블로그
221:         description:
222:           type: string
223:           description: 블로그 설명
224:           example: 백엔드 지식에 대한 내용을 정리합니다.
225:         link:
226:           type: string
227:           nullable: true
228:           description: 블로그 URL
229:     ArrayOfRss:
230:       type: array
231:       items:
232:         $ref: '#/components/schemas/Rss'
233:     AddRss:
234:       type: object
235:       required:
236:         - blog_url
237:       properties:
238:         blog_url:
239:           type: string
240:           example: https://blog.aaronroh.org
241:     RssFeed:
242:       type: array
```

```
243:     items:
244:       type: object
245:       properties:
246:         title:
247:           type: string
248:           description: 글 제목
249:           example: Azure와 AWS를 비교해봅니다.
250:         description:
251:           type: string
252:           description: 글 본문
253:           example: Azure는 마이크로소프트에서...
254:         pub_date:
255:           type: string
256:           description: 글을 게시한 시간
257:           example: 2025-01-01T11:37:07+00:00
258:         blog_title:
259:           type: string
260:           description: 블로그 제목
261:           example: 노아론 블로그
262:         blog_description:
263:           type: string
264:           description: 블로그 설명
265:           example: 백엔드 지식에 대한 내용을 정리합니다.
```

스웨거에서는 아래 내용과 동일하게 네 개의 API에 대한 정의와 Rss, ArrayOfRss, AddRss, RssFeed 컴포넌트로 구성된 스키마를 확인할 수 있습니다.

[그림 9-7] API에 대한 정의와 스키마 확인

9.7 프로젝트 실행하기

이제 직접 프로젝트를 설정하고 실행하겠습니다. 이번 프로젝트를 설정하려면 마이크로소프트 애저의 계정이 필요합니다. 계정 준비는 아래 사이트를 통해서 진행할 수 있습니다. 그리고 이 사이트에서 애저의 웹 기반 통합 콘솔을 사용할 수 있습니다.

URL https://azure.microsoft.com/

계정이 준비되었다면, 프로젝트 설정을 진행하겠습니다. 이번 프로젝트의 소스코드는 아래 리포지토리를 참고하면 됩니다.

URL https://github.com/roharon/book-hackathon-project/tree/master/SubscribeBlog

프로젝트를 설정하면서 애저 함수 앱, 블롭 스토리지, API 매니지먼트 서비스, 커뮤니케이션 서비스 등 여러 리소스를 사용합니다. 이 리소스를 하나로 묶어 편하게 관리하기 위해서 리소스 그룹을 먼저 생성하겠습니다.

① 애저의 상단 검색 창에서 '리소스 그룹'을 검색합니다. 그러면 검색 결과에서 '리소스 그룹'을 찾을 수 있습니다. 이를 눌러 리소스 그룹을 생성하겠습니다.

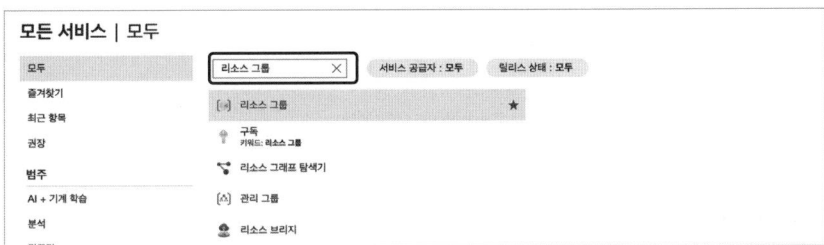

[그림 9-8] 리소스 그룹 선택

② 아래와 같이 화면이 나오면 [리소스 그룹 만들기] 버튼을 누릅니다.

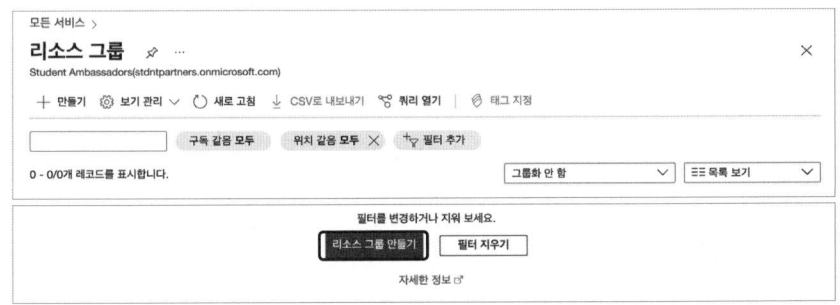

[그림 9-9] 리소스 그룹 생성

③ 리소스 그룹 이름으로는 'RssFeed'를 선택합니다. '리소스 세부 정보' 영역은 한국 지역으로 설정하고자 '(Asia Pacific) Korea Central'로 정했습니다. 그리고 [검토+만들기] 버튼을 누릅니다.

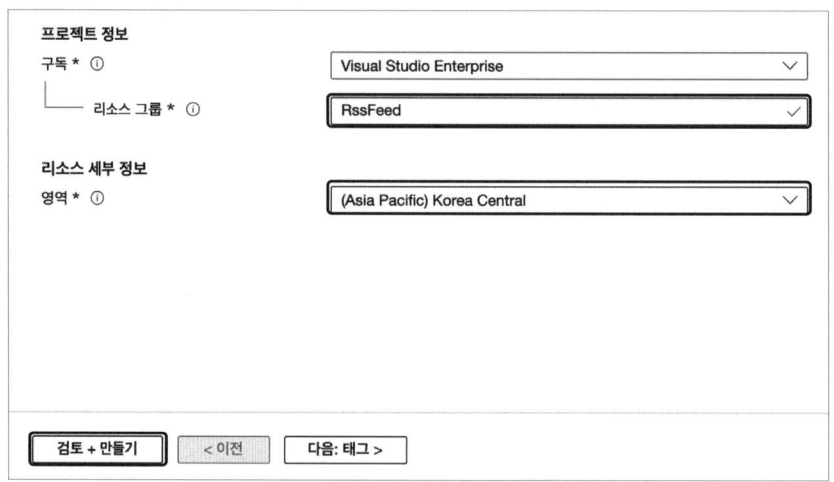

[그림 9-10] 리소스 그룹 이름 설정

④ 그 다음으로 [만들기] 버튼을 누릅니다.

[그림 9-11] 리소스 그룹 작성

⑤ 리소스 그룹이 생성되면 다음과 같이 표시되는 것을 볼 수 있습니다.

[그림 9-12] 리소스 그룹 생성 완료

이어서 애저 함수를 생성하겠습니다.

① 검색 창에서 '함수 앱'을 검색하면 다음과 같이 검색 결과가 나옵니다. '함수 앱' 항목을 누릅니다.

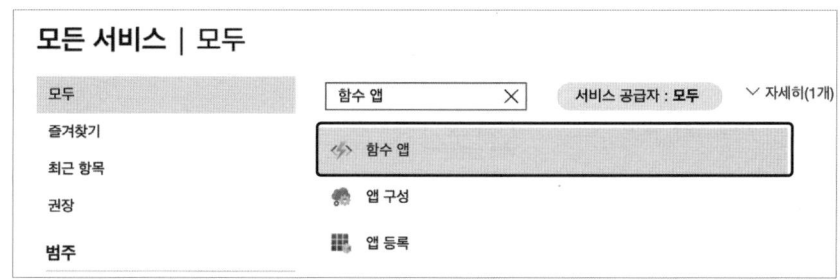

[그림 9-13] 함수 앱 선택

② 함수 앱에서 [함수 앱 만들기] 버튼을 누릅니다.

[그림 9-14] 함수 앱 생성

③ 리소스 그룹으로는 조금 전 생성한 리소스 그룹 'RssFeed'를 선택합니다. 함수 앱 이름은 'my-rss-feed'로 정했습니다. 함수 앱 이름은 도메인이 됩니다. 도메인은 중복될 수 없으므로 여러분들은 함수 앱 이름을 다른 이름으로 설정해야 합니다. 따라서 '즐겨보는 블로그 글 모아보기'의 함수 앱인 것을 알 수 있는 이름으로 정해주세요. 런타임 스택은 'Python', 버전은 '3.11'로 지정합니다. 그리고 [검토+만들기] 버튼을 누릅니다.

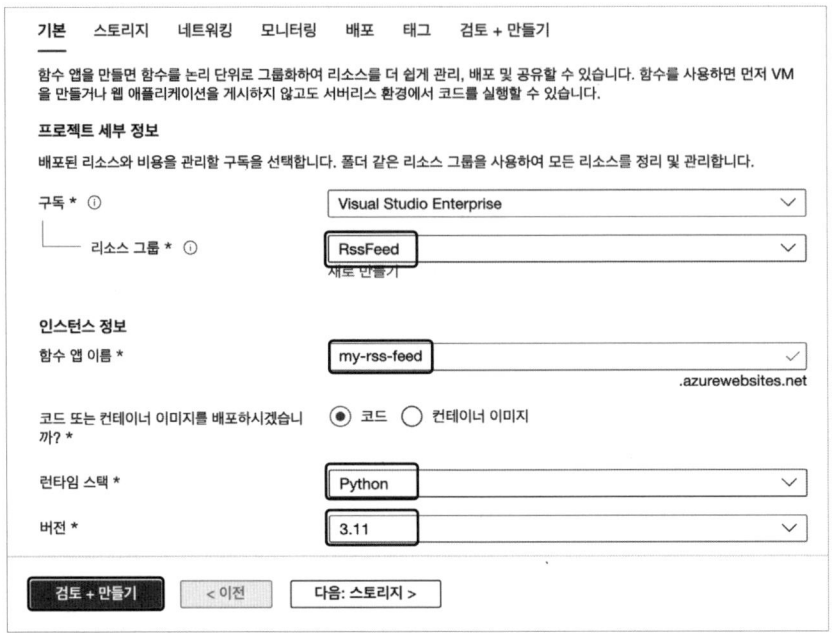

[그림 9-15] 함수 앱 작성 ①

④ 운영체제로는 'Linux'를 선택합니다. 호스팅의 호스팅 옵션 및 계획은 '사용량(서버리스)'를 선택합니다. 그리고 [다음:스토리지>] 버튼을 누릅니다.

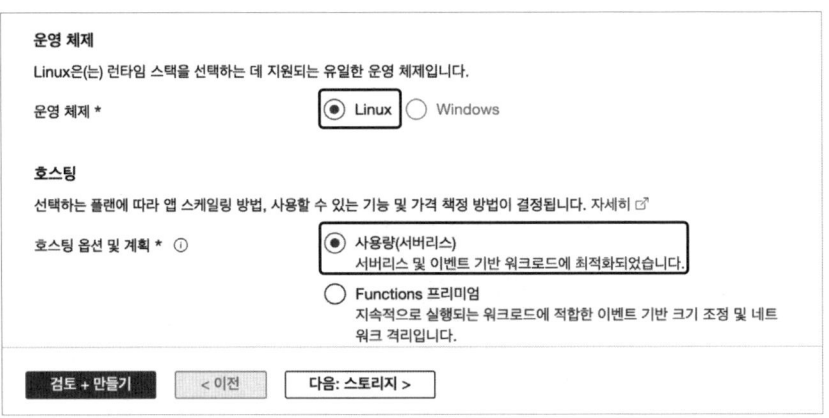

[그림 9-16] 함수 앱 작성 ②

이제 스토리지의 계정을 선택합니다.

① '새로 만들기'를 눌러 스토리지 이름을 정하겠습니다. 여기서는 'myrssfeed'로 정했습니다. 스토리지 이름은 애저 내에서 겹치지 않는 이름으로 지정해야 합니다. 따라서 여러분들은 스토리지를 생성할 때에는 겹치지 않는 이름으로 새로 정해 진행하기를 권합니다. 이후 [검토+만들기] 버튼을 누릅니다.

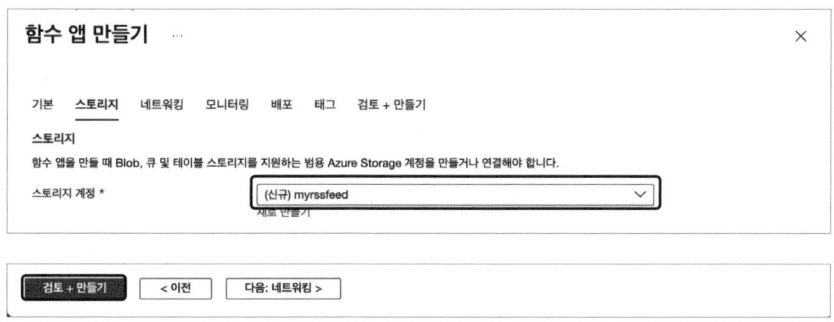

[그림 9-17] 함수 앱 생성

② 아래와 같이 생성할 것을 확인한 뒤에, [만들기] 버튼을 누릅니다.

[그림 9-18] 함수 앱 생성 확인

③ 함수 앱을 생성해서 배포를 완료하면 아래와 같은 화면을 볼 수 있습니다.

[그림 9-19] 함수 앱 생성 완료

이제 애저 함수를 배포하겠습니다.

애저 함수는 AWS의 람다와는 다르게 웹을 통해 수정하는 경우, 프로젝트에서 사용한 외부 라이브러리에 대한 종속성을 추가할 수 없습니다. 그러므로 외부 라이브러리 추가가 필요하다면 Azure CLI를 이용하거나 VSCode를 이용해서 진행할 수 있습니다.

우리는 'Azure Functions Core Tools CLI(Azure Portal에서 만들기)'를 이용해서 애저 함수를 배포하겠습니다.

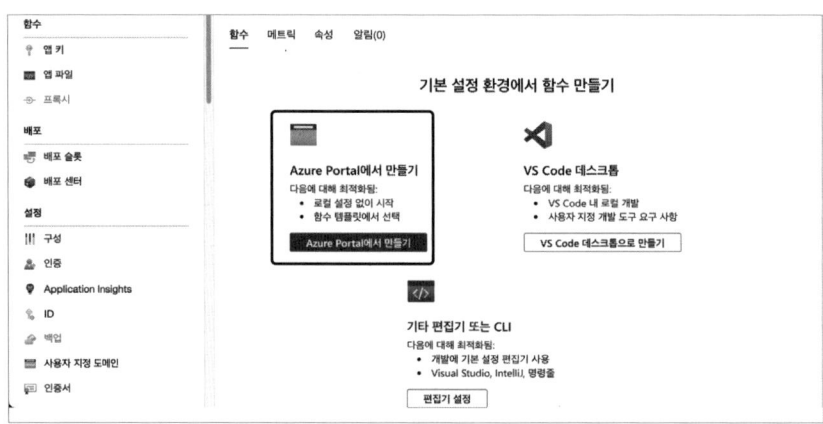

[그림 9-20] 애저 함수 작성

Azure Functions Core Tools는 로컬 개발환경에서 함수를 생성하고, 개발하고, 테스팅 및 배포할 수 있게 지원하는 도구입니다. 로컬 개발환경의 운영체제에 맞는 Azure Functions Core Tools를 설치하겠습니다. 윈도우즈 운영체제를 사용하는 경우, 파워셸에서 다음 명령어를 입력하여 winget을 통해 Microsoft.AzureFunctionsCoreTools를 설치할 수 있습니다.

```
winget install Microsoft.AzureFunctionsCoreTools
```

자신의 환경에 winget이 없다면, 아래 링크를 통해 MSI 설치 파일을 다운로드해서 설치할 수 있습니다.

URL https://go.microsoft.com/fwlink/?linkid=2174087

리눅스인 경우, 터미널에서 아래 명령어를 통해 진행할 수 있습니다. 먼저 마이크로소프트 패키지 리포지토리 GPG 키를 설치해 패키지 무결성 유효성을 검사합니다.

```
curl https://packages.microsoft.com/keys/microsoft.asc | gpg --dearmor > microsoft.gpg
sudo mv microsoft.gpg /etc/apt/trusted.gpg.d/microsoft.gpg
```

그리고 APT 업데이트를 수행하기 전에 APT 원본 목록을 설정합니다.

자신의 운영체제가 우분투^{Ubuntu}라면 아래 명령어를 실행합니다.

```
sudo sh -c 'echo "deb [arch=amd64] https://packages.microsoft.com/repos/microsoft-ubuntu-$(lsb_release -cs)-prod $(lsb_release -cs) main" > /etc/apt/sources.list.d/dotnetdev.list'
```

또는 데비안^{Debian}이라면 아래 명령어를 실행합니다.

```
sudo sh -c 'echo "deb [arch=amd64] https://packages.microsoft.com/debian/$(lsb_release -rs | cut -d'.'-f 1)/prod $(lsb_release -cs) main" > /etc/apt/sources.list.d/dotnetdev.list'
```

그리고 APT 원본 업데이트를 시작합니다.

```
sudo apt-get update
```

이후 Azure Functions Core Tools를 설치하면 됩니다.

```
sudo apt-get install azure-functions-core-tools-4
```

macOS인 경우라면 터미널에서 Homebrew를 통해 Azure Functions Core Tools를 설치합니다.

```
brew tap azure/functions
brew install azure-functions-core-tools@4
brew link --overwrite azure-functions-core-tools@4
```

이외의 운영체제인 경우 아래 문서를 통해 추가적인 정보를 확인할 수 있습니다.

URL https://github.com/Azure/azure-functions-core-tools/blob/v4.x/README.md#windows

그럼 이제 우리의 프로젝트 리포지토리를 클론한 후 Azure Functions Core Tools를 이용해 배포를 진행하겠습니다.

① 먼저 프로젝트를 로컬 개발환경에서 열어줍니다.

URL https://github.com/roharon/book-hackathon-project/tree/master/RssFeed

② `az login` 명령을 입력합니다. 이 명령어를 입력하면 애저에 로그인하도록 인터넷 브라우저가 열리는 것을 볼 수 있습니다.

③ 로그인까지 완료되면 애저에 접근할 수 있는 권한을 얻게 됩니다.

```
az login
```

④ 그럼 다음 화면을 볼 수 있습니다.

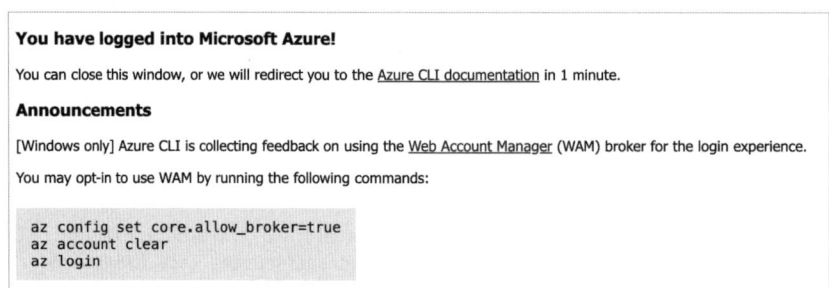

[그림 9-21] 애저에서 접근 권한 획득

다시 로컬 개발환경의 터미널로 돌아가서 애저 함수를 배포하겠습니다.

우리가 만든 애저 함수 이름은 my-rss-feed입니다. 이 이름에 맞게 명령어로는 다음과 같이 입력합니다.

```
func azure functionapp publish my-rss-feed
```

명령어를 통해 애저 함수가 배포되었다면, 애저 포털 화면을 통해서 다음과 같이 네 개의 HTTP 트리거 함수와 한 개의 타이머 트리거 함수가 생성된 것을 확인할 수 있습니다.

[그림 9-22] 트리거 함수 생성 확인

이어서 코스모스DB를 생성하겠습니다.

① 리소스 검색 창에서 'cosmos'를 검색해서 나오는 결과 중 'Azure Cosmos DB'를 선택합니다.

[그림 9-23] Azure Cosmos DB 선택

② 상단의 [+ 만들기] 버튼을 선택합니다.

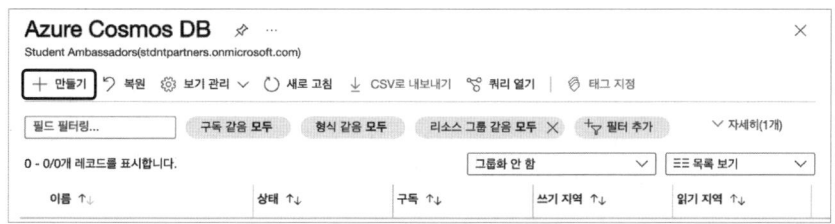

[그림 9-24] Azure Cosmos DB 생성

③ 우린 이번 프로젝트에서 MongoDB를 사용합니다. 따라서 MongoDB용으로 작성된 앱을 위한 완전 관리형 데이터베이스 서비스인 'MongoDB용 Azure Cosmos DB API'를 선택합니다.

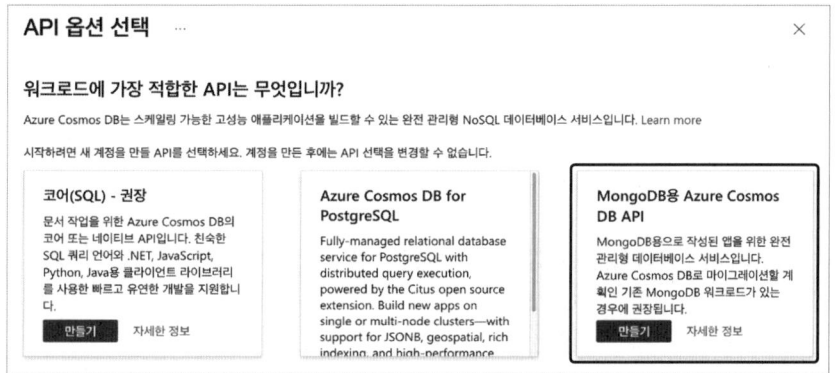

[그림 9-25] Azure Cosmos DB API 선택

④ 'Request unit (RU) database account'를 선택합니다. 처리량에 따라 과금이 되는 서버리스 구조로, 개발하면서 데이터베이스의 예상 사용량이 많지 않은 해커톤과 같은 지금의 상황에서 사용하기 적합합니다. [만들기] 버튼을 눌러 다음 단계로 넘어가봅니다.

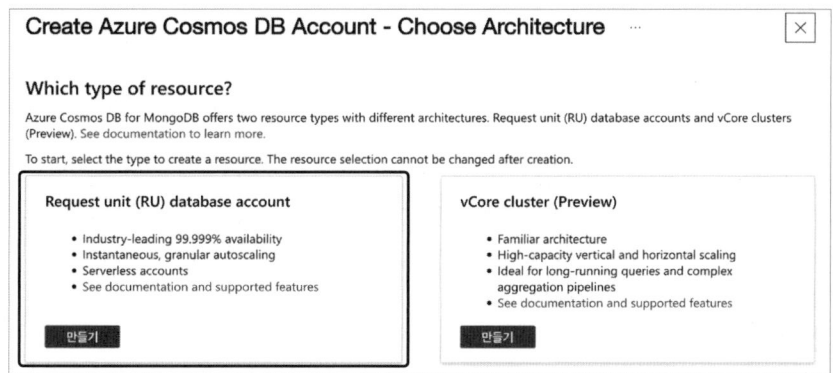

[그림 9-26] Request unit (RU) database account 선택

⑤ '리소스 그룹'으로 'RssFeed'를 선택합니다. 계정 이름은 'my-rss-feed'로 정하고, 위치는 '(Asia Pacific) Korea Central'을 선택합니다. 용량 모드로는 '프로비저닝된 처리량'을 선택합니다.

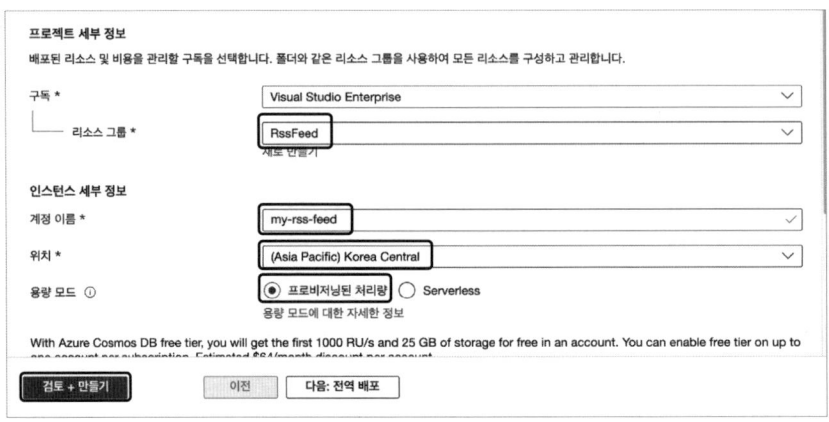

[그림 9-27] 데이터베이스 설정 ①

⑥ '무료 계층 할인 적용'에 '적용'을 선택합니다. 이어서 '총 계정 처리량 제한'에 체크하고, 버전은 '4.2'를 선택합니다. [검토+ 만들기] 버튼을 클릭합니다.

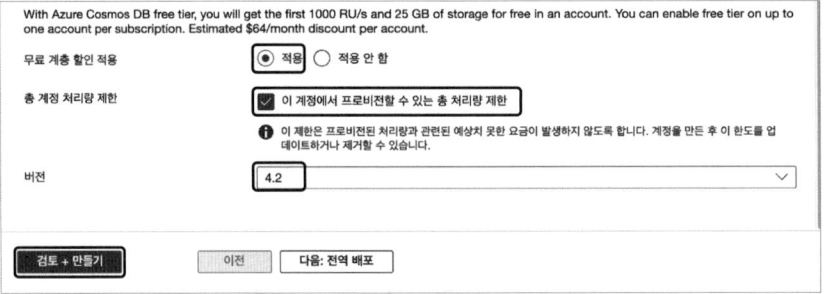

[그림 9-28] 데이터베이스 설정 ②

⑦ 이어서 [만들기] 버튼을 누릅니다.

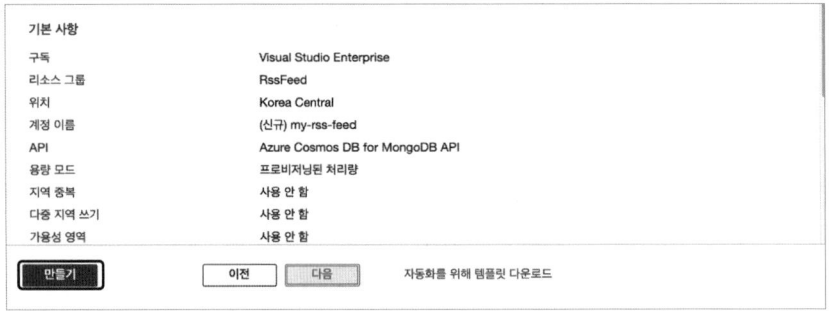

[그림 9-29] 데이터베이스 설정 ③

⑧ my-rss-feed DB가 생성되었다면 다음과 같이 확인할 수 있습니다.

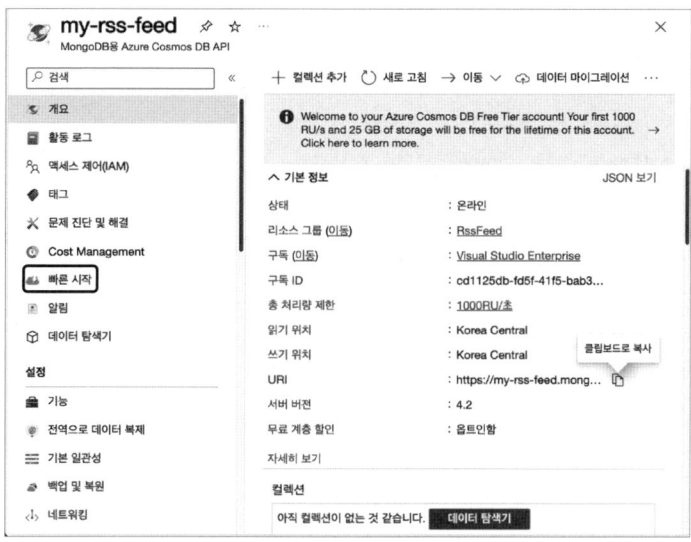

[그림 9-30] 데이터베이스 생성

⑨ '빠른 시작'에 들어가 파이썬 플랫폼을 선택합니다. 그림 다음과 같이 기본 연결 문자열을 제공하는 것을 볼 수 있습니다. 이 값은 외부에 노출되면 안 되는 중요 정보이므로 주의해서 관리해야 합니다. 다음으로 '기본 연결 문자열' 값을 복사합니다.

[그림 9-31] 파이썬 플랫폼 선택

이제 MongoDB의 데이터베이스 컬렉션을 생성하겠습니다.

① 아래 코드에서 CONNECTION_STRING의 값에 복사해 둔 기본 연결 문자열 값을 붙여넣습니다. 그리고 개발환경에서 이 스크립트를 실행합니다.

```
266: import pymongo
267: CONNECTION_STRING = "mongodb://XXXXXXX"
268: client = pymongo.MongoClient(CONNECTION_STRING)
269: db = client["RssFeed"]
270: db.command({"customAction": "CreateDatabase"})
```

```
271: db.command({"customAction": "CreateCollection", "collection": "blogs",
        "offerThroughput": 400})
272: db.command({"customAction": "CreateCollection", "collection": "articles",
        "offerThroughput": 400})
273: indexes = [
274:     {"key": {"_id": 1}, "name": "_id_1"},
275:     {"key": {"name": 2}, "name": "_id_2"},
276: ]
277: db.command(
278:     {
279:         "customAction": "UpdateCollection",
280:         "collection": "blogs",
281:         "indexes": indexes,
282:     }
283: )
284: indexes = [
285:     {"key": {"_id": 1}, "name": "_id_1"},
286:     {"key": {"published_at": 2}, "name": "_id_2"},
287: ]
288: db.command(
289:     {
290:         "customAction": "UpdateCollection",
291:         "collection": "articles",
292:         "indexes": indexes,
293:     }
294: )
```

② my-rss-feed DB의 데이터 탐색기로 이동합니다. 우측의 내용에서 articles, blogs 컬렉션이 추가되었다면 스크립트가 성공적으로 수행된 것입니다.

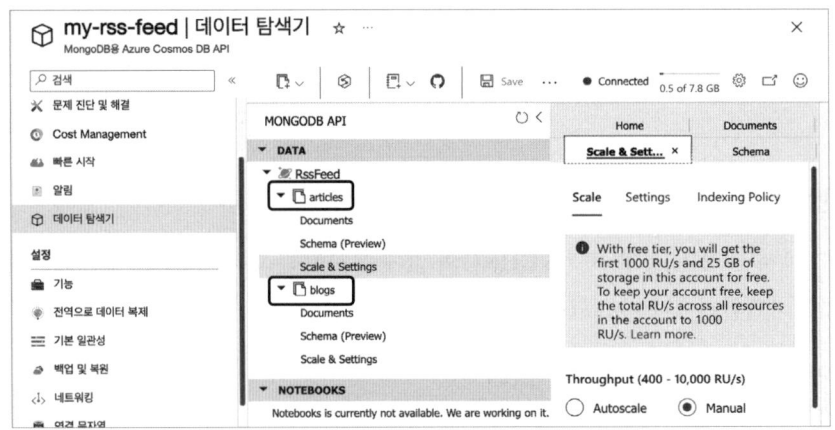

[그림 9-32] 컬렉션 추가

이제 함수 앱에서 MongoDB로 접근하기 위해 COSMOS_CONNECTION_STRING이라는 새로운 환경변수를 추가하는 작업을 하게 됩니다.

① my-rss-feed 함수 앱으로 이동합니다. 그리고 함수 앱 설정의 구성에 들어갑니다. 애플리케이션 설정에서 '새 애플리케이션 설정'을 클릭합니다.

[그림 9-33] 새 애플리케이션 설정

② 이름으로 COSMOS_CONNECTION_STRING 값을 지정합니다. 값으로는 my-rss-feed MongoDB의 '기본 연결 문자열 값'을 붙여넣습니다. 그리고 [확인] 버튼을 누릅니다.

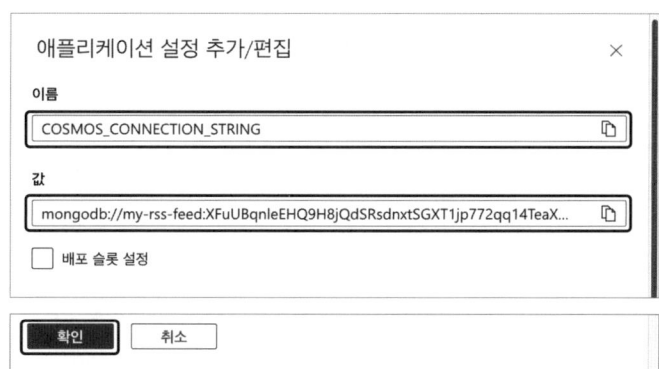

[그림 9-34] 애플리케이션 설정 추가/편집

③ 지정한 뒤에는 상단의 [저장] 버튼을 눌러서 수정 사항을 반영합니다.

[그림 9-35] 수정 사항 반영

그럼 이제 함수를 호출해보겠습니다.

HTTP 트리거를 사용해 애저 함수를 생성했으므로, HTTP 요청을 통해 응답을 확인해보고자 합니다. 구독하는 블로그 목록을 조회하는 API를 먼저 요청하겠습니다. 그러려면 우선 애저 함수의 API URL을 알아야 합니다.

URL 정보는 함수 앱의 개요에서 URL에 있는 내용으로 다음 내용을 확인했습니다.

URL https://my-rss-feed.azurewebsites.net

REF 여러분들의 호스트는 다른 값으로 구성되니, 따라하면서 확인한 값으로 대체해 사용하길 바랍니다.

애저 함수에서는 HTTP 트리거를 사용하는 모든 함수의 경로에는 /api가 접두사로 지정됩니다. 따라서 구독하는 블로그 목록 조회 API의 경로는 /api/rss가 됩니다.

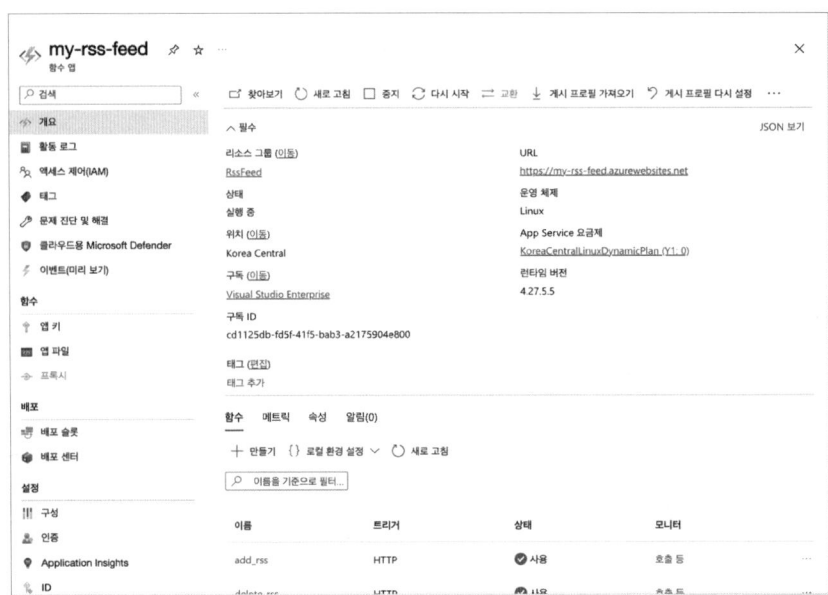

[그림 9-36] API 경로 조회

다음으로 구독하는 블로그 목록을 조회합니다.

HTTP 요청을 할 수 있는 클라이언트 도구인 포스트맨을 이용해 우리가 만든 API를 테스트해보겠습니다.

① HTTP 메서드로는 GET을 선택하고, URL은 다음 주소를 입력합니다.

URL https://my-rss-feed.azurewebsites.net/api/rss

② [Send] 버튼을 눌러 API를 호출합니다. 그림 아래처럼 응답 상태 코드로 200, 응답 본문으로 [ ] 가 반환될 것입니다. 비어 있는 리스트로 반환된 이유는 아직 우리가 추가한 블로그가 없기 때문입니다.

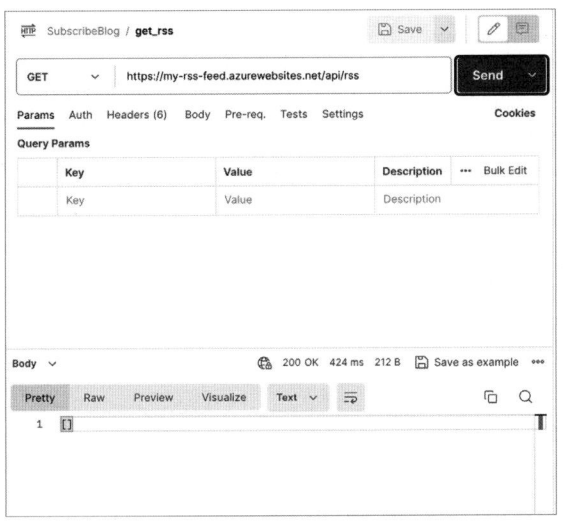

[그림 9-37] 블로그 목록 조회

그럼 이제 블로그를 추가해보겠습니다.

HTTP 메서드는 POST를 선택합니다. URL은 블로그 목록 조회 API와 동일한 아래 URL을 사용합니다. 그리고 [Send] 버튼을 누르면 다음과 같이 201 응답을 받는 것을 확인할 수 있습니다.

URL https://my-rss-feed.azurewebsites.net/api/rss

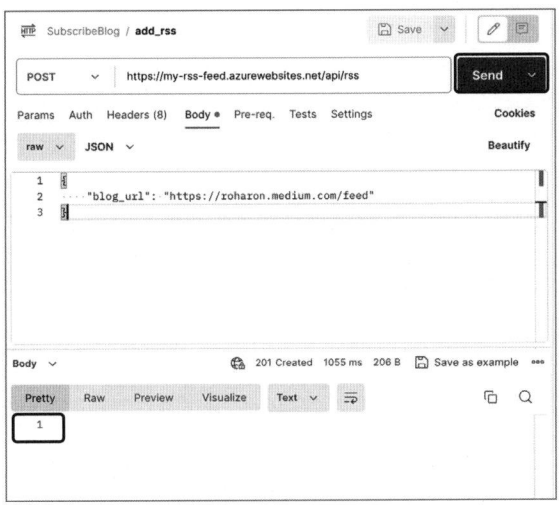

[그림 9-38] 블로그 추가

블로그를 추가했으니 다시 조회해봅니다.

HTTP 메서드로 GET을, URL은 아래 URL로 둡니다. 그리고 [Send] 버튼을 눌러 호출합니다. 그럼 다음과 같이 블로그가 추가된 내용을 볼 수 있습니다.

URL https://my-rss-feed.azurewebsites.net/api/rss

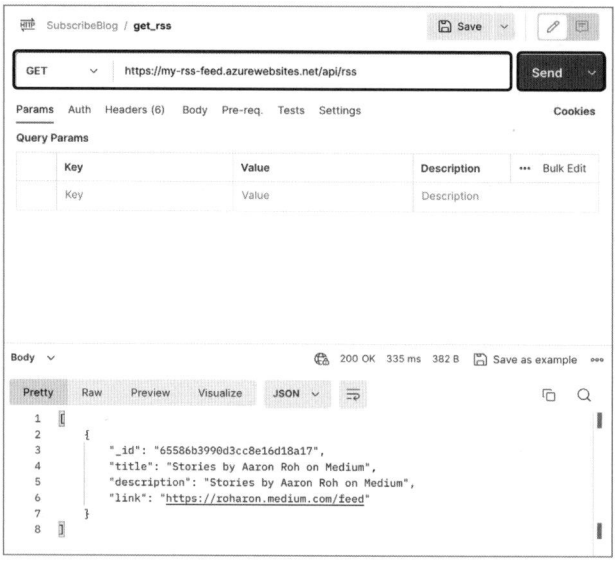

[그림 9-39] 블로그 조회

이어서 구독한 블로그의 새로운 글 목록 조회 API를 호출하겠습니다.

HTTP 메서드는 GET을 선택하고, URL은 다음 주소를 입력합니다.

URL https://my-rss-feed.azurewebsites.net/api/rss/feed

응답 상태 코드 200과 응답 본문으로 아래 내용을 확인할 수 있습니다. 블로그의 새 글 정보는 10분에 한 번씩 동작합니다. 따라서 만약 글 정보가 뜨지 않는다면 10분이 지난 뒤 호출해보기 바랍니다.

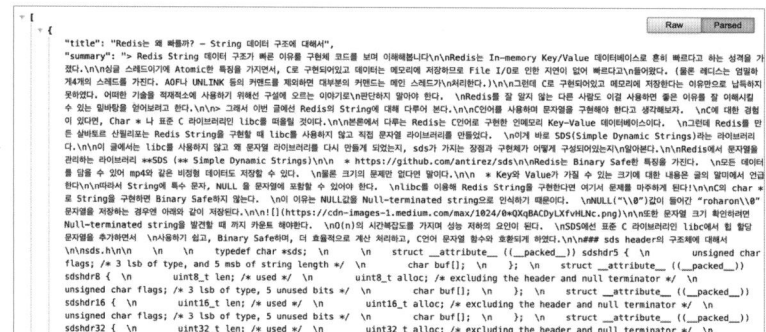

[그림 9-40] 새로운 글 목록 조회 API 호출

구현한 API의 응답을 모두 확인해봤습니다.

그럼 API 매니지먼트 서비스를 통해서 API를 연결하겠습니다.

① 검색 창에서 API Management를 검색해, API Management 서비스에 들어갑니다.

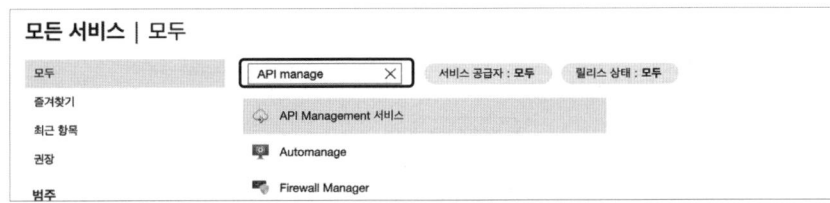

[그림 9-41] API Management 서비스 선택

② [+ 만들기] 버튼을 클릭합니다.

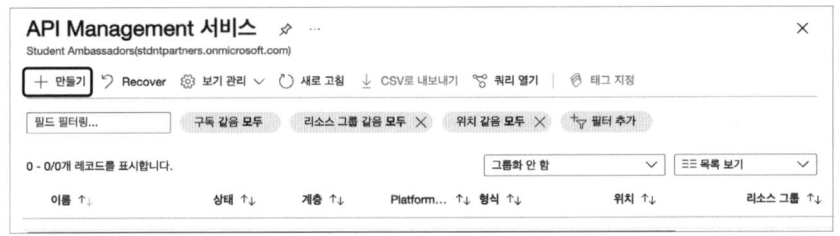

[그림 9-42] API Management 서비스 생성

③ 리소스 그룹으로 'RssFeed'를 선택합니다. 인스턴스 세부 정보의 지역으로는 '(Asia Pacific) Korea Central'를 선택합니다. 리소스 이름은 'MyRssFeed'로 정해서 진행하겠습니다.

> **REF** 리소스 이름은 중복해 정할 수 없으므로 다른 이름을 정해 기입하면 됩니다. Organozation name과 관리자 이메일은 독자분들의 이름과 이메일 주소를 기입하기 바랍니다.

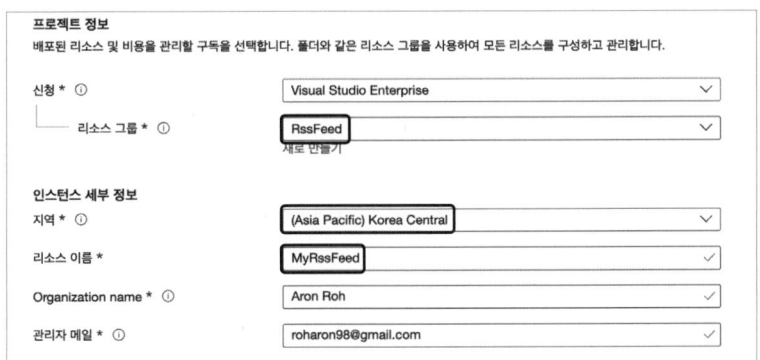

[그림 9-43] API Management 서비스 설정 ①

④ 가격 책정 계층은 '개발자(SLA 없음)'으로 선택합니다. 그리고 [검토 + 만들기] 버튼을 클릭합니다.

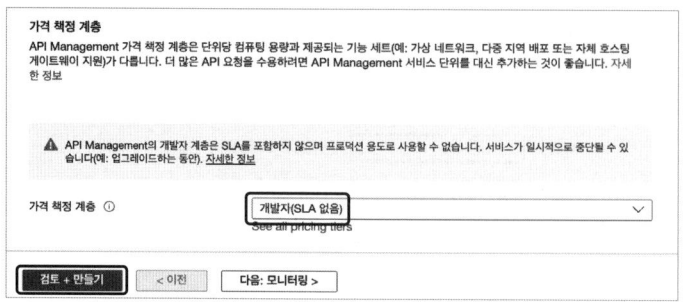

[그림 9-44] API Management 서비스 설정 ②

⑤ [만들기] 버튼을 클릭합니다.

[그림 9-45] API Management 서비스 설정 ③

⑥ 생성이 완료되면 다음과 같이 확인할 수 있습니다. 이 API 매니지먼트 서비스의 게이트웨이 URL은 https://myrssfeed.azure-api.net이 됩니다.

> **REF** 여러분들도 생성한 이름에 따라서 게이트웨이 URL이 구성되는 것을 확인할 수 있습니다.

[그림 9-46] API 생성 완료

이제 APIs의 API에 들어갑니다.

① 여기서는 애저 함수와 연결하므로 Create from Azure resource에서 'Function App'을 선택합니다.

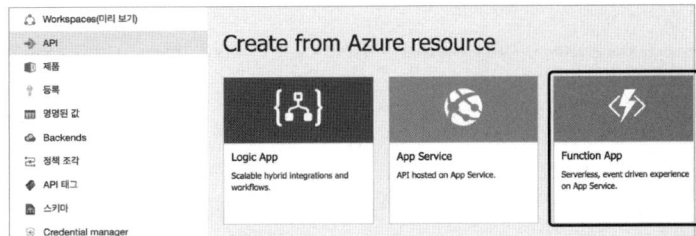

[그림 9-47] Function App 선택

② Create from Function App에서 'Basic'을 선택합니다. 그리고 Function App의 'Browser'를 클릭합니다.

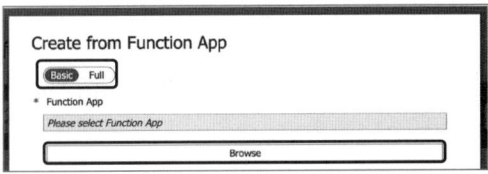

[그림 9-48] Function App 설정

③ 그럼 애저 함수를 선택하는 페이지가 나오게 됩니다. [선택] 버튼을 누릅니다.

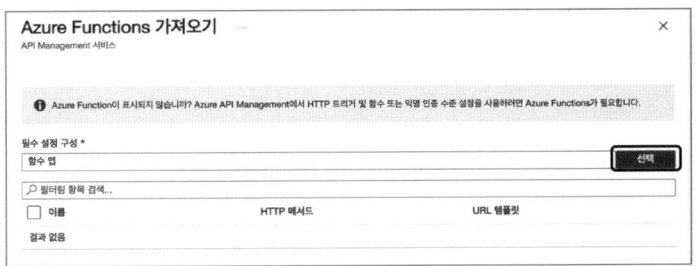

[그림 9-49] 애저 함수 선택

④ 우리가 생성한 my-rss-feed 함수 앱을 선택합니다.

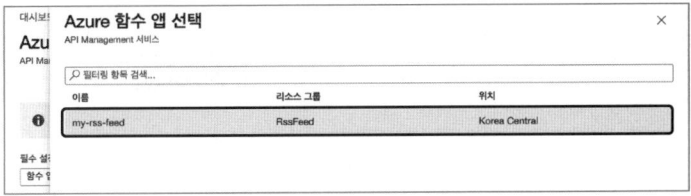

[그림 9-50] my-rss-feed 함수 앱 선택

⑤ 그럼 다음과 같이 우리가 HTTP 트리거로 만든 함수인 add_rss, delete_rss, get_rss, get_rss_feed 가 표시됩니다. 함수를 모두 선택하고 [선택] 버튼을 클릭합니다.

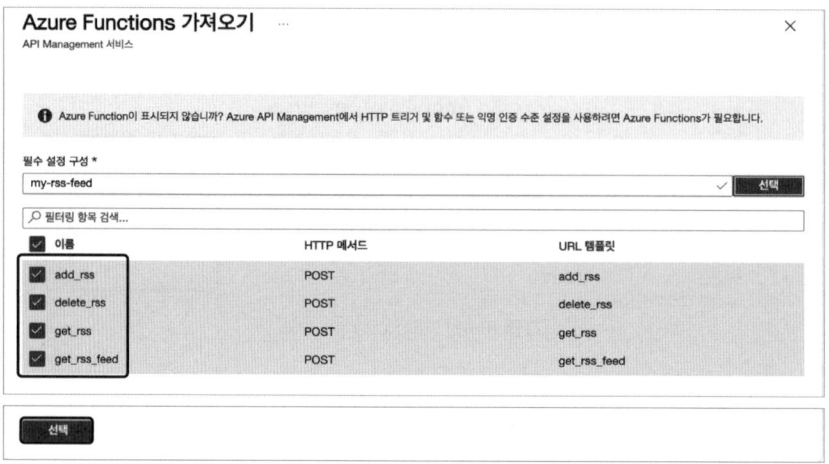

[그림 9-51] HTTP 트리거로 만든 모든 함수 선택

⑥ Display name과 Name에는 'my-rss-feed'를 기입합니다. API URL suffix에는 'api'로 지정합니다. 그리고 [Create] 버튼을 누릅니다.

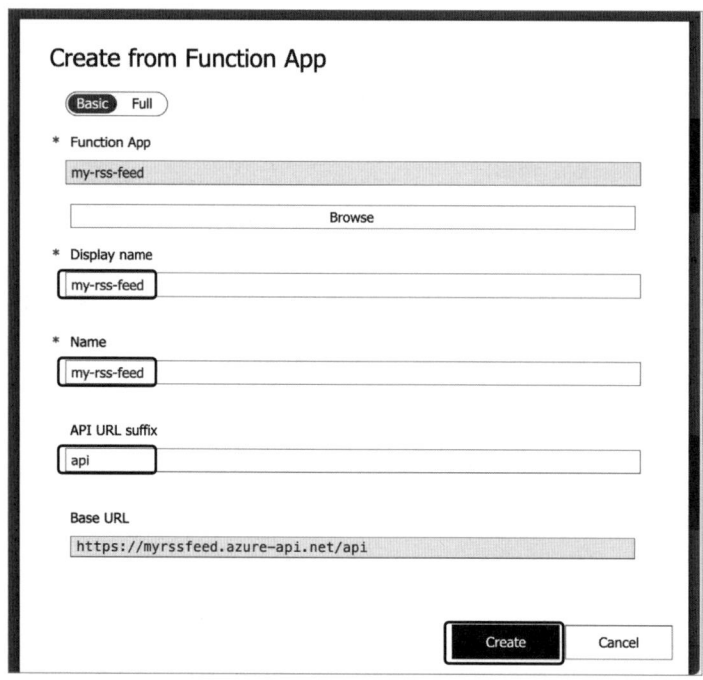

[그림 9-52] Function App 설정

⑦ [Create] 버튼을 눌렀다면 다음과 같이 'my-rss-feed API'가 추가된 것을 볼 수 있습니다.

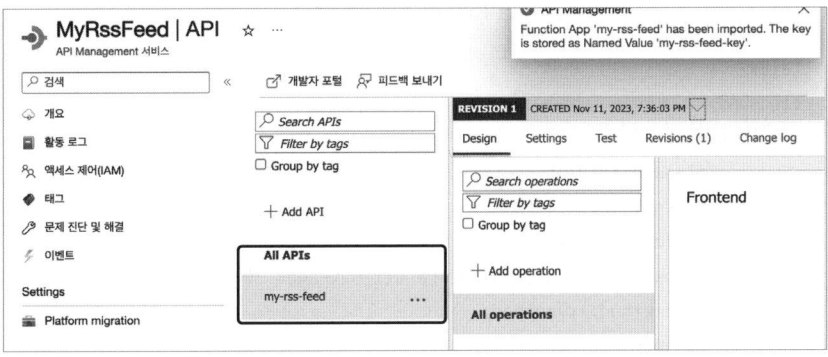

[그림 9-53] my-rss-feed API 추가 확인

이제 Subscription에 대한 설정을 진행합니다. 권한 없이 모든 사용자가 호출할 수 있어야 하므로 Subscription required의 '체크를 해제'합니다. Security의 User authorization은 None을 선택합니다. 그리고 [Save] 버튼을 눌러 수정사항을 적용합니다.

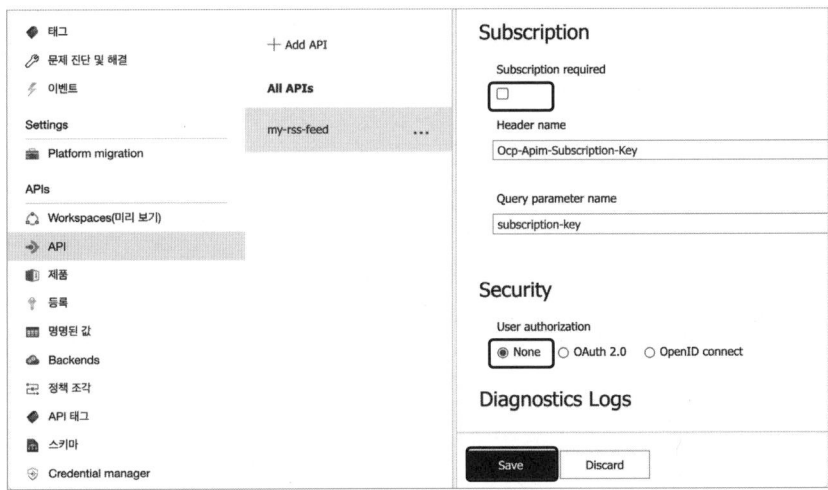

[그림 9-54] Subscription 설정

이제 CORS(Cross-Origin Request Sharing) 설정을 진행합니다.

① 'All APIS'를 누른 뒤, Backend의 'forward-request'를 클릭합니다.

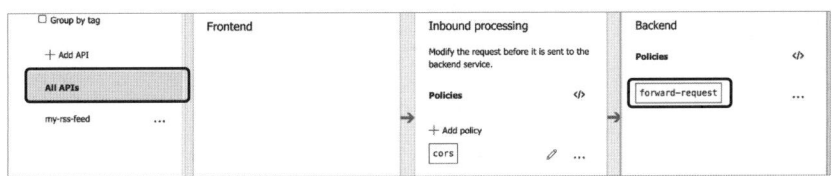

[그림 9-55] CORS 설정

② 그러면 API의 정책을 설정할 수 있습니다. 아래 내용을 입력해서 모든 origin에서 API를 요청할 수 있도록 변경합니다. 모두 입력했다면 [Save] 버튼을 눌러 적용합니다.

```
295: <policies>
296:     <inbound>
297:         <cors>
298:             <allowed-origins>
299:                 <origin>*</origin>
300:             </allowed-origins>
301:             <allowed-methods preflight-result-max-age="300">
302:                 <method>*</method>
303:             </allowed-methods>
304:             <allowed-headers>
305:                 <header>*</header>
306:             </allowed-headers>
307:             <expose-headers>
308:                 <header>*</header>
309:             </expose-headers>
310:         </cors>
311:     </inbound>
312:     <backend>
313:         <forward-request />
314:     </backend>
315:     <outbound />
316:     <on-error />
317: </policies>
```

소스코드가 잘 입력된 것을 확인할 수 있습니다.

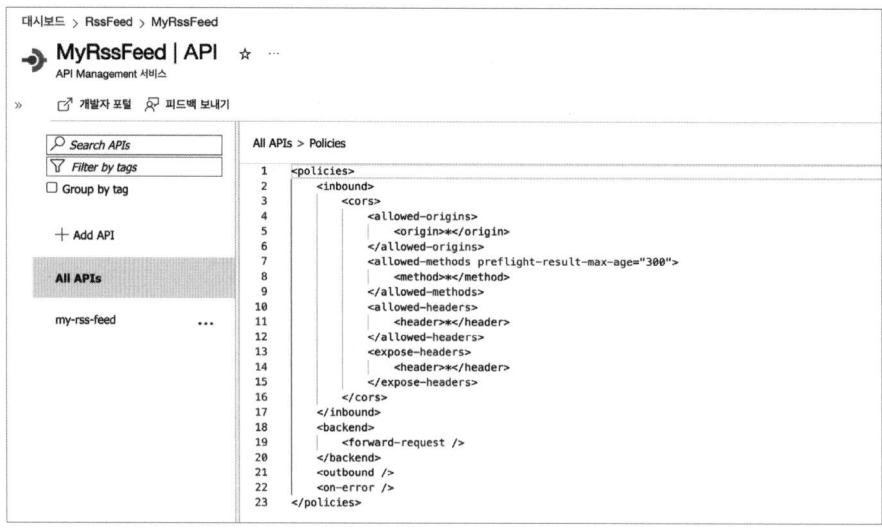

[그림 9-56] 소스코드 입력

③ 다시 포스트맨을 통해서 요청을 해봅니다. API 매니지먼트 서비스를 연결해 게이트웨이 URL로 https://myrssfeed.azure-api.net을 사용할 수 있습니다. 따라서 블로그의 새로운 글 목록 조회 API는 다음 주소로 호출할 수 있게 됩니다. 그리고 메서드를 GET으로 설정해 다음과 같이 요청할 수 있습니다.

URL https://myrssfeed.azure-api.net/api/rss/feed

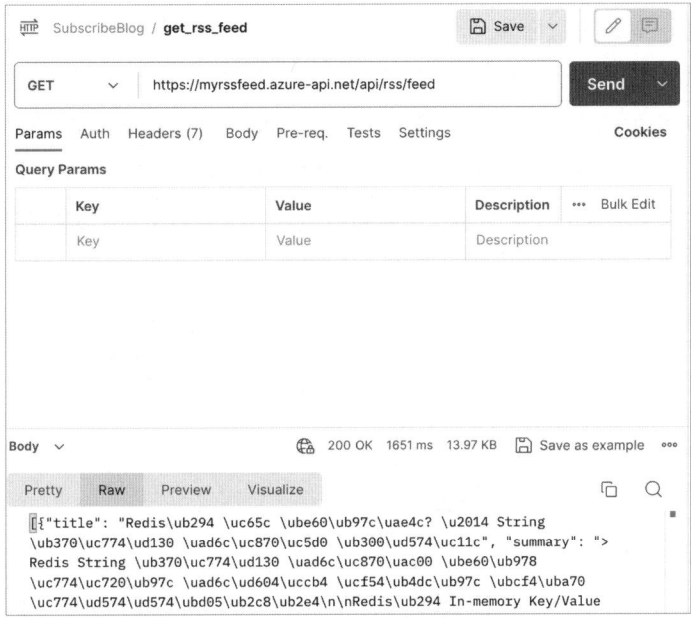

[그림 9-57] API 호출

이어서 정적 웹사이트를 만들어봅니다.

① 정적 웹사이트는 애저 스토리지 계정을 통해서 만들게 됩니다. 애저의 상단 검색 창에서 '스토리지 계정'을 검색해 스토리지 계정에 들어갑니다.

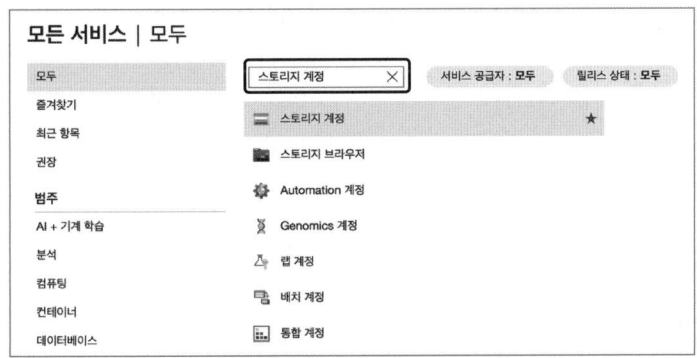

[그림 9-58] 스토리 계정으로 접근

② 새로운 스토리지 계정을 만들기 위해 [+ 만들기] 버튼을 클릭합니다.

[그림 9-59] 새로운 스토리지 계정 선택

③ 스토리지 계정을 만들기 위해서 리소스 그룹과 인스턴스 정보를 지정합니다. 리소스 그룹으로 'RssFeed'를 선택합니다. 스토리지 계정 이름은 고유한 이름이어야 합니다. 따라서 여러분들은 myrssfeedweb이 아닌 다른 이름으로 지정하기 바랍니다. 지역은 '(Asia Pacific) Korea Central'을 선택합니다. 성능은 블롭 스토리지에 접근하는 데 대기하는 시간의 차이가 있습니다. 우린 짧은 대기 시간을 요구하지 않으므로 '표준'을 선택합니다. 중복으로는 'LRS(로컬 중복 스토리지)'를 선택합니다. 그리고 [검토] 버튼을 클릭합니다.

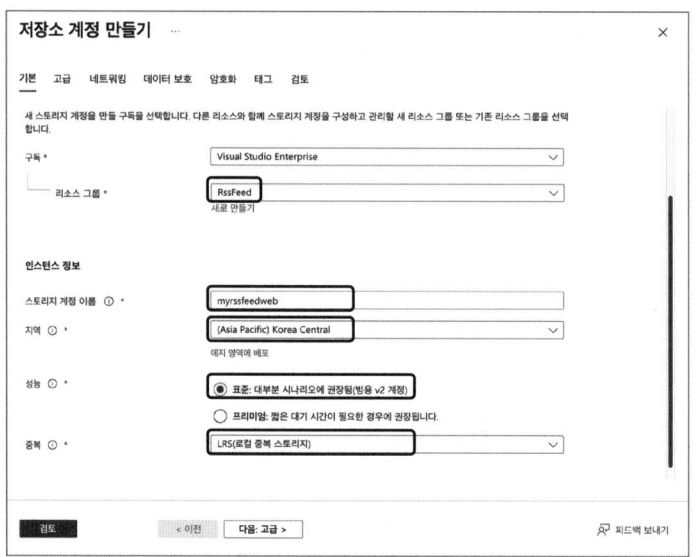

[그림 9-60] 리소스 그룹과 인스턴스 정보 지정

④ 이어서 [만들기] 버튼을 클릭합니다.

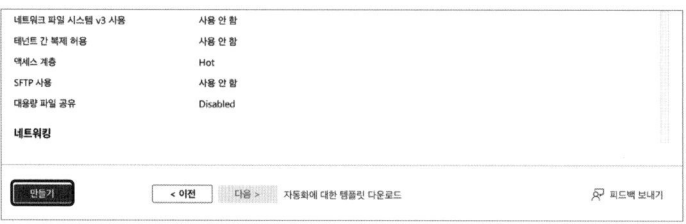

[그림 9-61] 스토리지 계정 생성

⑤ 스토리지 계정이 생성이 되었다면, [기능] 탭에서 '정적 웹사이트'를 클릭합니다.

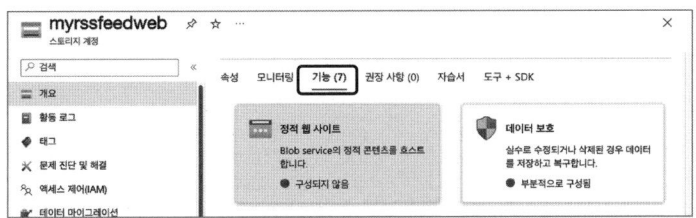

[그림 9-62] 정적 웹사이트 선택

⑥ 정적 웹사이트의 '사용'을 클릭합니다. 그리고 인덱스 문서 이름을 정합니다. 인덱스 문서 이름은 'index.html'로 지정합니다. 오류 문서 경로는 '404.html'로 지정합니다. [저장] 버튼을 누릅니다.

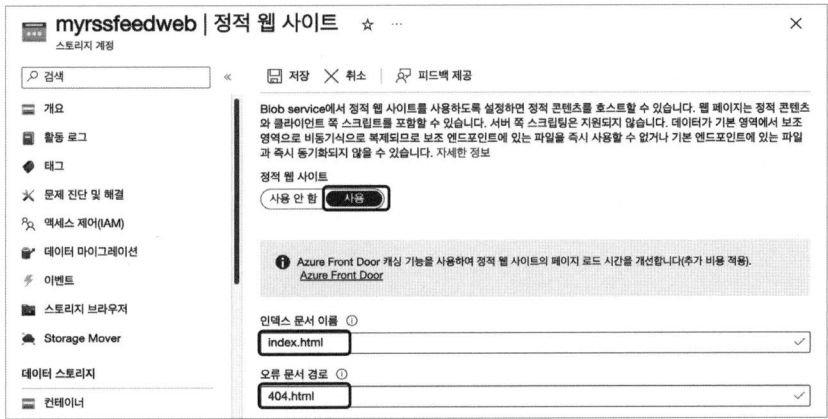

[그림 9-63] 정적 웹사이트 설정

⑦ 저장되었다면 '다음과 같이 정적 웹사이트 설정을 업데이트했습니다.'라는 문구와 함께 정적 웹사이트의 엔드포인트가 나오는 것을 확인할 수 있습니다.

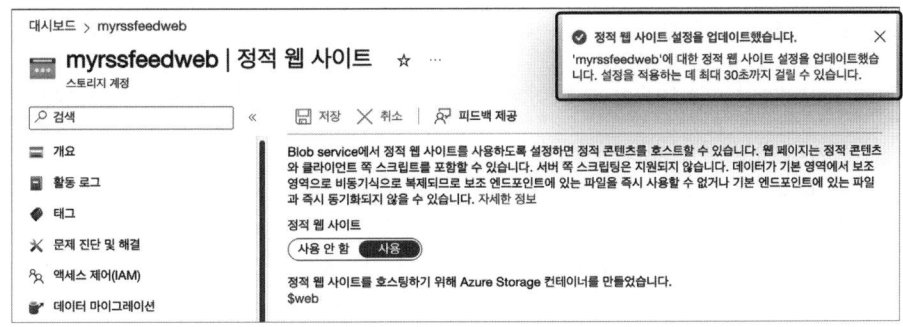

[그림 9-64] 정적 웹사이트 업데이트

⑧ 스토리지 계정의 '데이터 스토리지' 〉 '컨테이너' 내용을 확인하면 다음과 같이 $logs 와 $web 컨테이너가 추가된 것을 확인할 수 있습니다. 여기서 $web 컨테이너를 클릭합니다.

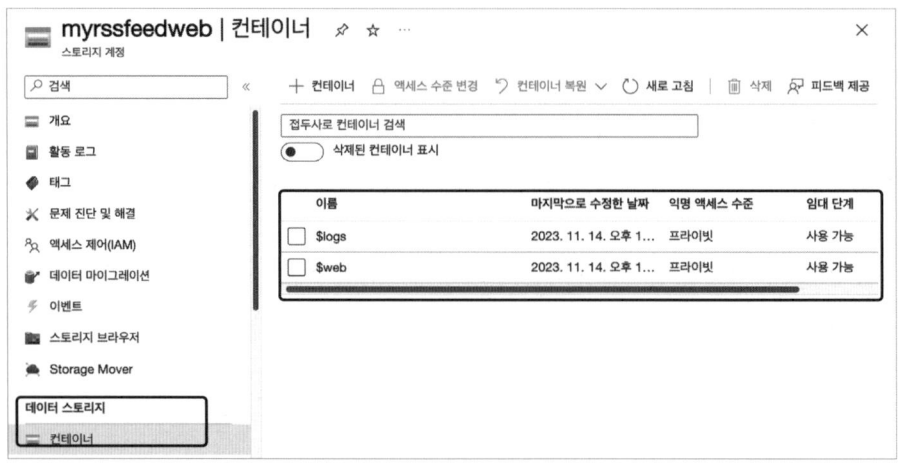

[그림 9-65] 컨테이너 선택

⑨ 이제 $web 컨테이너 내부에 index.html과 404.html 파일을 업로드하겠습니다. 상단의 [업로드] 버튼을 클릭합니다.

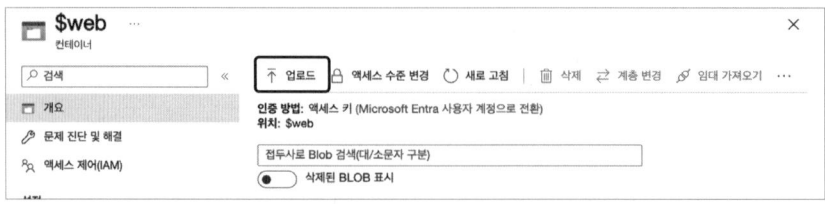

[그림 9-66] 업로드할 파일 선택

⑩ 다음으로 index.html, 404.html 파일을 업로드합니다. 두 파일은 실습 프로젝트 리포지토리의 아래 경로에서 확인할 수 있습니다.

URL https://github.com/roharon/book-hackathon-project/tree/master/RssFeed/web

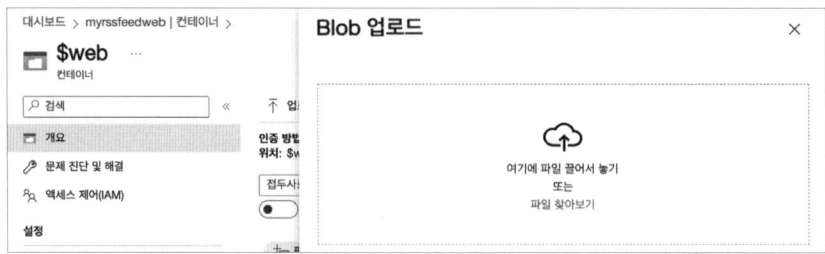

[그림 9-67] 파일 업로드 선택

⑪ 두 파일을 선택했다면 다음과 같은 화면이 표시됩니다. 이제 [업로드] 버튼을 클릭합니다.

[그림 9-68] 파일 업로드

⑫ 업로드가 성공적으로 완료되었다면 다음과 같이 확인할 수 있습니다.

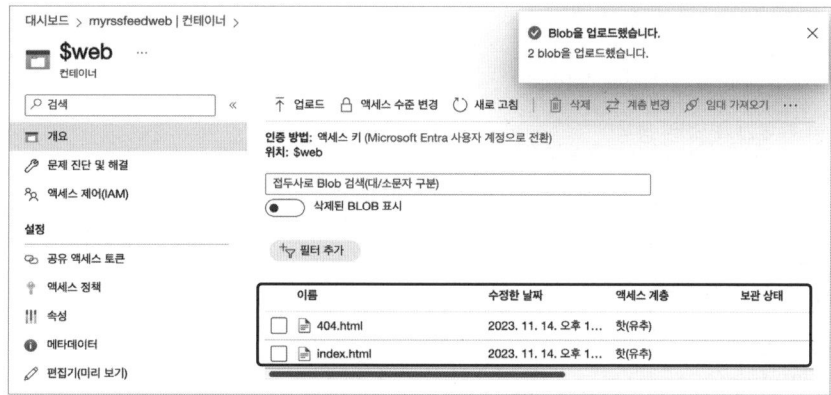

[그림 9-69] 업로드된 두 파일

⑬ 정적 웹사이트의 기본 엔드포인트인 아래 URL에 접속해 우리가 등록한 블로그의 글이 보이는 것을 확인할 수 있습니다.

URL https://myrssfeedweb.z12.web.core.windows.net/

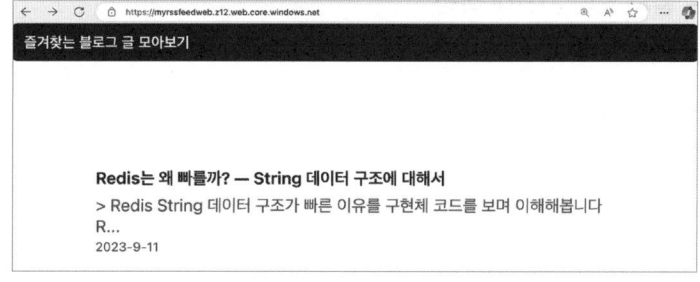

[그림 9-70] 등록한 블로그 글 확인

이것으로 즐겨보는 블로그 글 모아보기 프로젝트의 설정을 마쳤습니다. 이 프로젝트를 통해 애저 함수, 스토리지 계정, API 매니지먼트 서비스, 코스모스 DB를 사용해 서비스를 구현해봤습니다.

> **REF** 실습을 마친 뒤에는 반드시 리소스를 제거해서 비용이 청구되지 않도록 정리해주세요

9.8 부록 - 필자가 작성한 사용자 스토리

사용자 스토리 9-1

내가 추가한 블로그의 글 모아보기

1. 추가한 블로그가 있는 경우
    a. 최신 순으로 블로그 글을 보여준다.
2. 추가한 블로그가 없는 경우
    a. 블로그 추가 버튼을 보여준다.

내가 구독하는 블로그 관리

1. 추가한 블로그가 있는 경우
    a. 편집 기능을 통해서 삭제할 수 있다.
    b. 블로그를 더 추가할 수 있다.
2. 추가한 블로그가 없는 경우
    a. 블로그 추가 버튼을 보여준다.

하루 동안 올라온 글의 알림 시간대 설정

1. 설정에 들어간다.
2. 알림 받을 시간대를 설정한다.
    a. 시간을 30분 단위로 선택할 수 있다.
3. 시간대를 설정한 경우
    a. 다음 알림을 받을 시각과 알림 시간대 설정을 보여준다.

하루 동안 올라온 글에 대해 알림 받을 공간 설정

1. 설정에 들어간다.
2. 알림 받을 공간을 설정한다.
   a. 이메일, 슬랙 메신저, 카카오톡을 선택할 수 있다.
3. 알림 공간 설정을 한 경우
   a. 알림 받는 공간에 대한 정보를 보여준다.

새로운 블로그 추천 기능

1. 추가한 블로그 글을 모두 읽은 경우
   a. 추가한 블로그의 글 주제와 비슷한 다른 블로그의 주소와 여러 글의 제목과 섬네일 이미지를 제공한다.

필자가 정한 이 서비스의 핵심 기능과 이유

- 내가 추가한 블로그의 글 모아보기
- 하루 동안 올라온 글의 알림 시간대 설정

이 두 가지 기능을 핵심 기능으로 정한 이유는 이 프로젝트의 목표는 사용자가 글을 찾는 데 쓰는 시간과 피로도를 줄이는 것이기 때문입니다. 따라서 이 과정을 생략할 수 있도록 '내가 추가한 블로그의 글 모아보기'를 첫 번째 핵심 기능으로 두었습니다.

두 번째 핵심 기능은 하루 동안 올라온 글의 알림 시간대를 설정하는 것입니다. 일상에서 새로운 글이 올라왔을 때 방해받지 않고, 사용자가 편안히 읽을 수 있는 시간대에 알림을 주는 것이 피로도를 줄이는 방법이라고 생각해 이를 두 번째 핵심 기능으로 두었습니다.

이외 기능에 대해서는 앞으로 추가를 고려해 볼 수 있는 기능이지만, 우선순위를 고려했을 때 위의 핵심 기능을 먼저 선보인 뒤에 추가 기능으로 제공해도 되겠다고 판단했습니다.

'내가 구독하는 블로그 관리' 기능을 첫 기능으로 선보인 상황에서는 사용자들이 블로그를 많이 추가하지 않은 상황일 것이므로 당장 필요하다고 생각하지 않으리라 생각했습니다.

'하루 동안 올라온 글에 대해 알림 받을 공간 설정'의 경우에는 핵심 기능으로 둔 '하루 동안 올라온 글의 알림 시간대 설정'과 얼핏 비슷해 보입니다. 사용자들이 이메일 외에도 슬랙 메신저, 카카오톡으로도 알림을 받고 싶은지에 대해 알 수 없기에 최소한의 범위로 이메일을 두고, 점차 확대하는 방향이 좋다고 생각했습니다.

새로운 블로그 추천 기능의 경우, 비슷한 주제의 글을 소비하는 사용자가 어느 정도 모여야 만족할 수 있는 블로그를 제공할 수 있다고 판단했습니다.

핵심 기능은 중요하다고 생각하는 부분에 따라 다르게 정할 수 있습니다. 여러분도 이 글을 읽으면서 스스로 생각한 핵심 기능은 무엇이고, 어떠한 기준으로 핵심 기능을 정했는지 생각해보면 좋겠습니다.

Chapter 10

한 주간의 목표 세우기

이 장에서는 자기 계발을 위한 효율적인 목표 설정과 관리를 돕기 위해 '한 주간의 목표 세우기' 서비스를 구상합니다. 목표 관리 기능 구현을 위해 필요한 기술 스택과 데이터베이스 설계를 제시하고, 서비스를 빠르게 선보일 수 있는 아키텍처를 설계합니다.

10.1 아이디어 도출하기

이 장에서는 '한 주간의 목표 세우기'를 진행하려고 합니다. 이번에도 마인드맵으로 아이디어를 도출하는 것으로 시작하겠습니다.

마인드맵 기법

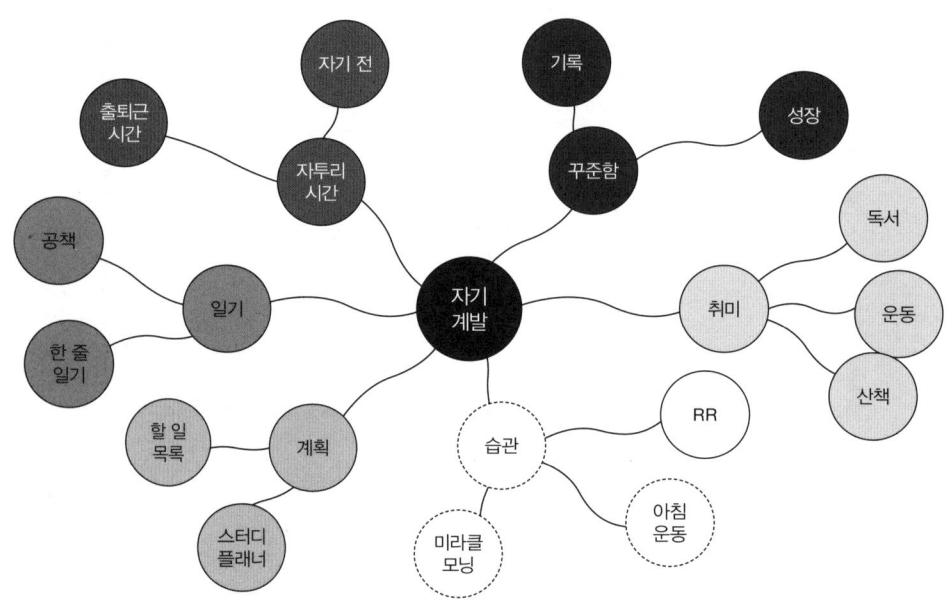

[그림 10-1] 자기 계발을 중심으로 한 마인드맵

마인드맵의 중심 키워드로 **자기 계발**을 정했습니다.

자기 계발에 대한 가지로는 일기, 계획, 습관, 취미, 꾸준함과 자투리 시간을 연상했습니다. 일기로는 공책, 한 줄 일기가, 계획에서는 할 일 리스트와 스터디 플래너가 있습니다. 습관에는 미라클 모닝과 아침 운동이 있고 취미로는 독서와 운동 그리고 요리를 떠올렸습니다. 꾸준함에는 기록과 성장이 있으며 자투리 시간에는 출퇴근 시간과 자기 전 시간이 있습니다.

스캠퍼 기법

계획을 세우고 목표를 달성하는 데 도움을 줄 수 있는 아이디어를 스캠퍼 기법을 통해 도출해보겠습니다.

M Minify

축소하기를 이용합니다. 초등학생 때 방학이 되기 전이면 방학 계획표를 세웠습니다. 그리고 고등학생이 되어서는 스터디 플래너를 이용해 매일 공부한 양과 시간을 기록했던 기억이 납니다. 그리고 계획을 거창하게만 세워야 할 것 같아 무리하게 계획을 세워, 결국 설정한 목표를 달성하지 못했던 적이 많았던 기억도 있습니다. 하지만 무리하지 않고 달성할 수 있는 계획을 세우면 주기적으로 성취감을 얻을 수 있고, 다음 목표를 이루기 위한 원동력도 함께 얻을 수 있습니다.

이런 경험을 뒤돌아보며 스터디 플래너 같은 계획표보다 간단한 한 문장으로 구성해 빠르게 작성할 수 있으면서도 주기적으로 지난 목표의 달성 여부를 점검할 수 있는 서비스를 만들어 보기로 합니다. 시간 단위로 할 일을 쓰지 않고도 '아침에 등산가기' '불고기 전골 만들기'와 같이 한 주 단위로 부담을 느끼지 않고 이뤄낼 수 있는 목표를 적고, 지난 목표에 대해 만족도와 짧은 소감을 남긴다면 평소에 시간을 내어 무언가에 도전하기 부담되었던 사람도 충분히 계획을 하고 돌아볼 수 있는 시간을 보낼 수 있으리라 기대합니다.

이 아이디어의 명칭을 '한 주간의 목표 세우기'로 정하고 앞으로 목표 설정과 어떤 기능을 둘지 구현 범위를 정해보겠습니다.

스마트 기법

스마트 기법을 통해 '한 주간의 목표 세우기'의 목표가 무엇인지 정해보겠습니다. 최초 목표로는 '기존의 계획 세우기 서비스를 대신할 편하게 목표를 세우고 돌아볼 수 있는 서비스를 만든다'로 두겠습니다. 이제 SMART 기법으로 목표를 확인해보겠습니다.

S Specific

목표가 구체적인지 확인해봅니다. 최초 목표에서 '편하게'는 명확한 기준이 없으므로 이를 더 구체화합니다. 계획을 세우는 데 부담을 느끼지 않는 제품을 만들고자, '한 문장으로 목표를 세우고 돌아보는 서비스를 만들어 기존의 계획 세우기 서비스를 대신한다'로 목표를 구체화했습니다.

M Measurable

목표가 측정 가능한지 살펴봅니다. 서비스가 발전하는 동안 '기존의 계획 세우기 서비스를 대신한다'에 대한 목표에 얼마만큼 다가갔는지 측정하긴 어려워 보입니다. 따라서 기존의 계획 세우기 서비스 제품보다 사용자들이 설치한 수가 많은 것을 측정할 수 있는 목표로 정해봅니다.

지금 단계까지 정한 목표는 '한 문장으로 목표를 세우고 돌아보는 서비스로 기존의 계획 세우기 서비스보다 사용자 설치 수가 많은 서비스를 만든다'가 됩니다.

A^{Achievable}

달성할 수 있는 목표인지 점검해봅니다. 앞서 측정할 수 있는 목표를 세우는 단계에서 정한 '기존의 계획 세우기 서비스보다 사용자 설치 수가 많은 서비스로 만드는 것'에 대해서는 한 번에 달성할 수 없는 목표입니다. 따라서 목표까지 달성하기 위해서 거쳐야 하는 과정에 대해서 구체화해야 합니다.

'자주 사용하거나 이탈한 사용자에게 피드백을 받으면서 한 문장으로 목표를 세우고 돌아보는 서비스로 기존의 계획 세우기 서비스보다 사용자 설치 수가 많은 서비스를 만든다'로 설정하겠습니다.

R^{Realistic}과 T^{Time-bound}

현실적인 목표, 목표 달성 기한에 대해 함께 점검하겠습니다. 위 목표인 '기존의 계획 세우기 서비스'보다 '사용자 설치 수가 많은 서비스'를 만드는 것은 단기간 내에 달성할 수 없는 목표입니다. 또한 서비스를 이용하는 사용자에게 피드백을 받기 위해서는 서비스 출시 이후 사용자를 모아야 가능한 내용입니다.

이를 고려해 가능한 목표로 '자주 사용하거나 이탈한 사용자에게 피드백을 받으면서 6개월 동안 한 문장으로 목표를 세우고 돌아보는 서비스로 앱스토어 상위권에 드는 서비스를 만든다'로 설정하겠습니다.

10.2 구현 범위 설정하기

이제 도출한 아이디어인 '한 주간의 목표 세우기'와 설정한 SMART 목표에 부합하는 서비스를 사용자에게 제공하기 위해서는 어떠한 기능이 있어야 하는지 정해보고 우선순위를 두보겠습니다.

한 주간의 목표를 세우는 과정에서는 이번 주의 목표를 입력하는 기능이 필요합니다. 그리고 지난주의 목표에 대해 달성했는지 체크하고 한 줄 평을 기록하는 기능이 있다면 사용자의 동기 부여에 도움이 될 것으로 보입니다. 이렇게 기록한 내용을 한 번에 모아볼 수 있는 기능도 필요해 보입니다. 매 월 목표 달성 횟수, 지난 한 달간의 한 줄 평 보기와 같은 기능이 기대됩니다. 기록한 내용을 통해 신규 사용자의 유입을 위한 장치로 주마다 달성한 목표를 이미지로 공유하는 기능이 있으면 좋을 것 같습니다.

이 기능들을 다시 정리하면 다음과 같습니다.

- 이번 주의 목표 설정하기
- 지난주 목표의 달성 여부를 체크하고 한 줄 평을 기록하기
- 한 달 간격의 목표 달성 현황과 기록한 한 줄 평 제공하기
- 목표 달성 이미지 공유하기

이 기능들을 사용자 스토리로 풀어보고 핵심 기능을 정해보겠습니다. 필자가 작성한 사용자 스토리와 핵심 기능은 10.8. 부록에 첨부했습니다. 위 기능을 참고해서 사용자 스토리를 작성하고 핵심 기능을 정한 뒤에 필자가 작성한 사용자 스토리를 확인하기 바랍니다.

10.3 주어진 상황에 맞는 기술 스택 구성하기

이번 프로젝트에서는 개개인이 한 주간의 목표를 세우고 달성 여부를 체크하며 지난 목표에 대해 달성 현황을 확인할 수 있는 기능이 있어야 합니다. 이 프로젝트에서는 마이크로소프트의 클라우드 서비스인 애저를 이용해서 구성하겠습니다.

또한 목표를 설정하고 조회 및 한 줄 평을 남기는 기능을 구현하고자 애저 함수를 사용하겠습니다. 애저 함수에는 AWS 람다와 유사하게 여러 트리거를 제공하는데, 여러 트리거 중에서 우리가 사용할 HTTP 트리거에 대해서만 다루겠습니다.

여러 함수를 생성하면 함수를 하나씩 관리해야 하는 어려움이 있고, 서비스 내의 여러 가지 API를 통합해 모니터링하기 어려운 점이 있습니다. 따라서 여러 함수에서 제공하는 API를 한 곳에서 관리하고자 API Management를 사용합니다.

사용자가 입력한 목표, 한 줄 평을 저장하기 위한 데이터베이스로는 Azure Database for MySQL을 사용하겠습니다. Azure Database for MySQL은 애저에서 완전 관리형으로 제공하는 MySQL 데이터베이스로 고가용성과 같은 기본 기능을 제공하고 있습니다. 비용적인 측면에서는 미국 동부 지역에서 1vCore와 2GiB 메모리를 사용할 경우 월간 약 31,500원의 비용이 발생합니다.

> **REF** vCore와 GiB라는 단위가 나와 간단히 설명하겠습니다.
> - vCore: 실제 물리적인 코어가 아닌, 가상의 코어를 의미합니다. 하이퍼스레딩이라는 물리적으로 하나의 실행 장치에 가상 장치를 두 개로 두어서 성능을 높이는 기술이 있습니다. 즉, 이를 통해 만든 가상 코어를 vCore라고 합니다.
> - GiB: 컴퓨터 저장 장치의 단위 중 하나로 '기비바이트'라고 부르며 2진법을 이용합니다. 비슷한 단위로는 GB(기가바이트)가 있습니다. GB 단위가 1024MB나 1000MB로 혼용되면서 정확한 표기가 필요할 때 GiB와 같은 단위를 사용합니다. 이진법을 사용하는 1GiB는 1024MiB(메비바이트)로 표기할 수 있습니다.

Azure Database for MySQL을 사용하면 직접 서버 인스턴스를 운영해 MySQL 서버를 구축하는 것에 비해서 비용이 더 발생되지만, 가용성에 대해서 고려하지 않아도 되어 빠르게 도입할 수 있는 특징이 있습니다.

해커톤에서 이를 사용한다면 직접 데이터베이스를 구축하지 않아 개발 시간을 충분히 확보할 수 있습니다. 또한 서버가 정상적으로 사용 가능한 정도를 의미하는, 가용성을 보장할 수 있다는 장점도 생깁니다. 따라서 참가자를 대상으로 한 프로젝트 데모 시연 시에 데이터베이스가 종료되는 등 예기치 못한 오류 발생 위험을 줄일 수 있습니다. 실제 운영 단계로 이어진다면 데이터베이스 백업 기능과 함께 자동 데이터베이스 패치 기능을 사용할 수 있어 유지 관리 면에서도 이점을 얻을 수 있습니다.

웹사이트는 애저의 블롭 스토리지Blob Storage를 이용합니다. 애저 블롭 스토리지는 AWS의 S3와 유사한 서비스입니다. 텍스트, 이미지, 오디오와 같은 비정형 데이터를 보관할 수 있습니다. 또한 정적 웹사이트 호스팅을 지원합니다.

정적 웹사이트 호스팅을 사용하려면 $web이라는 스토리지 컨테이너를 생성해야 합니다. 컨테이너는 우리가 아는 파일을 보관하는 폴더와 비슷한 개념이며, 컨테이너 안에 여러 가지의 블롭을 저장할 수 있습니다. $web 컨테이너에 정적 콘텐츠인 HTML, CSS, 자바스크립트와 이미지 파일을 업로드해 인덱스 페이지와 오류 페이지를 지정할 수 있습니다.

 결정된 기술 스택

'한 주간의 목표 세우기'의 개발 기술 스택으로, 애저, 애저 함수, 애저 블롭 스토리지, HTTP 트리거, Azure Database for MySQL로 정했습니다.

10.4 데이터베이스 스키마 모델링하기

이번 프로젝트에서는 관계형 데이터베이스인 Azure Database for MySQL을 사용합니다. 관계형 데이터베이스에서는 테이블을 먼저 정의한 뒤, 테이블에 데이터를 저장할 수 있습니다. 그리고 사용자 정보와 같이 구조화된 데이터는 테이블로 정의할 수 있습니다.

이렇게 구조화된 데이터는 프로그래밍 언어에서 제공하는 객체로 표현할 수 있고, 데이터베이스에서는 하나의 테이블로 표현할 수 있습니다.

이제 데이터베이스가 구성된 방식과 테이블 간의 관계를 정의한 스키마를 정의하고자 합니다. 데이터베이스 내에 저장하게 될 목표나 한 줄 평과 같은 값을 어느 곳에 정의하고 모델 간의 관계를 어떻게 둘 것인지 설계해보겠습니다. 테이블은 다음처럼 세 가지로 둡니다.

1. users 테이블(사용자 데이터)
2. goals 테이블(목표 데이터)
3. assessments 테이블(한 줄 평)

사용자 데이터를 담는 users 테이블, 목표 데이터를 담는 goals 테이블, 한 줄 평을 담는 assessments 테이블을 두었습니다. 그리고 테이블 모델 간의 관계를 정의해야 합니다. 지금처럼 세 개의 테이블이 아닌, 아래의 표와 같이 한 테이블만을 사용해 데이터를 구성해도 큰 문제는 없습니다.

사용자 ID	이름	목표 설명	달성 여부	주차
1	노아론	아침 영어 공부	true	1
1	노아론	책 한 권 읽기	false	2
2	홍길동	영화 다섯 편 보기	true	1

[표 10-1] 데이블 구성

그러나 이렇게 구성하면 사용자 이름이 중복되어 저장된다는 단점이 있습니다. 그리고 사용자가 이름을 변경할 때 '노아론' 사용자에 해당하는 모든 행을 업데이트해야 합니다. 이러한 문제들을 해결하기 위해 테이블을 여러 개로 나누고 테이블 모델 간의 관계를 정의합니다.

한 사용자는 여러 개의 목표를 세울 수 있습니다. 따라서 users 테이블과 goals 테이블은 일대다(1:N) 관계로 구성했습니다. 그리고 한 명의 사용자는 주마다 하나의 한 줄 평을 작성할 수 있습니다. users 테이블과 assessments 테이블은 일대다(1:N) 관계로 구성했습니다.

일대다 관계로 테이블 모델의 관계를 정하면서, 데이터를 아래의 표와 같이 구성할 수 있습니다.

사용자 ID	이름
1	노아론
1	노아론
2	홍길동

[표 10-2] 데이블 관계 ①

목표 ID	사용자 ID	목표 설명	달성 여부	주차
1	1	아침 영어 공부	true	1
2	1	책 한 권 읽기	false	2
3	2	영화 다섯 편 보기	true	1

[표 10-3] 데이블 관계 ②

goals 테이블과 assessments 테이블에는 week 컬럼이 존재합니다. week 컬럼은 몇 주차의 기록인지 값을 담습니다.

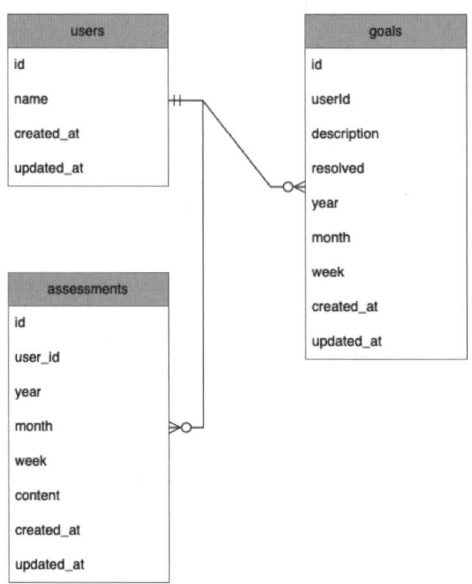

[그림 10-2] 테이블 컬럼

10.5 서비스 아키텍처 구성하기

'10.3 주어진 상황에 맞는 기술 스택 구성하기'에서 소개한 기술 스택을 바탕으로 아키텍처를 구성했습니다.

핵심 기능의 구현을 위해 필요한 목표 설정 함수, 목표 조회 함수, 한 줄 평 기록 함수, 목표 달성 현황 조회 함수를 두었습니다. 정적 웹사이트 호스팅으로 블롭 스토리지에 접근하면, 각 동작에 따른 함수를 호출하고 람다 함수를 통해 데이터베이스에 접근합니다.

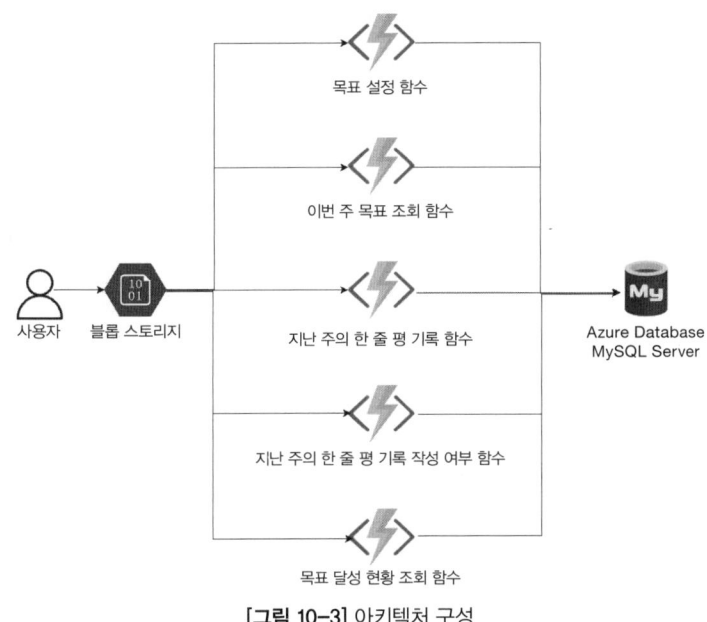

[그림 10-3] 아키텍처 구성

10.6 API 설계하기

목표 설정 API

먼저 목표 설정 API를 대해 설계하겠습니다. 목표 설정 API의 엔드포인트는 /goals로 두었습니다. '목표'라는 리소스를 생성하는 행위를 담는 API이므로 HTTP 메서드는 POST를 사용합니다.

요청 본문으로는 description 필드에 목표 내용을 담습니다. 목표 내용으로 '책 한 권 읽기'를 작성해 목표를 생성하는 경우, { "description": "책 한 권 읽기" } 데이터를 요청 본문에 보내게 됩니다.

목표 생성에 성공하면 상태 코드 201을 반환합니다. 요청 본문에 description 필드를 담지 않은 경우 상태 코드 400을 반환합니다.

이 내용을 토대로 OpenAPI 스펙에 맞게 작성하겠습니다.

```
01: OpenAPI: 3.0.0
02: info:
03:   version: "1.0.0"
04:   title: set-weekly-goals
05:   description: 한 주간의 목표 세우기
06: paths:
07:   /goals:
08:     post:
09:       tags:
10:         - goals
11:       description: 목표를 추가합니다.
12:       operationId: add-goals
13:       requestBody:
14:         content:
15:           application/json:
16:             schema:
17:               $ref: '#/components/schemas/AddGoal'
18:       responses:
19:         '201':
20:           description: 목표를 추가했습니다.
21:           content:
22:             application/json:
23:               schema:
24:                 $ref: '#/components/schemas/Goal'
25:         '400':
26:           description: 필수 값 'description'이 없습니다.
27: components:
28:   schemas:
29:     AddGoal:
30:       type: object
31:       required:
32:         - description
33:       properties:
34:         description:
35:           type: string
36:           example: 책 한 권 읽기
```

이를 스웨거에서 확인하면 다음 화면을 확인할 수 있습니다.

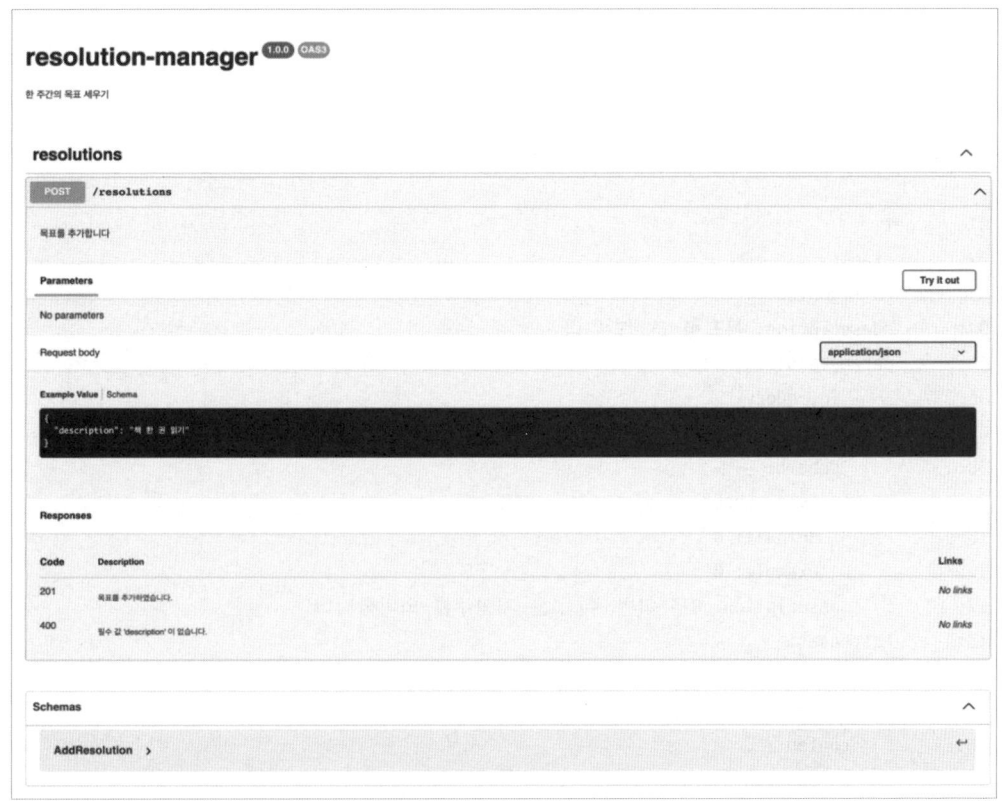

[그림 10-4] 작성된 스펙 확인

목표 조회 API

다음으로 목표 조회 API를 설계합니다. API 엔드포인트는 /goals로 정하고 goal 리소스를 조회하는 행위를 하므로 HTTP 메서드로 GET을 사용합니다.

요청할 때 이번 주의 목표를 조회할지, 지난주의 목표를 조회할지 정하기 위해서 쿼리 파라미터를 추가합니다. 쿼리 파라미터로는 integer 타입을 가지는 week_offset 이름의 파라미터를 추가합니다. week_offset 파라미터의 기본값은 0으로 설정해 쿼리 파라미터를 담지 않고 요청하는 경우 이번 주의 목표를 조회하도록 정하겠습니다.

응답으로는, 배열 형태로 여러 개의 목표에 대한 id 필드, 목표 내용을 담은 description 필드, 완료 여부를 나타내는 resolved 필드, 몇 주차 내용인지 담는 week 필드, 데이터에 대한 생성 시각과 업데이트 시각을 담는 createdAt, updatedAt 필드를 제공합니다.

이번 주 목표를 조회한다면 /goals?week_offset=0으로 요청하고, 지난주 목표를 조회한다면 /goals?week_offset=1로 week_offset 파라미터는 1로 설정해 요청할 수 있습니다. 만일 이번 주 목표를 설정하지 않아 목표가 존재하지 않는다면 404 상태 코드를 반환합니다. 이 경우 클라이언트에서는 404 응답을 받았다면 POST /goals을 요청하도록 플로우를 구성하게 될 것입니다.

이 API 스펙에 대해 OpenAPI 스펙에 맞춰 재작성합니다.

```
01:    get:
02:      tags:
03:        - goals
04:      description: 목표를 조회합니다.
05:      parameters:
06:        - in: query
07:          name: week_offset
08:          schema:
09:            type: integer
10:            default: 0
11:            example: 0
12:          description: 0은 이번 주, 1은 지난주를 의미합니다.
13:      responses:
14:        '200':
15:          description: 목표를 조회했습니다.
16:          content:
17:            application/json:
18:              schema:
19:                $ref: '#/components/schemas/ArrayOfGoal'
20:        '404':
21:          description: 설정한 목표가 없습니다.
```

그리고 ArrayOfGoal과 Goal이라는 스키마를 추가했습니다. ArrayOfGoal은 여러 개의 Goal 스키마를 제공하고자 배열 타입으로 제공하는 스키마입니다. API의 요청이나 응답의 양식이 다른 API의 스펙과 같은 구성을 가지는 경우가 있습니다. 다음 내용처럼 다른 스키마를 참조하는 $ref를 이용한다면 다른 스키마를 참조하며 중복해서 작성하지 않고 재사용할 수 있습니다.

```
01:    ArrayOfGoal:
02:      type: array
03:      items:
04:        $ref: '#/components/schemas/Goal'
05:    Goal:
06:      type: object
07:      properties:
08:        id:
09:          type: integer
```

```
10:            example: 1
11:          description:
12:            type: string
13:            example: 책 한 권 읽기
14:          resolved:
15:            type: boolean
16:            example: false
17:          week:
18:            type: integer
19:            example: 1
20:          createdAt:
21:            type: string
22:            example: 2024-01-01T08:00:00+09:00
23:          updatedAt:
24:            type: string
25:            example: 2024-01-01T08:00:00+09:00
```

한 줄 평 기록 API

다음으로 지난주의 한 줄 평 기록 API를 설계합니다. 이 API는 아직 지난주 목표에 대한 한 줄 평을 기록하지 않았을 때 호출하게 될 API입니다. API 엔드포인트는 /assessments이며 한 줄 평을 뜻하는 assessments 리소스를 생성하는 동작을 하므로 HTTP 메서드는 POST를 사용합니다.

요청 본문으로는 content, year, month, week, resolvedGoalIds 필드가 있습니다. content는 지난주 목표에 대한 한 줄 평을 적는 필드이며 year, month, week는 연도, 월, 주차를 적는 필드입니다. resolvedGoalIds 필드에는 지난주의 목표 중 달성한 목표 ID를 목록에 적게 됩니다.

지난주 목표에 대한 한 줄 평으로 "목표를 설정한 덕에 보람찬 한 주를 보낼 수 있었다"를 입력한다고 예시를 들어보겠습니다. goals 테이블의 ID 1번과 2번에 대해 달성했다면 요청 본문에는 아래 내용으로 구성합니다.

```
01: {
02:   "content": "목표를 설정한 덕에 보람찬 한 주를 보낼 수 있었다.",
03:   "year": 2024,
04:   "month": 1,
05:   "week": 1,
06:   "resolvedGoalIds": [
07:     1,
08:     2
09:   ]
10: }
```

다음의 상황에서는 상태 코드로 400을 반환받습니다.

1. 입력 필드가 누락되어 있는 경우
2. 목표를 설정하지 않은 주차에 대한 한 줄 평을 추가하는 경우
3. 이미 해당 주차의 평가를 작성한 경우
4. resolvedGoalIds 값이 올바르지 않은 경우

상태 코드로 400를 받는 이유는 잘못된 요청임을 클라이언트에게 알리기 위해서입니다. 클라이언트에서 상태 코드로 400을 받았다면, 한 줄 평이 등록되지 않았음을 알 수 있고 사용자가 다시 한 줄 평 등록을 요청할 수 있게 팝업이나 토스트 메시지시를 통해 안내할 수 있게 됩니다.

API의 요청과 응답 구조를 OpenAPI 스펙에 맞게 작성해보겠습니다.

```
01: /assessments:
02:   post:
03:     tags:
04:       - assessments
05:     description: 지난주 목표에 대한 한 줄 평을 추가합니다.
06:     requestBody:
07:       content:
08:         application/json:
09:           schema:
10:             $ref: '#/components/schemas/AddAssessment'
11:     responses:
12:       '201':
13:         description: 한 줄 평을 추가했습니다.
14:         content:
15:           application/json:
16:             schema:
17:               $ref: '#/components/schemas/Assessment'
18:       '400':
19:         description: 지난주에 생성한 목표가 없습니다.
```

requestBody 필드는 AddAssessment 스키마를 참고하고 있습니다. 그리고 201 응답 코드에서는 Assessment 스키마를 참고하고 있습니다. Assessment스키마와 AddAssessment 스키마는 다음과 같이 구성합니다.

```
01: Assessment:
02:   type: object
03:   properties:
04:     id:
```

```
05:       type: integer
06:       example: 1
07:     year:
08:       type: integer
09:       example: 2024
10:     month:
11:       type: integer
12:       example: 1
13:     week:
14:       type: integer
15:       example: 1
16:     content:
17:       type: string
18:       example: 목표를 설정한 덕에 보람찬 한 주를 보낼 수 있었다.
19:       description: 목표에 대한 한 줄 평을 적습니다.
20:     created_at:
21:       type: string
22:       example: 2024-01-01T08:00:00+09:00
23:     updated_at:
24:       type: string
25:       example: 2024-01-01T08:00:00+09:00


01: AddAssessment:
02:   type: object
03:   required:
04:     - content
05:   properties:
06:     content:
07:       type: string
08:       example: 목표를 설정한 덕에 보람찬 한 주를 보낼 수 있었다.
09:       description: 목표에 대한 한 줄 평을 적습니다.
10:     year:
11:       type: integer
12:       example: 2024
13:       description: 연도
14:     month:
15:       type: integer
16:       example: 1
17:       description: 월
18:     week:
19:       type: integer
20:       example: 1
21:       description: 주
22:     resolvedGoalIds:
23:       type: array
```

```
24:        description: 달성한 목표 ID 목록
25:        example: [ 1, 2, 3 ]
26:        items:
27:          type: integer
28:          example: 1
29:          description: 목표 ID
```

한 줄 평 기록 조회에 대한 API

다음으로 한 줄 평 기록 조회에 대한 API를 설계하겠습니다. 이 API는 지난주 목표에 대한 한 줄 평을 조회할 때, 지난주의 한 줄 평을 작성하도록 유도하는 과정에서 지난주에 한 줄 평을 작성했는지 판별하기 위해서 사용합니다.

API 엔드포인트는 /assessment로 두겠습니다. 한 줄 평을 뜻하는 assessment 리소스를 조회하는 API이므로 HTTP 메서드는 GET을 사용합니다. 또한 결과로 한 개의 한 줄 평을 받게 되므로, 엔드포인트 이름으로 단수 명사인 assessment를 사용했습니다.

쿼리 파라미터로는 week_offset이 있습니다. week_offset의 기본값은 0이며 week_offset을 0으로 요청하는 경우 이번 주의 한 줄 평을 조회합니다. week_offset을 1로 담아 요청하는 경우에는 지난주의 한 줄 평을 조회하게 됩니다.

정상적으로 조회하는 경우, 상태 코드로 200을 받고 Assessment 스키마 형태의 응답을 받게 됩니다. week_offset에 해당하는 주 목표에 설정한 한 줄 평이 없다면 상태 코드로 404를 반환받게 됩니다.

이를 OpenAPI 스펙에 맞게 작성하겠습니다.

```
01: /assessment:
02:   get:
03:     tags:
04:       - assessments
05:     description: 목표의 한 줄 평을 조회합니다.
06:     parameters:
07:       - in: query
08:         name: week_offset
09:         schema:
10:           type: integer
11:           default: 0
12:           example: 0
13:         description: 0은 이번 주, 1은 지난주를 의미합니다.
14:     responses:
15:       '200':
16:         description: 한 줄 평을 조회했습니다.
```

```
17:        content:
18:          application/json:
19:            schema:
20:              $ref: '#/components/schemas/Assessment'
21:        '404':
22:          description: 한 줄 평이 없습니다.
```

응답 스키마는 POST /assessments에 대한 내용을 작성하면서 추가한 Assessment 스키마를 참조합니다.

목표 달성 현황 조회 API

마지막으로 목표 달성 현황 조회 API에 대해서 설계하겠습니다. 이 API는 한 달 간격으로 목표를 얼마나 달성했는지 통계를 내주는 API입니다. API 엔드포인트로는 /goals/stats로 설정하겠습니다. 리소스를 조회하는 행위이므로 HTTP 메서드는 GET을 사용합니다.

쿼리 파라미터로는 year와 month를 두어 연도와 월을 제공합니다. 2024년 1월에 대한 목표 달성 현황을 조회하고 싶다면 year 파라미터로 2024를 month로는 1을 둡니다. 이에 대한 응답으론 week, goals, assessment 필드가 담긴 형식이 배열 형태로 아래와 같이 제공합니다.

```
01: [
02:   {
03:     "week": 1,
04:     "goals": [{
05:       "id": 1,
06:       "description": "책 한 권 읽기",
07:       "resolved": false,
08:       "week": 1,
09:       "createdAt": "2024-01-01T08:00:00+09:00",
10:       "updatedAt": "2024-01-01T08:00:00+09:00"
11:     }],
12:     "assessment": {
13:       "id": 1,
14:       "content": "목표를 설정한 덕에 보람찬 한 주를 보낼 수 있었다.",
15:       "createdAt": "2024-01-08T15:10:34+09:00",
16:       "updatedAt": "2024-01-08T15:10:34+09:00"
17:     }
18:   }
19: ]
20: 이를 OpenAPI 스펙에 맞게 작성하겠습니다.
21: /goals/stats:
```

```
22:    get:
23:      tags:
24:        - stats
25:      description: 목표 달성 현황을 조회합니다.
26:      parameters:
27:        - in: query
28:          name: year
29:          schema:
30:            type: integer
31:            example: 2024
32:          description: 연도
33:        - in: query
34:          name: month
35:          schema:
36:            type: integer
37:            example: 1
38:          description: 월
39:      responses:
40:        '200':
41:          description: 목표 달성 현황을 조회했습니다.
42:          content:
43:            application/json:
44:              schema:
45:                $ref: '#/components/schemas/ArrayOfGoalStat'
```

스키마는 ArrayOfGoalStat를 참조했습니다. 이에 스키마 ArrayOfGoalStat에 대해 작성한 내용을 보겠습니다. ArrayOfGoalStat는 GoalStat 스키마를 정의한 뒤 배열 형태로 참조해 사용했습니다. goals 필드와 assessment 필드는 GoalOfGoalStat 스키마와 AssessmentOfGoalStat 스키마를 정의해 참조했습니다. 따라서 ArrayOfGoalStat 스키마에 필요한 전체 내용은 아래와 같이 구성됩니다.

```
01:    GoalOfGoalStat:
02:      type: object
03:      properties:
04:        id:
05:          type: integer
06:          example: 1
07:        description:
08:          type: string
09:          example: 책 한 권 읽기
10:        resolved:
11:          type: boolean
12:          example: false
13:        createdAt:
14:          type: string
```

```
15:          example: 2024-01-01T08:00:00+09:00
16:        updatedAt:
17:          type: string
18:          example: 2024-01-01T08:00:00+09:00
19:    AssessmentOfGoalStat:
20:      type: object
21:      properties:
22:        id:
23:          type: integer
24:          example: 1
25:        content:
26:          type: string
27:          example: "목표를 설정한 덕에 보람찬 한 주를 보낼 수 있었다."
28:        createdAt:
29:          type: string
30:          example: 2024-01-08T15:10:34+09:00
31:        updatedAt:
32:          type: string
33:          example: 2024-01-08T15:10:34+09:00
34:    GoalStat:
35:      type: object
36:      properties:
37:        week:
38:          type: integer
39:          example: 1
40:        goals:
41:          type: array
42:          items:
43:            $ref: '#/components/schemas/GoalOfGoalStat'
44:        assessment:
45:          $ref: '#/components/schemas/AssessmentOfGoalStat'
46:    ArrayOfGoalStat:
47:      type: array
48:      items:
49:        $ref: '#/components/schemas/GoalStat'
```

이 프로젝트에서 설계한 API 스펙을 OpenAPI 표준으로 작성한 전체 내용은 아래와 같습니다.

```
01: OpenAPI: 3.0.0
02: info:
03:   version: "1.0.0"
04:   title: set-weekly-goals
05:   description: 한 주간의 목표 세우기
06: paths:
07:   /goals:
```

```
08:   post:
09:     tags:
10:       - goals
11:     description: 목표를 추가합니다.
12:     operationId: add-goals
13:     requestBody:
14:       content:
15:         application/json:
16:           schema:
17:             $ref: '#/components/schemas/AddGoal'
18:     responses:
19:       '201':
20:         description: 목표를 추가했습니다.
21:         content:
22:           application/json:
23:             schema:
24:               $ref: '#/components/schemas/Goal'
25:       '400':
26:         description: 필수 값 'description'이 없습니다.
27:   get:
28:     tags:
29:       - goals
30:     description: 목표를 조회합니다.
31:     parameters:
32:       - in: query
33:         name: week_offset
34:         schema:
35:           type: integer
36:           default: 0
37:           example: 0
38:         description: 0은 이번 주, 1은 지난주를 의미합니다.
39:     responses:
40:       '200':
41:         description: 목표를 조회했습니다.
42:         content:
43:           application/json:
44:             schema:
45:               $ref: '#/components/schemas/ArrayOfGoal'
46:       '404':
47:         description: 설정한 목표가 없습니다.
48: /goals/stats:
49:   get:
50:     tags:
51:       - stats
52:     description: 목표 달성 현황을 조회합니다.
53:     parameters:
```

```yaml
54:         - in: query
55:           name: year
56:           schema:
57:             type: integer
58:             example: 2024
59:           description: 연도
60:         - in: query
61:           name: month
62:           schema:
63:             type: integer
64:             example: 1
65:           description: 월
66:       responses:
67:         '200':
68:           description: 목표 달성 현황을 조회했습니다.
69:           content:
70:             application/json:
71:               schema:
72:                 $ref: '#/components/schemas/ArrayOfGoalStat'
73:   /assessments:
74:     post:
75:       tags:
76:         - assessments
77:       description: 지난주 목표에 대한 한 줄 평을 추가합니다.
78:       requestBody:
79:         content:
80:           application/json:
81:             schema:
82:               $ref: '#/components/schemas/AddAssessment'
83:       responses:
84:         '201':
85:           description: 한 줄 평을 추가했습니다.
86:           content:
87:             application/json:
88:               schema:
89:                 $ref: '#/components/schemas/Assessment'
90:         '400':
91:           description: 지난주에 생성한 목표가 없습니다.
92:   /assessment:
93:     get:
94:       tags:
95:         - assessments
96:       description: 목표의 한 줄 평을 조회합니다.
97:       parameters:
98:         - in: query
99:           name: week_offset
```

```
100:         schema:
101:           type: integer
102:           default: 0
103:           example: 0
104:           description: 0은 이번 주, 1은 지난주를 의미합니다.
105:       responses:
106:         '200':
107:           description: 한 줄 평을 조회했습니다.
108:           content:
109:             application/json:
110:               schema:
111:                 $ref: '#/components/schemas/Assessment'
112:         '404':
113:           description: 한 줄 평이 없습니다.
114: components:
115:   schemas:
116:     Goal:
117:       type: object
118:       properties:
119:         id:
120:           type: integer
121:           example: 1
122:         description:
123:           type: string
124:           example: 책 한 권 읽기
125:         resolved:
126:           type: boolean
127:           example: false
128:         year:
129:           type: integer
130:           example: 2024
131:         month:
132:           type: integer
133:           example: 1
134:         week:
135:           type: integer
136:           example: 1
137:         created_at:
138:           type: string
139:           example: 2024-01-01T08:00:00+09:00
140:         updated_at:
141:           type: string
142:           example: 2024-01-01T08:00:00+09:00
143:     AddGoal:
144:       type: object
145:       required:
```

```
146:         - description
147:       properties:
148:         description:
149:           type: string
150:           example: 책 한 권 읽기
151:     ArrayOfGoal:
152:       type: array
153:       items:
154:         $ref: '#/components/schemas/Goal'
155:     Assessment:
156:       type: object
157:       properties:
158:         id:
159:           type: integer
160:           example: 1
161:         year:
162:           type: integer
163:           example: 2024
164:         month:
165:           type: integer
166:           example: 1
167:         week:
168:           type: integer
169:           example: 1
170:         content:
171:           type: string
172:           example: 목표를 설정한 덕에 보람찬 한 주를 보낼 수 있었다.
173:           description: 목표에 대한 한 줄 평을 적습니다.
174:         created_at:
175:           type: string
176:           example: 2024-01-01T08:00:00+09:00
177:         updated_at:
178:           type: string
179:           example: 2024-01-01T08:00:00+09:00
180:     AddAssessment:
181:       type: object
182:       required:
183:         - content
184:       properties:
185:         content:
186:           type: string
187:           example: 목표를 설정한 덕에 보람찬 한 주를 보낼 수 있었다.
188:           description: 목표에 대한 한 줄 평을 적습니다.
189:         year:
190:           type: integer
191:           example: 2024
```

```yaml
192:            description: 연도
193:          month:
194:            type: integer
195:            example: 1
196:            description: 월
197:          week:
198:            type: integer
199:            example: 1
200:            description: 주
201:          resolvedGoalIds:
202:            type: array
203:            description: 달성한 목표 ID 목록
204:            example: [ 1, 2, 3 ]
205:            items:
206:              type: integer
207:              example: 1
208:              description: 목표 ID
209:      GoalOfGoalStat:
210:        type: object
211:        properties:
212:          id:
213:            type: integer
214:            example: 1
215:          description:
216:            type: string
217:            example: 책 한 권 읽기
218:          resolved:
219:            type: boolean
220:            example: false
221:          created_at:
222:            type: string
223:            example: 2024-01-01T08:00:00+09:00
224:          updated_at:
225:            type: string
226:            example: 2024-01-01T08:00:00+09:00
227:      AssessmentOfGoalStat:
228:        type: object
229:        properties:
230:          id:
231:            type: integer
232:            example: 1
233:          content:
234:            type: string
235:            example: "목표를 설정한 덕에 보람찬 한 주를 보낼 수 있었다."
236:          created_at:
237:            type: string
```

```
238:            example: 2024-01-08T15:10:34+09:00
239:        updated_at:
240:          type: string
241:          example: 2024-01-08T15:10:34+09:00
242:    GoalStat:
243:      type: object
244:      properties:
245:        weeks:
246:          type: integer
247:          example: 1
248:        goals:
249:          type: array
250:          items:
251:            $ref: '#/components/schemas/GoalOfGoalStat'
252:        assessment:
253:          $ref: '#/components/schemas/AssessmentOfGoalStat'
254:    ArrayOfGoalStat:
255:      type: array
256:      items:
257:        $ref: '#/components/schemas/GoalStat'
```

스웨거는 다음과 같이 구성이 된 것을 확인할 수 있습니다. 서버 개발자 간의 논의 끝에 API 설계를 완성했으니, 서버와 클라이언트 간의 연동을 진행할 수 있게 이 문서를 클라이언트 개발자에게 공유하면 됩니다.

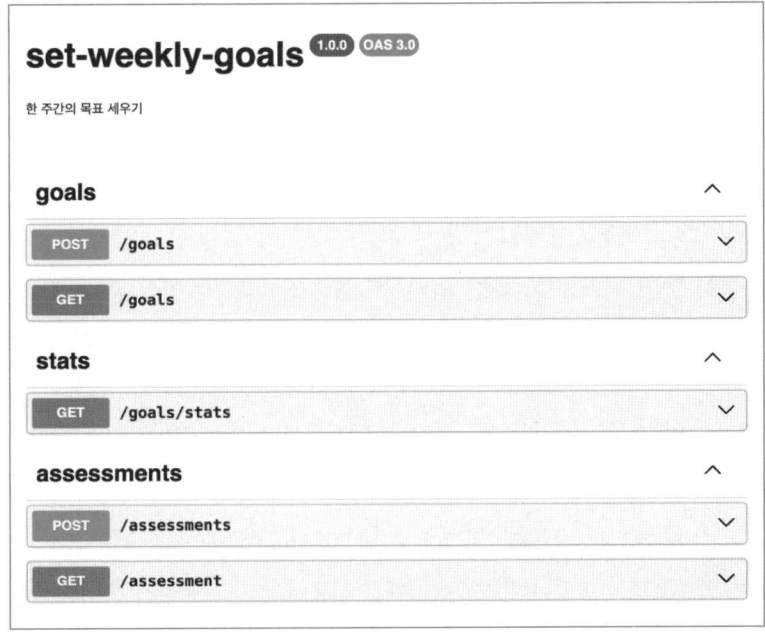

[그림 10-5] 완성된 API 설계 스웨거 문서

10.7 프로젝트 실행하기

'한 주간의 목표 세우기' 프로젝트를 설계한 내용대로 직접 프로젝트를 설정하고 실행해보겠습니다. 이번 프로젝트의 설정을 위해서 마이크로소프트 애저Azure 클라우드 서비스를 사용합니다.

> REF 애저를 사용하기 위한 계정 준비는 8장에서 참고할 수 있습니다.

이번 프로젝트의 소스코드는 아래 리포지토리를 참고해 진행할 수 있습니다.

URL https://github.com/roharon/book-hackathon-project/tree/master/SetWeeklyGoals

이제 애저 함수와 함께 데이터베이스로 Azure Database for MySQL 서버를 설정하게 됩니다. 8장에서는 아래와 같이 애저 웹 페이지를 통해 '리소스 그룹'을 애저 함수를 포함해 필요한 리소스를 생성했습니다.

[그림 10-6] 생성된 리소스 확인

이번에는 애저 웹 페이지 대신, Azure CLI를 통해 필요한 리소스를 생성해봅니다. Azure CLI란, 애저의 리소스를 명령행에서 관리하는 도구입니다. 애저 웹 페이지과 같은 그래픽 사용자 인터페이스 없이, 명령행 인터페이스로 애저 계정을 제어합니다.

Azure CLI를 통해 애저 리소스를 생성, 업데이트하고 삭제할 수 있습니다. 그리고 명령행에서 Azure API를 호출해 데이터를 가져오거나 보낼 수도 있습니다. 스크립트를 작성해서 반복적인 작업도 자동화할 수 있습니다. 또한 윈도우즈, 맥, 리눅스 등 다양한 운영체제에서 작동하므로 개발환경의 제약 없이 사용할 수 있습니다. 이러한 장점이 있어 애저를 사용하는 개발자들이 자주 사용하는 도구입니다.

그럼 먼저 Azure CLI를 설치하겠습니다. 대다수 독자분들이 윈도우즈를 운영체제로 사용할 것으로 보여, 윈도우즈를 기준으로 설명합니다. 리눅스, 맥을 사용하는 경우에는 각 운영체제에 맞는 설치 방법과 명령어의 경우, PowerShell 대신 터미널을 이용해 진행할 수 있습니다.

윈도우즈를 사용한다면 아래 URL에 접속해서 설치 방법을 참고할 수 있습니다.

URL https://learn.microsoft.com/ko-kr/cli/azure/install-azure-cli-windows?tabs=azure-cli#install-or-update

[그림 10-7] 윈도우즈에서의 애저 설치 방법

MSI(Microsoft Installer) 파일을 다운로드하고 설치합니다.

[그림 10-8] MSI 파일 다운로드 및 설치

만일 윈도우즈 11을 사용하는 경우에는 다음 명령어를 통해서도 설치할 수 있습니다. Winget을 설치하는 경우 PowerShell을 실행해 아래와 같이 명령어를 입력합니다.

```
winget install -e --id Microsoft.AzureCLI
```

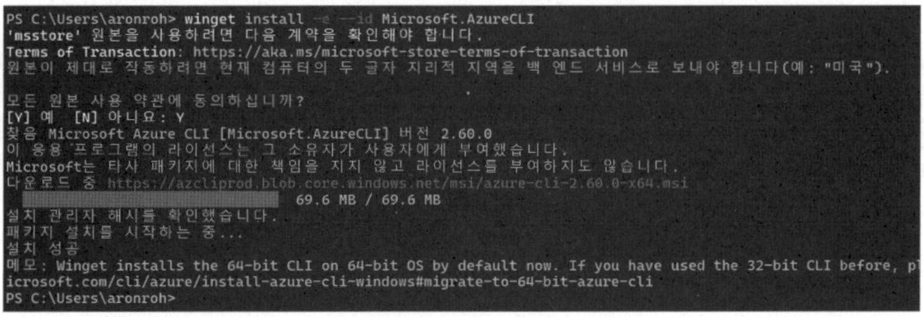

[그림 10-9] Winget 설치

> **REF** 사용하는 운영체제가 리눅스나 맥이라면 아래 페이지에서 해당하는 설치 방법을 따라하길 바랍니다.
> - **리눅스:** https://learn.microsoft.com/ko-kr/cli/azure/install-azure-cli-linux
> - **mac OS:** https://learn.microsoft.com/ko-kr/cli/azure/install-azure-cli-macos

설치가 완료되었다면 이제 Azure CLI를 사용할 수 있게 됩니다. PowerShell를 실행해 명령어 az를 입력해봅니다. 아래와 같이 사용할 수 있는 명령어 목록이 나오는 것을 확인할 수 있습니다.

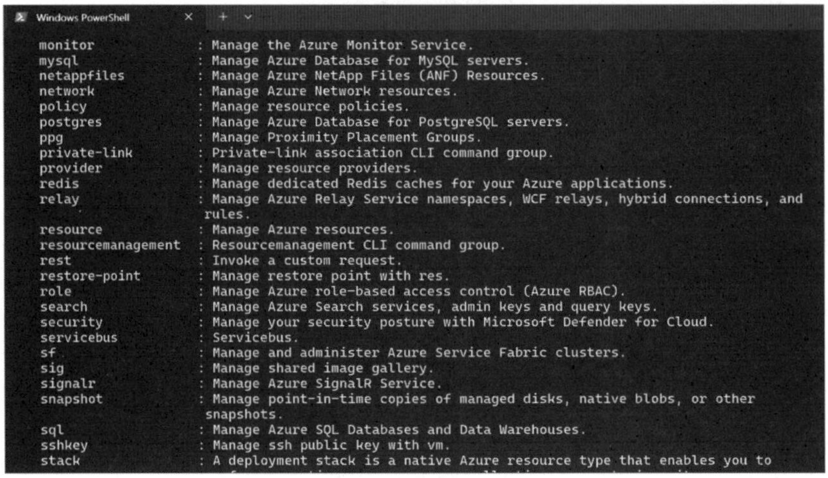

[그림 10-10] 명령어 목록

앞으로 생성할 애저 리소스의 생성과 조회는 CLI^{Command Line Interface}(명령행 인터페이스) 환경에서 작업하게 됩니다. 그렇다면 CLI 환경에서 애저 계정을 제어하도록 권한을 얻어야 합니다. Azure CLI에서는 CLI 환경에서 쉽게 권한을 발급받을 수 있게 로그인 명령어를 제공하고 있습니다. 이를 통해서 쉽게 권한을 얻어보겠습니다.

① 다음 명령어를 입력합니다.

```
az login
```

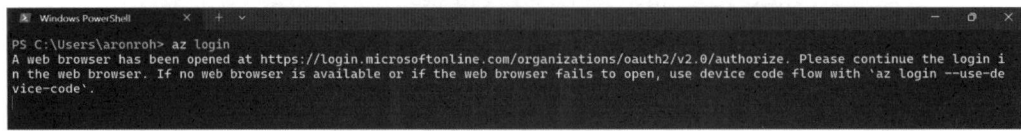

[그림 10-11] 권한 획득

② 웹 브라우저의 새로운 탭이 열렸습니다. 작업할 계정을 선택해 로그인합니다.

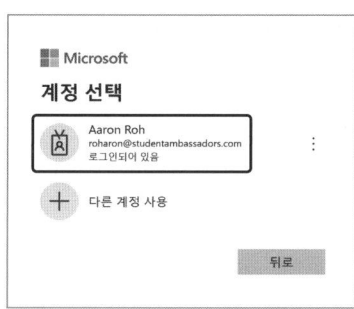

[그림 10-12] 계정 선택 후 로그인

③ 아래처럼 You have logged into Microsoft Azure! 문구와 함께 권한을 얻은 것을 볼 수 있습니다. 확인했다면 다시 PowerShell로 돌아가겠습니다.

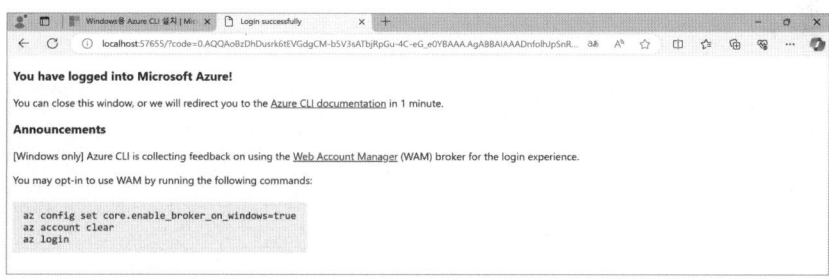

[그림 10-13] 권한 획득 확인

앞으로 함수 앱, 스토리지 계정, Azure Database for MySQL 등의 리소스를 생성하게 됩니다. 이들 리소스의 이름과 속성을 먼저 정의하기 위해서 아래 환경변수를 정의했습니다.

윈도우즈에서 사용하는 환경변수는 다음과 같습니다.

```
$randomIdentifier = Get-Random -Minimum 10000000 -Maximum 99999999
$location = "koreacentral"
$resourceGroup = "set-weekly-goals-$randomIdentifier"
$storage = "setweeklygoals$randomIdentifier"
$functionApp = "set-weekly-goals-app-$randomIdentifier"
$dbName = "weekly_goals"
$dbAdminUser = "setweeklygoals"
# db admin 이름은 독자에 따라 변경해주세요.
$dbAdminPassword = "setweeklygoals1!"
# db admin 비밀번호는 독자에 따라 변경해주세요.
$skuStorage = "Standard_LRS"
$skuMySQL = "Standard_B1s"
$functionsVersion = "4"
```

리눅스, 맥에서 사용하는 환경변수는 다음과 같습니다.

```
let "randomIdentifier=$RANDOM*$RANDOM%10000000000"
location="koreacentral"
resourceGroup="set-weekly-goals-$randomIdentifier"
storage="setweeklygoals$randomIdentifier"
functionApp="set-weekly-goals-app-$randomIdentifier"
dbName="setweeklygoals"
dbAdminUser="setweeklygoals"
# db admin 이름은 독자에 따라 변경해주세요.
dbAdminPassword=setweeklygoals1!
# db admin 비밀번호는 독자에 따라 변경해주세요.
skuStorage="Standard_LRS"
skuMySQL="Standard_B1s"
functionsVersion="4"
```

① 운영체제에 맞는 스크립트를 사용해 환경변수를 정의합니다.

[그림 10-14] 운영체제에 맞는 환경변수 정의

② 이제 리소스 그룹을 생성합니다. 아래 명령어를 입력해 실행합니다.

```
echo "리소스 그룹 $resourceGroup을 $location 리전에 생성합니다."
az group create --name "$resourceGroup" --location "$location"
```

③ 어떤 지역에 어떤 리소스 그룹을 생성했는지 확인할 수 있습니다.

[그림 10-15] 리소스 그룹 확인

④ 다음 명령어로 리소스 그룹에 애저 스토리지 계정을 생성합니다.

```
echo "리소스 그룹 $resourceGroup 에 스토리지 계정을 생성합니다."
az storage account create --name $storage --location "$location" --resource-group
$resourceGroup --sku $skuStorage
```

[그림 10-16] Azure 스토리지 계정 생성

⑤ 생성한 리소스 그룹에 서버리스 함수 앱을 생성합니다.

```
echo "$functionApp 서버리스 함수 앱을 생성합니다."
az functionapp create --name $functionApp --resource-group $resourceGroup --storage-account
$storage --consumption-plan-location $location --functions-version $functionsVersion
--runtime python --os-type Linux
```

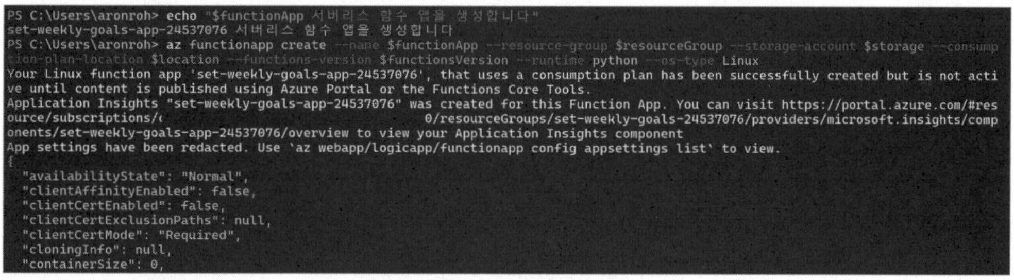

[그림 10-17] 함수 앱 생성

⑥ 이어서 MySQL 서버의 데이터베이스를 생성합니다.

```
echo "MySQL 서버 $storage를 생성합니다."
az mysql flexible-server create --public-access 0.0.0.0 --resource-group $resourceGroup
--name $storage --admin-user $dbAdminUser --admin-password $dbAdminPassword --location
"$location" --sku-name $skuMySQL
```

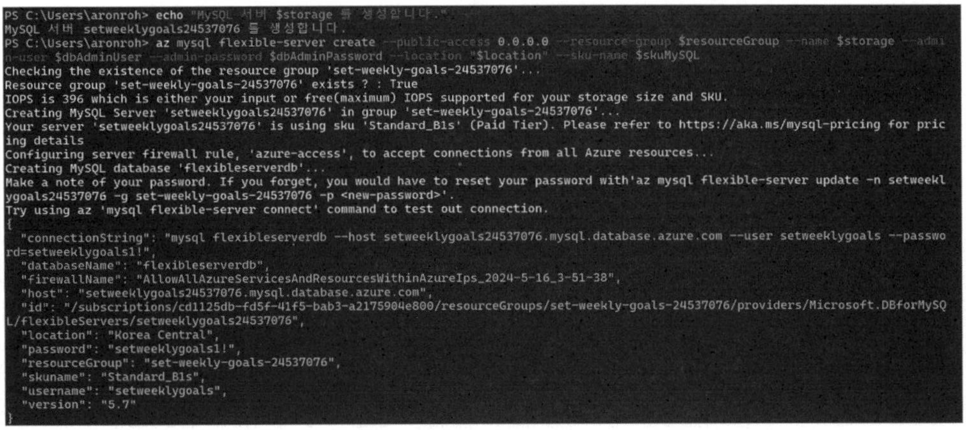

[그림 10-18] 데이터베이스 생성

⑦ 여기까지 잘 따라왔다면 아래처럼 총 여섯 개의 리소스가 생성된 것을 확인할 수 있습니다. 이처럼 Azure CLI를 통해서 보다 빠르고 쉽게 리소스를 생성할 수 있습니다.

[그림 10-19] 리소스 생성 확인

이제 Azure Database for MySQL 서버 리소스에서 데이터베이스를 생성합니다.

```
echo "MySQL 서버 $storage에 데이터베이스 $dbName을 생성합니다."
az mysql flexible-server db create --resource-group $resourceGroup --database-name $dbName --server-name $storage
```

[그림 10-20] 데이터베이스 생성

쉬운 설정을 위해 암호화된 연결을 사용하지 않고 데이터베이스에 연결하고자 합니다. 다음 명령을 통해서 require_secure_transport 값을 OFF로 변경합니다.

```
az mysql flexible-server parameter set --name require_secure_transport --value OFF --server-name $storage --resource-group $resourceGroup
```

이 값은 애저 웹 페이지에서도 변경할 수 있습니다. Azure Database for MySQL 유동 서버 > 설정 > 서버 매개 변수에서 관리할 수 있으며, require_secure_transport 매개 변수의 값도 OFF로 설정되어있는 것을 확인할 수 있습니다.

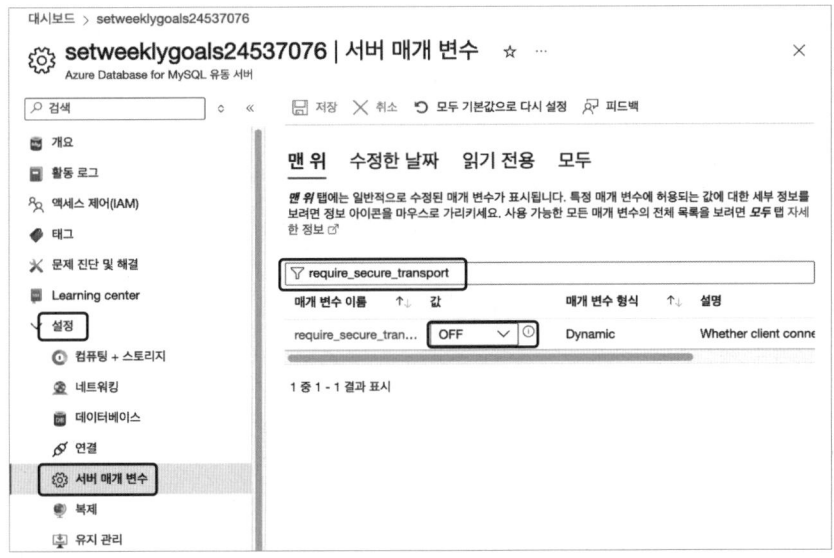

[그림 10-21] 서버 매개 변수 확인

다음으로 함수 앱에서 필요한 Azure Database for MySQL 테이블을 생성하겠습니다.

① 개요 페이지의 [연결] 버튼을 클릭해 Cloud Shell을 열어줍니다.

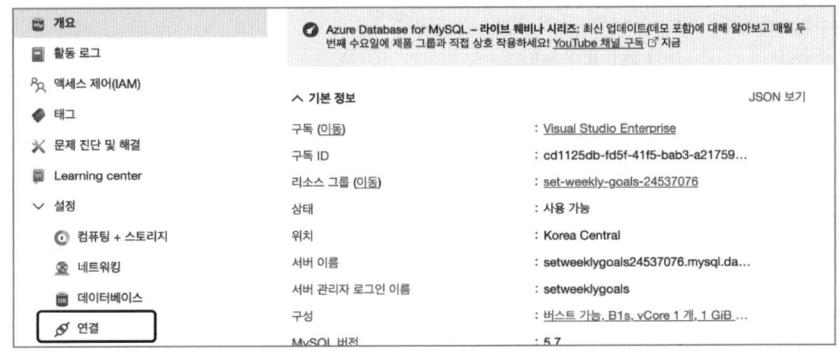

[그림 10-22] Cloud Shell 연결

② MySQL 서버의 패스워드를 입력해 접속합니다.

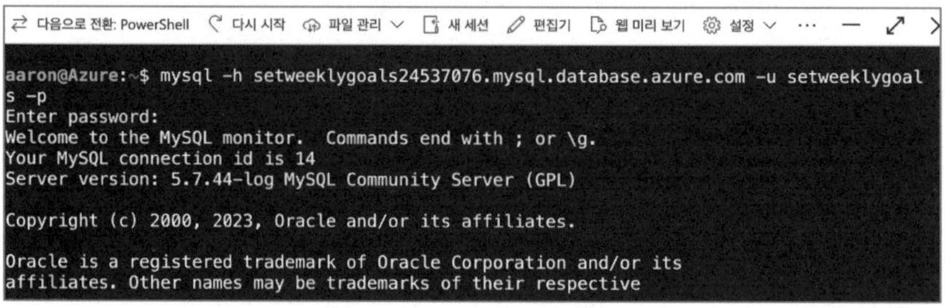

[그림 10-23] MySQL 서버 접속

③ schema.sql에 있는 테이블 생성 쿼리를 입력합니다. schema.sql의 내용은 아래 URL에서도 확인할 수 있습니다.

URL https://github.com/roharon/book-hackathon-project/blob/master/SetWeeklyGoals/schema.sql

```
01: use `weekly_goals`;
02:
03: CREATE TABLE `users`
04: (
05:     `id`         int(11) NOT NULL AUTO_INCREMENT,
06:     `name`       varchar(255) NOT NULL,
07:     `created_at` datetime     NOT NULL,
08:     `updated_at` datetime     NOT NULL,
09:     PRIMARY KEY (`id`)
10: ) ENGINE=InnoDB DEFAULT CHARSET=UTF8MB4;
11:
12: CREATE TABLE `goals`
13: (
14:     `id`          int(11) NOT NULL AUTO_INCREMENT,
15:     `user_id`     int(11) NOT NULL,
16:     `description` varchar(255) NOT NULL,
17:     `resolved`    tinyint(1) NOT NULL DEFAULT 0,
18:     `year`        int(11) NOT NULL,
19:     `month`       int(11) NOT NULL,
20:     `week`        int(11) NOT NULL,
21:     `created_at`  datetime   NOT NULL,
22:     `updated_at`  datetime   NOT NULL,
23:     PRIMARY KEY (`id`)
24: ) ENGINE=InnoDB DEFAULT CHARSET=UTF8MB4;
25:
26: CREATE TABLE `assessments`
27: (
```

```
28:     `id`            int(11) NOT NULL AUTO_INCREMENT,
29:     `user_id`       int(11) NOT NULL,
30:     `year`          int(11) NOT NULL,
31:     `month`         int(11) NOT NULL,
32:     `week`          int(11) NOT NULL,
33:     `content`       text    NOT NULL,
34:     `created_at`datetime NOT NULL,
35:     `updated_at`datetime NOT NULL,
36:     PRIMARY KEY (`id`)
37: ) ENGINE=InnoDB DEFAULT CHARSET=UTF8MB4;
```

이제 MySQL 연결에 필요한 정보를 얻어 함수 앱에서의 환경변수로 지정할 일이 남았습니다.

```
az mysql flexible-server show --resource-group $resourceGroup --name $storage
```

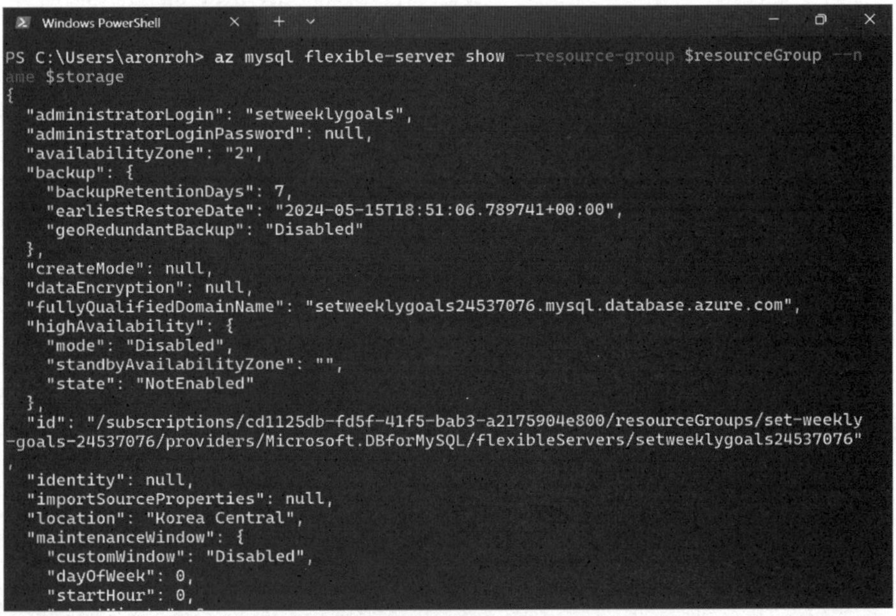

[그림 10-24] 환경변수 지정

fullyQualifiedDomainName 필드의 값이 바로 MySQL의 호스트 도메인의 이름입니다. 그리고 Azure CLI를 통해서 MySQL 호스트 도메인 정보만 추출할 수 있습니다. 호스트 도메인 이름은 'mysqlHostName'이라는 환경변수의 값으로 저장하겠습니다.

```
$mysqlHostName = $(az mysql flexible-server show --resource-group $resourceGroup --name
$storage --query "fullyQualifiedDomainName" -o tsv)
echo $mysqlHostName
```

만일 운영체제가 리눅스, 맥인 경우에는 아래의 명령어를 이용할 수 있습니다.

```
mysqlHostName=$(az mysql flexible-server show --resource-group $resourceGroup --name
$storage --query "fullyQualifiedDomainName" -o tsv)
echo "mysql+pymysql://${dbAdminUser}:${dbAdminPassword}@${mysqlHostName}/${dbName}"
```

[그림 10-25] 도메인 정보 추출

앞서 지정한 환경변수 값을 사용해 setweeklygoals24537076.mysql.database.azure.com으로 도메인 이름을 구성했습니다. 이 값은 이제 미리 구현된 파이썬 코드에서 읽을 수 있게 가공을 해야 합니다. 함수 앱의 환경변수는 아래처럼 확인할 수 있습니다. 이 값은 mysqlConnectionString 환경변수에 저장하겠습니다.

```
$mysqlConnectionString="mysql+pymysql://${dbAdminUser}:${dbAdminPassword}@${mysqlHostName}/${dbName}"
echo $mysqlConnectionString
```

그리고 함수 앱이 데이터베이스와 연결하기 위한 환경변수로 커넥션 스트링을 지정하겠습니다. 다음 명령어를 입력합니다.

```
az webapp config connection-string set --resource-group $resourceGroup --name $functionApp
-t mysql --settings "DB=$mysqlConnectionString"
```

그러면 아래와 같이 수정된 것을 확인할 수 있습니다.

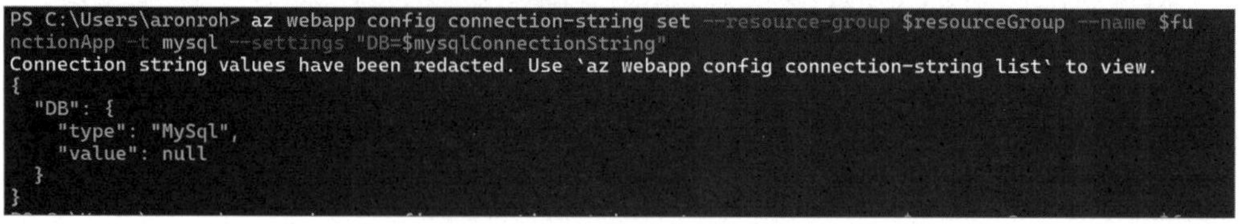

[그림 10-26] 커넥션 스트링 지정 확인

잘 저장되었는지 웹 페이지에서도 확인해보겠습니다. 생성한 함수 앱의 리소스에서 설정 > 환경변수에 들어갑니다. 연결 문자열의 값을 확인해보면 정상적으로 저장되어있음을 확인할 수 있습니다.

[그림 10-27] 웹 페이지에서 커넥션 스트링 지정 확인

이제 미리 준비된 소스코드를 함수 앱에 배포하겠습니다. 함수 앱을 배포하려면 Azure Functions Core Tools CLI가 필요합니다. 이제 아래 명령어를 입력해 애저 함수를 배포합니다.

```
func azure functionapp publish $functionApp
```

배포가 완료되었다면 아래와 같이 함수가 추가됨을 확인할 수 있습니다.

[그림 10-28] 함수 추가 확인

이제 동작을 확인해보겠습니다.

포스트맨을 통해 https://set-weekly-goals-app-24537076.azurewebsites.net/api/goals?week_offset=0을 호출해봅니다. 그럼 다음과 같이 비어 있는 배열 [ ]가 응답으로 반환됩니다. 이는 정상적인 응답입니다. 생성한 목표가 없기 때문입니다.

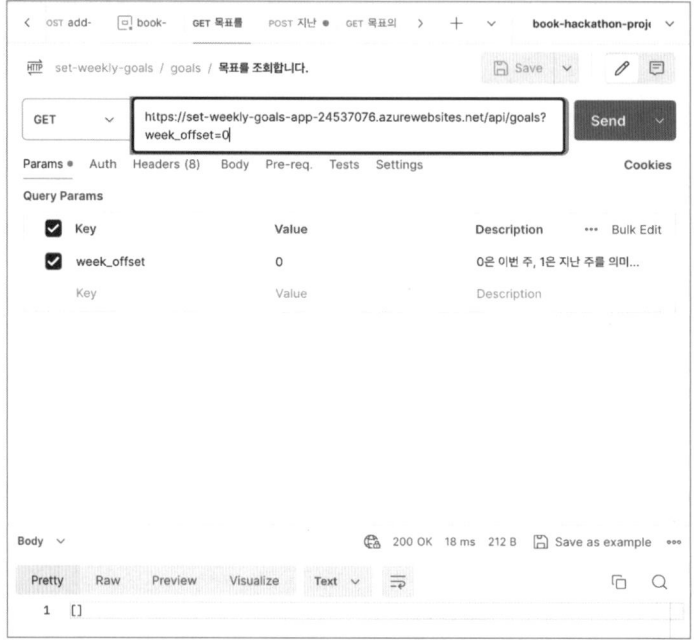

[그림 10-29] 배열 응답

그럼 목표를 추가해보겠습니다. 다음과 같이 엔드포인트는 https://set-weekly-goals-app-24537076.azurewebsites.net/api/goals로, 요청 본문으로는 아래 값으로 두어 API를 요청합니다.

```
{
"description": "한 주간의 목표 세우기 프로젝트 목차를 모두 읽고 실습 따라해보기"
}
```

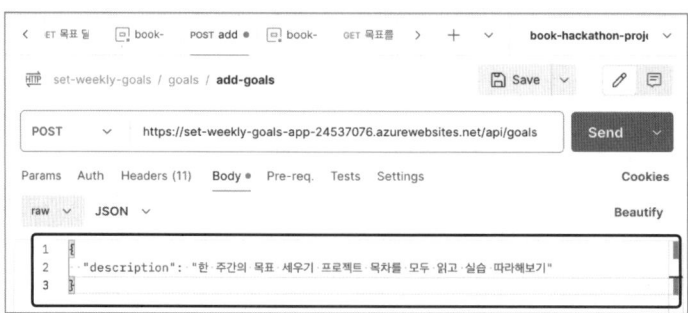

[그림 10-30] 목표 추가

다시 목표 조회 API를 호출하면, 아래와 같이 목표가 반환됨을 확인할 수 있습니다.

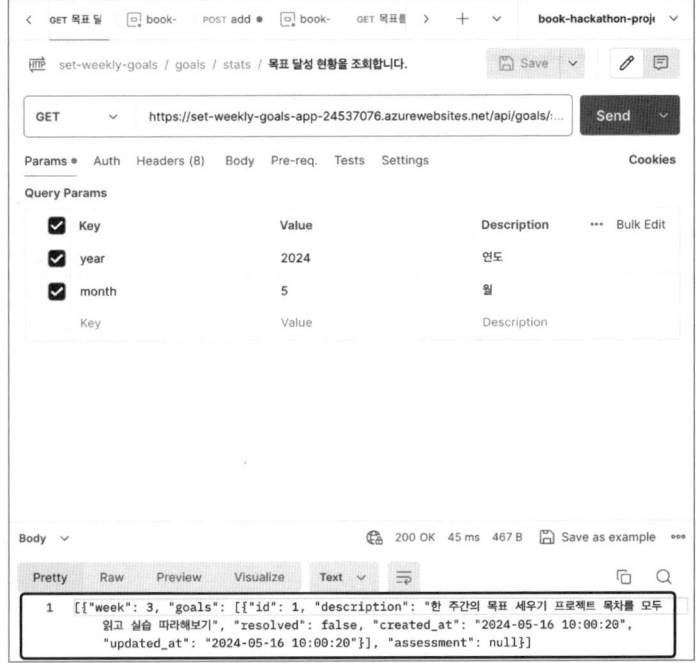

[그림 10-31] 목표 반환

이것으로 애저에 리소스를 생성하고 코드를 배포해 보는 과정을 모두 마쳤습니다.

10.8 부록 – 필자가 작성한 사용자 스토리

> **사용자 스토리 10-1**
>
> **이번 주의 목표 설정하기**
>
> 1. 이번 주 목표를 설정하지 않은 경우
>   a. 이번 주 목표를 입력하는 칸을 제공한다.
> 2. 이번 주 목표를 설정한 경우
>   a. 목표 종료까지 남은 일 수를 제공한다.
>
> **지난주 목표의 달성 여부를 체크하고 한 줄 평 기록하기**
>
> 1. 지난주 목표 기록이 있고 달성 여부를 체크하지 않은 경우
>   a. 달성 여부 선택지를 제공한다.
> 2. '달성했음'으로 선택한 경우
>   a. 목표 달성에 대한 한 줄 평을 기록하는 입력 칸을 제공한다.
>
> **한 달 간격의 목표 달성 현황과 기록한 한 줄 평 제공하기**
>
> 1. 지난달에 한 주 이상의 기록이 있는 경우
>   a. (지난달에 목표 달성 현황을 달성한 주의 수) / (지난달 주차 수) 형식의 값을 제공한다.
>   b. 카드 형태로 한 줄 평을 제공한다.
>
> **목표 달성 이미지 공유하기**
>
> 1. 새로운 주가 되는 경우
>   a. 지난주 목표 기록이 있고, 한 줄 평을 작성한 경우
>   i. 한 줄 평이 들어간 이미지를 외부에 공유할 수 있게 지원한다.
> 2. 지난 목표에 대한 정보를 누른 경우
>   a. 한 줄 평이 들어간 이미지를 외부에 공유할 수 있게 지원한다.

> **참고** 필자가 정한 이 서비스의 핵심 기능과 이유

아래 세 가지 기능에 대해 핵심 기능으로 정했습니다.

- 이번 주의 목표 설정하기
- 지난주 목표의 달성 여부를 체크하고 한 줄 평 기록하기
- 한 달 간의 목표 달성 현황과 기록한 한 줄 평 제공하기

이 프로젝트는 한 주 간격으로 목표를 세우고 달성 여부를 체크해 목표를 달성하는 데에 부담이 되지 않는 것이 특징입니다. 목표를 설정하기 위한 기능으로, 가장 기본적인 '이번 주의 목표 설정하기'를 핵심 기능으로 두었습니다.

두 번째 핵심 기능은 '지난주 목표의 달성 여부를 체크하고 한 줄 평 기록하기'입니다. 이 기능은 설정했던 목표에 대해서 달성했는지 결과를 입력하는 과정입니다. '한 달 간격의 목표 달성 현황과 기록한 한 줄 평 제공하기' '목표 달성 이미지 공유하기' 기능을 구현하려면, 사용자 스토리에 따라 이 기능을 먼저 제공해야 합니다.

세 번째 핵심 기능은 '한 달 간격의 목표 달성 현황과 기록한 한 줄 평 제공하기'입니다. 사용자가 목표를 설정하고 한 줄 평을 남기는 과정을 반복하며 한 달을 주기로 리포트 형식의 결과를 제공합니다. 지난주의 목표 달성 여부와 한 줄 평을 남기는 것과는 다르게 더 긴 기간 동안 이룬 여러 가지 목표를 돌아보는 시간을 제공함으로써 사용자에게 동기부여를 주는 기능입니다. 사용자가 지속해서 제품을 이용할 수 있도록 합니다.

'목표 달성 이미지 공유하기'는 핵심 기능으로 정하지 않았습니다. 이 기능은 달성한 주간 목표에 대해서 사용자들이 다른 사람들에게 공유하면서, 외부 사용자의 유입에 도움을 주는 기능입니다. 그러나 기본적인 기능을 갖추기 전에 이를 작업하는 것은 바람직하지 않다고 판단했습니다. 이 기능은 핵심 기능으로 정한 기능의 구현을 완료하며 진행하기로 정했습니다.

"해커톤, 지금 당장 도전해보세요!"

Chapter 11
주식 매수 시점에 따른 현재 수익 조회하기

이 장에서는 주식을 주제로 사람들의 관심을 끌 수 있는 서비스를 구상합니다. 주식 가격을 조회할 수 있는 API를 찾고, 마이크로소프트 클라우드 서비스인 애저를 통해 API와 웹 페이지를 통해 정보를 제공하도록 아키텍처를 설계합니다.

11.1 아이디어 도출하기

이번 프로젝트에서도 세 가지 기법을 이용해서 아이디어를 도출해보기로 합니다. 먼저 마인드맵입니다.

마인드맵 기법

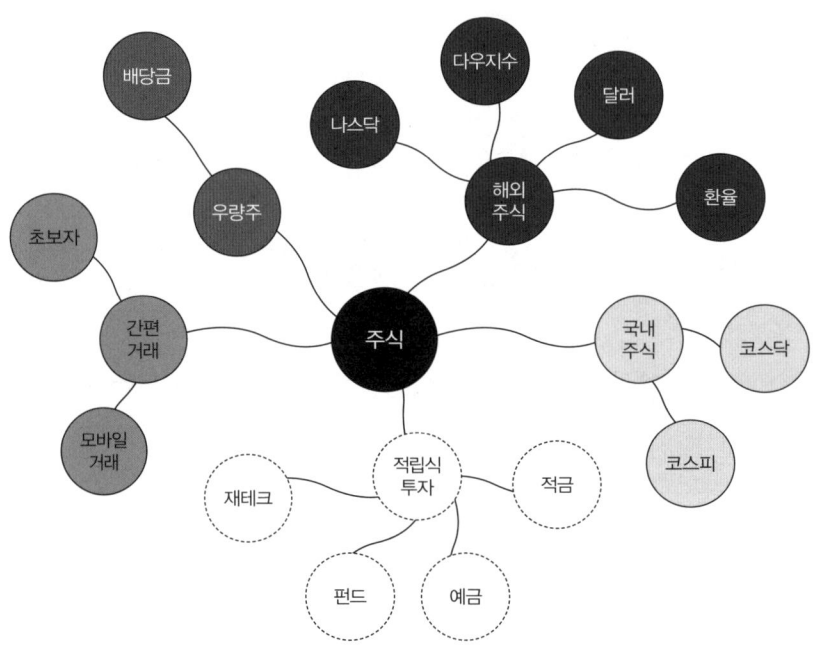

[그림 11-1] 주식 관련 마인드맵

아이디어를 얻기 위해 **주식** 키워드를 중심으로 마인드맵을 구성했습니다.

- **주식**: **해외 주식**, **국내 주식**, **적립식 투자**, **간편 거래**, **우량주**에 대해 떠올렸습니다.
- **해외 주식**: 벤처기업이 상장된 미국의 장외 시장인 **나스닥**, 주가지수 중 하나인 **다우지수** 그리고 **달러**와 **환율**에 대해 떠올렸습니다.
- **국내 주식**: 국내의 증권 시장인 **코스피**와 미국의 나스닥과 비슷한 기능을 하는 **코스닥**을 떠올렸습니다.
- **적립식 투자**: **재테크**, **펀드**, **예금**과 **적금**을 떠올렸습니다.
- **간편 거래**: **초보자**와 **모바일 거래**를 생각했습니다.
- **우량주**: **배당금**을 떠올렸습니다.

이렇게 나열해 본 키워드를 다른 아이디어 도출 기법에서 이용해보겠습니다.

스캠퍼 기법

주식 거래 경험이 없거나, 잘 알지 못하더라도 한 번쯤 흥미롭게 이목을 끌 수 있는 서비스를 스캠퍼 기법을 이용해서 도출해 보려고 합니다.

R Reverse

거꾸로 하기 기법을 이용해서 아이디어를 내보고자 합니다. 주식과 같이 미래에 수익을 내는 투자 상품으로 이익을 내기 위해서 많은 사람이 앞으로의 경제 전망은 어떨지 궁금해하고 동향을 살펴보며 경제 공부를 하기도 합니다. 투자를 위해 공부하면서 이익을 얻는 경우도 있지만, 시장 상황에 따라 예금보다 낮은 이익을 얻기도 하고, 때론 손실을 감수하기도 합니다.

거꾸로 하기 기법을 통해서, 전망을 보는 것이 아닌 과거의 데이터를 가지고 과거의 결과를 확인해 볼 수 있는 웹사이트를 만들어 보고자 합니다. 과거부터 지금까지 어떤 주식을 정기적으로 매수했다면, 지금은 얼마가 되었을지 확인해 볼 수 있는 웹사이트입니다. 손실이 발생할 수 있는 주식이 부담되어 주식 거래를 하지 않았거나 생각만 해두고 실행에 옮기진 않았던 주식 거래의 결과를 웹사이트를 통해 볼 수 있다면 간접적으로나마 기대감 혹은 안도감을 겪을 수 있다고 생각합니다.

이 아이디어의 명칭은 '이때 주식을 매수했더라면 현재 수익은 얼마인지 조회하기'로 정하고, 다음 과정에서는 이 아이디어에 대한 목표를 설정해보겠습니다.

스마트 기법

스마트 기법을 통해 '이때 주식을 매수했더라면 현재 수익은 얼마인지 조회하기'의 목표를 살펴보겠습니다. 최초 목표는 '웹사이트를 접속한 사용자가 조회한 뒤의 반응을 끌어낸다'로 두겠습니다.

S Specific

목표가 구체적인지 확인해 봅니다. '반응을 끌어낸다'에서 사용자가 어떤 행동을 해야 반응으로 볼 것인지 명확하게 떠오르지 않습니다. 더 구체화해 '웹사이트를 이용한 뒤, 2차 공유를 통해 신규 접속한 사용자가 5만 명을 도달하게 한다'로 두겠습니다.

M Measurable

측정할 수 있는지 목표를 점검하는 과정을 보겠습니다. 사용자가 주식을 조회한 뒤 다른 사람에게 공유하는 횟수에 대해 목표를 측정할 수 있다고 생각합니다. 웹사이트 내에서 공유하게 된다면 SNS 공유, 카카오톡 공유 등을 통해 다른 사람들에게 링크를 전달하게 되는데, 이때 링크를 생성하고 전달한 경우를 가지고 공유 횟수를 알 수 있기 때문입니다.

A Achievable

달성할 수 있는 목표인지 확인합니다. 웹사이트에 접속한 사용자 중에서 5만 명이 2차로 공유하려면 모든 접속자가 공유한다고 하더라도 최소한 5만 명의 사용자가 웹사이트를 방문해야 합니다. 이러한 점을 고려해 보면 처음부터 달성하기 어려운 목표로 보입니다. 초기 목표는 절대적인 수와 비율을 함께 가지고 설정하겠습니다. 이로써 '웹사이트 사용자가 5백 명을 넘기고 2차 공유한 사용자의 비율을 60% 이상으로 유지한다'로 두겠습니다.

R Realistic 과 T Time-bound

현실적인지 점검하는 과정과 기간이 정해져 있는 목표가 되도록 점검하겠습니다. 이전 단계에서 웹사이트 사용자의 수치는 5백 명, 공유한 사용자의 비율은 60%를 넘기도록 목표를 설정했습니다. 목표를 달성하지 못할 것을 우려해 더 낮은 목표를 설정하는 것은 높은 기준치를 두어서 진행하는 것보다 약한 동기부여가 되기에 이 비율을 유지하기로 합니다. 이 목표를 달성하는 기간은 2개월로 잡아 진행하겠습니다.

11.2 구현 범위 설정하기

스캠퍼 기법에서 도출한 아이디어인 '이때 주식을 매수했더라면 현재 수익은 얼마인지 조회하기' 프로젝트에 대해서 '2개월 동안 웹사이트 사용자가 5백 명을 넘기고 2차 공유한 사용자의 비율을 60% 이상으로 유지한다'라는 목표를 달성해야 합니다. 그러기 위해 사용자들이 자발적으로 이 웹사이트를 공유하려면, 그들이 기대하는 바를 충족하도록 좋은 경험을 주어야 할 것입니다.

이제 이 프로젝트에서 제공되어야 하는 기능들을 나열해보겠습니다.

1. 연도를 지정하고 특정 회사의 주식을 고르면 사용자가 조회하는 시점에서 어느 정도의 가격이 되었는지 보여주는 기능이 필요합니다.
2. 매달 N개씩 특정 회사의 주식을 산 경우, 현재의 가격과 얼마큼의 이익이 발생했는지 보여주는 기능이 필요합니다.
3. 손익 금액이 더 체감될 수 있도록 물건으로 빗대어 금액의 규모를 알려주는 기능이 있습니다. 예를 들자면 손익 금액이 2만 원인 경우, 금액과 함께 치킨 한 마리를 보여주게 됩니다.
4. 국내 주식과 미국 주식을 선택하는 기능을 제공함으로써, 해외 주식에 관심이 있는 사용자들의 만족도를 함께 고려합니다.
5. 사용자들이 웹사이트에서 많이 선택한 주식 상위 목록을 제공하도록 합니다.

이 기능들을 사용자 스토리로 풀어보고 핵심 기능을 정해보려고 합니다. 이 장에서도 여러분에게 사용자 스토리와 핵심 기능을 정의하도록 맡기겠습니다. 필자가 작성한 사용자 스토리와 핵심 기능은 11.8 부록에 첨부했습니다. 사용자 스토리에 포함해야 할 기능에 대해 힌트를 주면 다음과 같습니다.

- 과거에 매수한 주식의 현재 손익 조회 기능
- 매달 주식을 매수한 경우의 현재 손익 조회 기능
- 국내/미국 주식 시장 선택 기능
- 손익 금액 규모에 따른 비슷한 가격대의 물건 제공 기능
- 사용자들이 많이 선택한 주식 상위 목록 제공 기능

11.3 주식 가격 데이터 조회 API 찾기

이번 프로젝트에서는 특정 시기에 원하는 주식의 시세를 통해 기대 수익을 계산하게 되는 기능을 설계합니다. 그러려면 실제 주식의 시세를 검색할 수 있는 API가 필요합니다.

해커톤에서 좋은 아이디어를 떠올려 기획했지만, 실제 데이터를 구할 방법이 없어서 진행하지 못하는 경우가 종종 있습니다. 그러므로 여기서는 수많은 API를 한 곳에 모아 보여주어, 스스로 원하는 API를 쉽게 검색하고 사용해 볼 수 있는 서비스를 소개하려고 합니다.

바로 라쿠텐의 Rapid API https://rapidapi.com 입니다. Rapid API는 일반 개발자들이 프로젝트에 필요한 공개 API를 쉽게 찾을 수 있도록 모아주고, 여러 가지 API에 호출한 양을 하나의 대시보드에서 보여줍니다.

Rapid API에서 주식 시세를 검색할 수 있는 API를 찾아보겠습니다. Finance 카테고리에서 원하는 API 서비스를 선택합니다.

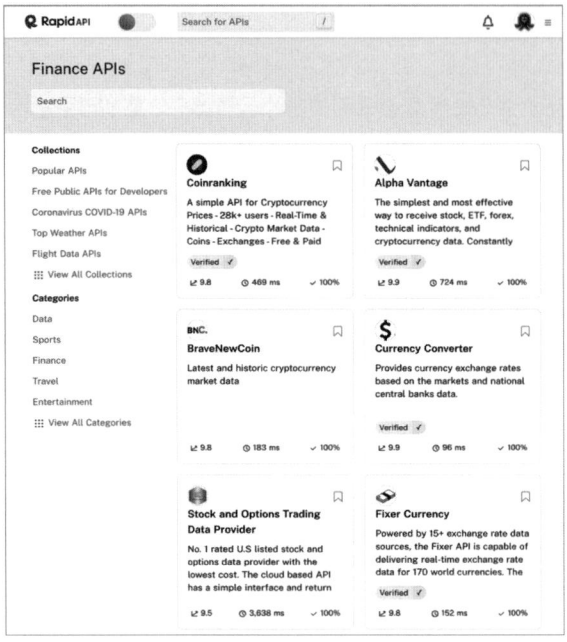

[그림 11-2] Rapid API 메인 화면

또한 Rapid API 대시보드에서는 우리가 사용할 API를 다른 사람들이 얼마나 사용하고 있는지 인기도 수치를 알려주고, API가 얼마나 안정적인지 알 수 있도록 지연시간latency과 API 사용이 어느 정도로 안정적인지 알 수 있는 서비스 레벨을 제공하고 있습니다.

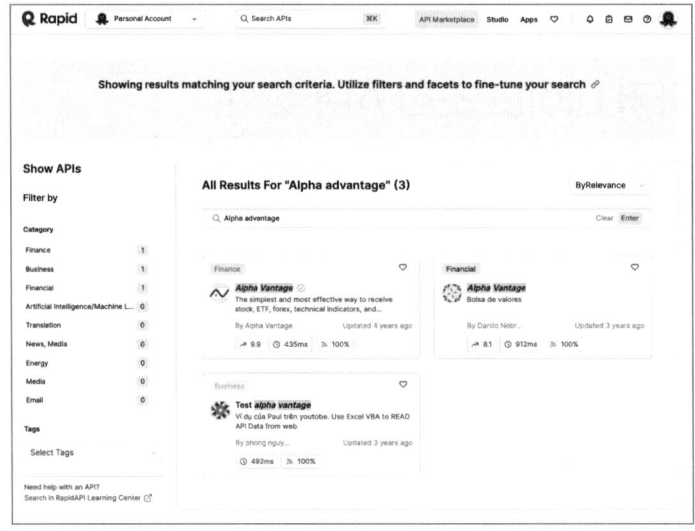

[그림 11-3] API의 사용 정도를 서비스하는 Rapid API

우선 이번 프로젝트에서 구현해야 하는 두 가지 기능은 아래와 같습니다. 이를 참고해 우리의 프로젝트에서 필요한 데이터를 얻을 수 있는 API가 있는지 확인해 봅니다.

1. 매달 주식을 매수한 경우의 현재 손익 조회 기능
2. 손익 금액 규모에 따른 비슷한 가격대의 물건 제공 기능

주식과 관련해 정보를 제공하는 API 중에서 Alpha Vantage^{https://rapidapi.com/alphavantage/api/alpha-vantage}의 API가 매일, 매주, 매월 단위로 시세를 제공하는 것으로 확인했습니다. 또한 20년 이상의 데이터를 가지고 있다고 설명하고 있어 우리의 프로젝트에 필요한 '과거 시점부터 주식을 매수한 경우'의 데이터를 조회를 하는 데 더욱 도움이 될 것으로 보입니다.

아래와 같이 API 문서가 나오며 웹 페이지 내에서 파라미터를 지정해 API를 요청할 수 있게 제공하고 있습니다.

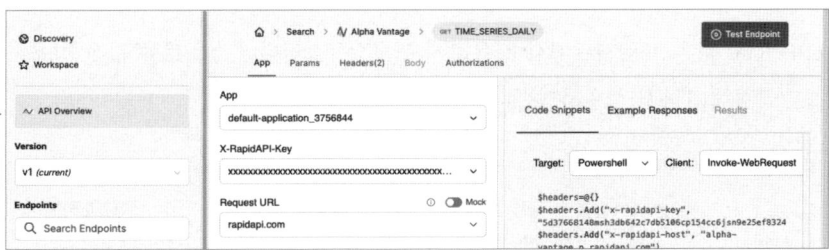

[그림 11-4] API 요청 화면

API 요청을 통해 실제로 필요한 데이터를 제공하는지 다시 확인하겠습니다. 아래와 같이 Alpha Vantage에서 제공하는 'TIME_SERIES_MONTHLY' API를 확인했습니다. 조회할 주식 종목을 담는 필수 파라미터인 symbol에는 마이크로소프트의 종목 코드인 'MSFT'을 입력했습니다.

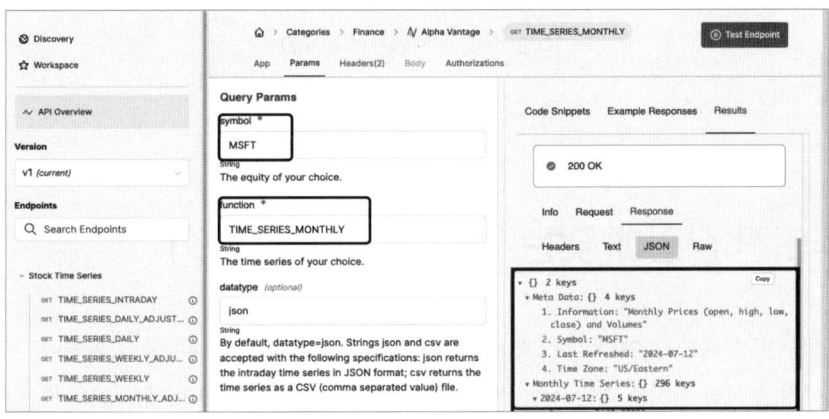

[그림 11-5] 'TIME_SERIES_MONTHLY' API 확인

API 요청을 통해 받은 응답 결과로 1999년 12월 31일부터 최근 날짜까지의 데이터를 한 달 간격으로 제공하는 것을 확인했습니다. 한 달 간격으로 open, high, low, close, volume 필드를 포함한 데이터를 제공하고 있습니다(값의 단위는 달러로 표시됩니다).

- **open 필드 값:** 주식이 거래되는 시장이 열렸을 때의 가격입니다.
- **close 필드 값:** 주식 시장을 마감하는 시점의 가격입니다.
- **high 필드 값:** 해당하는 날의 가격에서 상한가입니다.
- **low 필드 값:** 해당하는 날의 가격에서 상한가입니다.

이 네 가지 필드 값 중에서 우리 프로젝트에는 어떤 값을 사용해야 할지 고민이 될 수 있습니다. 그러나 이 프로젝트는 실제 투자를 위한 가이드를 하는 것이 아닌, 단순히 재미 요소를 부여하는 목적이 크므로, 어떤 값을 사용할지는 크게 중요하지 않은 점이라 판단했습니다. 따라서 임의로 필드를 선택해 주식 시장이 열리는 시간의 주식 가격인 'open' 필드 값을 사용하기로 합니다.

X-RapidAPI-Key 값은 프로젝트에서 사용하게 될 토큰 값입니다. 이 토큰 값을 사용하는 방법은 '11.7 프로젝트 실행하기'에서 설명하겠습니다.

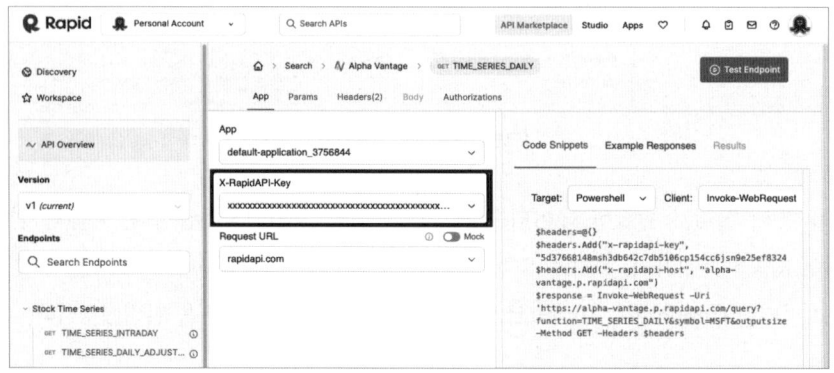

[그림 11-6] X-RapidAPI-Key 값

11.4 주어진 상황에 맞는 기술 스택 구성하기

이번 프로젝트에서는 11.3절에서 찾은 Alpha Vantage API를 통해 데이터를 조회합니다. API를 요청해 얻은 특정 주식의 가치를 기반으로, 정기적으로 주식을 매수했다면 현재의 손익은 얼마나 될지, 손익 금액을 물건으로 비교한다면 어느 정도의 가치가 되는지에 대한 정보를 물건의 사진과 함께 제공합니다.

이러한 기능을 제공하기 위해서, Alpha Vantage API로 값을 얻은 뒤 사용자에게 보여줄 정보를 조합하는 API를 구현해야 합니다.

이번 프로젝트의 아키텍처 구성은 '10장. 한 주간의 목표 세우기' 프로젝트와 같은, 마이크로소프트의 클라우드 서비스인 애저를 이용하겠습니다. 프로젝트는 웹서비스 기반으로 개발합니다. 웹 페이지를 마련하기 위해 애저의 블롭 스토리지에서 제공하는 정적 웹사이트 호스팅을 이용합니다.

프로젝트의 API 예상 호출량을 예상하기 어려우므로 비용적인 이점과 인프라 관리를 고려하지 않고, 비즈니스 로직에 집중할 수 있도록 서버리스 아키텍처를 구성하고자 애저 함수를 사용합니다.

11.5 프로젝트 아키텍처 구성하기

이번 프로젝트의 아키텍처를 구성했습니다.

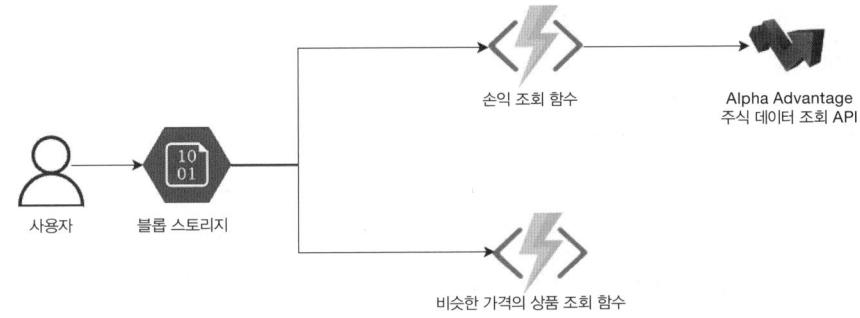

[그림 11-7] 프로젝트 아키텍처

블롭 스토리지를 이용해 정적 웹사이트를 제공합니다. 그리고 애저 함수는 두 가지로 구성했습니다. 핵심 기능으로 정했던 '손익 조회 기능'을 제공하기 위한 함수와 손익에 대해 비슷한 가격대의 물건을 조회하는 함수입니다. 손익 조회 함수는 Alpha Vantage의 주식 데이터 조회 API를 호출합니다. 조회해 얻은 값을 토대로 현재 주식의 가치와 비교해 손익을 계산하는 역할을 담당합니다. 비슷한 가격의 상품 조회 함수는 손익 값을 파라미터로 받습니다.

이 함수에서는 파라미터로 들어온 주식의 손익 값에 따라서 비슷한 가격의 물건을 보여줍니다. 이때 물건에 대한 가격 정보는 데이터베이스에 적재해 보여줄 수도 있습니다. 그러나 보여줄 수 있는 물건 데이터가 적은 초기 단계라면, 애저 함수의 소스코드 내에 하드코딩을 해 사전에 정보를 정의하고 파라미터에 맞는 정보를 보여주는 방법도 고려해 볼 수 있습니다.

사용자는 상품을 데이터베이스에서 가져오거나, 소스코드에 하드 코딩된 값에서 가져오는지에 대해서는 크게 관심을 두지 않습니다. 적당한 종류의 상품에 대해 소스코드 내에 직접 정의한다면 사용자는 결과에 대해 어색함을 느끼지 않으면서도, 구현을 담당하는 개발자는 데이터베이스를 설정하며 애저 함수와 데이터베이스 간의 연결 시간을 들이지 않아도 됩니다.

사용자가 필요한 기능은 동일하게 제공하면서도 기술적인 난이도는 잠시 낮추어 문제를 해결함으로써, 더 많은 시간이 필요한 곳에 집중할 수 있는 장점이 있습니다.

11.6 API 설계하기

이번 프로젝트에서는 데이터를 생성하거나 수정하는 API 없이 조회하는 성격의 API만을 설계하게 됩니다.

순익 조회 AP

우선 순익 조회 API를 설계하겠습니다. 순익 조회 API의 엔드포인트는 /stocks/{companySymbol}/profit로 두겠습니다. 경로 파라미터로는 company_symbol을 두었습니다. 마이크로소프트의 주식에 대해 조회한다고 한다면, 마이크로소프트에 대한 종목 코드인 MSFT를 입력합니다. 이 경우, MSFT는 경로 파라미터인 {companySymbol} 위치로 들어가게 되므로 /stocks/MSFT/profit 경로로 요청하게 됩니다.

쿼리 파라미터로는 startDate를 받습니다. 이는 주식 매수를 시작한 날로 yyyy-MM-dd 형식으로 값을 받습니다. 예를 들어, 마이크로소프트 주식에 대해서 2010년 1월 1일을 매수 시작일로 조회하고자 하는 경우에는 /stocks/MSFT/profit?startDate=2010-01-01 경로로 API 요청을 하게 됩니다. 응답으로는 { "profit": 30000 }과 같은 형식을 받게 됩니다. profit 필드의 단위는 달러가 됩니다.

이를 OpenAPI 스펙에 맞게 작성해보겠습니다.

```
01: OpenAPI: 3.0.0
02: info:
03:   version: "1.0.0"
04:   title: if-i-had-bought-the-stock-at-this-time
05:   description: 이때 주식을 매수했더라면
06: paths:
07:   /stocks/{company_symbol}/profit:
```

```
08:    get:
09:      tags:
10:        - stocks
11:      description: 주식에 대한 손익을 조회합니다.
12:      parameters:
13:        - in: path
14:          name: company_symbol
15:          schema:
16:            type: string
17:            example: MSFT
18:          required: true
19:          description: 주식 종목 코드
20:        - in: query
21:          name: startDate
22:          schema:
23:            type: string
24:            example: 2010-01-01
25:          required: true
26:          description: 시작 일자 (yyyy-MM-dd)
27:      responses:
28:        '200':
29:          description: 손익을 조회했습니다.
30:          content:
31:            application/json:
32:              schema:
33:                $ref: '#/components/schemas/Profit'
34:        '404':
35:          description: 해당하는 기업이 없습니다.
```

이를 스웨거 API 문서에서 확인하면 아래와 같은 내용을 확인할 수 있습니다.

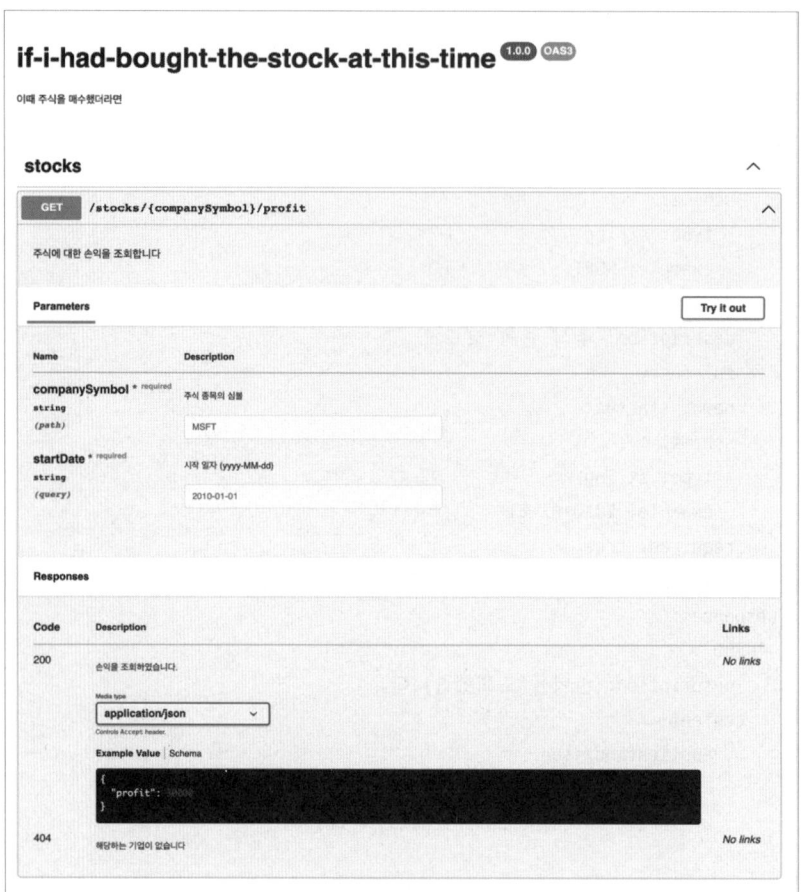

[그림 11-8] API 확인

비슷한 가격의 상품 조회 API

다음으로는 '비슷한 가격의 상품 조회 API'를 설계하겠습니다. API 엔드포인트는 /products로 두겠습니다. 쿼리 파라미터로는 price를 두어 정수를 입력받습니다. 손익으로 결과가 3500이 나왔다면 비슷한 가격의 상품을 조회하는 경우 /products?price=3500으로 요청합니다.

응답으로는 { "name": "아이패드 프로 128GB", "image_url": "https://example.com/image.png", "count": 3 }과 같은 내용을 받게 됩니다.

이를 OpenAPI 스펙에 맞게 작성해보겠습니다.

```
01: /products:
02:   get:
03:     tags:
04:       - products
05:     description: 가격에 맞는 상품을 조회합니다.
06:     parameters:
07:       - in: query
08:         name: price
09:         schema:
10:           type: number
11:           example: 3500
12:         required: true
13:         description: 가격 (달러 기준)
14:     responses:
15:       '200':
16:         description: 상품을 조회했습니다.
17:         content:
18:           application/json:
19:             schema:
20:               $ref: '#/components/schemas/Product'
21:       '400':
22:         description: 올바르지 않은 요청입니다.
23: components:
24:   schemas:
25:     Product:
26:       type: object
27:       properties:
28:         name:
29:           type: string
30:           example: 아이패드 프로 128GB
31:           description: 상품 이름
32:         image_url:
33:           type: string
34:           example: https://example.com/image.png
35:           description: 상품 이미지 URL
36:         count:
37:           type: integer
38:           example: 3
39:           description: 상품 수량
```

스웨거에서는 아래 내용으로 확인할 수 있습니다.

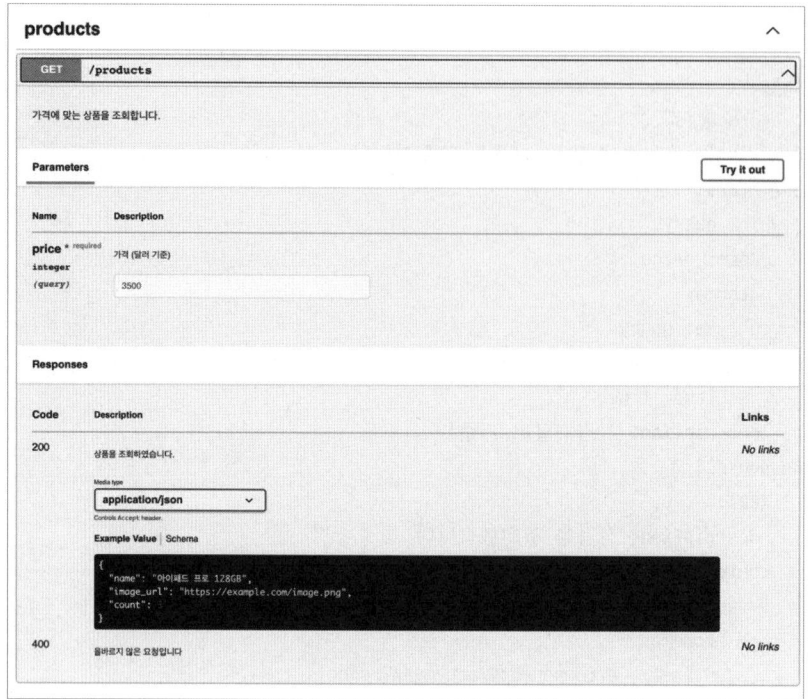

[그림 11-9] OpenAPI 스펙 작성

이렇게 설계한 OpenAPI 스펙에 맞춘 전체 API 문서 내용은 아래와 같습니다.

```
01: OpenAPI: 3.0.0
02: info:
03:   version: "1.0.0"
04:   title: if-i-had-bought-the-stock-at-this-time
05:   description: 이때 주식을 매수했더라면
06: paths:
07:   /stocks/{company_symbol}/profit:
08:     get:
09:       tags:
10:         - stocks
11:       description: 주식에 대한 손익을 조회합니다.
12:       parameters:
13:         - in: path
14:           name: company_symbol
15:           schema:
16:             type: string
17:             example: MSFT
18:           required: true
19:           description: 주식 종목 코드
```

```yaml
20:        - in: query
21:          name: startDate
22:          schema:
23:            type: string
24:            example: 2010-01-01
25:          required: true
26:          description: 시작 일자 (yyyy-MM-dd)
27:      responses:
28:        '200':
29:          description: 손익을 조회했습니다.
30:          content:
31:            application/json:
32:              schema:
33:                $ref: '#/components/schemas/Profit'
34:        '404':
35:          description: 해당하는 기업이 없습니다.
36:  /products:
37:    get:
38:      tags:
39:        - products
40:      description: 가격에 맞는 상품을 조회합니다.
41:      parameters:
42:        - in: query
43:          name: price
44:          schema:
45:            type: number
46:            example: 3500
47:          required: true
48:          description: 가격 (달러 기준)
49:      responses:
50:        '200':
51:          description: 상품을 조회했습니다.
52:          content:
53:            application/json:
54:              schema:
55:                $ref: '#/components/schemas/Product'
56:        '400':
57:          description: 올바르지 않은 요청입니다.
58: components:
59:   schemas:
60:     Profit:
61:       type: object
62:       properties:
63:         profit:
64:           type: number
65:           example: 30000
```

```
66:     Product:
67:       type: object
68:       properties:
69:         name:
70:           type: string
71:           example: 아이패드 프로 128GB
72:           description: 상품 이름
73:         image_url:
74:           type: string
75:           example: https://example.com/image.png
76:           description: 상품 이미지 URL
77:         count:
78:           type: integer
79:           example: 3
80:           description: 상품 수량
```

11.7 프로젝트 실행하기

이제 직접 프로젝트를 설정하고 실행해봅니다. 이번 프로젝트에서는 마이크로소프트 애저를 사용합니다. 애저를 사용하기 위한 계정 준비는 9장. 즐겨보는 블로그 글 모아보기 – 9.9 프로젝트 실행하기에서 참고할 수 있습니다. 그리고 이번 프로젝트의 소스코드는 아래 리포지토리를 참고해 진행할 수 있습니다.

URL https://github.com/roharon/book-hackathon-project/tree/master/IfIHaveBoughtStocks

10장에서 진행한 것처럼, Azure CLI를 이용해 애저 함수와 애저 블롭 스토리지를 통해서 프로젝트를 실행할 수 있는 환경을 구성하겠습니다.

> **REF** Azure CLI를 설치하지 않았다면 '10.7 프로젝트 실행하기'에 나온 Azure CLI 설치 방법을 따라 설치한 후 진행해주세요.

그리고 여러분들이 쉽게 따라할 수 있도록 리소스를 생성할 정보에 대해 먼저 환경변수로 정의하겠습니다.

윈도우즈에서 사용하는 환경변수는 다음과 같습니다.

```
$randomIdentifier = Get-Random -Maximum 10000000000
$location = "koreacentral"
$resourceGroup = "if-i-have-bought-stocks-$randomIdentifier"
```

```
$storage = "ifboughtstocks$randomIdentifier"
$functionApp = "if-i-have-bought-stocks-app-$randomIdentifier"
$skuStorage = "Standard_LRS"
$skuMySQL = "Standard_B1s"
$functionsVersion = "4"
```

리눅스, 맥에서 사용하는 환경변수는 다음과 같습니다.

```
let "randomIdentifier=$RANDOM*$RANDOM%10000000000"
location="koreacentral"
resourceGroup="if-i-have-bought-stocks-$randomIdentifier"
storage="ifboughtstocks$randomIdentifier"
functionApp="if-i-have-bought-stocks-app-$randomIdentifier"
skuStorage="Standard_LRS"
skuMySQL="Standard_B1s"
functionsVersion="4"
```

운영체제에 맞는 스크립트를 사용해 환경변수를 정의합니다.

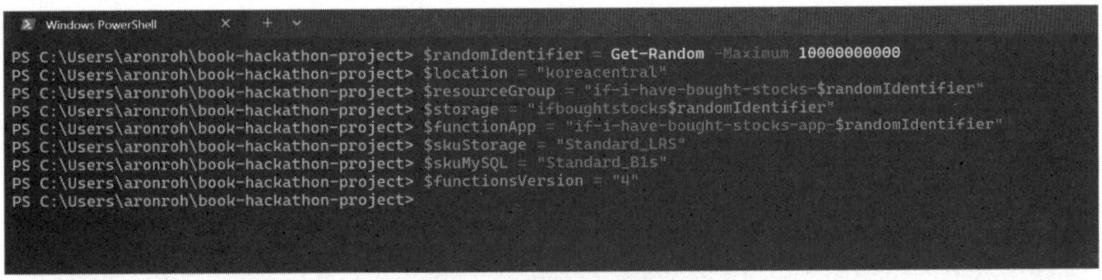

[그림 11-10] 운영체제별 환경변수 정의

애저의 사용 권한을 얻기 위해 az login 명령어를 입력해서 계정에 대한 로그인을 진행합니다.

[그림 11-11] 명령어로 계정 로그인

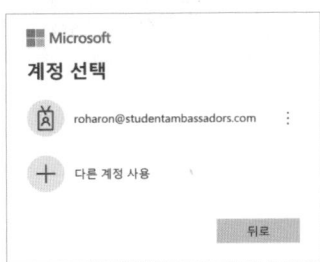

[그림 11-12] 웹 페이지에서 계정 로그인

아래 화면을 마주했다면 성공적으로 권한을 얻은 것입니다.

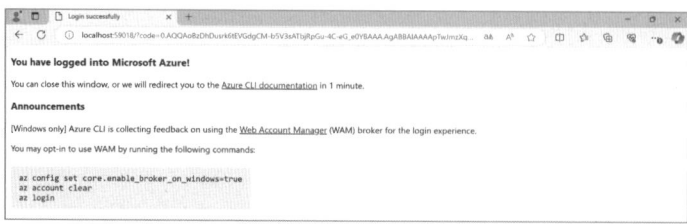

[그림 11-13] 성공적 권한 획득

이제 터미널로 돌아와, 애저 리소스 그룹을 생성할 차례입니다.

아래 명령어를 입력해서 애저 리소스 그룹을 생성합니다.

```
az group create --name "$resourceGroup" --location "$location"
```

리소스 그룹 이름은 환경변수에서 if-i-have-bought-stocks-6477247485으로 생성되었습니다. 여러분들도 이와 비슷한 이름으로 생성이 되었을 것입니다.

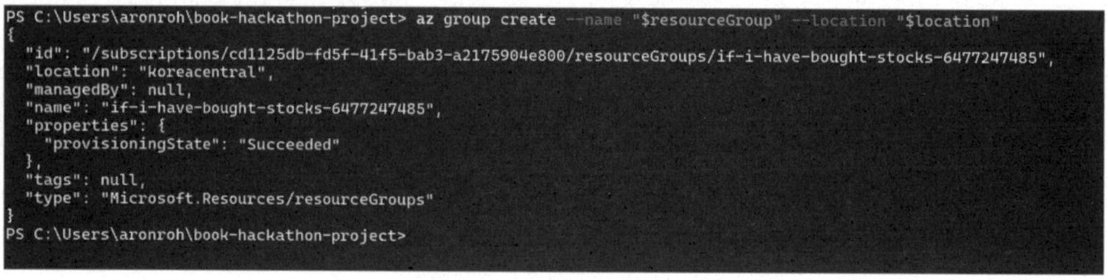

[그림 11-14] 리소스 그룹 생성

애저 함수를 만들려면 스토리지 계정이 필요하므로 이어서 스토리지 계정도 생성하겠습니다. 방금 만든 리소스 그룹에 ifboughtstocks6477247485 이름의 스토리지 계정이 생성되었습니다.

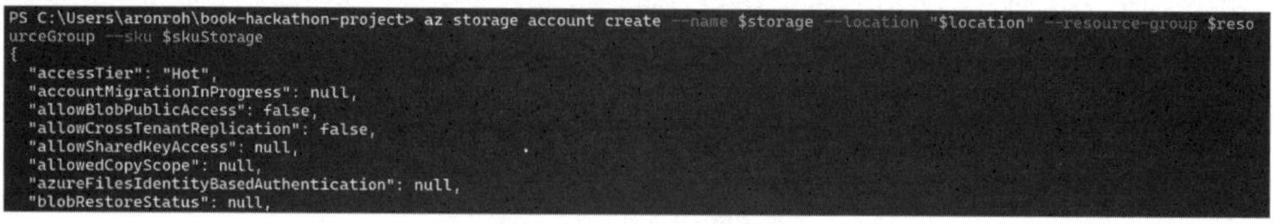

[그림 11-15] 스토리지 계정 생성

실제로 잘 생성되고 있는지 확인해보고 싶다면, 웹 브라우저로 접속할 수 있는 애저 포털 서비스에서 리소스 그룹의 리소스 목록을 확인해 볼 수 있습니다. 아래처럼 리소스 그룹과 리소스 그룹 내부에 스토리지 계정이 생성된 것을 확인할 수 있습니다.

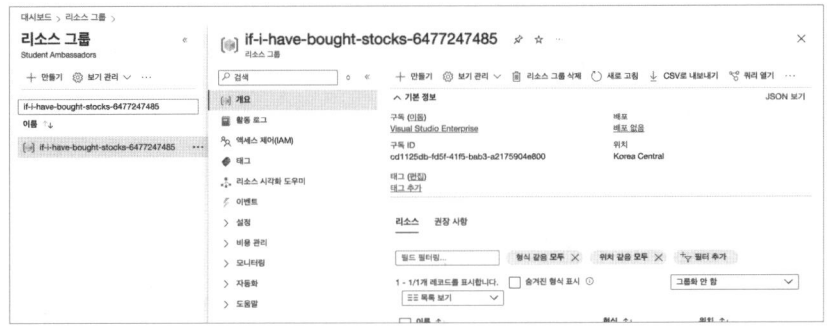

[그림 11-16] 스토리지 계정 생성 확인

이어서 애저 함수를 생성합니다.

```
az functionapp create --name $functionApp --resource-group $resourceGroup --storage-account
$storage --consumption-plan-location $location --functions-version $functionsVersion
--runtime Python--os-type Linux
```

애저 함수가 생성이 되기까지 잠시 기다리면, 아래와 같이 성공함을 확인할 수 있습니다. 호스트 이름으로 https://if-i-have-bought-stocks-app-6477247485.azurewebsites.net를 사용할 수 있게 되었습니다.

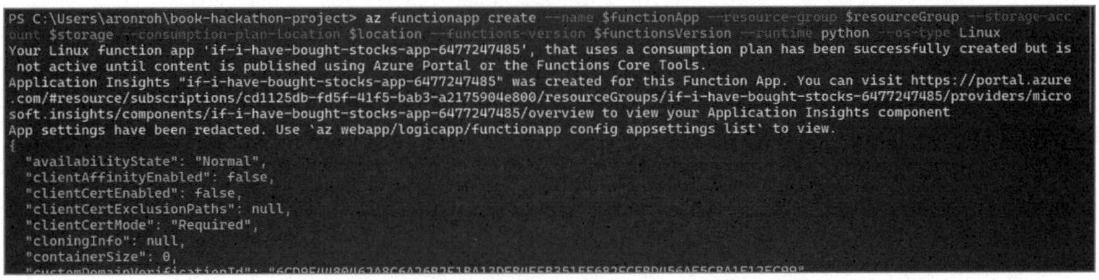

[그림 11-17] 애저 함수 생성

애저 함수의 호스트 이름은 응답의 hostNames 필드에서 확인하거나, 애저 포털 서비스에서 아래와 같이 함수 앱에 개요에서 URL 정보로 확인할 수 있습니다.

[그림 11-18] 호스트 이름 확인

주식에 대한 손익 조회 API에서는 '11.3 주식 가격 데이터 조회 API 찾기'에서 알아봤던 Alpha Advantage API를 사용합니다. 이 API를 사용하려면 토큰 값이 있습니다. X-RapidAPI-Key라는 토큰 값을 기억하고 있을겁니다.

이 값에 대해서 애저 함수의 환경변수로 설정하겠습니다.

API_KEY라는 이름으로 환경변수를 지정합니다.

API_KEY=xxxxxxxxxxxxxxxxxxxxxxxxxxxxxxxxxxxxxxxxxxxxxxxxxxxxx 형태로 X-RapidAPI-Key 값을 넣어 명령어를 실행합니다.

```
az webapp config appsettings set --resource-group $resourceGroup --name $functionApp
--settings API_KEY= xxxxxxxxxxxxxxxxxxxxxxxxxxxxxxxxxxxxxxxxxxxxx
```

아래 명령어처럼 입력해 실행하면 환경변수가 적용됩니다.

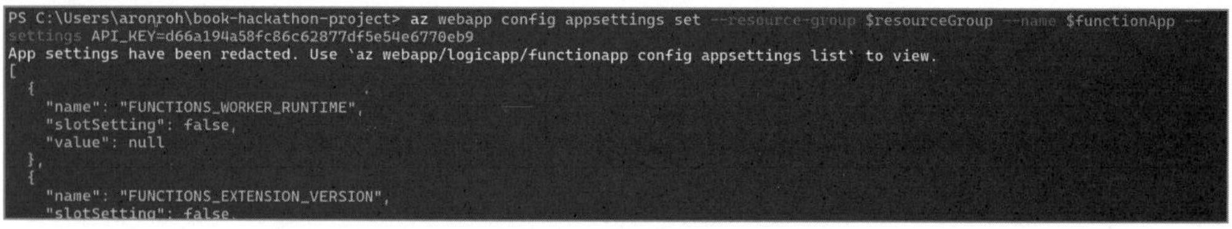

[그림 11-19] 환경변수 적용

이제 블롭 스토리지로 만든 정적 웹사이트에서 API를 호출할 수 있게 CORS^{Cross Origin Resource Sharin}(교차 출처 리소스 공유)에 대한 설정을 하겠습니다.

API의 URL을 구성하는 도메인과 정적 웹사이트의 URL을 구성하는 도메인이 다릅니다. 따라서 API 서버는 다른 출처의 자원, 즉 정적 웹사이트가 요청할 수 있게 허용해야 정보를 가져올 수 있습니다. 아래 명령어를 입력하고 실행합니다.

```
az functionapp cors add --name $functionApp --resource-group $resourceGroup --allowed-origins '*'
```

그럼 다음과 같이 결과가 나오는 것을 볼 수 있습니다.

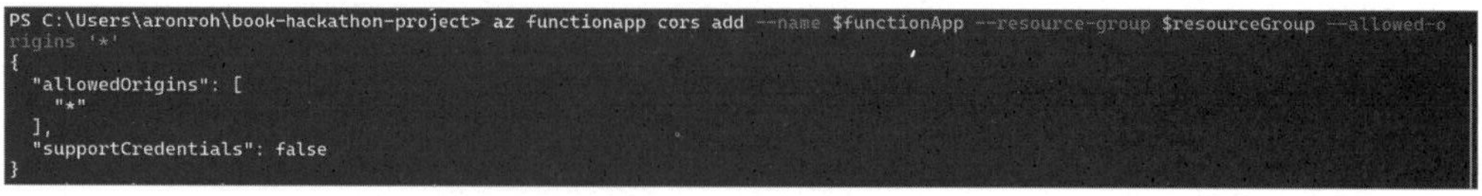

[그림 11-20] 실행 결과 확인

애저 함수를 위한 설정을 했으니 코드를 배포하겠습니다.

IfIHaveBoughtStocks 프로젝트 디렉터리의 위치에서 아래 명령어를 실행합니다.

```
func azure functionapp publish $functionApp
```

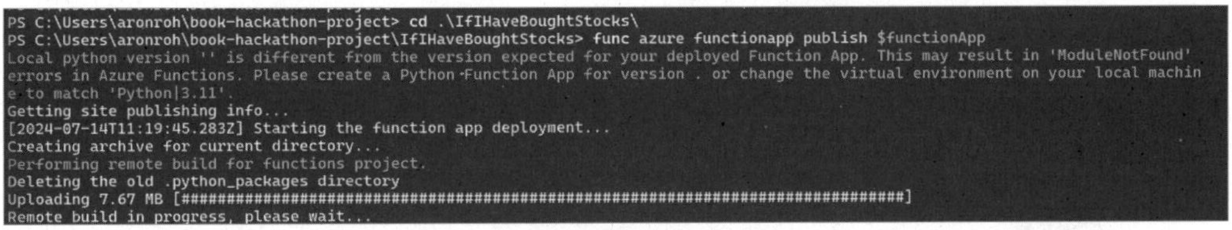

[그림 11-21] 코드 배포

배포에 성공했다면, get_products 함수와 get_stock_profit에 대한 URL을 확인할 수 있습니다.

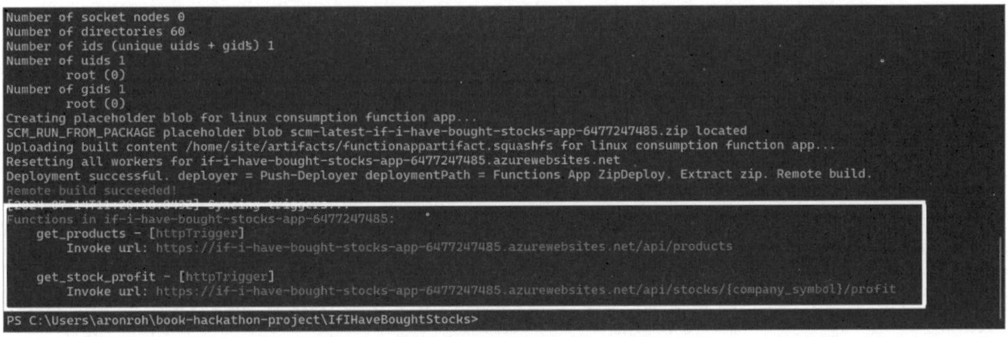

[그림 11-22] URL 확인

두 API에 직접 요청해 정상 동작하는 것을 확인할 수 있습니다.

[그림 11-23] API 동작 확인 ①

[그림 11-24] API 동작 확인 ②

애저 함수에 대한 인프라를 설정하고, 코드를 배포하는 단계는 끝났습니다. 이제 마지막 단계로, 서비스 형태로 개발자가 아닌 사용자들을 위한 클라이언트를 만드는 과정이 남았습니다.

정적 웹사이트를 만들기 위해서는 스토리지 계정과 그 안의 블롭 스토리지가 필요합니다. 정적 웹사이트를 위한 첫 번째 준비로, index.html 파일을 열어보겠습니다. 파일은 /IfIHaveBoughtStocks/web/index.html 경로에 있습니다. 자신의 애저 함수를 호출하도록, API_HOST 상수의 값을 변경해야 합니다.

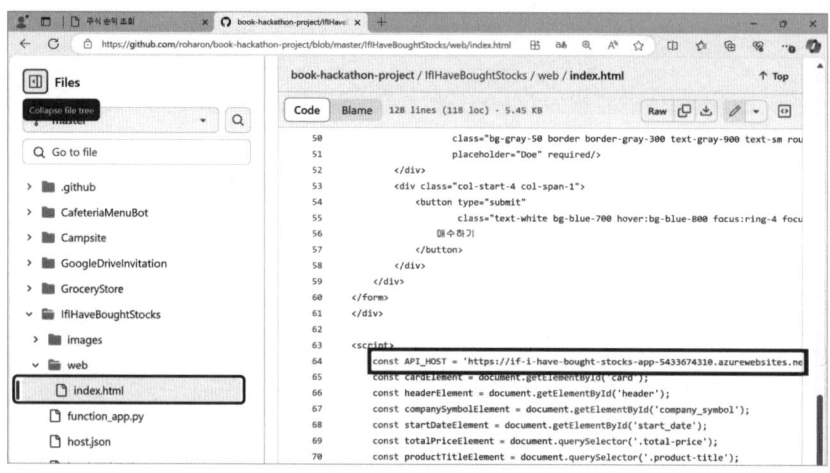

[그림 11-25] 경로 확인

여러분이 자주 사용하는 IDE 혹은 VSCode와 같은 텍스트 에디터에서 이 파일을 열어 API_HOST에 대한 값을 [그림 11-18]에서 확인했던 자신의 애저 함수 URL로 변경해주세요. 파일을 저장한 뒤, 스토리지 계정에서 index.html 파일을 업로드할 때 이 파일을 사용하게 됩니다.

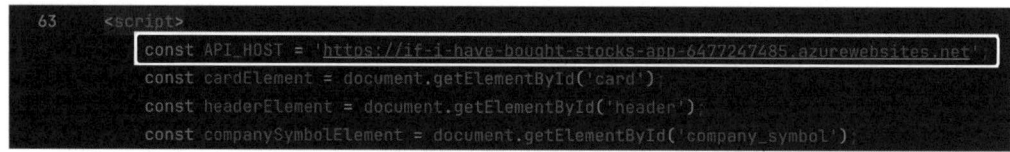

[그림 11-26] API URL 변경

이제 애저의 스토리지 계정을 만들어봅니다. 아래 명령어를 실행하세요.

```
az storage container create --name '$web' --account-name $storage
```

생성되면 아래와 같이 "created": true 내용을 확인할 수 있습니다.

```
PS C:\Users\aronroh\book-hackathon-project\IfIHaveBoughtStocks> az storage container create --name '$web' --account-name $storage

There are no credentials provided in your command and environment, we will query for account key for your storage account.
It is recommended to provide --connection-string, --account-key or --sas-token in your command as credentials.

You also can add `--auth-mode login` in your command to use Azure Active Directory (Azure AD) for authorization if your login accou
nt is assigned required RBAC roles.
For more information about RBAC roles in storage, visit https://docs.microsoft.com/azure/storage/common/storage-auth-aad-rbac-cli.

In addition, setting the corresponding environment variables can avoid inputting credentials in your command. Please use --help to
get more information about environment variable usage.
{
  "created": true
}
PS C:\Users\aronroh\book-hackathon-project\IfIHaveBoughtStocks>
```

[그림 11-27] "created": true 내용 확인

그리고 index.html 파일을 업로드하겠습니다. 아래 명령어를 실행해주세요

```
az storage blob upload --account-name $storage --container-name '$web'--type block --file ./
web/index.html
```

업로드하면 아래와 같이 결과가 표시됩니다.

```
PS C:\Users\aronroh\book-hackathon-project\IfIHaveBoughtStocks> az storage blob upload --account-name $storage --container-name '$w
eb' --type block --file ./web/index.html

There are no credentials provided in your command and environment, we will query for account key for your storage account.
It is recommended to provide --connection-string, --account-key or --sas-token in your command as credentials.

You also can add `--auth-mode login` in your command to use Azure Active Directory (Azure AD) for authorization if your login accou
nt is assigned required RBAC roles.
For more information about RBAC roles in storage, visit https://docs.microsoft.com/azure/storage/common/storage-auth-aad-rbac-cli.

In addition, setting the corresponding environment variables can avoid inputting credentials in your command. Please use --help to
get more information about environment variable usage.
Finished[#############################################################]  100.0000%
{
  "client_request_id": "d423e3da-41d6-11ef-a4b1-e85a964cf22b",
  "content_md5": "B4ElmM9LcEzgOOGU0qQ4HA==",
  "date": "2024-07-14T11:47:20+00:00",
  "encryption_key_sha256": null,
  "encryption_scope": null,
  "etag": "\"0x8DCA3FAB88B02D0\"",
  "lastModified": "2024-07-14T11:47:21+00:00",
  "request_id": "31770676-801e-00a7-40e3-d563a5000000",
  "request_server_encrypted": true,
  "version": "2022-11-02",
  "version_id": null
}
```

[그림 11-28] index.html 파일 업로드

애저 포털 서비스를 통해 스토리지 계정의 $web 컨테이너를 조회하면, index.html 파일이 업로드된 것을 확인해볼 수 있습니다.

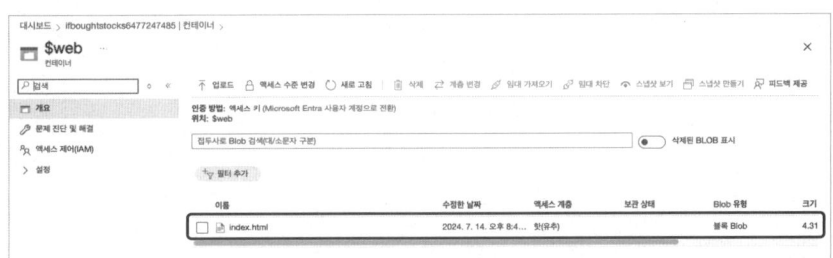

[그림 11-29] index.html 파일 업로드 결과 확인

그리고 정적 웹사이트 호스팅 기능을 활성화하기 위해 다음 명령어를 실행합니다.

```
az storage blob service-properties update --account-name $storage --static-website --index-document index.html
```

아래와 같이 실행 결과가 나옵니다.

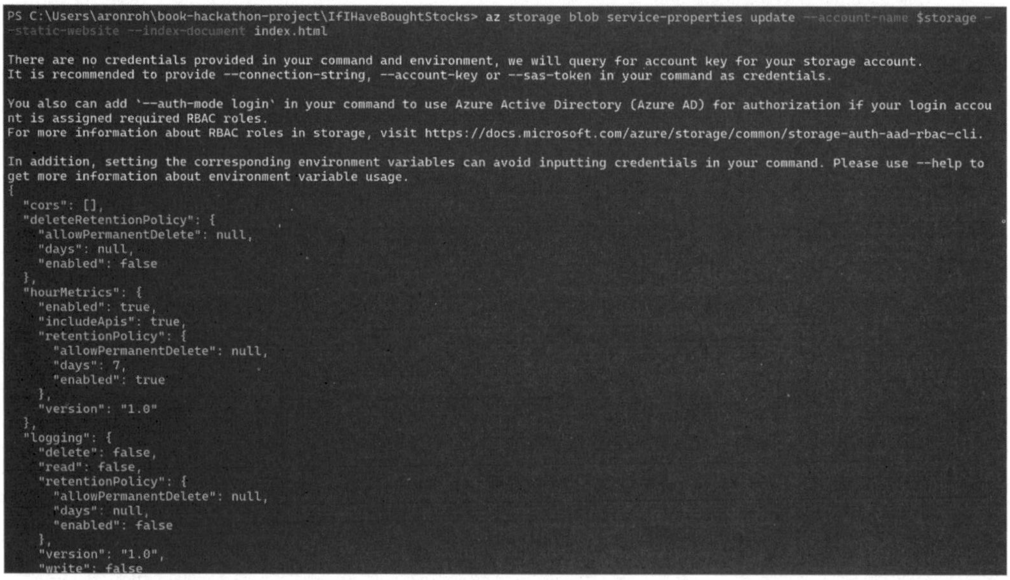

```
PS C:\Users\aronroh\book-hackathon-project\IfIHaveBoughtStocks> az storage blob service-properties update --account-name $storage --static-website --index-document index.html

There are no credentials provided in your command and environment, we will query for account key for your storage account.
It is recommended to provide --connection-string, --account-key or --sas-token in your command as credentials.

You also can add `--auth-mode login` in your command to use Azure Active Directory (Azure AD) for authorization if your login accou
nt is assigned required RBAC roles.
For more information about RBAC roles in storage, visit https://docs.microsoft.com/azure/storage/common/storage-auth-aad-rbac-cli.

In addition, setting the corresponding environment variables can avoid inputting credentials in your command. Please use --help to
get more information about environment variable usage.
{
  "cors": [],
  "deleteRetentionPolicy": {
    "allowPermanentDelete": null,
    "days": null,
    "enabled": false
  },
  "hourMetrics": {
    "enabled": true,
    "includeApis": true,
    "retentionPolicy": {
      "allowPermanentDelete": null,
      "days": 7,
      "enabled": true
    },
    "version": "1.0"
  },
  "logging": {
    "delete": false,
    "read": false,
    "retentionPolicy": {
      "allowPermanentDelete": null,
      "days": null,
      "enabled": false
    },
    "version": "1.0",
    "write": false
```

[그림 11-30] 실행 결과 확인

웹사이트의 URL을 알고 싶다면 아래 명령어를 통해 primaryEndpoints 필드 하위의 web 필드 값을 참조하거나, 애저 포털 서비스를 통해 확인할 수 있습니다.

```
az storage account show --name $storage
```

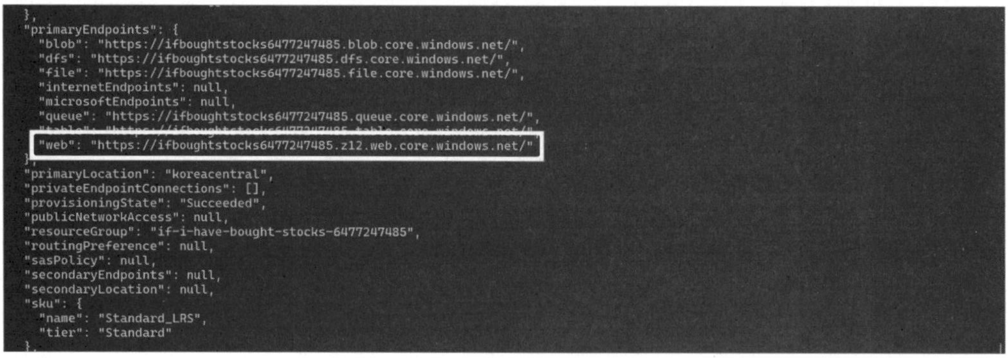

```
  },
  "primaryEndpoints": {
    "blob": "https://ifboughtstocks6477247485.blob.core.windows.net/",
    "dfs": "https://ifboughtstocks6477247485.dfs.core.windows.net/",
    "file": "https://ifboughtstocks6477247485.file.core.windows.net/",
    "internetEndpoints": null,
    "microsoftEndpoints": null,
    "queue": "https://ifboughtstocks6477247485.queue.core.windows.net/",
    "web": "https://ifboughtstocks6477247485.z12.web.core.windows.net/"
  },
  "primaryLocation": "koreacentral",
  "privateEndpointConnections": [],
  "provisioningState": "Succeeded",
  "publicNetworkAccess": null,
  "resourceGroup": "if-i-have-bought-stocks-6477247485",
  "routingPreference": null,
  "sasPolicy": null,
  "secondaryEndpoints": null,
  "secondaryLocation": null,
  "sku": {
    "name": "Standard_LRS",
    "tier": "Standard"
  },
```

[그림 11-31] 웹사이트의 URL 확인 ①

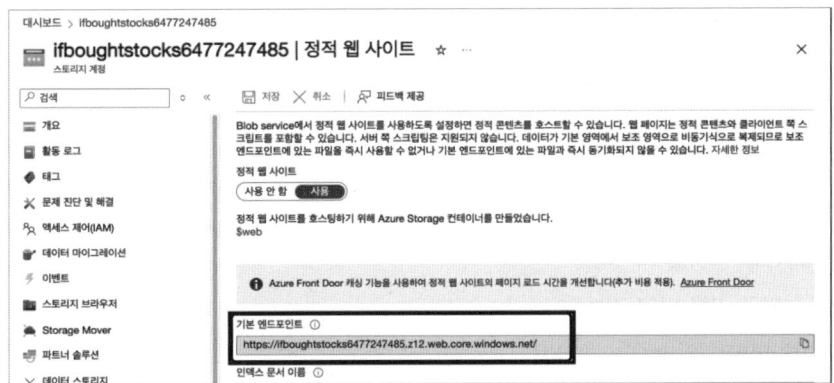

[그림 11-32] 웹사이트의 URL 확인 ②

아래 웹사이트 화면을 확인할 수 있습니다.

[그림 11-33] 최종 화면

금액을 입력해 [매수하기] 버튼을 누르면 다음과 같이 결과를 확인할 수 있습니다.

[그림 11-34] 실행 화면

프로젝트를 위한 설정을 마치고, 기능이 성공적으로 동작함을 확인했습니다. 11장을 진행하면서 독자 여러분이 떠올린 기능이 있다면, 지금까지 작업한 내용을 기반으로 다음과 같은 추가 기능을 구현해보는 것도 좋은 경험이 될 것입니다.

- 더 다양한 주식 종목 추가하기
- 그래프를 통한 수익률 시각화
- 여러 주식의 수익률 비교 기능
- SNS 공유 버튼으로 결과 공유하기
- 사용자 선호도에 맞는 주식 추천 기능

이것으로 11. 주식 매수 시점에 따른 현재 수익 조회하기 프로젝트를 마칩니다.

11.8 부록 - 필자가 작성한 사용자 스토리

> **사용자 스토리 11-1**

과거에 매수한 주식의 현재 손익 조회 기능
1. 과거에 주식을 매수할 일자를 연도와 월, 일을 포함해 입력한다.
2. 기업 주식을 선택한다.
3. 현재까지 흐른 날짜와 함께 손익 가격을 제공한다.

매달 주식을 매수한 경우의 현재 손익 조회 기능
1. 과거에 주식 매수를 시작할 일자를 연도와 월, 일을 포함해 입력한다.
2. 매달 며칠에 주식을 매수할지 입력한다.
3. 기업 주식을 선택한다.
4. 현재까지 흐른 날짜와 함께 손익 가격을 제공한다.

국내/미국 주식 시장 선택 기능
1. 손익 조회 기능에서 매수할 일자를 선택한다.
2. 기업 주식 선택 과정에서 국내 / 미국 칸에서 한 가지를 선택한다.

손익 금액 규모에 따른 비슷한 가격대의 물건 제공 기능
1. 손익 조회 기능에서 손익 가격 결과를 받는다.
2. 가격에 따라 물건 이름과 사진을 제공한다.

사용자들이 많이 선택한 주식 상위 목록 제공 기능
1. 메인 화면으로 이동한다.
2. 국내/미국 주식 종류와 함께 주식의 회사 이름 목록을 제공한다.

| 참고 | **필자가 정한 이 서비스의 핵심 기능과 이유** |

아래 두 가지 기능에 대해 핵심 기능으로 정했습니다.

- '매달 주식을 매수한 경우의 현재 손익 조회' 기능
- '손익 금액 규모에 따른 비슷한 가격대의 물건 제공' 기능

이렇게 두 가지 기능을 핵심 기능으로 정했습니다. 이 프로젝트는 사용자에게 오로지 정보를 전달하는 것이 아닌 재미를 선사하는 목적이 있습니다.

첫 번째 핵심 기능으로는 서비스에서 구현해야 하는 최소한의 범위로, '매달 주식을 매수한 경우의 현재 손익 조회' 기능입니다. '과거에 매수한 주식의 현재 손익 조회' 기능과 비슷하지만, 매달 매수한 내용의 경우 직접 계산하기 어렵다는 점, 장기적으로 매달 주식을 매수하는 적립식 투자는 소액투자자의 비율이 높다는 점을 고려했습니다.

두 번째 핵심 기능으로는, '손익 금액 규모에 따른 비슷한 가격대의 물건 제공' 기능입니다. 이 기능을 통해 사용자가 첫 번째 핵심 기능인 '매달 주식을 매수한 경우의 현재 손익 조회' 기능을 이용한 결과로, 손익 금액을 받게 되면 이미지로 금액 규모와 비슷한 물건/음식을 나타냅니다. 시각적인 요소를 줌으로써 사용자에게 만족스러움을 주기 위해 핵심 기능으로 정했습니다.

그렇다면 핵심 기능으로 선택하지 않은 기능에 관해서 이야기해보겠습니다.

먼저 '과거에 매수한 주식의 현재 손익 조회' 기능입니다. 이 기능은 과거 시점의 일자를 선택해 현재의 주식 가격과 비교하게 됩니다. 이 기능은 웹사이트를 이용하지 않더라도 계산할 수 있어 구현 내용 대비 사용자의 만족도가 크지 않으리라 생각했습니다.

'국내/미국 주식 시장 선택' 기능에 대해서는 기능의 경우에는 기능이 제공된다면 사용자는 국내와 미국 주식 시장 중에서 선택해 더 많은 주식에 대한 결과를 볼 수 있는 장점이 생기지만, 처음 기능에서 구현해 제공하는 단계에서 당장 필요한 기능은 아니라고 판단했습니다.

마지막으로, '사용자들이 많이 선택한 주식 상위 목록 제공' 기능을 핵심 기능으로 선택하지 않은 이유는 다른 사용자들의 행동을 바탕으로 값을 제공받아 실시간 정보를 제공받는다는 특징이 있지만, 이러한 점으로 인해 초기에는 사용자가 적어 기능이 활성화되어 보이지 않을 수 있다는 점이 있기 때문입니다. 따라서 초기에 필요한 핵심 기능으로 두지 않고 이후에 추가되면 좋을 만한 기능 중 하나로 고려했습니다.

Appendix A
프로젝트에 필요한 개발환경 구성하기

프로젝트 개발에 필요한 환경을 설정하는 방법에 대해 다룹니다.

첫 번째로, 깃허브 데스크톱^{GitHub Desktop}을 사용하여 프로젝트 리포지토리를 로컬 환경으로 클론하는 방법을 설명합니다. 깃허브 데스크톱을 설치하고, 클론할 리포지토리 URL을 입력하여 로컬 경로에 저장하는 과정을 소개합니다.

두 번째로, 프로젝트 개발에 사용할 편집기인 비주얼 스튜디오코드^{Visual Studio Code}(이하 VSCode)의 설치와 설정 방법을 설명합니다. VSCode는 코드 자동 완성 및 확장 기능을 지원하며, 설치 후 클론한 프로젝트를 열어 작업을 시작할 수 있습니다.

A.1 깃허브 데스크톱으로 프로젝트 리포지토리 클론하기

앞서 다룬 각 프로젝트에 대한 소스코드는 아래의 깃 리포지토리에 올려두어 제공하고 있습니다.

URL https://github.com/roharon/book-hackathon-project

이 링크로 들어가 깃 리포지토리를 복제해 로컬 환경으로 가져오는 것을 클론Clone이라고 하는데, 깃을 설치하면 `git clone` 명령어를 통해 리포지토리를 로컬 환경으로 복제할 수 있습니다. 그러나 콘솔 환경보다 더 익숙할 그래픽 환경을 통해 깃을 간단히 사용해 볼 수 있는 환경으로 깃허브 데스크톱깃허브 데스크톱을 소개합니다.

깃허브 데스크톱은 https://desktop.github.com/에서 설치 파일을 다운로드할 수 있습니다.

① [Download for Windows] 버튼을 눌러 설치 파일을 다운로드합니다.

REF 자신의 환경이 맥이거나 리눅스인 경우 다른 버튼이 표시될 수 있습니다. 환경에 맞는 설치 파일을 다운로드해 주세요.

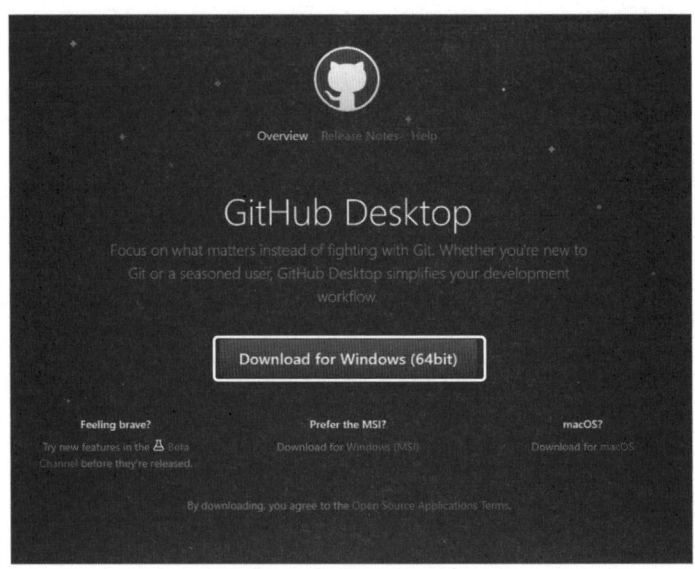

[그림 A-1] 깃허브 데스크톱 메인 화면

② 설치 파일을 실행하면 다음 화면이 나옵니다. 우리는 깃허브에 있는 리포지토리를 클론하기 위해 사용하므로 로그인하지 않아도 됩니다. 따라서 [Skip this step]을 누르겠습니다.

[그림 A-2] 깃허브에 로그인 안 함

③ 깃을 설정합니다. 커밋Commit할 때의 이름과 이메일을 기재합니다. 여기서 커밋이란 깃 리포지토리에 기록하는 것을 의미합니다. 기록을 누가 남겼는지 표시하고자 이름과 이메일을 기재합니다. 자신의 영어 이름과 이메일을 채워 넣습니다.

[그림 A-3] 깃 설정

④ 이제 리포지토리를 클론할 차례입니다. [Clone a repository from the Internet] 버튼을 눌러 깃허브에 있는 리포지토리를 클론합니다.

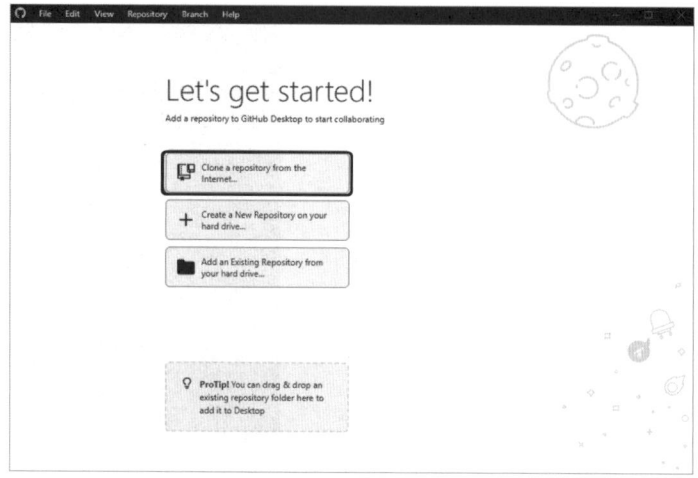

[그림 A-4] 리포지토리 클론

⑤ 리포지토리 URL을 적는 칸과 자신의 로컬 환경에서 어느 경로에 저장할지 기재하는 칸이 있습니다. 첫 번째 칸에는 'roharon/book-hackathon-project'를 적습니다. 두 번째 칸인 Local Path에는 프로젝트를 저장하기 원하는 경로를 지정합니다. 이때 경로에는 다른 파일이 존재하면 안 됩니다. 폴더 내에 있는 파일의 이름이 깃 리포지토리에도 같은 이름으로 있다면 클론 과정에서 덮어씌워져 파일이 사라지는 위험이 있기 때문입니다. 여기서는 `C:\Users\aaronroh\Project\book-hackathon-project`로 지정했습니다.

> **REF** 이때 어떤 경로에 설치해야 할지 고민될 수 있을 것 같습니다. 윈도우즈 경우에는 `C:\Users\{사용자명}`의 폴더가 있습니다. 이 하위에 Project 폴더를 두고 Project 폴더 내부에 book-hackathon-project를 생성해서 지정하길 권합니다.

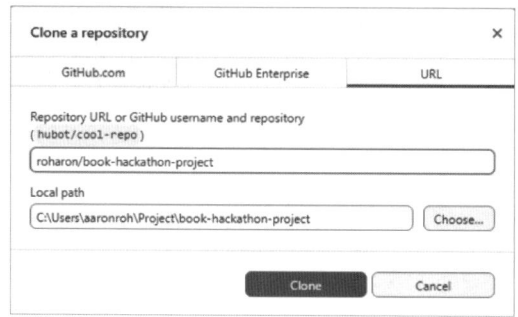

[그림 A-5] 경로 지정

⑥ 클론을 완료했다면 아래 화면이 뜹니다. Local Path로 지정한 폴더로 들어가면 깃 리포지토리의 프로젝트가 자신의 환경에 복제된 것을 확인할 수 있습니다.

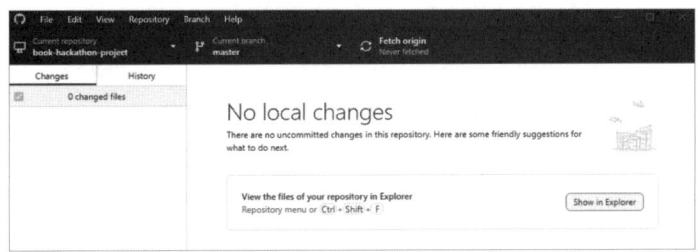

[그림 A-6] 깃 리포지토리 환경 복제

A.2 비주얼 스튜디오 코드 설치하기

프로젝트 개발환경에서 코드를 작성할 편집기로는 비주얼 스튜디오 코드Visual Studio Code(이하 VSCode)를 사용합니다. VSCode는 오픈소스로 무료입니다. 윈도우즈, MacOS, 리눅스를 지원하고, 코드를 자동 완성하며, 모듈을 임포트해주는 인텔리센스 기능을 제공하고 있습니다. 그리고 익스텐션 기능을 지원해 원하는 기능을 설치해 사용할 수 있습니다.

① VSCode를 설치하기 위해 https://code.visualstudio.com/에 접속합니다. 아래처럼 화면이 나오는데 [Download for Windows]를 눌러 설치 파일을 다운로드합니다.

> **REF** 만일 맥, 리눅스 사용자라면 버튼 하단의 [other platform]을 눌러 알맞은 설치 파일을 다운로드합니다.

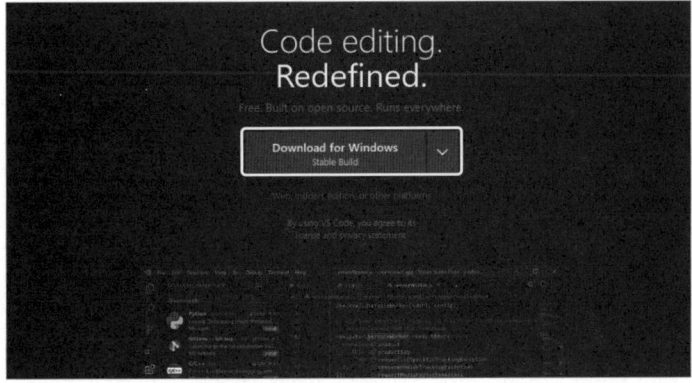

[그림 A-7] VSCode 설치 파일 선택

② 설치 파일을 다운로드해서 실행합니다. 그럼 아래와 같이 화면이 나옵니다. VSCode를 사용하기 위해 필요한 라이선스에 동의하라는 내용입니다. [I accept the agreement] 버튼을 누릅니다.

[그림 A-8] 라이선스 동의 화면

③ 설치할 위치를 선택합니다. 자동으로 지정한 경로를 선택하거나 원하는 경로를 지정한 뒤 [Next] 버튼을 누릅니다.

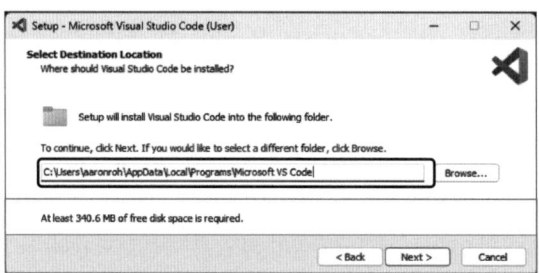

[그림 A-9] 설치 경로 지정

④ 시작 메뉴에서 프로그램 실행을 위한 이름을 지정하는 내용입니다. [Next] 버튼을 눌러 기본 이름으로 지정합니다.

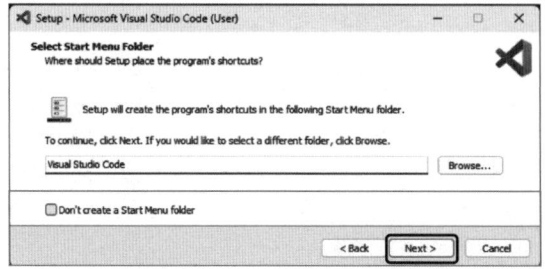

[그림 A-10] 프로그램 이름 지정

⑤ 아래 화면에서 다음 두 체크 박스를 누릅니다.

- Register Code as an editor for supported file types
- Add to PATH

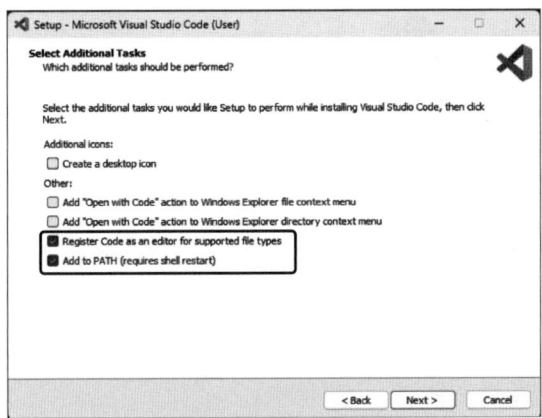

[그림 A-11] 추가 옵션 선택

이제 설치를 위해 선택해야 하는 내용은 끝났습니다. 다음으로 VSCode를 설치하겠습니다.

① 아래 화면에서 [Install] 버튼을 눌러 VSCode를 설치합니다.

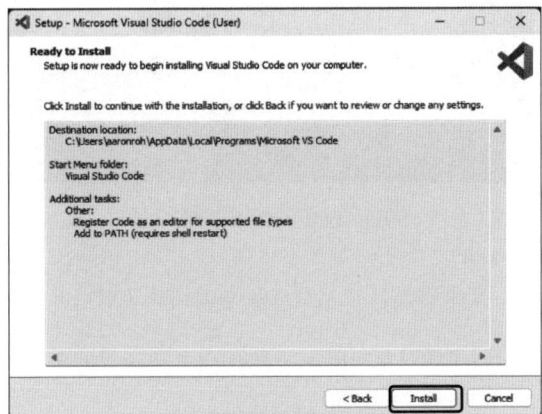

[그림 A-12] VSCode 설치

② 정상적으로 설치되었다면 아래 화면이 나옵니다. [Finish] 버튼을 누르고 VSCode를 실행합니다.

[그림 A-13] VSCode 실행

③ 이제 VSCode가 실행된 것을 확인할 수 있습니다.

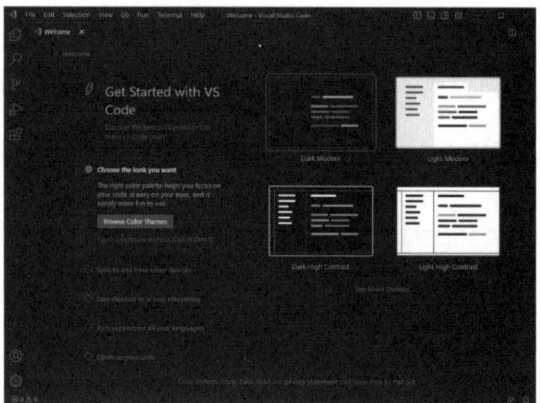

[그림 A-14] VSCode 실행 모습

다음으로 깃허브 데스크톱을 통해 클론한 프로젝트를 열어보려고 합니다.

① File 〉 Open Folder를 선택해서 프로젝트를 클론한 위치를 지정하고 열어줍니다.

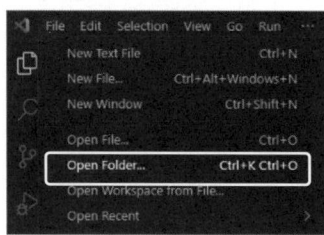

[그림 A-15] 클론한 위치 지정 및 열기

2장의 snsMarket 프로젝트를 열어보고자 book-hackathon-project 폴더 내의 snsMarket 폴더를 열었습니다. 직접 작성한 파일이 아닌 깃허브를 통해 클론한 외부의 파일이기 때문에 보안을 위해 VSCode는 이 파일들을 신뢰하는지 물어봅니다.

② [Yes, I trust the authors] 버튼을 클릭합니다.

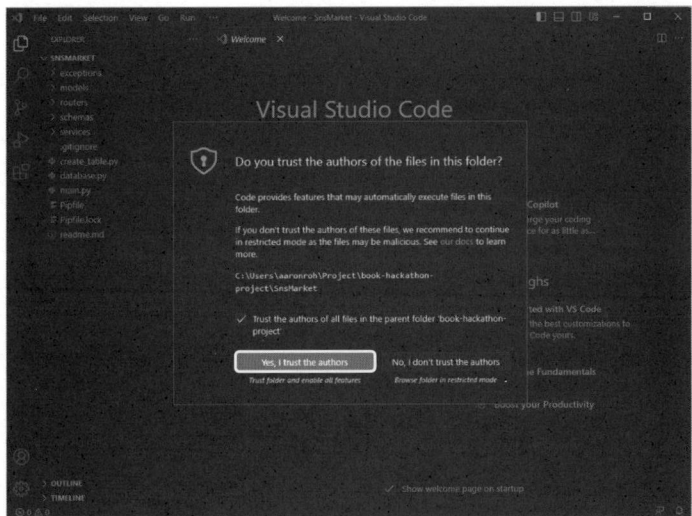

[그림 A-16] Yes, I trust the authors 선택

③ 이제 10개 프로젝트에서 사용할 VSCode의 설치와 설정을 완료했습니다.

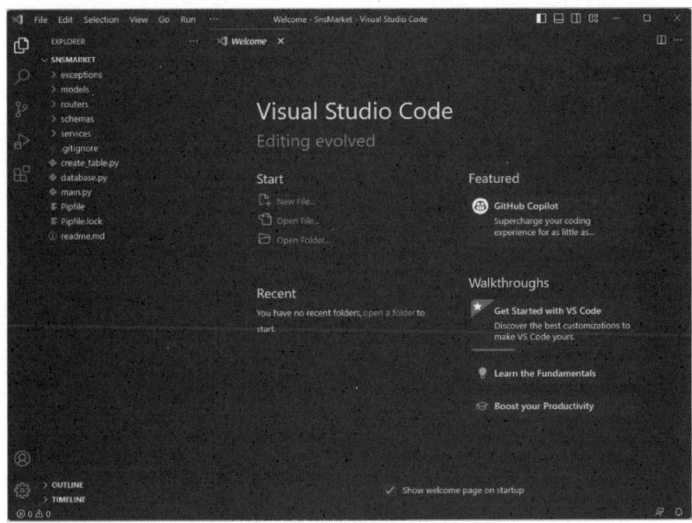

[그림 A-17] VSCode의 설치와 설정 완료

이제 진행하던 장으로 돌아가 프로젝트 진행을 이어서 해보길 바랍니다.

"해커톤, 지금 당장 도전해보세요!"

Appendix B

프로젝트를
발표하겠습니다

해커톤에서 가장 중요한 시간은 바로 발표 시간입니다. 지금까지의 열정을 쏟은 결과물을 청중에게 처음 선보이는 순간이기 때문입니다. 발표의 핵심은 청중의 몰입도를 높이고 공감을 이끌어내는 것입니다. '부록 B'에서는 발표를 좀더 잘하기 위한 STAR 기법을 소개합니다.

B.1 STAR 기법을 사용합니다

이젠 우리가 만든 제품을 사람들에게 보여주는 시간입니다.

그동안 우리는 우리가 원하는 제품에 대해 끊임없이 고민하고 어떻게 사용할지 예상하며 개발했습니다. 우리의 발표를 듣는 대상은 우리 팀과 함께 경쟁하는 대상이면서 우리의 제품을 사용하게 될 잠재적인 사용자입니다.

이들을 실제 우리의 사용자로 만들려면, 발표 시간 내에 우리가 만든 제품은 어떠한 제품이고 지금까지의 생활에서 어떤 불편한 점을 해결해 줄 수 있는지 설득해야 합니다. 따라서 우리는 스토리텔링 방식으로 발표를 진행하려고 하고 그중에서 STAR 기법을 사용할 것입니다.

STAR 기법은 상황을 의미하는 Situation, 작업을 의미하는 Task, 행동의 Action, 결과의 Result로 각 영어 단어의 머리글자를 따서 만든 말입니다. 이 네 가지 요소를 통해 자신만의 이야기를 시작부터 결론까지 단계별로 효과적으로 풀어나갈 수 있습니다. 그러므로 우리는 실제 있을 법한 가상의 사례를 설정해 STAR 기법을 가지고 이야기하듯이 발표를 진행할 것입니다.

S 단계, 어떠한 일을 하게 된 당시의 상황에 대해 구체적으로 제시합니다

쉬운 이해를 위해 9장에서 기획한 '1인 가구의 장 함께 보기' 프로젝트를 예시로 제시해보겠습니다.

우선 상황은 이렇습니다. 본가에서 독립하여 혼자서 살고 있는 어느 청년이 있습니다. 이 청년은 주로 퇴근 이후 집에서 요리하여 끼니를 해결합니다. 오늘은 불고기를 먹으려고 하는데 냉장고에 식재료가 마땅치 않아, 마트에 들러 고기와 양파, 대파를 구입하려고 합니다.

마트에 가니, 양파는 여덟 개를 한 망에 넣어서, 대파는 한 단으로 묶어서 판매하고 있습니다. 혼자 먹기에는 양파 한 망과 대파 한 단이 꽤 많은 양입니다. 그래서 결국 식재료가 상해 음식물 쓰레기로 버릴 것 같아 고민하고 있습니다.

T 단계, S 단계에서 제시한 상황에 대한 행동을 정의합니다

이 청년은 필요한 만큼의 양파와 대파를 구매합니다.

A 단계, T 단계에서 정의한 작업을 해결하기 위해 어떤 행동을 취했는지를 정의합니다

이 청년은 '1인 가구 장 함께 보기' 앱을 실행해 자신의 위치 근처에서 장을 보러 가는 그룹을 찾습니다. 양파와 대파를 구매하는 그룹을 찾았고, 정해진 시간인 30분 뒤에 함께 장을 보기로 합니다. 장을 본 뒤, 자신에게 필요한 만큼의 양파와 대파를 소분하고 그만큼의 가격을 정산합니다.

R 단계, A 단계의 행동을 통해 얻은 결과를 말합니다

이 청년은 필요한 만큼의 양파와 대파를 구매했습니다. 소비할 만큼의 재료만 구매했기에 불필요한 지출을 줄이고, 먹지 못하고 버릴 음식물 쓰레기 양도 줄일 수 있었습니다. 이를 통해 환경을 위한 쓰레기 감량에도 직접적으로 기여하였습니다.

이처럼 STAR 기법을 통해서 사람들은 예시를 통해 실제로 일어날 법한 상황을 통해서 우리가 만든 제품을 사용하면 좋은 점을 알 수 있습니다. 이야기하듯이 제품을 소개하므로 기능을 열거해 소개하는 방식에 비해 청중들이 우리의 발표에 더 집중할 수 있습니다.

이해를 돕기 위해 '구글 드라이브의 공유 문서함 초대 자동화하기' 프로젝트를 가지고 STAR 기법으로 이야기를 한 번 더 구성해보겠습니다.

B.2 우리가 진행한 프로젝트로 STAR 기법을 준비합니다

7장에서 '구글 드라이브의 공유 문서함 초대 자동화하기' 프로젝트를 진행했습니다. 이 프로젝트를 STAR 기법으로 구성해보겠습니다.

S 단계

우리 회사에서는 구글 드라이브를 이용해 업무 문서함을 공유합니다. 신규 입사자가 생기면, 회사에 적응하기 위한 온보딩 절차를 진행합니다.

온보딩 절차에는 업무에 필요한 구글 드라이브 공유 문서함에 초대받고 가이드를 읽는 내용이 있습니다. 따라서 사내 구글 드라이브를 관리하는 담당자는 신규 입사자가 있다면 이 과정을 되도록 입사 당일에 진행해야 합니다. 그래야만 신규 입사자가 지체 없이 업무에 필요한 내용을 숙지할 수 있기 때문입니다. 그러나 신규 입사 날짜에 담당자가 휴가 등의 사유로 부재하다면, 공유 문서함의 권한을 부여하는데 어려움이 생깁니다.

T 단계

사내 구글 드라이브 담당자가 부재해도, 신규 입사자가 당일에 구글 드라이브 공유 문서함의 권한을 획득할 수 있게 합니다.

A 단계

사내 웹사이트를 만들어 회사 구성원의 이메일과 인증번호를 입력하면 구글 드라이브의 공유 문서함에 권한을 부여하도록 자동화합니다. 신규 입사자는 온보딩 절차에서 구글 드라이브 권한을 가지기 위해, 해당 웹사이트에 접속해 자신의 회사 이메일과 인증번호를 함께 입력합니다.

R 단계

담당자가 부재 중이어도 신규 입사자는 온보딩 절차를 차질 없이 진행할 수 있게 되었습니다. 자동화된 시스템이 권한 부여를 대신 처리하므로 담당자는 반복적인 작업에서 벗어나 더 가치 있는 업무에 집중할 수 있게 되었습니다. 또한 웹사이트를 통해 공유 문서함의 권한 부여 현황을 실시간으로 확인할 수 있어 자료의 보안성도 강화되었습니다.

이렇게 '구글 드라이브의 공유 문서함 초대 자동화하기' 프로젝트의 STAR 기법를 구성했습니다. 주어진 상황과 이 제품을 통해 누린 효과를 얘기하듯이 설명하며, 이 제품을 소개할 수 있었습니다.

프로젝트 발표 시간은 우리의 팀을 비롯해 많은 프로젝트의 소개가 이뤄지는 시간입니다. 몰입도를 높일 수 있는 STAR 기법을 이용한 스토리텔링 구성으로 청중들이 더욱더 효과적으로 우리의 발표에 집중하며 공감할 수 있을 것입니다.

에필로그

해커톤에 계속 참여하는 이유가 있나요?

저는 대학에서 컴퓨터 공학을 전공하며 학기 중에 사이드 프로젝트를 꾸준히 진행해 왔습니다. 대학과 여러 대외 활동에서 만난 사람들과 팀을 결성해 아이디어를 도출하고 실제 제품으로 내보면서 제품을 만드는 일에 재미를 느꼈습니다. 이전에 만났던 적이 없는 다양한 사람들과도 함께 프로젝트를 진행하면서 커뮤니케이션을 해보고 싶었습니다. 그래서 대학교 3학년이 되었을 때 '정션 X 서울'이라는 해커톤을 알게 되어 처음으로 해커톤에 참가했습니다.

그동안 문제를 인지하지 못한 채 관성을 가지고 진행해 온 개발 방법, 존재 자체를 몰라 사용하지 못했던 개발 프레임워크의 기능을 해커톤 현장에서 얻었습니다. 이렇게 제품을 만든다는 것 외에도 그동안 쌓은 지식을 확인해 볼 수 있다는 점을 통해 저에게 무엇이 부족한지 알 수 있었던 수단이 되어 학습하는 데에 큰 도움이 되었습니다.

아주 짧은 기간 동안 팀원들과 서로가 낸 아이디어에 대해 의견을 나누며 공감대를 형성하고 목표를 일관화하여 같은 방향으로 달려 나가는 과정도 좋았습니다. 이를 통해 개발자는 좋은 코드와 아키텍처를 구성하는 것도 중요하지만, 함께 일하는 사람과의 커뮤니케이션 능력도 무척 중요하다는 것을 알게 되었습니다.

해커톤에 참여하며 다양한 점을 배웠지만, 그중에서 가장 좋았던 때는 바로 팀원들과 함께 수상하였을 때입니다.

짧지만 매우 많은 일이 있었던 기간 동안 함께 고생한 팀원들과 쾌거를 이룰 때면 형용할 수 없는 뿌듯함이 느껴졌습니다. 다양한 지점에서 저 자신이 지니고 있는 관성을 스스로 깨닫고 여러 사람과 커뮤니케이션하며 성장하는 것, 그리고 좋은 결과를 맞이한다면 그 기쁨을 팀원들과 함께 나눌 수 있다는 것이 제가 해커톤을 계속 참여하고 있는 이유라고 생각합니다.

지금까지 이 책을 읽은 독자분들도 다양한 해커톤에서 여러 사람과 커뮤니케이션하며 필요한 것을 얻고, 개발의 재미와 제품을 만들며 얻는 재미를 모두 얻어가길 바랍니다.

찾아보기

로마자

API 게이트웨이 375
API 매니지먼트 서비스 297
API 엔드포인트 387
AWS 110
AWS SES 238
Azure CLI 404
Docker 82
Docker Compose 82
DocumentDB 375
DynamoDB 111
Entity 42
GitHub 51
GitHub Actions 67
GitHub Issue 24
Hackathon 14
Hacking 14
HTTP 43
IPSEC 14
Marathon 14
mind map 28
MySQL 402
OAuth 프로토콜 203
Object Relational Mapping 38

OCR 105
OpenAPI 50
OpenBSD 14
ORM 38
Pitching Pregentation 18
PoC 15
PostgreSQL 67
Rapid API 424
REST API 44
SCAMPER 29
Simple Email Service 238
SMART 30
SQLite 38
SQS 224
STAR 기법 460
VSCode 454
WSL2 83

찾아보기

한국어

관계형 데이터베이스 223
구글 클라우드 비전 API 107
깃허브 51
깃허브 액션 67
깃허브 이슈 24
데이터베이스 223
데이터베이스 모델 70
도커 82
도커 컴포즈 82
디버깅 14
리소스 그룹 297
마라톤 14
마인드맵 28
블롭 스토리지 297, 427
사용자 스토리 32
서버리스 110
소프트웨어 엔지니어링 14
스마트 30
스웨거 57
스캠퍼 29
애저 포털 서비스 441
애저 함수 297, 402, 437
엔티티 42

오픈소스 451
이벤트 브리지 110, 238
정적 웹사이트 427
클라이언트-서버 모델 38
클로바 OCR 108
팀 빌딩 18
포스트맨 414
피칭 발표 18
해커톤 14
해킹 14

"해커톤, 지금 당장 도전해보세요!"